U0742239

潘雨廷／著

典藏本

潘雨廷著作集

第十一册

道藏书目提要

上海古籍出版社

# 引　言

　　潘雨廷先生(1925—1991)，上海人，当代著名易学家。生前担任华东师范大学古籍研究所教授、中国《周易》研究会副会长、上海道教协会副会长。潘雨廷先生早年就读于上海圣约翰大学教育系，毕业后师从周善培、唐文治、熊十力、马一浮、杨践形、薛学潜等先生研究中西学术，专心致志于学问数十载，融会贯通，自成一家，在国内外有相当的影响。潘雨廷先生毕生研究的重点是宇宙与古今事物的变化，并有志于贯通东西方文化之间的联系，对中华学术中的《周易》和道教，有深入的体验和心得。潘雨廷先生著述丰富，其研究涉及多方面内容，具有极大的启发性。他的著作是二十世纪中国文化所取得的重要成果之一。本书由张文江根据潘雨廷夫人金德仪女士保存的遗稿整理而成。

　　《道藏书目提要》择取《道藏》286 种文献写作提要，每篇提要介绍该文献的史实和内容，并阐明其意义，对编撰道教史和研习道教文献者提供了有用的线索。

# 目次

# 自　序

　　《道藏》今指明《正统道藏》及《万历续道藏》，可名《明道藏》。在明代前的唐宋金元各时代，道教皆得统治者支持而汇编其文献成藏。有关道教的书目，自《汉书·艺文志》起早有著录，汉末魏晋后数量激增。辑成《道藏》则始于唐玄宗，命崇玄馆道士编纂了最早的一部《开元道藏》，共三千七百四十四卷，分为三洞十二部，由道士张仙庭编成目录三卷，名《三洞琼纲》，天宝七载(748)诏传流布。北宋初，辗转经张君房辑成《大宋天宫宝藏》，凡四千五百六十五卷，时当真宗天禧三年(1019)。君房摘其要成《云笈七签》一百二十二卷，此书尚存，有《小道藏》之称。北宋末，徽宗于崇宁间(1102—1106)令道士刘道元为首校定《道藏》，增至五千三百八十七卷。政和中(1111—1118)送福州闽县镂板，数年间又略有所增，总四百五十函，五千四百八十一卷，名《万寿道藏》，《道藏》始有刻本。此藏于南方传至元代，于北方已残缺。金世宗大定四年(1164)补全经板，章宗明昌元年(1190)，提点冲和大师孙明道又搜访遗经，成《大金玄都宝藏》，凡六千四百五十五卷。元初宋德方遵其师丘长春遗志重刊《道藏》，经八年而成于乃马真皇后称制三年(1244)，以《元藏》别之，凡七千八百余卷，为《道藏》卷数最多者。惜

1

上述五种《道藏》今皆散佚。而明代《正统道藏》成于正统十年(1445)，凡四百八十函，五千三百五卷。初有成祖于永乐四年(1406)敕第四十三代天师张宇初主其事，后有通妙真人邵以正竣其事，前后共四十年。《万历续道藏》成于万历三十五年(1607)，凡三十二函，一百八十卷，由五十代天师张国祥主成其事。合刻成五百十二函，雕版十二万一千五百八十九页，板毁于清末庚子之乱。于民国十二年十月至十五年四月(1923—1926)经二年余，缩成涵芬楼影印本，凡一千一百二十册。由是流传全国乃至世界各国著名图书馆中，故《明道藏》已成为国内及国际上研究道教的主要文献。

自唐至明约有千年，《道藏》书目有增无已，可概见道教发展的史实。惟《明藏》已增当代的道书，然尚少于《元藏》，可见元初焚经使道教文献损失甚重。今《正统道藏》末附有《道藏阙经目录》二卷，即录自《元藏》。凡宋继唐，明继元，皆辑成于散佚之余。以《明藏》论，经唐末元初二次散乱，且道教本身亦有发展，故三洞四辅的体例仍同于古，而内容的编次难免混乱。又万历后道教已无大发展，尤其是未得清统治者的支持，故整个道教教义及史迹乏人注意。康熙间进士彭定求编成《道藏辑要》，收有崇祯时伍冲虚之说，对南北宗的教义自然略有发展，然对《明藏》之内容删削十之七八，且终清一代的道教似未出此范围。故全面观之，《道藏辑要》出而《明藏》废，道教即日趋衰落，始终未见能有包括《明道藏》的《清道藏》出。五百余年间尚未有羽士或学者能对《明藏》加以全面的整理与研究，对庞杂的道教教义，无人能总持之，掌握之，校正之，随时以革新之，乃民间以迷信为主的传统陋俗为道教，道教安得不濒于绝灭。

若《道藏辑要》之发展南北宗，未可忽视。继之清代的道教名著更宜加以收集和编辑。而当务之急，对《明藏》的内容必须彻底了解，以见自古迄明的道教教义与发展概况，亦为明代羽士所认识道教的整体面貌。故凡收入《道藏》的文献，宜逐书研习而作提要，此为最基本的工作。计全藏书目约有一千五百种。明白云霁于《续道藏》成后二十年(1626)即成《道藏目录详注》,可谓通读全藏而留有痕迹的第一人。清陈梦雷于康熙四十年至四十五年(1701—1706)编成《古今图书集成》,对《道藏》书目的介绍全录白书而略为加详。迨乾隆三十九年至四十六年(1774—1791)编成《四库》,收有白云霁《道藏目录详注》,其提要曰:"所列诸书,多捃拾以足卷帙。如刘牧《易数钩隐图、遗论九事》、张理《易象图说内外篇》、雷思齐《易外别传》(案此本俞琰之书,云霁误以为思齐)、《易筮通变》、《易图通变》,旧皆入易类;《穆天子传》旧入起居注类;《山海经》旧入地理类;扬雄《太玄经》、邵子《皇极经世》、鲍云龙《天原发微》,旧皆入儒家类;《墨子》旧入墨家类;《素问》、《灵枢经》、《八十一难》、孙思邈《千金方》、葛洪《肘后备急方》、《急救仙方》、《仙传外科秘方》、寇仲奭《本草衍义》,旧皆入医家类;《公孙龙子》、《尹文子》旧入名家类;《韩非子》旧入法家类;《孙子》旧入兵家类;《鬼谷子》旧入纵横家类;《鹖子》、《鹖冠子》、《淮南子》、《子华子》、《刘子》、马总《意林》,旧皆入杂家类;《录异记》、《江淮异人录》,旧皆入小说家类;《黄帝宅经》、《龙首经》、《金匮玉衡经》、《玄女经》、《通占大象历星经》、《灵棋经》,旧皆入术数家类;陶弘景《华阳隐居集》、邵子《击壤集》、吴筠《宗玄集》,旧皆入别集类。虽配隶或有未安,门目或有改易,然总无以为道家言者。今一概收载,殊为牵强。盖二氏之书,往往假借附会以自尊其教,不足深诘。"此一考订图书分类,对道教为致命的打击。且道教本身,既成《道藏辑要》于前,统治者的观点又明确说明《道藏》所收书目与道教无关,则道教内容立时狭窄,缩之无已,终至无地自存。

乾隆后更有读《道藏》的学者,于《道藏》所收先秦或秦汉以来古籍仅重视其版本,完全忽略其内容有与于道教。自汉魏起所发展的道教,其形象在历史中已存在千年以上,至清而全毁,且不为清代的一般羽士与学者所理解。推究其原因,盖宋金元明的道教理论基本以理学为质,乾隆后理学既衰,道教的精微处自然未能显出而不绝如缕。故今作《道藏》书目提要,当以每本书编纂时的观点观之,对所收集的文献,亦应认识其与道教的有机结合,方能理解由汉及明所形成的道教思想及其变迁。然则宜说明汉至唐逐步辑成《道藏》及唐至明《道藏》内容变化的复杂情况,亦宜考察同一时代有不同的道教思想,各有其承前启后的史迹,一如波涛交错的发展过程。把握这不割裂时空的唯物史观,始可明道教在我国思想史上的地位,及丛集此约一千五百种文献的历史背景。

西汉末刘向、刘歆父子所辑成的《七略》,为我国最早的文献总集。《汉书·艺文志》已散其总纲"辑略"于六略之中,故分类凡六。六略为"六艺略"、"诸子略"、"诗赋略"、"兵书略"、"数术略"、"方技略"。以后世《道藏》观之,亦已兼及六略而自成总纲,此道与儒所以在我国思想史上能分庭抗礼。就汉代的社会思潮言,自汉武帝尊儒术斥百家起,以董仲舒所提倡的儒家为主,此"六艺略"所以出"诸子略"而为首。"诗赋略"属载道之文,以质言不外于六艺与诸子。以下"兵书"、"数术"、"方技"三略属专业学问,故另有步兵校尉任宏校兵书,太史令尹咸校数术,侍医李柱国校方技,此见当时的分工情况。汉初所尚的黄老,武帝后虽斥而未灭,且发展于民间,此黄老道之所由起。亦即儒家以六艺合诸数术与方技等,乃成董仲舒所尊之儒,而诸子皆属之。反之,道家取六艺中的《易》亦合诸数术与方技等,即成黄老道,而儒家属之。凡《易》属阴阳家之书,儒与道固可通用。今以马王堆出土的文献观之,在乙本《老子》前,尚有《经法》、《十大经》、《称》、《道原》四篇,当即《汉书·艺文志》所载的《黄帝四经》。其他已佚而未发现的此类文献尚多,可见所谓黄老道于先秦早有典籍。以汉代论,黄老道哲理的形成,以司马谈、刘安为代表,实早于董仲舒所尊之儒。当两汉之际,谶纬盛行,犹道之华,亦为造作道经的必要条件。楚王英信奉黄老与浮屠,道教可托始于此,既增益黄老道的宗教色彩,亦为佛教传入之始。当时尚未分辨黄老与浮屠的不同,惟与其时所尊之儒不同,此楚王英所以不得不自杀于明帝永平十四年(71)。是时《太平经》已渐积成书,以今存残本观之,其理论基础可肯定为黄老之说。然黄老道的《太平经》(于吉《太平青领书》),宫崇上于朝,既不用于顺帝(126—144);后襄楷又上之,亦不用于桓帝(147—166);乃为黄巾所利用,信仰者遍及全国。不幸张角等大失败于灵帝甲子(184),黄老之说由是而大半失传。另一方面,张陵创五斗米道于蜀,亦在顺帝时。其孙张鲁于建安乙未(215)降曹而保存其地位,故黄老道废而五斗米道兴。后人即以五斗米道为道教,而忽视黄老道可当道教。惟未究黄老道的历史渊源,所以视道教与先秦古籍无关。

黄巾起义虽遭统治者残酷镇压,被杀二十万人,而信黄老道者决不可能全灭,或隐而自修,或归五斗米道,或归佛教。是时有大批道书出世,译出的佛典亦日有所增,道与佛的分歧情况由此渐生。《抱朴子·释滞篇》曰:"道书之出于黄老者,盖少许耳。率多后世之好事者各以所知见而滋长,遂令篇卷至于山积。"更观《遐览篇》所载的道书书目,凡二百四种六百七十八卷,又有火符五十六种一百六十二卷,〔1〕小符不可俱记。此类道书,皆出《七略》之外,而足以继"数术略"与"方技略"等,所以发展黄老之说。然当时的道书,亦仅以形式分书与图,尚未以内容分。葛洪成《抱朴子》于东晋元帝建武元年(317),此大批文献尚系其师郑隐所收藏,故由此著录,可见汉魏晋初时道教发展的情况,亦可进一步合诸汉魏与西晋的社会思潮。

上已提及两汉时思潮大变于武帝,然黄老与儒术之争,三百年实未解决。武帝虽尊儒术而自信神仙,已为黄老道创造条件。其初百余年,于儒术内部积成今古文之争。篡汉的王莽盖主古文,然刘秀复汉后古文更盛行,可喻学术之争与政局变化相互有影响而不一定平行。

---

〔1〕 参阅《论〈抱朴子·遐览篇〉所著录的道经卷数》。

自东汉起,主要的学术思想矛盾已非儒术内部的今古文,而为儒术与黄老道之争。顺帝与桓帝既不用黄老道的《太平经》,终引起汉末的农民革命利用黄老道。结果黄老道虽失败,两汉的经学亦同时告终。乘时而起者,为何晏、王弼之说。王弼注《周易》与《老子》,则汉易废而玄易兴,黄老灭而老庄盛。以虞翻《周易注》、河上公《老子注》与王注并观,立见汉魏思潮的不同。承黄老道之说而至魏晋大兴的道教思想,实即保存黄老与汉易之理而益以数术与方技。王弼等所兴的玄学,反与佛教的般若思想可通。或仅以老庄有与于道教而未究道教之本乎黄老与汉易,则尚未见道教思想之源。若自左慈、葛玄、郑隐传至葛洪之说,乃属后者而非前者,宜其不以老庄之说为至言。葛洪一生的矛盾为儒与道而终归道,是犹尚黄老而斥儒术。此见汉魏晋初的道教,其理论基础仍属汉初的黄老。而在认识事物上,如天文、数学、理化、医学等各方面,自然各有发展,是即葛洪总结成的道教思想。其于文献重视《三皇内文》、《五岳真形图》、《墨子枕中五行记》等,皆黄老道的重要典籍,理当三才五行的变化,纯属我国本有的道教思想,与佛教无关。事实上,魏晋时代的五斗米道早与佛教接触而以排斥为主,西晋王浮作《老子化胡经》可为代表。而葛洪一字不提佛教,故亦不必"化胡",此具民族思想的道教,方为传统的黄老道。

更以五斗米道而言,自张鲁降汉后六年,已为三国,鲁名为降汉,实为降操。故于魏,鲁之地位未变,仍为道教的代表,而其内部势必分裂,二十八治早已混乱。要而言之,黄老道的理论尚在,为曹操所收养者如甘始、左慈、郄俭、华陀等,亦皆与五斗米道无关。魏晋后信五斗米道者,有官吏以至帝王,亦有农民群众。惟其社会地位不同,故理论与行动的矛盾存在已久,而农民革命利用五斗米道日在发展。至于改革五斗米道教义又对后世有大作用者,早期有魏夫人(252—334),晚期有寇谦之(365—448)。然由汉末至东晋末(215—420)始终能得上下层群众信仰而不衰者,基本结合于民族立场,借此以排斥外来的佛

6

教。凡五斗米道起于蜀,故佛教入蜀较晚。然张鲁后之五斗米道,返回蜀地而有成者,为范长生(?—318)佐李雄,于北方如务勿尘、董谧、成公兴,于南方如杜子恭、王羲之,皆不姓张。故张姓后裔更开龙虎山的天师道,于南北朝隋唐已非道教的主流,《汉天师世家》之说殊未可信。张陵、张衡、张鲁三世后,五斗米道已非张氏世传。当东晋末,王羲之之子凝之,被同为五斗米道的孙恩杀于隆安三年(399),其内部分裂已不可调和,故统治者视五斗米道一如汉末的黄老道。孙恩、卢循既步张角后尘,五斗米道亦步黄老道后尘,终为统治者所消灭。然汉因黄巾而亡,东晋又因孙、卢而亡。以道教言,继葛洪而有代表性者,已当南北朝而分为二。

以北方言,北魏拓跋嗣神瑞二年(415)有寇谦之得道于嵩岳,于泰常八年(423)又自称受汉武时得道者、老君之玄孙李谱文之旨,劾召百神以授弟子,旋得太武帝拓跋焘之重用。因拓跋氏初入中原,必须用中原礼法以治民,由是寇谦之乘机而入。且其思想又回复至汉武之世,乃使黄老与儒术相合,以继承董仲舒之衣钵。故与儒家崔浩合议,使北魏改革有农民革命思想的天师道而用之,犹改汉顺帝、桓帝之不用《太平经》以致黄巾之乱。惟拓跋氏之愿学,故寇谦之改革天师道,恢复黄老道。儒仍用汉注,如郑玄之学尚行于北方可证。拓跋氏来自西域,习见佛教教义,与其武力入侵并不相合,故对佛教并不重视,而对初闻的炼外丹求长生不死药且能升仙极感兴趣。此开北魏以至北周各朝代基本以道教为国教之局面。故道教正式成为统治者的御用宗教,不可忽略寇谦之所起的作用。又北方以排佛为主,故继《化胡经》之楼观派,亦盛行于北朝。于道教文献的编辑,元赵思玄于延佑乙卯(1315)序林辕《谷神篇》曰:"北魏寇谦之尝集道经,为其书少,遂将方技、符水、医药、卜筮、谶纬之书混而为一。"作此序时,已距寇谦之近九百年,未详所据。然以理推之,寇谦之从成公兴学数学,史有明确的记载,且视成公兴为谪仙,则其数学自然包括卜筮、谶纬之术。又方技、符水、医药,葛洪已取。故以寇谦之的地位而论,除所谓出于神授的《图箓真经》、《云中音诵新科之戒》等,必集道书,集则必与佛教争胜。故赵思玄之说,或非无据。最重要者,凡炼外丹的道书,基本传自寇谦之,然以形式改革天师道外,于道教教义似未作进一步发挥。故《道藏》之成,实在南朝。

以东晋言,思想尤复杂。既盛行老庄玄学,佛教尤风行,且玄学渐有不敌般若之势。而道教继承葛洪之理,尚非玄学,玄学不知内修而有清谈之弊。以道教言,其思想能有飞跃进步,就在以黄老道为基础,既合五斗米道而逐步改革,又能合老庄玄学,乃可与佛教般若不即不离,相互周旋。而完成此一任务者,是东晋末年的陆修静(406—477),主要能立洞神、洞玄、洞真"三洞"为道教之纲。

考葛洪记其学于其师郑隐时的情况曰:"弟子五十余人,惟余见受金丹之经及《三皇内文》、《枕中五行记》,其余人乃有不得一观此书之首题者矣。"于著录道经时,即以《三皇内文天地人》三卷为首。此见葛洪总结的道教,主于《三皇经》。以陆修静观之,《三皇经》属洞神,当三洞之一。此外洞真与洞玄,实发展而成于东晋。推其原,洞真本诸《黄庭经》,洞玄本诸《灵宝经》。于郑隐藏书中已著录《黄庭经》,或为汉末三国的古籍。信奉五斗米道而为祭酒的魏夫人,生于嘉平四年(252),《黄庭经》当已出世。迨魏夫人八十三岁卒于咸和九年(334),此经已大盛。《真诰》所记初次降灵事,时当升平三年(359),葛洪虽尚在世,或已未及知此类道经之合成。洞真亦为三洞之一,当时以上清经目之,属神仙家之说。若《灵宝经》屡见于《抱朴子》,郑隐书目中著录有《灵宝皇子心经》,又《灵宝五符》或亦已有。此经有云:"入山当以保日及义日,若专日则大吉,以制日伐日必死。"盖属五行类之书。故所谓《灵宝五符》似当五行,以一符当一行。此与葛洪从孙葛巢甫所撰《灵宝度人经》不同,《度人经》之理盖以《周易》的阴阳为主,巢甫利用灵宝之名而更作,以示其有据。进一步观之,阴阳五行本属同类,由是洞玄

8

灵宝亦成三洞之一。陆修静重视此洞,可见三洞之发展已在东晋,其原仍属葛洪。然陆修静的思想,既通老庄玄学,又受佛教影响。其于元嘉末年即太初元年(453)入庐山,当时的庐山早有道安(314—385)、慧远(334—416)的佛学。陆制灵宝仪轨,自然有取于佛教。

刘宋泰始七年(471),陆修静上《三洞经书目录》,初步完成以教义分类的道教书目。陆答宋明帝云:"道家经书并药方符图等,总一千二百二十八卷。云一千九十卷已行于世,一百三十八卷犹在天宫。"此上距葛洪已一百五十余年,道书又增加三四百卷,且内容亦在更新。郑隐之书是否全部保存,已未可知。考郑隐书目中有一部巨型道书,即《养生书》一百五卷,此证医家的养生法本属道教。及陆修静更以药方属之,则以《七略》论,《三洞经书》已全部包括"方技略",[1]惜陆之详目已佚。更究三洞之源,即洞神三皇,本葛洪之说而直承黄老道。洞真诸经,本魏夫人重视的《黄庭经》以成《大洞真经》等,乃发展五斗米道。惟洞玄灵宝以葛巢甫造作的《度人经》为代表,既上承汉魏晋初的《灵宝五符》与《灵宝经》,犹使《黄庭经》与《太平经》汇合,亦即道教继《参同契》后进一步结合《周易》的象数,且难免已有佛教思想在内。因南方的佛道相斥与相吸兼用,与北方以排斥为主不同。故陆修静继承魏夫人之说,亦与寇谦之改革五斗米道不同。然当刘裕开国后起用陆修静,则陆与寇同,道教又成为南朝的御用宗教。陆既不以孙恩、卢循为是,反以裕与邦同姓刘,刘宋以复汉,有以击魏晋之篡汉;亦自当汉初的黄老道,其制定道教仪轨,犹制一代礼乐。惟能结合当时道教的发展事实,兼收并蓄而明确三洞,故非寇谦之一味复古可比。

合上而言,由葛洪而北寇南陆,寇有以发展道教之金丹,陆有以发展道教之哲理。此全本南北朝客观的社会因素所决定,故此一时期的道教亦南北异途,即北较保守而南多创新。以文献论,南朝继陆修静

---

[1] 参阅《论医药与道教》。

的三洞,有孟法师的《玉纬七部经书目》、《陶隐居经目》及未详作者的《太上众经目》、《三十六部尊经目》等。

考孟法师有二,以大、小孟称之。大孟名景翼,梁天监二年(503)为大正。小孟名智周,有辩服法云事。以时考之,可同传陆修静之道。[1]此《玉纬七部经书目》,或系两人同著。曰"七部"者,本三洞而以太清、太平、太玄、正一四类为四辅。《正一经·科戒品》云:"《太清经》辅《洞神部》以下仙品,《太平经》辅《洞玄部》、《甲乙中部》以下真业,《太玄经》辅《洞真部》、《五千文》以下圣业。《正一法文》宗《道德经》,崇《三洞》,遍陈三乘。"

由陆修静上《三洞经书目录》,仅三四十年,而道教教义有大发展。《玉纬》云:"洞神是神宝君所出,洞玄是灵宝君所出,洞真是天宝君所出。"太清者,孟法师云:"大道气之所结,清虚体大,故曰太清,以境目经。"太平者,《玉纬》曰:"六合共行正道之号也。"太玄者,孟法师云:"是太玄都也。"正一者,《盟威经》云:"正以治邦,一以统万",又言法文者,"法以合离,文以分理"。凡《正一法文》一百卷,孟法师取之以总辅三洞三太。本此唐以前之文献记录,始可论南朝道教教义的变化,又可推究孟法师增四辅时所依据的客观事实。其以太清辅洞神者,犹明汉黄老道的发展。凡金丹之理,本天地人《三皇经》的三才之道,其于道教的发展,可兼及后世的内外丹,故此一洞辅乃道教中最有科学价值之处。其以太平辅洞玄者,盖以《太平经》辅《度人经》,然时间恰颠倒,且由此岸而归诸彼岸。今当正之,乃《度人经》法《太平经》而成。若《太平经》之理,仍得于汉黄老道的《三皇经》。然《度人经》的哲理,已较汉代有大发展,故此一洞辅与数理哲学、社会学最有关系。其以太玄辅洞真者,所谓五千文以下,实指魏晋所兴起的玄学。此老庄的哲理,与汉代所流传的黄老完全不同。洞真取魏夫人承五斗米道而继

---

[1] 参阅《孟法师考》。

方士之降灵术,此由原始宗教发展,又为道教迷信的渊薮。此为一切宗教或多或少皆含有的迷信思想,对心理学进一步发展是否有价值,尚有待科学的研究。又取太玄辅洞真,乃反映南朝玄学不敌佛教而归诸道教的事实。而玄学的思维既合于宗教,在我国有特殊的发展,即达磨由南而北以开禅宗,故太玄一辅又为禅之源。至于《正一法文》为正一部而遍陈三乘,犹恢复五斗米道的地位。因陆修静主刘裕的幻想既已破灭,则张鲁降汉归魏仍有可取处,不当因孙、卢而非张陵。孟法师继陆修静而益此正一,且以正一统三太、三洞,又见张鲁后所兴的五斗米道。故宋后天师道的独尊,不可不知孟法师之功。且道教千余年的发展,实未出此三洞四辅之范围,自明末而衰,仍在未明三洞四辅的实质。因信道者皆信妄为真而不求其史实,学者则仅知其妄而未求其所以编此妄言之故。如彭定求编《道藏辑要》,谓道教文献不可以时代次,此实大误。故欲理解道教教义,必须由三洞四辅入门,此为南朝道教之重要成就。惜历代学者每以陶弘景继葛洪,而忽略陆修静与孟法师,今说明其史迹,乃可了解道教文献分类的实质。其后继孟法师者,始属开茅山派的陶弘景(456—536)。《陶隐居经目》如何分类已未可知,然其推尊三茅君犹承汉黄老道,即洞神三皇;取魏夫人之《黄庭经》及降灵之《真诰》,则承重兴的五斗米道,即洞真诸经;《真灵位业图》以元始天尊为主,乃取陆修静承葛巢甫《度人经》洞玄之说。此见茅山派之有取于三洞。三茅君是否有其人,《真诰》中提及的汉代仙迹,较《抱朴子》所记更难信。然亦不可一笔抹煞,因汉代确有黄老道存在。陶隐居本身于医药养生之理有所发展,于进一步结合佛道亦有贡献。此外如《太上众经目》或指五千文以下圣业之文献,亦可能包括对老庄等古籍之注解。《三十六部尊经目》者,凡每洞有经十二部,三洞共三十六部尊经。然洞神除郑隐所传的《三皇经》,洞真除《黄庭经》、《三十九章经》,洞玄除《灵宝五符》、《灵宝经》、《度人经》外,当时极多。然必须凑足三十六部,难免内容混杂,于道教教义已无裨益。而十二地支数,则本为《三皇经》所重视。或确指三十六部尊经之经名,或当时各道派所取亦不同,此已为不可深究亦不必深究之事。继之每洞分"本文、神符、玉诀、灵图、谱录、戒律、威仪、方法、众术、记传、赞颂、章表为十二部"乃释经之法,故三洞分三十六部与三十六部尊经的三十六部不同,义谓每部尊经皆须分十二部以说明此经之原委。此十二部可取,然亦不必每经必分十二部。惟有此三洞四辅十二部之规模,方可遍及道书而不乱,始有成《道藏》之可能性。

更以北方言,承寇谦之之道,道教文献亦在增加,然未必以三洞四辅分类。甄鸾于北周武帝天和五年(570)上《笑道论》,提及《玄都经目》云:"道经、传、记、符、图、论,六千三百六十三卷。二千四十卷有本,其一千一百余卷经、传、记、符、图,其八百八十四卷诸子、论。"合诸陆修静书目,此一千一百余卷的卷数相近,诸子及论,盖北方所增,故有二千四十卷。云六千余卷者,乃虚目不足信。惟其收入诸子,则《七略》之内容已备于道经书目,[1]此可考见当时道教所包括的学术文化。

合上南北朝的道书,庶见《道藏》盖直承汉初黄老道而自成体系。唐孟安排著《道教义枢》即取此体系,此所以及玄宗能辑成《开元道藏》。

今更以历代文献的整理分类情况,与逐步形成《道藏》的情况相比。《道藏》者,实发展《七略》系统而成,对"数术略"、"方技略"有大发展。"诸子略"能随时增入当世的著作,亦为可贵处。儒家的文献学,继《七略》后,成荀勖(? —289)的四部。勖继魏郑默的《中经》而更著《新簿》,且有晋武帝太康二年(281)的汲冢大批竹书发现,此为复见古代文献的可贵资料。由勖的甲乙丙丁四部,及李充于晋元帝时(317—323)互易乙丙二部之次,始成至清乾隆时尚应用的经史子集四部。然

---

〔1〕 参阅《论〈七略〉与〈道藏〉》。

12

当李充定四部时,正值五胡之乱而南方初定,故书籍极少。且四部虽可增加书籍,如葛洪所保存的道书,四部中决不可能收入。又《七略》于"兵书略"、"数术略"、"方技略"属专业学问,四部皆入于子,实属最大缺点。其后王俭撰《七志》,方复《七略》之目。且"辑略"非目,乃增"图谱志"并附道、佛为《七志》。又梁文德殿目录,于四部外,集术数之书更为一部,由祖冲之子祖暅之撰其名,成五部目录,方能保存术数的专业学问。梁普通四年(523)阮孝绪成《七录》,除《经典录》、《记传录》、《子兵录》、《文集录》四部外,增《技术录》、《佛录》、《道录》,犹于五部目录外增佛道,则方合当时文献的情况。以道书言,是时已经陆、孟而成三洞四辅的纲目,与葛洪时大不相同。《七录》亦能继葛洪的图与书二类而为四,《七录》对《道录》的分类为:"经戒部二百九十种,三百一十八帙,八百二十八卷。服饵部四十八种,五十二帙,一百六十七卷。房中部十三种,十三帙,三十八卷。符图部七十种,七十六帙,一百三卷。右四部四百二十五种,四百五十九帙,一千一百三十八卷。"此分四类,仍不足与三洞四辅相比。论其数量与陆所上之《三洞经书》卷数相近,惟医经等不在其中,约可考见宋至梁道书所增的卷数。尚有《隋书·经籍志》载道书总目:"经戒三百一部,九百八卷。饵服四十六部,一百六十七卷。房中十三部,三十八卷。符箓十七部,一百三卷。右三百七十七部,一千二百一十六卷。"则与《七录》相似。又《隋志》准四部分类外,另有道经、佛经二类。隋唐起有此文献,方可见我国思想史上分成儒释道三教的具体内容。唐孟安排已见《隋志》,然仍须以三洞四辅十二部分类者,盖始能见道教教义。因《道藏》所收书,决非仅收道经,早已兼及《七略》而以黄老为主,且能充实历代所发展的各种专业文献,乃可与儒、佛相互周旋而鼎立成三。唐玄宗时辑成《开元道藏》前,先有《一切道经音义》。玄宗初年,史崇玄云:"据京中藏内见在经二千余卷以为音训,具如目录。余经仪传论疏记等文可易解者,此不详备。"此见唐玄宗时的道经卷数,盖与北周《玄都经目》卷数相近。增入隋唐道经的卷数,约与"余经仪传论疏记等文"的卷数相近,其数或有千卷。乃据三洞四辅以分类,故《开元道藏》有三千余卷。可见《道藏》初成时,已包括先秦及汉魏以来与黄老有关的各种古籍,足与《七略》并观。惜以六艺经学为主之四部分类法,既代《七略》、《七志》、《五部》、《七录》而流行,其思想必以六艺为主而绝对尊经,凡专业学问皆入子部。而汉初黄老之说,虽发展成道教教义,其间如天文、地势、数学、医学、内外丹等,实属专业学问,于历代兴衰史迹及其内容变化,今惟可于《道藏》中得其文献。必由此观点,方能重见《道藏》之价值,亦见《四库提要》以儒家立场评论《道藏》收书不当之非。故必先恢复明以前的道教面貌,始可纠正主经学而忽略专业学问之偏执,以见我国思想文化之整体。因道教中的专业学问,在迷信的外衣下,内容不乏合理因素。即以书目分类法言,《道藏》之三洞四辅已能直接分析道经的内容,较《佛藏》之经律论、儒书之经史子集更有思想性。

当南朝形成三洞四辅的道教后,始有比较固定的教义。迨隋唐统一,若傅奕信道而以排佛为主,犹见北朝作风。孟安排之《道教义枢》本三洞四辅的体例外,进一步吸收佛教教义,则有南朝作风。又唐认李耳为祖,故唐之道教基本以老子为教主,则唐以后的道教已与先秦道家合一。若李筌发现《阴符经》而托名黄帝,本其自撰之说,得于寇谦之所埋藏。上已说明寇改革天师道与儒合流,实与董仲舒思想同类,已无须更尊黄帝之言。故李筌之《阴符经》虽或有本,已属唐人的思想,所以有超过帝王世系之志。其后盛传至今,且以《阴符》、《道德》为黄老,此唐代的黄老与汉初的黄老所以大异。又南朝有周智响、唐末有闾丘方远等重视《太平经》,因当乱世而思治,方有继承汉代黄老道的思想,此属洞玄太平。于内外丹的发展,属洞神三皇。其迷信的一面,即汉代的谶纬,实与内外丹无关,而有影响于炼内外丹的条件。于隋唐时,已渐重内丹,此与中医发展有关。隋唐的名医,如杨上善、孙思邈、王冰等,皆与道教密切相关。而道教自汉代起本包括医药养生类,故唐代起形成儒释道三教后,医自然属于道教。

道教于唐代,至玄宗改元天宝,可谓发展至最高峰。天宝君出洞真,盖重视上清经、太玄一辅,且玄宗已注意刘知古所了解的《参同契》。然成《开元道藏》未久即有安史之乱,道教内容势必有变化。隐者如张果、钟离权、吕纯阳、刘海蟾、陈抟(?—989)等,乃当晚唐五代的道教革新人物。以传统的道教言,李渤之《真系传》即天宝君之茅山道,其后杜光庭(850—933)亦属之。杜已不辨孟安排与大小孟,可见南朝形成的三洞四辅,至晚唐五代已混乱,基本取茅山正一为主。而新兴的道教于内丹有大发展,由玄宗时之刘知古、张果,及晚唐之钟、吕,五代之刘、陈。传说钟为汉人,吕为唐人,实则同为晚唐人。因钟通汉代象数有以授吕而为师生(据《灵宝毕法》),可见钟之学说与代宗接位时(762)所上之《周易集解》有关。又刘海蟾为燕相,燕灭于后梁凤历元年(913)。在荒诞的信道风气下,定有正直者,刘海蟾即其人,传说其至华山而陈抟尚与之见面,有可能性。陈抟继葛巢甫《度人经》的象数,于易学有划时代之进步。此辈皆为革新道教的创始人,由外丹归内丹的关键人物,然生前钟、吕、刘除个别弟子外,未必为人注意。而南宗初祖张伯端之道似与刘、陈有关,北宗王重阳则自言传自钟、吕、刘。又张、钟、吕为后世盛传的八仙之三。此说明道教至唐末五代另有发展,然无碍于三洞四辅的纲领。因传统的道教已限于洞真太玄,此所发展者属洞神三皇的金丹与洞玄度人的易象。

张君房由《大宋天宫宝藏》摘要成《云笈七签》,未及留意民间流传的道教,史有记载的张果、陈抟等亦未被重视。故洞神、洞玄在唐五代已发展的史实,未能在宋初官方道教中显出。于《云笈七签》中重视老君世系,引《云台治中内录》由第一代老君及第四十一代孙通元,其第三十八代为李淳风,故第四十一代已可及晚唐五代,此每代的年份任意而取,纯属幻想。故知宋初的传统道教仍继唐而以老君为主,此正一之说,与太玄辅洞真之义不同。

又宋真宗大中祥符九年(1016),赐信州道士张正随为贞静先生。张天师世家始由不可详考而代代有传,且与曲阜孔府相应而一儒一道衍传至今。然孔子之世传尚系事实,张于鲁后早已恍惚。且儒道相对,乃儒之尧舜对道之轩辕,儒之孔对道之老。然道教由汉黄老而成魏晋老庄,又由唐之老子相传而归于宋之张陵世袭。宋起以张对孔而为道教代表,且不以黄老道为道教,宜张天师盛而道教史迹始终难明。此为宋初官方道教的概况。而民间有张伯端《悟真篇》出,能兼继洞神、洞玄,于内丹独有心得,且产生儒释道三教合一的道教教义,是为北宋时的南宗。南宋时北方更兴王重阳的全真教,亦本三教合一之理,于修持法不全同。弟子丘长春又创龙门派,同属北宗。自产生南北宗后,其他道教流派相应衰落,惟宋代再兴的天师道可与抗衡,故《元藏》为龙门派所修,《明藏》为天师道所修。

至于三洞四辅的分类法,因由唐至明已七百余年,且诸藏并书目皆散佚,则具体分类未可知,况唐末宋初道教有大发展。迨南北宗创三教合一之理后,道教教义有质的变化,是否可纳入三洞四辅之范围,当为先决问题,于编《明藏》时似未深入研究。故虽经四十年之久而编成《正统道藏》,于体例实已紊乱,徒存三洞四辅的空架,有骨无肉,生气索然。道教最可宝贵之三洞四辅已不为羽士学者所关心,此《道藏辑要》所以能代《明藏》,而无本的道教教义势必不振。

《隋书·经籍志》后,能重视道书而为之分类者,当以郑樵《通志·艺文略》最为恰当。凡分四类二十五目。全目如下:

　　道家一,七目:老子、庄子、诸子、阴符经、黄庭、参同契、目录。

　　道家二,五目:传、记、论、书、经。

　　道家三,八目:科仪、符箓、吐纳、胎息、内视、道引、辟谷、内丹。

道家四，五目：外丹、金石药、服饵、房中、修养。

此种分法之可贵者，已能继承唐代之认识，置道教于道家中。惟未辨道经形成的时间，故一、二两类区分不当。至于道教的具体内容，以内外丹分之，亦可取，然皆属洞神三皇。于洞玄、洞真，郑樵已不知所指。又晁《志》引宋邓志和所撰之《道藏书目》一卷，目为："大洞真部八十一帙，灵宝洞元部九十帙，太上洞神部三十帙，太真部九十六帙，太平部一十六帙，正一部三十九帙，凡六部三百十一帙。"而晁《志》又改太平为太清，此仍为七部的系统。太真者，真即玄，避宋始祖玄朗讳，故改玄为真。邓不计太清，即以太清合于太平。晁不计太平，即以太平合于太清。凡太平类收汉黄老道度人之理，太清类收汉三皇自度之理，此两类同属早期的道经，至宋已所剩无几，故又有合成六部的分类法，实仍本七类。故《道藏》分类成三洞四辅早已定型，惟南北宗的文献宜如何纳入，方属整理《道藏》编目的症结所在。至于此一问题的解决，当深入考察三洞与儒释道三教概念的同异。三教成鼎立之势，不可不从具体的文献考察，故有《隋志》的书目，始能成唐代的三教。而道之为言，内有道家、道教之争名，外有儒道之争文献、佛道之争思维。幸有陈抟辈出，于道教能本易理、医理与老庄，既新《周易》的象数，复创自然的内丹。乃使儒倚之而开理学，佛法之而畅宗门，道遵之而启《悟真》。此对我国学术思想有大作用，今正宜加以准确的评价。若张君房之道，以今观之，在当时已属传统之说，其学术价值决不能与陈抟辈相比。凡出入佛老以排佛老之理学，其精华乃得自佛之禅、老庄之玄而归于孟子之义。更以道教言，虽宋兴正一、武当等，而于基本思想有发展者，乃在张伯端（987—1082）继陈抟以创三教合一。其于修道而不废人伦，此同于儒；明辨性命顺逆，则似正一而去其符箓；于佛去其教下而通其宗门；且有不含命宫之玄机，则于魏晋清谈又有更上一层之妙谛。其于传统的道教，既不取《宋藏》之理，若茅山陈景元

之有守,亦未可相比。故惟西岳南宗方为道教之革新人物,有此一线
之传,实继正一而另有发挥。所谓三教合一者,犹如扩充三洞之概念。
凡洞玄灵宝犹儒教,度人无已,其在此岸抑彼岸,任人自取,怒者其谁
邪。凡洞真上清犹佛教,通彼感应之普门,入此玄门之禅机,相与非
相,指穷薪传,性命云乎哉。凡洞神三皇犹道教,三才一致,参同而契,
诚合内外,命不由天。故孟法师于南朝以正一统三洞三太,及宋初之
张伯端犹以《悟真篇》合三洞三太于三教。然南宗于北宋以自度为主,
其传未广,及王重阳(1112—1170)出于金而化北七真,弟子丘长春西
游以化成吉思汗,则由全真而龙门,以度人为主,其传乃广。故三教合
一之理,盛传不衰。然北宗以出家清修乞食为主,此同于佛;不废世事
而广为觉人,此同于儒;不忘《道藏》而注意道教之史迹,此同于道。继
历代不同之道教而归于三教合一,亦所以发展道教,其认识三教与南
宗无异,而本身之行动大异。且南宗至白玉蟾渐通于正一,亦有与北
宗相合之势。合而论之,南北宗充实三洞之理,由三教合一而以道为
主。此三教合一之理,又对儒佛有影响。以儒言,宋起的理学亦逐步
发展成三教合一而以儒为主;佛由教下而宗门遍天下,亦有混同三教
之象。且佛教另兴密宗于唐,及宋而渐为主要流派,此于道教内外丹
之修炼法,大有相通处。南北宗之有与于密宗已成客观事实,其间相
应关系正宜深入研究,迄今仍起作用。清初统治者重视佛教之密宗,
故道教不期而衰。

上述南北宗与三洞之关系,能理解其概念之变化,庶可仍依三洞
四辅之分类法包括南北宗文献。下示《道藏》书目分类的纲领:

```
   三  洞      四  辅      三  教    南  北  宗
洞神——三皇→太清——金丹┐    道
洞玄——灵宝→太平——真业├正一  儒    南宗、北宗
洞真——上清→太玄——圣业┘    释
```

18

# 自 序

凡读《道藏》文献,有一最大的困难,就是什之七八未明作者的时代。时代未定,更难考察其价值。故对汉至明整个历史时期,须反复推敲以作扼要的分析,始可判断《道藏》书目的成书年代。先定三大时期,其一、自古及汉末,纯以道为主,矛盾在黄老道与儒家之争,尚无佛之影响。其二、魏晋至唐末五代,为三教教义渗透时期,三教内容各自变化和发展。其三、宋末至明万历,为三教合一时期。此时代分期略见下表:

一、先秦 古——207

二、西汉 —206—25 约二百三十年

三、东汉 25—220 约二百年 虞翻(170—239)

四、魏西晋 220—316 约一百年 王弼(226—249)

五、东晋 317—420 约一百年

六、南北朝 420—589 约一百七十年

七、隋→唐肃宗 581—761 约一百八十年

八、唐代宗→五代 762—960 约二百年 陈抟(?—989)

九、北宋 960—1127 约一百五十年 张伯端(987—1082)

十、辽金南宋 1127—1279 约一百五十年

十一、元 1271—1368 约一百年

十二、明(万历止) 1368—1607 约二百五十年

由西汉统一至明万历三十五年成《万历续道藏》约一千八百年,除先秦外,分十一期。对《明藏》所收之文献,虽不能详考其著作年代,已可了解其属于某一历史时期的作品。一至三即第一时期,四至八即第二时期,九至十二即第三时期。以人物论,三、四两期之际,宜为虞翻与王弼。八、九两期之际,宜为陈抟与张伯端。

又同一历史时期的作品,又因地域而内容不同,此不可不知空间分隔。我国早有九州之说可取,然实际地域又因历史演变而不同。今仅论其大体,东西可本黄河长江而三分,以见北岳、中岳、南岳之位。

19

南北可本东经 111 度与 116 度而三分,以见西岳、中岳、东岳之位。此由五岳之四正,约取九江、宜昌、三门峡、梁山四处为交点以见四维。有此九域,基本能说明道教传布的趋势。下附九域示意图:

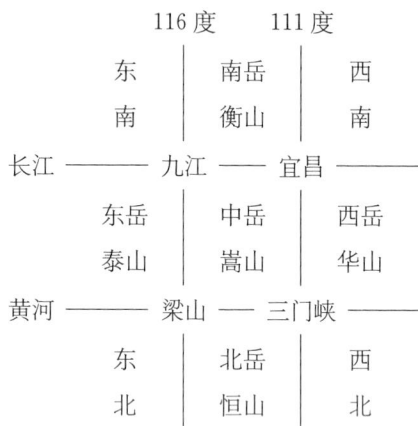

| 116 度 | | 111 度 |
|---|---|---|
| 东南 | 南岳衡山 | 西南 |
| 长江 —— 九江 —— 宜昌 —— | | |
| 东岳泰山 | 中岳嵩山 | 西岳华山 |
| 黄河 —— 梁山 —— 三门峡 —— | | |
| 东北 | 北岳恒山 | 西北 |

由上述史地的时空坐标,乃可研究整个《明藏》所收文献的内容。其编目必须以三洞四辅为准,方见道教的特色。自唐起已视老子为教主,故道教当包括在道家中。医药本属养生,《周易》本属阴阳家之典籍,为《道藏》所收,未可谓非。认识汉代的黄老道为道教之源,方能正确了解其哲理。如仅以张陵天师道为道教,决不能说明道教在我国发展的史实。至于先秦的道教,亦即方士与儒生之矛盾,与《道藏》书目关系不大,此处不作深入分析。计《道藏》所收的文献全部作成提要后,则《道藏》编目可最后确定。然每部主要文献须经考核,极费时间。今已粗具纲领,规模已定。凡写每一书之提要,大体能以时空及三洞四辅明辨之。先成《道藏书目提要》第一集,兼及各个时期的重要作品计有二百余种,以供研究《道藏》者参考。错误之处势所难免,企望各位专家学者不吝教诲以备纠正为幸。

1982 年潘雨廷于华东师大古籍研究所

# 凡　　例

一、《道藏》书目共有一千四百七十三种，然有一书二收，亦有同书异名、同名异书。而于各种合集中，收有多种道书，内有极重要之文献，须另作提要。故提要篇数将超过一千五百，拟分四集，每集约有三四百篇。

二、此书以介绍每部文献的史实内容为主，其间多阐明内容的意义。

三、此书重视每部文献写作时的历史背景及其承前启后的作用。

四、道教文献颇多简短而含义精深者，凡遇名著而不满千字者，每录原文。

五、此书可作为编写道教史的资料。

六、《道藏》编目之原则，另详拙稿《〈道藏编目〉自序》。此书则取玉诀继于本文，以便查阅。提要全部完成后，可作索引。第一集因所作之提要须遍及各时代、各地域的三洞四辅十二部，尚未体现编目的原则。

# 道藏书目提要

## 1. 道 德 真 经

　　《道德真经》一卷，属洞神部本文，分类可从。于三洞之次，宜本《正一经》为"洞神"、"洞玄"、"洞真"，方合历史发展的事实。凡洞神三皇，当汉代的黄老道。黄老之说起于先秦，文献大半已散佚。自1973年于长沙马王堆出土大量文献，基本属汉初继秦代的黄老之说。所谓《道德真经》发现有两本，出土后以甲、乙本名之，与世传本颇有同异，然大义仍相似。若此道藏本分八十一章，各题章名同河上公本，然文字亦不全同。下举若干例以见一斑：

　　一、体道章第一：河上公本"故常无欲以观其妙"。
　　　　　　　　　　道藏本无"故"字。
　　二、安民章第三：河上公本"则无不治"。
　　　　　　　　　　道藏本"则无不治矣"。
　　三、无源章第四：河上公本"或不盈"。
　　　　　　　　　　道藏本"或似不盈"。
　　四、韬光章第七：河上公本"以其无私"。
　　　　　　　　　　道藏本"非以其无私耶"。

五、厌耻章第十三：河上公本"辱为下"，"故贵以身为天下者,则可以寄
于天下。爱以身为天下者,乃可以托于天下"。
道藏本"宠为下"，"故贵以身为天下,若可寄天下。
爱以身为天下,若可托天下"。

六、赞玄章第十四：河上公本"是谓无状之状,无物之象"。
道藏本"是谓无状之状,无象之象,无物之象"。

七、显质章第八十一：河上公本"既以为人己愈有"。
道藏本"既以与人己愈有"。

合而观之,尚属同源。《道藏》能重河上公本,方合汉代黄老之说。每章有题名,注意养生,可见汉代注《老子》之法。当王弼注出,始与黄老道不同。若分章同异,章旨是否合乎老子原意,则更当研究。今有甲、乙本出,对老子之理解,又可深入一层。再辑《道藏》时,宜收入甲、乙本,为洞神部本文的一种。又于乙本《老子》前,尚有《黄帝四经》,亦当同时收入,庶见秦汉之际的所谓黄老之说。凡此文献,待武帝尊儒后即散入民间,逐步发展成黄老道的基本思想。

## 2. 道德经藏室纂微篇

《道德经藏室纂微篇》十卷,宋碧虚子陈景元著,见《道藏》418—420 册,欲上下难上一二。景元字太初,家世建昌,庆历二年(1042)即高邮天庆观礼崇道大师韩知止为师,三年试经,度为道士。十八负笈游名山,抵天台阅三洞经,遇高士鸿蒙子张无梦,得老庄微旨。熙宁五年(1072)进所注《道德经》,帝奖之。绍圣元年六月十三日卒,年七十(1025—1094),门弟子有许修真等十人(详见薛致玄《开题科文疏》)。

书前有开题,实为老子塑像。此道教老子之形象,与先秦著《道德经》者,已截然不同。至于五千文之大义,则尚有可据。又书前有文康公葛邲次仲之《老子论》;及杨仲庚序于宝祐戊午(1258),乃为重刊之言,已后于成书近二百年。

碧虚子于道已有整体理解，凡三洞四辅皆批阅，于老庄之理尤能得其玄玄之旨。全书之注极圆融，引古注亦皆有据。于八十一章皆说明是章之旨及所以继以下章之理，故能贯通全书，非章句之注者可比。

总于《道经》下曰："上篇明道，以常道为宗。常道者，虚心以待物者也。"此以"虚心以待物"一句，说明不可道之道，老子本意是否如是，已不可必。然历代各有所知，以变成道教言，视为虚心以待物，不可谓非于张无梦处所得之老庄微旨。于《德经》下曰："下篇明德，以不德为元。不德者，忘德以应用者也。"此忘德与虚心对。或能忘德而虚心，此之谓丧我。由是而往，方能无大患而物齐逍遥，老庄其一乎二乎。

最后总结曰："右《老子经》二篇，统论空洞、虚无、自然、道德、神明、太和、天地、阴阳、圣人、侯王、士庶、动植之类，所谓广大而无不蕴，细微而无不袭也。约而语之，上之首章明可道常道为教之宗，叙体而合乎妙。上之末章以无为无不为陈教之旨，叙用而适乎道。故体用兼忘，始末相贯也。下之首章明有德无德为教之应，因时之浇淳而次乎妙也。下之末章以信言不信言为教之用，任物之华实而施乎道也。是以因时任物而不逆不争，是有其元德而大顺于造化，复其常道而入于妙门者矣。"此以道、德、应、用四字总结全经，非深味乎道德之旨者，曷克臻此。今已得马王堆之汉初《道德经》，字虽略异而大义仍同，上下倒置而为德道，于应用宗旨理仍未悖。及宋初而道教大盛，陈景元于道家原理能进一步阐明，亦甚关重要。陈传自张无梦，张传自陈抟。此与理学之邵周程张亦有传自陈抟之象，非同出而异名欤。

## 3. 道德真经藏室纂微手钞

《道德真经藏室纂微手钞》二卷，元太霞老人薛致玄述。今上卷已佚，仅存下卷。《道藏》另有《道德真经藏室纂微开题科文疏》五卷，此书当时或合刊。然郭时中序仅言其有《科文义疏》七卷、《纂微开题》及

《总章夹颂》各二卷,未言此《手钞》二卷。

今从卷下观之,此二卷盖取自碧虚子之注文,其言有典可考者皆录出。上加"纂云"即《纂微》之原文,然后加"钞曰"以说明"纂云"之故实。

如"大器晚成",纂云:"大器之人,若九鼎瑚琏不可卒成。"而疏即说明黄帝九鼎及孔子以赐为瑚琏之说,且旁及他说缀以成文,要在明道。此太霞钞此之苦心,亦见对陈景元之敬佩。故读景元之书,确可由太霞之疏钞入手,虽不足以比澄观之疏《华严》,而理则仍同。上卷之佚,亦殊可惜,有志者大可为之补足。

此书见《道藏》421册难八。

# 4. 道德真经藏室纂微开题科文疏

《道德真经藏室纂微开题科文疏》五卷,元太霞老人薛致玄述。据浮阳李庭序,凡成《科文义疏》七卷、《纂微开题》及《总章夹颂》各二卷。故总名《道德真经藏室纂微疏钞》,此五卷实非全书。又有大蒙古国岁己酉(1249)秋七月既望宣差陕西规措三白渠副使大华郭时中序。更有平凉贡士冯复述于同年,谓于丁未(1247)冬平凉元帅王公加礼延请太霞老人至其地为讲此经,则距碧虚子之成此《纂微》已一百七十余年。

按碧虚子之《开题》为老子塑像,及薛致玄之《开题科文疏》,则进一步为老子塑像。所谓开题科文,实法佛经之科判,能深入推敲文义,较我国本有之注疏更为清晰。如此书分碧虚子之开题为二十门,可云精细,今就其第十九门言。

十九者,碧虚子开题为:"此经以重玄为宗,自然为体,道德为用,其要在治身治国。治国则我无为而民自化,我无欲而民自朴。治身则塞其兑闭其门,谷神不死少私寡欲。此其要旨可得而言也。若夫视之不见,听之不闻,玄之又玄,众妙之门,殆不可得而言传也。故游其廊庑者自以为升堂睹奥,及其研精覃思,然后于道知其秋毫之端万分未

4

得处一焉。"此节之疏曰："此第十九门,明道德二经之宗本,治国治身之大旨,以遗后学尔。就此门中又分为二,其一明道德之宗本,其二明治国治身之大旨。"

于明道德之宗本,叙述各家《老子》注之大义,极可参考。其言曰:"且夫河上公、严君平等皆明治国之道。松灵仙人、魏代孙登、梁朝陶隐居、南齐顾欢等皆明治身之道。苻坚时僧罗什、后赵时僧佛图澄、梁武帝时道士窦略等,皆明事理因果之道。梁朝道士孟智周、臧玄静,陈朝道士朱糅,隋朝道士刘进喜,唐朝道士成玄英、蔡子晃、黄玄颐、李荣车、玄弼、张慧超、黎元兴等皆明重玄之道。何晏、钟会、杜元凯、王辅嗣、羊枯(枯或当作祜)、卢氏、刘仁会等皆明虚极无为治家治国之道。此明注解之人,意趣俱多不同。又诸家禀学立宗,亦多不同。严君平以玄虚为宗,顾欢以无为为宗,孟智周、臧玄静以道德为宗,梁武帝以非有非无为宗,孙登以重玄为宗。"又上推至《开元御疏》序中所提及之理身治国。由是更疏"穷理尽性,闭缘息想,处实行权,坐忘遗照,损之又损,玄之又玄",继之归于五教:"一者挫锐解纷和光同尘,初教也。二者见素抱朴虚心实腹,渐教也。三者后其身而身先,外其身而身存,半教也。四者损之又损以至于无为,无为而无不为,满教也。五者淡然常存,用之不勤,天地有终,大道无变,圆教也。"

以上略引其辗转联想之科文。虽似无主,而触类旁通,实有根本之旨。此法由佛教引入,以之科判老子,乃愈研愈细,愈论愈详,而老子之象亦愈近教主。此仅引老子《道德经》内容之一门言,此外历代尊老之情况及老子之名号等,尤能见其教主之形象。汉祀黄老尚是我国之老子,宋元之祀老已为释迦所同化。道教之发展情况,可谓至陈景元一变,至薛致玄而再变。

此书郭时中序有曰:"是经也,老子作之,碧虚纂之,太霞又从而释之。何经历世数之久而述作之多,盖一之理难乎拟议形容也。虽然,后之学者不可畏高而怯其难,亦不可躐等而为之易。必也睿思明辨,日就月将,孜孜汲汲,无少间断,深玩而实体之,则是一也洞然胸中,有不期悟而自悟者矣。将见自凡趋圣,超然物外,神游八极,身居廊苑者,未必不由兹学始,其绪余土苴,犹足以齐家治国平天下云。"亦可云得道教之要。能见此释陈篆与老子为一者,庶足以同论道教之理。凡读此书而能悟此,斯为贵,亦可谓太霞老人孜孜一生以著此书之要。

此书见《道藏》420 册难上三四五,421 册难下六七。

# 5. 南 华 真 经

《南华真经》五卷,即《庄子》三十三篇之白文。属洞神部本文,见《道藏》349—351 册。

卷一为内篇第一至第五。

卷二为内篇第六至第七;外篇第八至第十一。

卷三为外篇第十二至十八。

卷四为外篇第十九至第二十二;杂篇第二十三至二十五。

卷五为杂篇第二十六至第三十三。

卷首载庄子画像及史迹,盖取于《玄元十子图》(见《道藏》第 72 册)。自唐玄宗封庄子为南华真人,书为《南华真经》,道教已合道家为一。汉起所发展的黄老道,早取《庄子》各种寓言以为道教之内容。庄子久已为道教中的重要人物,至唐封为南华真人,始为正名而已。然自宋封张天师后,又以道教为始于张陵而不提黄老道,则道教又与道家分裂。乃道教纯属宗教迷信而不从哲学角度研究,此与唐起编成《开元道藏》的道教不同。故今日研究《道藏》,当重视洞神部本文。

考此《道藏》所收之《庄子》白文,仍用郭象本,此属正统十年(1445)的明刻本,有校勘原文之价值。

# 6. 庄 周 气 诀 解

《庄周气诀解》一卷,见《道藏》569 册尽下六。首解庄子《养生主》"薪穷火传"曰:"将以指尽前薪之理,故火传为不灭;心得纳养之中,故命续而不绝。夫养生乃生之所以生也,不知其尽也。夫时不再来,命不一停,故人之生也,乃一息一得耳。向息非今息,故纳养而命续;前火非后火,故薪传而火续。夫由纳养而得理其极,世岂知其生而尽哉。"即此而名其书为《庄周气诀解》,不可谓非庄子之知音。若成书时,已引《阴符》疏,约当唐五代人。

其言曰:"但能握固、闭气、吞液,气化为血,血化为精,精化为神,神化为液,液化为骨。胎结丹田,绵绵长存,行之不倦,神充体溢。凡咽气皆须喉中徐徐咽,不得泄,泄即令人发烦。"且曰:"凡气欲从口鼻中冲出,即须强咽津液,直要加力小腹,从容抑下。如不可禁,即合返取所出气,还鼓腮,努力小腹,咽入渐固,久久自不出矣。"说得更明白,然尚未及庄子缘督、坐忘之理。可见张伯端金丹之说,亦非一旦而能成者。此书作者似在其前,亦属唐末五代所发展之道教。《通志》著录有《周庄气诀》一卷,或即此书,后人以周庄为庄周之误倒,可能性甚大。

# 7. 太平经、太平经圣君秘旨、太平经钞

正统《道藏》所收的《太平经》有三种,属太平部。"外"字上下为《太平经钞》十卷(第 746—747 册);继之为残缺的《太平经》五十七卷,当"受傅训入"四字(第 748—755 册);其下为《太平经圣君秘旨》一卷,题名为"传上相青童君",首有《太平经复文序》,亦属"入"字(第 755 册)。此三种《太平经》当太平部首三种经,编次可取。然三种之间的次序有颠倒,依时代排列当为《太平经》五十七卷(残缺)、《太平经圣君

秘旨》一卷、《太平经钞》十卷。

至于缺佚的情况、与经钞的关系,以下表示之。

| | | | |
|---|---|---|---|
| 甲部 1—17 卷 | 佚 | | 抄存 1 卷 |
| 乙部 18—34 卷 | 佚 | | 抄存 1 卷 |
| 丙部 35—51 卷 | 38 佚 | 存 16 卷 | 抄存 1 卷 |
| 丁部 52—68 卷 | 52、56—64 佚 | 存 7 卷 | 抄存 1 卷 |
| 戊部 69—85 卷 | 73—85 佚 | 存 4 卷 | 抄存 1 卷 |
| 己部 86—102 卷 | 87、94—95 佚 | 存 14 卷 | 抄存 1 卷 |
| 庚部 103—119 卷 | 115 佚 | 存 16 卷 | 抄存 1 卷 |
| 辛部 120—136 卷 | 佚 | | 抄存 1 卷 |
| 壬部 137—153 卷 | 佚 | | 抄存 1 卷 |
| 癸部 154—170 卷 | 佚 | | 抄存 1 卷 |
| 计《太平经》170 卷 | 佚 113 卷 | 存 57 卷 | 《太平经钞》10 卷 |

《后汉书·襄楷传》提及有《太平清领书》十卷,系宫崇于顺帝(126—144)时上其师于吉的神书。书以十天干分为十部,每部十七卷。《抱朴子》著录《甲乙经》一百七十卷,即此《太平经》。今已缺佚三之二,仅存五十七卷。然除《甲乙经》外,《抱朴子》尚著录《太平经》五十卷。观葛洪(283—363)所见的道经,卷数多者,惟此二书及《养生书》一百五卷。此三部大书皆非一人所作,疑同属哀集汉人之说,故《甲乙经》与《太平经》似非一书。唐李贤注《后汉书》以《甲乙经》为《太平清领书》,当有据。唐青溪道士孟安排《道教义枢》曰:"按《正一经》云有《太平洞极之经》一百四十四卷。此经并盛明治道,证果修因,禁忌众术也。"当另有其书。依史而言,《太平清领书》即《甲乙经》,为张角所信奉的黄老道所用;《太平经》即《太平洞极之经》,为张道陵所信奉的五斗米道所用。若其内容,同有济世的治道,然黄老道约早于五斗米道百年,且位于东南为主,与五斗米道起于西南不同。于东晋后,上清灵宝二类道经日出,必有取于此。而此二经亦有分有合,或益以他义而更成他经,且渐为《灵宝度人经》所

代替。又北魏有寇谦之(365—448)改革天师道,刘宋有陆修静(406—477)上《三洞经目》。道经日增无已,故早期的《太平经》乏人修习。陶贞白(456—536)弟子桓法闿得《太平本文》而疾作,此所谓《本文》,或系《太平清领书》与《太平洞极之经》的摘要。考东汉时所成的《太平经》,未必有《本文》,乃集合各种黄老道的经文,庶能渐积成巨大篇幅。然于东晋后的道教,已由《太平经》的济世,变成《灵宝度人经》的度人,故此巨大篇幅,未能引起修道者的兴趣,由是另以《本文》为贵,此所以有桓法闿得《本文》的传说。此所谓《本文》,决非东汉时的原始《太平经》,实本南北朝的道教思想,以归纳《太平经》的中心思想。桓法闿尚未能得此,宜患有心理色彩的疾病。是时大小孟法师已分七部,以太平辅洞玄的纲领亦定,则总结《太平经》《甲乙经》二部巨著的内容已不容忽视,此事由陈宣帝时道士周智响完成。考梁武帝晚年信佛的程度大大超过信道,此陶弘景早已知之,故劝桓法闿曰:"太平教未当行,汝强取之,故疾也。"及陈以继梁,宣帝又笃信道教,依时而言,周智响正继成桓法闿之志,由是始有《太平经本文》出世。

今存的《太平经复文序》中有言:"壬辰之运,迎圣君下降,睹太平至理。仙侯莅事,天民受赐,复纯古斯文之功彰也。凡四部、九十五章、二千一百二十八字,皆《太平本文》。其三百六十二章,是干君从本文中演出,并行于世。"考壬辰之运,似指陈宣帝太建四年(572)。此《本文》、《复文》之辨,皆太平法师周智响的思想。《太平经圣君秘旨》一卷,疑即《太平经本文》的残本(已不足二千一百二十八字)。至于《太平经复文序》的作者,因文中提及"爰自南朝湮没,中国复兴,法教虽存,罕有行者。绵历年代,斯文不泯,缮写宝持,将俟贤哲",则已为唐人,然必早于唐末抄写《太平经》的闾丘方远(?—902)。

至于《太平经圣君秘旨》一卷,以今存者观之,盖明由精气神以守一,于守一之法乃各门分言,其间不乏可守之道,或尚属汉代各家的炼气法。故此卷为重要的典籍,仍可以一卷本保存,庶见周智响的守一法。

钞《太平经》成十卷本,时已当唐末。因乱思治,道教又出闾丘方远,由周智响以上继汉末黄老道的思想,所以重视《太平经》。然从十七卷中钞成一卷,于裁成之处,势必有所增删。故唐末的钞本,究未能与汉末的原著同观。且已有《本文》、《复文》混杂其间。故于残缺的五十七卷《太平经》中,反能见到东汉黄老道的基本思想。其纲领全本当时对自然科学的认识,颇用《周易》的象数。然以天象为五行生克,使相应于人事的盛衰消息,自然是迷信。然对象数本身的认识,对天象的观测,仍有其客观事实基础。如黄老道重视二十八宿,继起的五斗米道更由二十四治(指二十四节气)增为二十八治(指二十八宿),此与当时星占家逐步发现恒星东移有关。因客观存在岁差,故未可仍同汉初的牵牛,乃有"苍天已死,黄天当立"的谶语。事实上由室危的苍天,至尾心的黄天,须经数千年,然其方向正由苍天、丹天而黔天。此见当时之黄老道中,必有理解天文者。初知岁差,自然粗糙,然其原则正确,未可忽视。至于二十八宿之分五气,见《太始天元册文》,今于《内经·五运行大论》中尚引及,可参阅。

# 8. 三皇内文遗秘

《三皇内文遗秘》一卷,或即《抱朴子·遐览篇》所著录的《三皇内文天地人》三卷。见《道藏》575 册深下九。

此卷已经后人整理,于原文定其字数劝人暗念,可证其来甚古。凡《三皇》原文的音义,基本与葛洪所信的道教概念相同,故此卷当与《太平经》同属初期的道教作品。

至于"太清黄神越章秘印"以下,有天师道的作风。其后"谨按"之兼及天师与抱朴子,且署为"龙虎山正一元坛",或唐宋时所加。故"护身符"及"五岳真形图",宜与《抱朴子》所载的不同。

计天皇三百一十五字,地皇二百六十四字,人皇二百一十六字。确可视为汉末的道经,不可因有后人之说而忽此原文。

# 9. 周易参同契十一种

《道藏》收《周易参同契》注凡十一种,见《道藏》621—629 册映中下容上下止上中下若上中共九册,当以彭真一《周易参同契分章通真义》为最早。是书三卷,包括《鼎器歌》及自著之《明镜图》。今《道藏》中分为二书,当合为一种。真一子于《明镜图》后有自序,作于孟蜀广政十年(947)。以时考之,真一子极可能遇杜光庭(850—933),则略见其道统的渊源。此外有托名阴真人之注,序谓:"古《龙虎上经》本出徐真人,徐真人青州从事,北海人也。后因越上虞人魏伯阳造《五相类》以解前篇,遂改为《参同契》。更有淳于叔通补续其类,取象三才,乃为三卷。叔通亲事徐君习此经,夜寝不寐,仰观乾象而定阴阳,则以乾坤设其爻位,卦配日月,托易象焉。"按此序显系准彭序而反言之。彭序曰:"按《神仙传》:真人魏伯阳者,会稽上虞人也。……不知师授谁氏,得古文《龙虎经》,尽获妙旨,乃约《周易》撰《参同契》三篇。又云未尽纤微,复作《补塞遗脱》一篇,继演丹经之玄奥。所述多以寓言,借事隐显异文。密示青州徐从事,徐乃隐名而注之。至后汉孝桓帝时,公复传授与同郡淳于叔通,遂行于世。"今对比而读之,真伪立见。阴长生可能有其人,指光武帝、和帝皆立阴皇后之亲属,然未闻其注《参同契》。且以和帝论,封阴皇后于丙申(96),故阴长生当在魏伯阳之前。以注文而言,已引用王弼易注,《参同契》最可贵之汉易象数,而用扫象之王注,何能得其要旨。故托名者太无知识,自然可推知序言之妄。或对彭序有疑,乃不信有徐从事及淳于叔通。然详读《参同契》原文,确可见有著者注者之辨,故徐与淳于可信其有。至于彭注不乏可取者,惟分章与原著之义相去甚远。自著《明镜图》,则能阐明《周易》阴阳五行之象数与日月星辰之运行。又收无名氏注二种,其一为三卷本,从彭之分章。其二为二卷本,书未全,论及《参同契》之来源,基本用阴长生说,更杜撰凌阳子于崆峒山传于徐从事,其不足信可知。然朱子托名为空同道士以注《参同契》,此曰崆峒山,或可能有联系。然则今存二卷本之著者,时当在朱子后。此书对原文颇多改动,殊未可为据。惟朱子之见,取彭说而不取其分章,且能反身有得。故以今存之诸本论,朱子直承彭晓,后有黄瑞节加附录,则朱子对《参同契》之认识已尽在其中。其后有陈显微之《解》,储华谷之《注》,皆属宋代之名著。宋末俞玉吾之《发挥》,庶可谓集当时各注之大成。能闻耳语而悟经、注之分,非熟读不能知。若明代杨慎之必伪托古文,何其愚耶。《释疑》之考证文字,《易外别传》之合《参同》于先天图,非有真知灼见者不能,由是庶见《参同契》之要。故《道藏》所收十一种注,宜以俞注为最善。此总言之,各注提要另详。

# 10. 周易参同契分章通真义、
# 周易参同契鼎器歌明镜图

《周易参同契分章通真义》三卷,五代孟蜀彭晓注。见《道藏》623册容上三四五。

考《周易参同契》为后汉古籍,由虞翻易注曾引其说可证。虞注约成于献帝建安十年(205),故魏伯阳必在其前。因魏与虞为同乡,且虞亦好道,况魏书所用之易象实本西京孟氏易而及焦京,则与虞易之世传孟氏亦同源,故主要之辟卦消息与三爻纳甲等可云全同。其后虞易由范长生传至蜀,《周易参同契》属道教典籍,自然更能流传于蜀。且《抱朴子·遐览篇》早有著录,其为古籍已无可疑。宋代传本尚多,迄今惟彭晓本为最古,仍出于蜀。唐蜀人李鼎祚之录《周易集解》,为惟一能保存《周易》汉注之文献。此孟蜀彭晓之注《周易参同契》,亦为惟一能保存《周易参同契》之原文。彭晓《分章通真义》亦为今存最早之注,其序文质并茂,宜全录之。

《周易参同契分章通真义》序:

　　按《神仙传》:真人魏伯阳者,会稽上虞人也。世袭簪裾,惟

12

公不仕,修真潜默,养志虚无,博赡文词,通诸纬候;恬惔守素,惟道是从,每视轩裳如糠秕焉。不知师授谁氏,得古文《龙虎经》,尽获妙旨,乃约《周易》撰《参同契》三篇。又云未尽纤微,复作《补塞遗脱》一篇,继演丹经之玄奥。所述多以寓言借事,隐显异文。密示青州徐从事,徐乃隐名而注之。至后汉孝桓帝时,公复传授与同郡淳于叔通,遂行于世。公撰《参同契》者,谓修丹与天地造化同途,故托易象而论之。莫不假借君臣,以彰内外;叙其离坎,直指汞铅;列以乾坤,莫量鼎器;明之父母,系以始终;合以夫妇,拘其交媾;譬诸男女,显以滋生;析以阴阳,导之反复;示之晦朔,通以降腾;配以卦爻,形以变化;随之斗柄,取其周星;分以晨昏,吻诸刻漏。故以乾坤为鼎器,以阴阳为隄防,以水火为化机,以五行为辅助,以真铅为药祖,以玄精为丹基,以离坎为夫妻,以天地为父母。互施八卦,驱役四时;分三百八十四爻,循行火候;运五星二十八宿,环列鼎中。乃得水虎潜形,寄庚辛而西转;火龙伏体,逐甲乙以东旋。《易》曰:"圣人有以见天下之赜,而拟诸其形容,象其物宜。"公因取象焉,非天下之至通,其孰能与于此哉。乃见凿开混沌,擘裂鸿濛。径指天地之灵根,将为药祖;明视阴阳之圣母,用作丹基。泄一气变化之元,漏大冶生成之本,非天下之至达,其孰能与于此哉。其或定刻漏,分暑时,簇阴阳,走神鬼。蹙三千六百之正炁,回七十二候之要津。运六十四卦之阴符,天关在掌;鼓二十四气之阳火,地轴由心。天地不能匿造化之机,阴阳不能藏亭毒之本。致使神变无方,化生纯粹,非天下之至明,其孰能与于此哉。《契》曰"混沌金鼎,白黑相符,龙马降精,牝牡袭气",如霜马齿,似玉犬牙,水银与姹女同居,朱汞共婴儿合体。明分药质,细露丹形,尽周已化之潜功,大显未萌之朕兆,非天下之至神,其孰能与于此哉。其有假借爻象,寓此事端,不敢漏泄天机,未忍秘藏玄理。是以铺舒不已,觇缕再三,欲罢不能,遂成篇轴。盖欲指陈要道，汲引将来，痛彼有生之身，竟作全阴之鬼，非天下之至仁，其孰能与于此哉。复有通德三光，游精八极，服金砂而化形质，饵火枣以炼精魂，故得体变纯阳，神生真宅，落三尸而超三界，朝上清而登上仙，非天下之至真，其孰能与于此哉。晓所分真契为章义者，盖以假借为宗，上下无准，文泛而道正，事显而言微。后世议之，各取所见，或则分字而议，或则合句而笺，不无畎浍殊流，因有妍媸互起。末学寻究，难便洞明，既首尾之议论不同，在取舍而是非无的。今乃分章定句，所贵道理相粘，合义正文，及冀药门附就。故以四篇，统分三卷，为九十章，以应阳九之数，名曰《分章通真义》。复以朱书正文，墨书旁义，而显然可览也。上卷分四十章，中卷分三十八章，下卷分十二章。内有歌《鼎器》一篇，谓其词理钩连，字句零碎，分章不得，故独存焉，以应水一之数也，喻丹道阴阳之数备矣。复次依约真契，撰《明镜图诀》一篇，附于下卷之末，将以重启真契之户牖也。晓因师传授，岁久留心，不敢隐蔽玄文，是用课成真义，庶希万一贻及后人也。昌利化飞鹤山真一子彭晓序。

据序文下卷内尚应有歌《鼎器》一篇及自撰之《明镜图诀》一篇，则与一二两卷之字数亦相似。然今本《道藏》分卷下为二书，另立《周易参同契鼎器歌明镜图》之名，见《道藏》624册容下六，再版当合于卷下。又《通志》尚有《参同契明鉴诀》一卷，彭晓撰，不知是否与《明镜图》有关。

又上录序文未记年月，于《明镜图》之序则有"时孟蜀广政十年岁次丁未九月八日"（947），正与陈抟约同时。且彭晓在蜀，可与年八十四卒于癸巳（933）之杜光庭有关。以《参同契》一书论，由汉末至唐末，在蜀或未尝失传。唐玄宗时刘知古本《参同契》著《日月玄枢》，刘亦在蜀。今所存之最早版本莫早于此本，朱熹即取此。考朱子卒于庆元庚申（1200），作《参同契考异》盖在晚年，距彭晓已二百五十年左右。由

14

朱本出，《参同契》又为理学所注意。此本彭晓之书，乃于嘉定元年戊辰(1208)十一月五日辛丑冬至通直郎知建宁府建阳县主管劝农公事借绯鲍澣之仲祺，据临安郑焕所校本及依朱子正文加以校正。

至于彭晓之《明镜图》，凡分八环。由外及内以观之，第一环为后天八卦方位，四正为青龙朱雀白虎玄武，四隅为天门地户人门鬼路。第二环为二十八宿，以斗箕当艮位，仍准魏氏之说。第三环为三十圆缺之象以应月。第四环为百点分黑白以应百刻(今图中阙，整理时应为补足)。第五环即十二辟卦。第六环合以十二地支。第七环为四时。第八环为五行。此图盖合日月星而一之，已能发展仅指一年之《卦气图》，归诸四时五行而合诸天地人鬼，盖勉人修炼，免入鬼趣耳。其诀曰："造化潜施迹莫穷，簇成真诀指童蒙。三篇秘列八环内，万象门开一镜中。离女驾龙为木婿，坎象乘虎作金翁。同人好道宜精究，究得长生路便通。至道希夷妙且深，烧丹先认大还心。日爻阴偶生真汞，月卦阳奇产正金。女妊朱砂男孕雪，北藏荧惑丙含壬。两端指的铅金祖，莫向诸般取次寻。"

其间以离女代震，以坎男乘兑，犹变先天东西之位。南北相交(北藏荧惑为北藏南，丙含壬为南含北)而取坎填离，犹变先天南北之位。是时陈抟尚未传出先天之图，而其易象早盛行于道教，图虽未见，理已显然，亦为先天图来源于道教之一证。

至于彭晓分为九十章，加《鼎器歌》一章共九十一章，实无意义。每多割裂文势，殊不足为训，以首句为章名，尤见章义之不连贯。而原本之段落由是而紊，惜哉。

# 11. 周易参同契阴长生注

《周易参同契》三卷，长生阴真人注。见《道藏》621册映中。汉有阴长生，系和帝阴皇后之亲族。和帝封阴皇后于永元八年(96)，十四年巫蛊事发,忧死(102),祸及亲属。安帝永初四年(110)赦阴后,徙者归故郡。《神仙传》载阴长生自序其十篇丹诀于延光元年(122)。更上推汉光武纳阴丽华于更始元年(23),则阴后亲族确有百年之盛衰变化。亲族中有见几而好黄老者,当有可能。故汉有阴长生犹可信,然与著《周易参同契》的魏伯阳,当阴在魏前。故此书署长生阴真人注,显系托名。书前有序,亦系宋人言。序曰:"盖闻《参同契》者,昔是古《龙虎上经》,本出徐真人。徐真人青州从事,北海人也。后因越上虞人魏伯阳造《五相类》以解前篇,遂改为《参同契》。更有淳于叔通补续其类,取象三才,乃为三卷。叔通亲事徐君习此经。"按此说盖本彭晓之说而以意改变,殊未可信。继之谓徐君:"夜寝不寐,仰观乾象而定阴阳,则以乾坤设其爻位,卦配日月,托易象焉。故夫子曰'悬象著明莫大乎日月',所以服此还丹者,皆得寿同天地。故日者太阳之火,精则朱汞为龙是也;月者太阴之水,精即铅银为虎是也。此之二宝,天地之至灵,七十二石之尊,莫过于铅汞也。感于二十四气,通于二十四名,变化为丹,服者长生,乘龙紫府。朱砂者,火之子;水银者,金之孙。金者日之所生,银者月之所育。日月互用,水火合成,龙虎相须,阴阳制服而成大丹。"此以徐君仰观而合以天象,亦与魏著《周易参同契》之古说未合,是皆改彭说之失。若由《参同契》中,自俞玉吾悟出当有魏、徐、淳于三人之说,始得其实(另详《参同契发挥》提要)。至于内容之重视铅汞,则未可因伪作而忽视。下更言大丹曰:"夫大丹者,朱化为汞,汞变为金,金变为砂,砂化为丹,故曰还丹。还者返旧之义,丹者赤色之名,汞者本体是金,成砂之后故号金砂,紫赤成丹还归本体,故称大还丹。其义《参同契》具显。"此由外丹为喻而返诸内丹,由内外一致而大还丹,所以《周易参同契》有"万古丹经王"之誉。于宋代其理大兴,此注乃当其时而出,乃有所得之言,不失为宋代注《参同》之一名家。《通志》已著录《阴真君周易参同契》三卷。

更以注文言,已引用王弼易注。且释"故推消息,坎离没亡",而曰

"日没则月生,月没即日出,盖谓阴阳循环相用事也"。按阴阳循环相用事固是,而以日没月生,月没日出当之,全违没亡之象,何足以论《参同》之纳甲爻辰,故此注未合《参同》以天象取喻之客观事实。

又以"鲁国鄙夫"当北海徐从事,未可信。引"虞翻以为委边著鬼是魏字",亦未知何据。然"伯阳"二字未言,注时或尚未知云。

# 12. 周易参同契注三卷本

《周易参同契注》三卷本,无名氏注。按《道藏》所收《周易参同契注》有二种,皆题无名氏注,卷数有三、二之不同,即以三卷本、二卷本别之。此三卷本见《道藏》622 册映下。

书无序跋,准彭真一分章,有可能在朱子前。其注能得其要,是时汉易已衰而未兴,然释《参同契》者,不可不知消息辟卦纳甲爻辰之理。此注尚能注出原意,可见日月运行等汉易卦象皆在道教中保存,他如天地十数、九畴行宫等亦在其中。最为可贵者,实能反身而以人参天地,决非空言可比。唯大还丹之复杂,宜迄今对《参同契》之旨仍多未明。或以为言外丹,或以为言内丹,实则诚合外内之道,其何可执一。此注内外兼及,义虽丛脞,理则可取。如曰:"天数二十有五,九窍五藏六府五官是也。地数三十,手足指二十八骸二肾是也。""乾之策二百一十有六,筋脉之数也。坤之策百四十有四,齿牙骨节之数也。""总而言之,五十有五大衍之数,惟曰五十者,实衍所生惟有五十。盖五官之运既已为虑,一心之私又置不用,则四十有九之数,全契乎天理之正。如是则吾身非人也天也,以吾身之天而契乎上天之天,其气数之推移一与天同,以之修身则能穷神知化,德之盛也。""至于二篇之策万有一千五百二十,当万物之数,即吾身毫发毛窍之谓。"凡此之义,在我国人民中颇为流行,其是非应分而辨之。以易数妄加附会,今人早加排斥。然易数本身有合乎数学原理之处,且人体本为生物之一,唯合乎自然

界之条件方能生存,是为科学之客观事实。故以数理表示人合天地自
然界之情况,尤为科学研究之方法。若方法未善,宜改革之,说明之。
道教本之而达天(自然界之客观条件)人(生物体之客观条件)之相应
关系,理未可非。今宜深入加以说明,改革无谓之附会。虽然,能反身
得胎息之吾,是犹吾丧我,则易简之理不已显乎。此无名氏以三卷注
《参同契》,已知其有得于身。而天地大衍数之所指,则未能苟同。此
仍在读者善读之,望勿贸然是非之。

又曰:"汉儒以三百六十日与三百八十四爻,而二十四爻无爻位,
于是有六日七分之说。又除坎离震兑四正,而为二十四气之说。是殆
未之思也。"噫!此言有味,唯汉儒未之思,乃得周天(即地绕日一周)
之实。唯此无名氏,其能得无思之思乎。上述合观天人,思乎?无思
乎?读《参同契》者,首当明确之,非徒读此注云。

# 13. 周易参同契注黄瑞节附录

《周易参同契注黄瑞节附录》一卷,宋庐陵后学黄瑞节附录。自朱
熹托名邹䜣而作《周易参同契考异》,既取彭本而不取其不合理之分
章,于内丹之理能味乎其身。黄瑞节传朱学,亦注意于此。故以《考
异》为本,另集朱子有关此书之言论附于下,间加按语,即瑞节之说。
《道藏》收此书,见 623 册容上一二。然疏忽而未署朱熹之名,且于书
名亦宜改正,当正之为:

<blockquote>
《周易参同契考异》三卷　　空同道士邹䜣注<br>
　　　　　　　　　　　　　庐陵后学黄瑞节附录
</blockquote>

其后守山阁丛书本改成宋朱子撰而未署黄瑞节之名,《四库提要》
提及黄瑞节作附录。此道藏本或即黄瑞节于原书下加附录而成,故本

为一书。惜道藏本与守山阁丛书本各漏刻一名,特为指出。由此书庶可使一般儒者理解《参同契》之价值,于黄氏附录中,亦能详察朱子当时读《参同契》原委。

"朱子曰:或问《参同》本是《龙虎上经》,果否?曰不然。盖是后人见《伯阳传》有《龙虎上经》一句,遂伪作此经,大概皆是隐括《参同》之语而为之也。"此尤见朱子考证之精,所谓神而明之是其象。

# 14. 周易参同契注二卷本

《周易参同契注》二卷本,无名氏著。见《道藏》624 册容下七八。其序此书来源谓:"经者常也,常经圣人传授,故曰经也。所以陵阳子于崆峒山传与徐从事,徐从事传与淳于君。淳于君仰观卦象,以器象于天地,配以乾坤,以药象于坎离,以配水火则为日月。以鼎象于太白,亦为镇星,以炉为城郭。余六十卦以定升降消息阴阳度数,二至加减翻转鼎器,所以便造篇名《五相类》类解前文,集后一卷并前三卷,以表三才鼎药,以象三光。第一卷以论金汞成形,日月升降。第二卷论增减十月脱胎。第三卷淳于君撰,重解上下二卷,疑于始传魏君。"读此序可知此三卷本盖准阴长生之义。今传古注有二,其一彭晓传出,分章未是而确为五代之注可信,无名氏之三卷本实从之。其二宋人托名汉阴长生之注,能承原文而不加分章可取,述徐从事得之而淳于君观天象等皆无据,而此书仍从之。亦见北宋时二说并存,后朱熹取彭说,则魏传徐及淳丁之说始成定论。若此书之说,或已在传出《悟真篇》以数表法之后。

此书以"火记"为大还神丹,又谓:"世人不晓,云用八石为大还丹,甚误也。"实则由格物以识八石,炼之、服之,知食而不食之理,则八石未尝不是大还丹。

又释"坎离没亡"曰:"坎为金,离为汞,汞得金华相配,故没亡也。"

19

此指鼎器上下之消息,由青龙白虎而成真铅真汞,相配而没亡,庶能另有所得。是即河车之中,天一生水,北辰之象当之。上曰:"幽潜沦匿,变化于中。""变"字或作"升",此书作"斗",注曰:"斗者言炉上著秤衡,如象天北斗斗柄,逐月建而转,一日亦柄指一时,一月亦然。"此见道书之以意改字,以意释义,以意立象。非成象者,其何以读之? 校勘固必须,奈名实复何如? 概念既定,反身其能定乎? 此道教教义之所以混乱。见此"变化于中"、"升化于中"、"升降于中"之不同,他可概见。

若此书二卷之原文,极多异文,且亦未全,或有自撰之嫌。

# 15. 周易参同契储注

《周易参同契》储注三卷,宋储华谷注。见《道藏》629 册若中四至六。此书俞玉吾《发挥》中已引及,故知其为宋人,其详待考。全注极简要中肯。于易图能合观先后天方位,实已得其理而不于文字上细究。末于《鼎器歌》分述其要:其一"论鼎器交合,药物具足",其二"论采炼法度",其三"论周天火候",其四"论圣胎成象",其五"论保养圣胎",其六以"御白鹤兮驾龙鳞,游太虚兮谒仙君,受天图兮号真人"三句谓之"论脱胎神化",实犹大还丹之象。

最后有赞,四字二十句,储氏之思想情况及其所得,悉在其中。宜录于下:

> 赞曰:乾为离宅,坤为坎郛。真阴离处,真阳坎居。离纳己妇,坎纳戊夫。日月合璧,戊己为枢。宾浮主沉,制有以无。药之于物,二八河图。五贼运火,皇极洛书。法象羲易,按爻摘符。魏君真师,觉我顽愚。百拜稽首,千古范模。

以此注与三卷本无名氏注本并观,此似胜彼。

# 16. 周易参同契解

《周易参同契解》三卷,宋陈显微解。显微字宗道,后隐,改名微。号抱一子,维扬人。著有《立圣篇》《显微卮言》《抱一子书》等。于嘉定癸未(1223)遇至人于淮之都梁而得金丹真旨。宝庆(凡三年,1225—1227)初来辇下,以慈济心接挽后辈。此书前有宋端平改元(1234)夏五月朔旦金华洞元天璧壶道人郑伯谦序,以详其事迹。末有门人希微子王夷跋于端平改元(1234),内引高象先诗曰:"《金碧龙虎》《参同契》,留为万古丹经王。"而今道藏本作:"准《连山》作《参同契》,留为万古丹经王"。改者不知为谁,皆重视《金碧龙虎经》而言。实则汉有《龙虎经》,至宋早佚,与迄今尚存之汉《参同契》,实未可并论。而显微之注,每引《金碧经》以证《参同契》。夷曰:"《金碧经》待《参同》而始显,《参同》得先生解而始明。"则大误,决不可视《金碧经》为汉代古籍。夷又曰:"先生无心事事,不可以笔砚浼,愚时以一二段求释其旨,岁月既久,方成全编。"然则此书王夷记录显微之旨而成。若锓梓时又有天台门人某题于淳祐乙巳(1245),已在成书后十余年。

此书见《道藏》628册若上。

# 17. 周易参同契发挥

《周易参同契发挥》九卷,宋末俞玉吾注。见《道藏》626、627两册上中下。俞名琰字玉吾,号林屋山人全阳子。宋亡为隐士。是书自序于至元甲申中(1284),序录于下。

《周易参同契发挥》序:

　　神仙还丹之道,至简至易,如此○而已矣。此○者何,《易》之

21

太极是也。太极动而生阳（，动极而静，静而生阴）。静极复动，一动一静，互为其根。此乃造化之妙，神之所为，道之自然者也。《易》之为书，广大悉备，有天道焉，有人道焉，有地道焉。仁者见之谓之仁，知者见之谓之知，千变万化，无往不可。是故东汉魏伯阳假之以论作丹之意，而号其书为《周易参同契》也。参也者，参乎此○也；同也者，同乎此○也；契也者，契乎此○也。得师传而与此参与此同与此契，是为正道，反是则为泛泛无稽之言，臆度不根之学，旁门小法而已，非吾之所谓道也。夫是书所述皆寓言也，以天道言则曰日月曰寒暑，以地道言则曰山泽曰铅汞，以人道言则曰夫妇曰男女。岂真有所谓日月寒暑山泽铅汞夫妇男女哉，无非譬喻也。或言三五，或言二八，或言四象，或言两弦，旁引曲喻，名虽不同，不过一阳（一阴）而已；合阴阳○而言之，不过一太极○而已。散而成万，敛而成一，浑兮辟兮，其无穷兮，与《易》之造化相通，此其所以为《周易参同契》也。仆初读是书，莫省其说，妄意揣度，靡所不至，或谓予曰："子欲修丹须得神仙口诀，研穷纸上语而求长生，徒自劳耳。"而仆也笃信此书，终不忍去手，盖魏公有"千周万遍，神告心悟"之说。意者至人之言必不我欺，于是愤悱研究，矻矻者穷年。忽一日果尔心灵自悟，得其门而入，自此遡流寻源，则怡然理顺，若有神告之者。然而未得师承，犹弗敢遽执为是，冥搜暗索，终夜忘寝，信心愈笃。遂感异人指示先天真一○之大要，并说后天火候之细微，决破重玄，洞无疑惑。归而再取是书读之，则势如剖竹，迎刃而解。又参以刘海蟾之《还金》、张紫阳之《悟真》、薛紫贤之《复命》、陈泥丸之《翠虚》，但见触处皆同，而无有不契者矣。仆不揣凡胃，孜孜于神仙之学，窃亦自笑其愚，多幸夙有缘合，得闻斯道之秘。丹之真运用，盖尝试之；丹之真景象，盖尝见之。校之仙经，若合符节。因睹今之学仙而不得正传者，往往偏执胶固，不务理之贯通，小见自足，不求道之大全。尝甲以伐乙,袒左以攻右,牵合附会,妄乱穿凿,以似是而饰真非,竟不究古仙本旨,非惟自误,又以误人。仆用是不忍隐默,敬为是书添一注脚,其间漏泄真机,并无靳吝。凡论天地阴阳则参以先儒之语,述药火造化则证以诸仙之言,反复辩论,务欲发明魏公本旨,固不敢秘玄妙之机以绝人,亦不敢杂谬悠之语以惑人。后之来者与我同志,试留心玩诵此书,则断断有神告心悟之效无疑也。虽然仆之言辖,又何足取信于人,明达之士但以魏公之言为信,而参其动(静)之机,同其阴阳〇之运,契其画前〇未画之妙。方表仆之所述,果亦真实不妄,幸无以先入之说为主,而遽谓《参同契》为纸上语云。至元甲申四月十四日林屋山人全阳子俞琰玉吾自序。

读其序全书之大义可喻,实能以《参同》直贯南宗《还金》、《悟真》、《复命》、《翠虚》之所谓金丹,理无二致。由胎息而得真气,九转结胎而参以大还丹,理已穷矣。全阳子者,能穷之而尽之,此《发挥》一书所以非空言者可比。由彭晓而朱子,反身尚有所未备,至玉吾者,始可言儒道合一,《太极图说》之究竟至此乃明。全阳子本善《易》,以其理而得其性,可云至命。然玉吾之悟《参同》,本诸熟读,唯其熟读,乃知原文之辨。其言曰:

忽一日在静定中,若有附耳者云:"魏伯阳作《参同契》,徐从事笺注,简编错乱,故有四言五言散文之不同。"既而惊寤,寻省其说。盖上篇有乾坤坎离屯蒙,中篇复有乾坤坎离屯蒙;上篇有七八九六,中篇复有七八九六;上篇曰日辰为期度,中篇则曰谨候日辰;上篇曰震受庚西方,中篇则曰昂毕之上震出为征。其间言戊己与浑沌者三,言三五与晦朔者四,文义重复如此。窃意三人各述一篇之说,未必不然,而经注相杂则又不知孰为经孰为注也。愚欲以四言五言散文各从其类,分而为三,庶经注不相混淆,以便后学参究。然书既成不复作，姑诵所闻于卷末，以俟后之明者。

此之所闻本诸熟读，较考证所得同为可据，是之为悟。奈未闻于未著《发挥》之前，既闻于著成《发挥》之后，又不一录白文而徒存空言。故由元而明，古本《周易参同契》乃出不一出，皆逐迹而忘本，或非俞氏始料所及。

若其注文，引用古说甚多，如钟吕陈抟等说。主要能得其意，决非字面解释，斯为可贵云。

# 18. 周易参同契释疑

《周易参同契释疑》一卷，俞玉吾著。所以合蜀本、越本、吉本及钱塘诸家之本，互相雠校以为定本。故此犹《参同契》之释文。古本可考者仅在此一卷，玉吾固有心之人。故自《发挥》出，《参同契》始有较朱子更为正确之定本。有志于研习《参同契》者，不可不详为考核，庶能因文辞而达其所指。有此详尽之校，尤见其为由儒而道，方克胜任。进而观其所校，如曰"三五为一"即上篇子午数合三戊己数称五，是也。盖与《悟真篇》三五一不同，一本"为"作"与"非是。又曰"日改月化"盖用庄子语，一本作"日受月化"非是，又疑"日受月化"碍理，遂改为"月受日化"亦非是。是皆能准其义而考其文，又非徒知校勘者所及。

此书见《道藏》627 册止下十。

# 19. 易 外 别 传

《易外别传》一卷，俞玉吾著。自序于至元甲申(1284)，其言曰："《易外别传》者，《先天图》环中之秘，汉儒魏伯阳《参同契》之学也。"又曰："伯阳借《易》以明其说，大要不出先天一图，是虽《易》之绪余，亦君子养生之切务,盖不可不知也。图之妙在乎终坤始复,循环无穷。其至妙则在乎坤复之交一动一静之间。愚尝学此矣,遍阅云笈,略晓其一二。忽遇隐者授以读《易》之法,乃尽得环中之秘。反而求之吾身,则康节邵子所谓太极、所谓天根月窟、所谓三十六宫靡不备焉,是谓身中之《易》。"

按《周易·系辞下》曰:"近取诸身,远取诸物。"实为《周易》之主要内容。然秦汉而后每分为二,宋理学出始复其一致之理。陈抟传出《先天图》,实有其功。奈儒道分家,非确有反身之得者,其何以知其妙。若玉吾此书,始可谓身中之《易》。其言曰:"是道也,邵康节知之,朱紫阳知之,俗儒不知也。"殊非虚言。下录三图:其一即先天圆图而以天根月窟当之,外以示日月运行,内以见气血循环。以今日之数学理论观之,此先天圆图犹极坐标(另详《论先天图与极坐标》)。其二先天六十四卦直图,此见阴阳消息之次,中于乾坤坎离,庶见橐籥之妙用。俞氏本此图于十二辟卦外,又绘《坎离交变十二卦循环升降图》。惜当时虞氏易注晦甚,虽在《周易集解》中而无人研习。以虞氏易象观之,消息之变凡旁通卦皆可,岂仅乾坤十二辟卦。故俞氏能增坎离已极可贵,然仍未及虞注。或能深入消息之理而归诸坎离相交之既济未济,斯为结丹之妙谛。此易理须待惠栋《周易述》出,方能恢复虞传孟氏易中"之正"之理。而宋末俞氏虽悟此直图,尚未得坎离相交成既济未济之象。其三校正彭真一《明镜图》,略加增损而成九环。今二图并观,俞氏图较为整齐,然损去五十白点五十黑点一环,殊未可。

卷末附有《玄牝之门赋》及《水中金诗》,皆能叙述炼丹之要。又此卷本附于《周易集说》,另名《易外别传》亦得其实。其后于至正丙申(1356)另刊《玄学正宗》,包括此卷及《阴符经解》、《沁园春解》三书,今皆在,提要另详。若编《四库》时,易经类虽收《周易集说》而删此卷退入道教类,亦见乾隆时轻视此书,则近取诸身之易理晦矣。

此书见《道藏》627 册若中七。

# 20. 古文龙虎经注疏

《古文龙虎经注疏》三卷,宋保义郎差充皇子少傅恩平郡王府指挥使王道注疏,太乙宫养素斋道士周真一印证。王道自序于淳熙十二年(1185),谓于绍兴壬申(1152)得炼外丹之法,炼之无效。于乾道甲申(1164)另得一法,炼得青霞子昔所造一中丹。至淳熙癸巳(1173),始得炼内丹之法。因阅古文《龙虎经》,以行世之本谬误,遂为正之,分章定句为注释。复以魏伯阳《参同契》证其义,申而疏之。凡上卷十三章,中卷六章,下卷十四章。以之印证于周真一而真一上于朝。王道是年为五十六岁,故知生于建炎四年(1130),恰与朱熹同年岁。若此古文《龙虎经》,未可谓王道所撰,乃北宋时金丹派既兴,有进一步说明内外丹关系者所作。今观全文,义与《参同契》基本一致,亦有发展《参同契》之义以与《悟真篇》抗礼之象。且由外丹而内丹,与《悟真篇》之排斥外丹不同。此一不出百年之文献,为王道所得,乃法彭晓分《参同》之法而分此《龙虎经》。且加注疏,而使《龙虎经》之义即其三四十年中炼丹之事实。然则视《龙虎经》为王道所撰,亦未尝不可。若其能结合内外丹,固亦继青霞子而有所结合于《悟真篇》之说,汉代纳甲爻辰之易象皆在其中。故此书仍有其价值,未可以托名于《龙虎经》而忽视王道对内炼之心得。

此书见《道藏》620册映上一二三。所取于彭晓之易图二及其后序,乃结合内外丹之重要文献之一。

# 21. 读 龙 虎 经

《读龙虎经》一卷,即《龙虎经》之释文。见《道藏》620册映上四。释者未知何人,或即王道,自提注疏中之要义而释之,所释以象数为主。

如释"出阳入阴"曰:"阳,日也;阴,月也。"释"变化既未神"曰:"谓既济未济之卦也。"此外又释"砂汞"、"五行"、"三物"等,同为修内丹之术语。此《龙虎经》能明确指出既济未济之卦象,已能阐明《参同契》之精义。而此卦象,自汉易失传后,儒者已乏人过问。直待清惠栋起再加提倡。宋易根本未注意此象,不期炼丹家仍能保存汉象而不废,此《参同契》所起之作用。宋能传《参同契》者,亦有得乎此《龙虎经》。汉易象数赖道教保存,此又一明证。故王道之内炼,实可与西山派并论。

# 22. 古文龙虎上经注

《古文龙虎上经注》一卷,未详注者。与王道注疏本比较,本文既有异同,分章亦不同。然基本本文已全,而书名为《上经注》,似乎《龙虎经》尚不止此,则王道之本亦未全。据《参同契》有"火记六百篇"及"古记题龙虎"之言,则《龙虎经》何能当六百篇火记,乃仅当上经。此注与王道注疏本未详其前后,王道本人尚有心得可言,此注之内容与王道相似。

此书凡分二十六章。如以南宋时作品视之,此《龙虎经》亦为八百年前之古文献。如以二本校勘而加以分章,可对南宗外另一种包括外丹之修炼法有所认识。白玉蟾合以西山派,实与此书相近。《通考》著录《金碧上经古文龙虎传》,陈氏曰"长白山人元阳子注",未知何人,或与此书有关。

# 23. 太上老君养生诀

《太上老君养生诀》一卷,华佗授广陵吴普。见《道藏》565 册尽下六。

全卷三节："五禽第一"、"服气吐纳六气第二"、"养生真诀第三"。

五禽为虎、熊、鹿、猿、鸟。其法为："虎戏：四肢距地，前三掷，却三掷，长引肤，乍前乍却，仰天即返伏距地，行前却各七。熊戏：正仰，以两手抱膝下，举头，左擗地七右亦七，掷地，手左右托地各七。鹿戏：四肢距地，引颈反顾，左三右三，左申右脚，右申左脚，左右申缩亦三止。猿戏：攀物自悬，申缩身体上下七，以脚拘物，倒悬左七右七，坐，左右手拘脚五，按各七。鸟戏：立起，翘一足，申两臂扬扇，用力各二七，坐，申脚，起挽足指各七，申缩两臂各七。"

此书惟有此五禽戏，乃题华佗授吴普。究其理先秦本有，《庄子》所谓"熊经鸟申"是其义，传至汉末殊有可能。以下六气即"呵呵呼嘘吹嘻"。养生先归诸"薄名利、禁声色、廉货财、捐滋味、除佞妄、去妒嫉"六者，犹戒律。以玄牝之门当口鼻，即河上公之说。末论曰："形者神之主，气者神之命，是以形神所假，资气而成。"乃当时之认识论。由是考其时代，内容皆古说，书约成于东晋。《通志》著录《老子五禽六气诀》一卷，似即此书。

# 24. 胎 息 经 注

《胎息经注》一卷，幻真先生注。见《道藏》59 册成三。按《胎息经》极简，全经仅八十三字，可全录于下：

> 胎从伏气中结，气从有胎中息。气入身来为之生，神去离形为之死。知神气可以长生，固守虚无，以养神气。神行即气行，神住即气住。若欲长生，神气相注。心不动念，无来无去。不出不入，自然常住。勤而行之，是真道路。

若此八十三字，殊精深，能直入生命本源。由胎气而明生死，合诸神气而求长生。神气合一以相注,则一而二二而一,实为道教修炼之主旨。此卷经幻真先生注,更能阐明其要。以"神为炁子,炁为神母",又取《西升经》"身者神之舍,神者身之主"。能合神炁、身神为一,已得胎息之旨。末有《胎息铭》似即幻真先生所作,凡四字句十四句,可足原文之象。其文曰:

> 三十六咽,一咽为先。吐唯细细,纳唯绵绵。坐卧亦尔,行立坦然。戒于喧杀,忌于腥膻。假名胎息,实曰内丹。非足治病,决定延年。久久行之,名列上仙。

此以胎息为内丹,可考见名实之变化。推而上之,先秦时早具胎息之概念,此《胎息经》可与《玉佩铭》等并观。《抱朴子》已著录《胎息经》,故此八十三字,至迟东晋时已有,注文当成于唐宋时。《云笈七签》、《通志》、《通考》中,有关胎息之著作甚多,且与佛教的达磨有相通处。

# 25. 太上养生胎息气经

《太上养生胎息气经》一卷,作者未详。见《道藏》568册尽上四。首曰:"上清《道德》并《黄庭经》《养生要集》,人能依此,去百病,通上清神仙。"

其法常取六阳时食生气,即夜半子时服九九八十一,平旦寅时服八八六十四,食时辰时服七七四十九,正中午时服五五二十五,黄昏戌时服四四一十六。此象数亦自然,正合一日之气流。上述为"六阳时法",又有"上清气秘法"。合上而言,犹守住所服之气。最后为"检时含景补泄图"明补泄法,录于下:

| 肺藏图 | 补为呼 | 泄为呬 |
|---|---|---|
| 心藏图 | 补为嘘 | 泄为呵 |
| 肝藏图 | 补为吹 | 泄为嘘 |
| 脾藏图 | 补为呵 | 泄为呼 |
| 肾藏图 | 补为呬 | 泄为吹 |
| 胆藏图 | 补为嘘 | 泄为嘻 |

其具体作用如何,非经体验,未可深知。而此法由来亦古,南北朝时极盛行。可参阅《太上老君养生诀》,此书在其后,属上清经茅山道所传出。佛教天台宗《小止观》亦用此六字诀,不可不察佛之内修法有取于道。

# 26. 胎息秘要歌诀

《胎息秘要歌诀》一卷,未署作者。见《道藏》59 册成三。按《文献通考》"胎息秘诀一卷",引晁氏曰:"唐僧遵化撰,论达磨胎息,总十八篇,歌二十三首,凡一千四百四十言,天祐丁丑书成。"今此卷似即《胎息秘诀》之节本。凡存"闭气"、"布气"(与他人攻疾)、"六气"(疾差即止不可过,过即败心气)、"调液"、"饮食所宜"、"饮食杂忌"、"休粮"、"慎守"、"九载功变"九篇,共八百二十六言。若天祐丁丑,当为乙丑之误(905)。唐末之僧固重禅,反身而参,自然与道教的养生同旨,然必以达磨为归。此类作品,皆张伯端著《悟真篇》之先驱。其间"呬、呵、呼、嘘、吹、嘻"六气,以当肺、心、脾、肝、肾、三焦六藏,迄今流传甚广,似可视为先秦所传的胎息古法。而达磨来我国,自然亦可参用之,后为天台宗小止观所用,故久为释道所兼取。又此书颇重治疾,首篇"闭气",盖病时行功,故不得不用卧式。

若书末明坐功,不用诗歌而用散文,或系节录者所加。

30

# 27. 黄庭内景五藏六腑图

《黄庭内景五藏六腑图》一卷,唐太白山见素女胡愔撰。见《道藏》130册菜下十。此书《唐志》已有著录,为注释《黄庭》之重要文献。首有自序,谓本旧图而为之图式,"先明藏府,次说修行,并引病源,吐纳除疾,旁通药理,导引屈伸,察色寻证,自焚食忌(《道藏》本"焚"字误,当作"禁")。庶使后来学者,得以按图而云,诸法可见,万品昭然。"盖女冠胡愔能通医道,注此诸图,又本反身有得。当时医师,固多道流。全书分六图,目次见下:

肺藏图　　修养法、相肺藏病法、治病肺藏方(当为"治肺藏病方")、导引法

心藏图　　治心藏病法、忌食法、心藏导引法

肝藏图　　修养法、相肝藏病法、肝藏吐纳法、生食忌、导引法

脾藏图　　修养法、相病法、脾病证、治脾藏吐纳法、食禁、导引法

肾藏图　　修养法、相肾藏病法、肾病证、治肾病药方、治肾藏吐纳法、食禁、导引法

胆藏图　　修养法、相病法、导引法、吐纳法

凡五藏加胆,本《黄庭经》中所用。每图言其导引、吐纳法及相病、治病法,今尚可使用。必用象数,固为中医之特色。加诸神名,亦本《黄庭经》。不自觉之内藏功能,古以神名之。知气功者,能变不自觉为自觉,则何神之有。而人体之功能,确有今日之医学尚未能知者。且中医之理论基础,本在阴阳五行之变化,加以神秘化而神化,即成道教。若此图能阐明《黄庭内景》而论医,实能继葛洪、陶弘景、孙思邈之

31

理。当有悟气功后,自可澄清,读时殊未可因其神化而忽之。

末有《五藏图文备记》一文,义殊精深,其言曰:"夫黄帝谓岐伯曰:夫人者受天地之气,以生之来也谓之精,精之邁谓之灵,灵之发谓之神,神之化谓之魂,魂随神往来谓之识,并精出入谓之魄,主荣积魂谓之心,心有所从谓之情,情有所属谓之意,意之有所指谓之志,志有所忆谓之思,思之有所远慕谓之虑,虑有所成谓之智,智者尽此诸见者焉。盖积神魂魄意情智见识之为用也。"

此节殊有唯识之象,当时唐代佛教所盛行者,所谓转识成智有其象。凡识为智之用,智之成体,盖积神魂魄意情五者,或作心神魂魄意,大义仍同。归诸智与识,犹阴阳。此见阴阳五行之理,于唐代合唯识之象。

最后引《元始太玄经》全生之诀。其文曰:"喜怒损性,哀乐损神。性损则害生,故养性以全气,保神以安身。气全体平,心安神逸,此全生之诀也。"可谓得全生之要,文于"性损则害生"下,似脱"神损则丧气"五字。

# 28. 黄庭内景玉经注

《黄庭内景玉经注》一卷,神仙刘长生解。见《道藏》189 册推中六。

全卷分《黄庭内景玉经》为三十六章,章名及句数见下。

上清章 13　上有章 10　口为章 7　黄庭章 11　中池章 4　天中章 11　至道章 17　心神章 10　肺部章 9　心部章 9　肝部章 10　肾部章 9　脾部章 13　胆部章 11　脾长章 22　上睹章 14　灵台章 13　三关章 5　若得章 18　呼吸章 10　琼室章 18　常念章 14　治生章 14　隐景章 13　五行章 10　高奔章 7　玄元

章 9　仙人章 13　紫清章 10　百谷章 7　心典章 6　经历章 5
肝气章 21　肺之章 10　隐藏章 32　沐浴章 22

　　此章名虽取首二字,然分章有序。若刘长生解,凡每七字句用四字句解之,以十六字解七字,能得其要。

　　如最基本的四句:"上有魂灵下关元,左为少阳右太阴,后有密户前生门,出日入月呼吸存。"解之曰:"地关紧闭,天门常开,魂清气爽,结就灵胎。左看甲龙,右看庚虎,交遘往来,自然真趣。后户藏金,前门隐玉,无中常有,妙通一六。阳降阴升,出水入火,逆顺颠倒,先要达彼。"实可作为修《黄庭》之入门法。孰能行不由径,舍此亦何必读《黄庭》。此外之解,皆有妙趣,《道藏》所收《黄庭》之文,以此解为最善。刘长生者,即七真之一,故解"问谁家子在我身"曰:"见道明子,得永全真,圣贤为伴,风月为邻。"又解"何处远索求因缘"曰:"既离火院,弃世全真,别开道眼,窥妙良因。"此犹重阳度七真之象,尤以丹阳为主。

　　此外如释十三神总目:"真心不动,妙慧通灵,阴阳既济,物外真形。"于发脑眼鼻耳舌齿七神则曰:"玄武二户,朱雀七门,内明开阖,唯观神尊。"心肺肝肾脾胆六神则曰:"六府精通,五藏清澄,神丹炼就,脱壳飞升。"

　　于"口为天关精神机,足为地关生命扉,手为人关把盛衰",解曰:"口为聪辩,心为智慧,至妙忘言,崇真无伪。金莲衬步,显个婴儿,蓬莱咫尺,内礼明师。手擎宇宙,妙有双关,真灵出世,岂羡人间。"则黄庭已安,全真已显,三关自然相通而王道乃成。

　　更有趣者,可不读《黄庭经》文,即此解辞,亦可作一经读,诚有合黄庭为一之景象。末句曰:"碧霄至圣,今古常新,母养赤子,不死之门。"噫,母爱之伟大,犹全真之旨。

# 29. 大 洞 玉 经

《大洞玉经》二卷,此经盖承《黄庭经》而来,著者未详。传本有茅山宗坛本及梓潼文昌经本,各有差异。此本有国子助教豫章太古("古"或当为"守")熊邻初传出,为太玄赵真人注本,后有周兰雪炼师缮写而保存。末有八十九翁秋水龚德同记其始末,惜仅言乙巳岁邻初学道而来山,未详所指乙巳之年,似当为南宋。此书见《道藏》18 册日上一二。

若此三十九章之名,与北宋陈景元音义本基本相同,虽间有亥豕之异,实可视为宋初本。于三十九章尚有符氼图,赵太玄注明身中之位,能便初学者。宗瑛本补以图,则更简明。

此书末附有《太玄真人咒》二(小注曰:"真人姓赵讳守真,主太玄清明宫。")及《大洞内炼玉章》、《玉清大洞内炼玉经》三品等。下一咒曰:"三十九户,固有神灵,未闻玉经,莫知其名。三十九符,随氼运行,不见玉经,其文未明。我有道缘,心运玉经,经以致敬,经以致诚。符求同氼,神应同声,灵谷洞虚,万籁自鸣。青天不云,真文自成,感应之理,会神聚精。胞结自解,尸血自澄,阳回祖根,玄华常青。父宁母精,回风混凝,宝珠放光,返胎结婴。气转洪钧,火候调停,守雌抱雄,收视返听。颐养婴童,富贵黄庭,升降自然,回镜玉清。胎氼既返,玉席高登,万遍道备,龙鹤来迎,功成名遂,玄俗光荣。"《大洞玉经》之旨已在其中。

# 30. 上清大洞真经

《上清大洞真经》六卷,由茅山传出。《茅山志》所列《道山册》,于《道德经》五千文下,即为《上清大洞高上三十九章经》,可见茅山之重视此经。读其内容,实由《黄庭经》发展而成,具体作者已难考,时约在南北朝。此六卷前有茅山上清二十三代宗师观妙先生朱自英之序。

据《茅山志》,自英字隐芝,句曲朱阳里人,生于太平兴国元年,卒于天圣七年(976—1029),年五十三。于青城山遇水星童子武抱一,景德元年(1004)嗣教,年二十八。旋赐号国师,明肃太后传"大洞毕法",复赐号观妙先生。还山得武抱一蜀中所寄书,意警责姓名显耀,暴露天机。天圣七年坐化时,流汗浃体,额有凝珠,传曰尸解之上法。则此三十九章《大洞真经》,宋初时已有。自英序曰:

> 原人之生也,禀气于太极而动静法乎天地,肇灵于一元而阖辟体乎阴阳。故上清三十九帝皇,回真下映入兆身中三十九户。于是各由其所贯之户著经一章,其辞玄奥,以用领括百神,招真辟非,所谓庆云开生门,祥烟塞死户者此钦。故中央黄老元素道君总彼列圣之奥旨,集成大洞之真经,故曰三十九章经也。

若此六卷本,又经三十八代宗师蒋宗瑛校勘。据《茅山志》,宗瑛字大玉,毗陵人。得《登真隐诀》,从三十七代宗师汤志道游,汤卒于宝祐六年(1258)。理宗召蒋,托疾游庐山,旋过天目山,往来永嘉山水间,注《大洞玉经》十六卷。法传至三十九代景之范,元至元十八年(1281)召之,比至于燕都,无疾而化。

今观此书之卷一及每章之前有图后有符,系宗瑛所传出。末有嗣法程公端序于咸淳壬申(1272),且镂诸梓。又有四十三代天师张宇初序,则已当明初。此见茅山与正一之关系。以图言颇能示其象,总图一尤见三十九当三丹田之妙谛。图虽作于宋,数则早已定,然是否以参天两地当下丹田,五行八卦当上丹田,九畴十二支当中丹田,则未可知。且经文恍惚,本在可不可之间,而三十九数是否宜分为二、三、五、八、九、十二,亦难肯定。然宋起已如是分配全身,实合象数之自然,亦宋代发展《大洞经》之关键。惜陈景元虽系陈抟之再传弟子,尚未悟此,盖亦缘之未成。蒋继之而备此象数,或已受南北宗之影响。

此书见《道藏》16、17两册荒上下五至十。

# 31. 上清大洞真经玉诀音义

《上清大洞真经玉诀音义》一卷,大洞三景弟子真靖大师赐紫陈景元撰。自序曰:"景元总角出家,弱冠访道,游历仅三十载,纲领十有余年,老归茅山,结庵忏悔。自叹道缘蹇薄,尘业深重,虽孜孜教典而未遇真师,欲诵洞经,讵敢开韫。于是澡雪身心,静务恭洁,广求古本,先自考详。沉嘿批寻,反复研构,一字一句,未尝越略。或两义相乖,弥增回惑,或偏旁儳改,字体浮杂。此盖盗写私传,相承讹谬,遂将前辈修习之本(前辈谓三洞法师观妙先生朱自英,三洞法师仲妙大师皇甫希及,皆诵洞经,并天圣年中人)及茅山藏本,比对隐书,辄撰音义,兼疏同异,粗解所疑。弗敢示诸法义,聊自记其所览。乃三月斋心,缮写《洞经玉诀》一帙,晨夕瞻礼,仰俟灵人,依科授受,以偿夙志也。"读此可知景元虽属陈抟之再传弟子,于道实未反身而得,晚年回茅山而孜孜于三十九章经之校刊,仍属世间章句之学。然今能准此以考《大洞真经》之同异,故于史有功。若经首之文,今存诸本皆无,可见今存各本之首卷,皆宋人所增。若三十九章之名,即杨羲发展《黄庭经》以定之神名,仍属古神名,有一录之必要。

| | |
|---|---|
| 高上虚皇君一 | 上皇玉虚君二 |
| 皇上玉帝君三 | 上皇先生紫晨君四 |
| 太微天帝君五 | 三元紫精君六 |
| 真阳元老玄一君七 | 上元太素三元君八 |
| 上清紫精三素君九 | 青灵阳安元君十 |
| 皇清洞真道君十一 | 高上太素君十二 |

皇上四老道中君十三　　　　玉晨太上大道君十四

太清大道君十五　　　　　　太极大道元景君十六

皇初紫灵元君十七　　　　　元英中真上老君十八

中央黄老君十九　　　　　　青精上真内景君廿

太阳九炁玉贤元君廿一　　　太初九素金华景元君廿二

九皇上真司命君廿三　　　　天皇上真玉华三元君廿四

大一上元禁君廿五　　　　　元虚黄房真晨君廿六

太极主四真人元君廿七　　　四斗中真七晨散华君廿八

辰中黄景元君廿九　　　　　金阙后圣太平李真天帝上景君卅

太虚后圣无景彭室真君　　　太玄都九炁丈人主仙君卅二
卅一

上清八皇老君卅三　　　　　东华方诸宫高晨师玉保王青童君
　　　　　　　　　　　　　卅四

扶桑大帝九老仙皇君卅五　　小有玉真万华先生主图玉君卅六

玄洲二十九真伯上帝司禁君卅七

太元晨中君刊峨嵋山中洞宫玉户太素君卅八

西元龟山九灵真仙母青金丹皇君卅九


又引《登真隐诀》(今本《登真隐诀》已无其文)第二《经传条例》云："《大洞真经》今世中有两本。一则大卷,前有回风混合之道,而辞旨假附,多是浮伪。一本唯有三十九章经,其中乃有数语,与右英所说者同,而互相混糅,不可分别。唯须亲见真本,乃可遵用,又闻有得杨、许三十九章者,与世中小本不殊,自既未眼见,不测是非。且宜缮写,以补品目。"

此书凡三十九品目,确可定为杨、许所成,全从魏夫人处传得,所以发展《黄庭》十三神而三倍之。象数之理可取,宋以三丹田分之为十三、二十一、五,尤能阐明三十九数之理,是确属《黄庭》之衍变,茅山之宝笈。与正一之理本可相通,盖由魏夫人本属天师道之祭酒可知。

# 32. 太上无极总真文昌大洞仙经

《太上无极总真文昌大洞仙经》五卷,宋甘山摩唯洞主太玄无上上德真君校正。见《道藏》16册荒上一至四。

前有九天开化主宰澄真正观宝光慈应更生永命天尊序,实即传出此《大洞仙经》者,托降鸾以传于世。谓初降于乾道戊子(1168),至景定甲子(1264)再降校正。岁在玄默摄提格三降而曰:"《度人经》、《大洞书》,诸经之祖,黍米珠、苍胡宝,众圣之源,斯二经同出而异名,生天立地,孕玄分元。非诬民惑世之言,乃入圣生神之要。主持造化,斡旋枢机,言无韵丽,曲无华宛。故为玄奥,难可寻详,真上天之所宝也。自无极迄今,讵容缺焉。世人唯知诵《度人经》而不知诵《大洞经》,盖《度人经》予曾作颂以美其意,《大洞》未之有也。今命侍化诸子,绣木宣行,予亦作诵以彰其德,庶几观者易晓,诵者易悟也。"则此书之原委可见。

按《度人经》为葛巢甫所作,《大洞经》或稍晚出,义承《黄庭经》。以陆修静所分之三洞辨之,《大洞经》属洞真,《度人经》属洞玄。然宋末元初时早已不辨,乃以明理为主之洞真部,同于驱疫度人为主之洞玄部。又《度人经》之宝珠,有《周易》象数之理,今效颦而另立苍胡宝之名,何价值之有。若以《大洞经》三十九章言,由茅山传出,天师道亦取之,经朱士英、陈景元以及宗瑛之校勘,虽略有增补而大义仍在。而今作此经者,仅借《大洞经》之古名,取其首章而有意作颂,何用之有。神其苍胡宝,则已有黍米珠在,依样画葫芦,索然无味。见界与北宗参宝珠之说,未可同日而语。宋末将亡与南北宗结合而全真大兴,确有不同之气象。取名甘山,或与甘水对言。惜序文所述感应之理,纯属

38

迷信之妄言,与北宗之言截然不同。宜无上上德真君一、二世而默默无闻,尚存此《大洞仙经》之妄,始见茅山正一本之真。

# 33. 玉清无极总真文昌大洞仙经

《玉清无极总真文昌大洞仙经》十卷,东蜀蓬莱山中阳子卫琪注。经茅山所传之"三十九章经",天师道认为汉代已有,其实出于杨羲以至王灵期之手,何有于道陵。今所传者,以陈景元之《音义》为最早,然卷首的音义,所存诸本皆无,故知北宋本已佚。朱自英茅山本序文尚在,内容已是蒋宗瑛当南宋咸淳壬申(1272)校勘本。另有景定甲子(1264)本,有所不同。周兰雪抄本,与蒋本相似,或时代相近。而此卫琪注本,作《进经表》于至大三年(1310),又准景定本而任意改作。凡景定本化三十九章为三十八章,此本又合三十八章为三十六章,每章应二卦,以当三十二天,以上为太清、上清、玉清而弥罗天。纯以象数表法,有以合于密宗,亦见《大洞经》已发展至另一阶段。此三十六章之象,可录于下:

| | | | | | | |
|---|---|---|---|---|---|---|
| 60字 | 一: | 一月生胞金丹一还 | | 丁丑、戊寅 | 豫、随 | |
| 90字 | 二: | 二月生胎金丹二还 | | 己卯、庚辰 | 蛊、临 | |
| 70字 | 三: | 三月生魂金丹三还 | 一返 | 辛巳、壬午 | 观、噬嗑 | |
| 100字 | 四: | 四月生魄金丹四还 | 二返 | 癸未、甲申 | 贲、剥 | |
| 60字 | 五: | 五月生五脏金丹五还 | 三返 | 乙酉、丙戌 | 复、无妄 | |
| 50字 | 六: | 六月生六腑金丹六还 | 四返 | 丁亥、戊子 | 大畜、颐 | |
| 60字 | 七: | 七月开心七窍金丹七还 | 五返 | 己丑 | 大过、坎 | |
| 50字 | 八: | 八月八景生神金丹八还 | 六返 | 庚寅 | 离、咸 | |
| 70字 | 九: | 九月九窍开通金丹九还 | 七返 | 辛卯、壬辰 | 恒、遁 | |
| 90字 | 十: | 坚固形神脱胎神化 | | 癸巳、甲午 | 大壮、晋 | |
| 120字 | 十一: | 眼根洞观道眼始通 | | 乙未、丙申 | 明夷、家人 | |

| | | | | |
|---|---|---|---|---|
| 100字 | 十二： | 耳根洞微圣耳梵通 | 丁酉、戊戌 | 暌、蹇 |
| 60字 | 十三： | 鼻根洞空玄息炁通 | 己亥、庚子 | 解、损 |
| 90字 | 十四： | 舌根洞虚玄舌华通 | 辛丑、壬寅 | 益、夬 |
| 130字 | 十五： | 身根洞真真相道通 | 癸卯、甲辰 | 姤、萃 |
| 80字 | 十六： | 意根洞清大意元通 | 乙巳、丙午 | 升、困 |
| 100字 | 十七： | 手足洞灵手足力通 | 丁未、戊申 | 井、革 |
| 100字 | 十八： | 性命洞玄元命灵通 | 己酉、庚戌 | 鼎、震 |
| 110字 | 十九： | 津液洞源津液神通 | 辛亥、壬子 | 艮、渐 |
| 80字 | 廿： | 精血洞明精血神通 | 癸丑、甲寅 | 归妹、丰 |
| 90字 | 廿一： | 天一生水一玄妙行 | 乙卯、丙辰 | 旅、巽 |
| 60字 | 廿二： | 地二生火二元妙行 | 丁巳、戊午 | 兑、涣 |
| 60字 | 廿三： | 天三生木三始妙行 | 己未、庚申 | 节、中孚 |
| 80字 | 廿四： | 地四生金四梵妙行 | 辛酉、壬戌 | 小过、既济 |
| 80字 | 廿五： | 天五生土五灵妙行 | 癸亥 | 未济、乾 |
| 70字 | 廿六： | 地六成水六合妙行 | 甲子 | 坤、屯 |
| 80字 | 廿七： | 天七成火七觉妙行 | 乙丑、丙寅 | 蒙、需 |
| 80字 | 廿八： | 地八成木八景妙行 | 丁卯、戊辰 | 讼、师 |
| 80字 | 廿九： | 天九成金九光妙行 | 己巳、庚午 | 比、小畜 |
| 90字 | 卅： | 地十成土十明妙行 | 辛未、壬申 | 履、泰 |
| 120字 | 卅一： | 表乾兑二卦其音同金 | 癸酉、甲戌 | 否、同人 |
| 90字 | 卅二： | 表震巽二卦其音属木 | 乙亥、甲寅 | 大有、谦 |
| 130字 | 卅三： | 表坎离二卦既济之道 | 太清仙境玄炁所化 | |
| 130字 | 卅四： | 表坤艮二卦同音属土 | 上清真境元炁所化 | |
| 70字 | 卅五： | 表坎离二卦交媾之道 | 玉清圣境始炁所化 | |
| 60字 | 卅六： | 表兑艮二卦悦而止也 | 弥罗天境梵炁所化 | |

　　读此可见卫琪之志，欲与王灵期媲美，决非陈景元之考据所可限。是亦时代所造成，南北宗锋芒渐息，茅山与正一又拟另创新风。唯一之变，已重视《关雎》二南之化，今于容成之术，亦应进一步加以科学之

研究。人种自我改进，固亦为不可忽视的科研课题。又卷首载图十三，有无极、河洛、先后天等，与儒书基本相同。若九统之法以下可录之，尤以苍胡颉当乐，宜备一说。若观诸图，卫琪于道教之认识已在其中。此见元代茅山、正一之思想情况。

此书见《道藏》51—53册冬上下藏上。

# 34. 洞玄灵宝无量度人经诀音义

《洞玄灵宝无量度人经诀音义》一卷，唐张万福纂。此卷之释经名，首曰："人法双举，总别俱舍。"可云得其要。辨"无量"为五："一者体无量，二者德无量，三者威无量，四者品无量，五者音无量。"亦确有所见。

若于三十二天之心拜，于六十四字之存念，皆所以成象。四方青丹素玄四气，依东南西北之次流行，外以见天象之旋，反身而彩云迎身，是亦静修之内景，心识之所现。既未可视之为妄，亦不必执此以悟道。唐时道教盛行，述此以神化之，亦何足为怪。末附《音义》，可便于读诵与了解。分《度人经》为三序二章，庶可窥全书之段落。初成《度人经》时尚有所不同，及唐《度人经》当有定本。然此节亦见于宋陈景元四注本之末，较此本略多数字，或陈氏抄自此书欤？抑好事者抄录陈氏之《经说》以置于此书之末欤？暂请阙疑。

此书见《道藏》48册秋下七。

# 35. 元始无量度人上品妙经四注

《元始无量度人上品妙经四注》四卷，宋右街道录真靖大师陈景元(1025—1094)集齐严冬、唐薛幽栖、李少微、成玄英四家之注而成。自序于治平四年岁次丁未仲秋望日，当公元1067年，是年景元四十三岁。首录宋真宗《御制灵宝度人经序》，按真宗在位二十五年，当公元998—1022年。

考此《度人经》系葛洪之从孙葛巢甫所撰，此经一出，道教原理有明显变化(另详《度人经》提要)。至于此经之发展，盖在后人加注。今所存之古注，唯此四家。齐当指北齐，可见《度人经》当时已由南朝传至北朝。唐仅三家，疑已有失传。陈景元能集此四注，实承真宗之倡导。

于四卷末附有《经说》及《释音》，或系景元所加。《经说》前半段极重要，宜录之：

> 此经太上道君受之于元始天尊，传教于世。道君为前序、后序、中序，凡有三序焉。前序自"道言昔于始青天中"至"东向诵经"是也。中序自"三界之歌章"之后，"此二章并是"至"洞明至言也"是也。后序自"此诸天中"至"大量玄玄也"是也。经有二章，自"元始洞玄"至"列言上清"，且后章自"元洞玉历"迄"祸及七祖翁"是也。其大梵隐语，非二章之数。或以经为一章，隐语为二章，此亦误矣。中序云"诵经万遍，乃能得道，洞明至言"，此则隐语玄奥，不在经文二章之列可知矣。

由上《经说》，可见《度人经》较早之定本，今更为说明如下：所谓道君之前序，即首皆有"道言"二字之文字六段。今读四注中，此六段严东无注，或当时尚无前序，或严东所得之传本未全。其下为二章之经文，一为"元始洞玄灵宝本章"，一为"元洞玉历"。以下所谓道君之中序，即首皆有"道言"二字之文字五段。至于第六段之前，道君尚引《元始灵书》中篇，是当诸天中大梵隐语无量音，凡四字句六十四句二百五十六字。于此二百五十六字后，仍有"道言"为首之文字一段，是即所谓道君之后序。

至于二章经文之大义,特录严东之注章名,已可概其余。

元始洞玄灵宝本章。东曰:

> 元者,先也,先天而生,故曰先也。亦曰大也,大无不包,故曰大也。亦曰眇也,细无不入,故曰眇也。亦曰无也,无形无影,故曰无也。亦曰灵也,能变能化,故曰灵也。亦曰道也,经曰"道可道,非常道"也。明常道无形,不可得而名,故略云其状始终也。元眇始终,故曰终也,亦初也。玉字初开,故曰初也。亦化也,化生天地,故曰化也。亦端也,为万物之首,故曰端也。亦终也,终乎无终,故曰终也。经曰"无名天地始",又曰"天下有始,以为天下母",又曰"始制有名"。故曰始生一,一、天也,天从始而生明。始亦元也,会归于元。元生之时,无天无地,无神无鬼,溟涬濛鸿,无所分别。元眇始结而成玉字,玉者,自然之精。精出而发光,以成天地日月星辰。所以化成元始尊者,明其有灵也,所以化生天地日月星辰者,欲以生养万物也。所以天地万物生后而有号者,明元始造化也。所以号元始者,示人知始终之归趣也。洞,明也,洞照无极,故曰明也。亦通也,通达无穷,故曰通也。玄、空也,杳然空洞,故曰空也。元眇始结而成玉字,在空玄之中,通达照乎四方。显乎龙汉,隐乎延康,先乎赤明,耀乎开皇,逮至上皇也。灵者,众圣之通称也,宝者,众圣之所珍也。章者,文章也。玉字始出,本形如印,八角垂芒,文彩焕耀,洞应无穷。在天曰灵,在地曰宝,空玄为灵,入藏为宝,故曰灵宝。太上道君说其所由也。

元洞玉历章。东曰:

> 元,元始也。洞,通也。玉,玉字也。历,记也。元始结自然

之精,以成八角垂芒之文。玄洞虚空,光照四方,二仪分判,日月星宿,于是列明,众圣所珍,号为玉历。记天地之劫运,推历度数,真人书记其事,撰集成经,故曰玉历也。

读严东之注题目,可见道教之纲领。且由《度人经》之发展,乃见《周易》象数进一步合于老子《道德经》。若成玄英注曰:"虚皇即元始天尊也。"则犹视《易》老为一。然与王弼以老子义注《易》不同者,王弼扫象而道教尚象。故我国唐代之易象,实不在孔颖达之《周易正义》而在道教教义中。下可录李少微注以见一斑。于"上游上清,出入华房,八冥之内,细微之中,下镇人身,泥丸绛宫,中理五气,混合百神"诸句,李注曰:"华房,玉清三华房也。八冥,八极也。细微,毫芒也。泥丸,脑也。绛宫,心也。此等真神,以太一为主,则游行三清,出入三华之房,周于八极之内,遍于毫芒之中。下镇人身,则太一在脑总众神也。司命处心,纳生元也。无英在肝,制三魂也。白元在肺,拘七魄也。桃君住脐,保精根也。延康居肾,守命也。中在空洞,则理于气。和合百神,表瑞灵文,随劫度人,《易》曰'神无方易无体''阴阳不测之谓神'也。然则神无不在,所在皆无,不可以识智知,不可以有无定。"此方能有合于"近取诸身,远取诸物"之精微易理,亦有发展《黄庭经》之象。

凡读《度人经》,每多不可解。而此书为最古之注,虽多后人附会原意而另加他义,亦可视为《度人经》之发展。故此书四注,殊可视为研究《度人经》之入门书。

此书见《道藏》38—39 寒上下两册。

# 36. 灵宝无量度人上品妙经符图

《灵宝无量度人上品妙经符图》三卷,前有宋徽宗序,谓于壬辰(1112)庚子(1120)之年得之。全书于《度人经》经文后,各绘符图。首绘《灵宝始青变化之图》、《碧落空歌之图》、《大浮黎土之图》三,以应"始青天中碧落空歌大浮黎土"之文,是即天人地三才之象,亦即律(人)历(天)度量衡(地)之理。

于混洞赤文章,绘《混洞赤文梵元之图》,以见元炁之流行于二十八宿。又有《混洞赤文九光之炁化生九天之图》,犹元炁分为九霄九天,其中为神霄,八方依《先天图》之次为丹、碧、青、太、景、玉、琅、紫八霄。

以下有《普告三界符》及《元始符命》,若三十二天各有一符,且即以此三十二篇为《元始灵书》上篇。又有《历关诸天符》及五帝各二符而十,其一分五章为护魂(青)、侍魄(白)、养炁(赤)、通血(黑)、中主(黄)五符,其一为五帝御魔众真符五符。

于元洞玉历章,有《九霄梵炁之图》,实即洛书之次。《五劫开化梵元混明玉历之图》,则为同心圆五以当五劫。更于《运度自然》与《元始安镇》间绘《弥纶天纪之图》,继之为《敷落五篇》之五图。此一圆五方共六图,皆极复杂,实以喻阴阳五行之理。后为《敕制地祇符》。

至于中篇三十二天,于二百五十六字各书以篆。此外尚多篆文,皆不易辨认。

总上所述,全书加符六十余图,皆能取其关键处。由符图以示其恍惚之象,此见宋代之重视《度人经》。且有真宗创于前,徽宗继于后,宜民间之盛行。此与儒家取《先天图》有关,亦可见《先天图》与《度人经》之象数可通。

此书见《道藏》67 册调上一至三。

# 37. 无量度人上品妙经旁通图

《无量度人上品妙经旁通图》三卷,今卷上已佚,仅存中下二卷,太清储庆宫守一大师赐紫道士刘元道编次。此书似当徽宗之后,于三十

二天总括隐秘,盖本徽宗书之《混洞赤文梵元之图》。更以九百万岁起,用加一倍法至二十四天,算式如下:

$$9\ 000\ 000\ 岁 \times 2^{24} = 150\ 994\ 944\ 000\ 000\ 岁$$

由是而上,以当四种民之无极,其法全取《周易先天图》之生生,合诸佛教三界之说。其言曰:"大黄皇曾至上明七曜摩夷六天为欲界;虚无越衡至无极昙誓为色界;皓庭霄度至太素秀乐禁上四天为无色界;是谓三界也。太虚无上常融至太极平育贾奕四天为种民。"自注曰:"愚以陈景元义,合成玄英疏、李少微、薛幽栖、严东注、《混元图翼》、《空洞灵章经》、《内音玉字经》定此章。"今原书或存或亡,而准此三十二天以与佛教出入三界之理争胜,于此毕现。

当佛教大乘义定,始有出入三界之理。凡小乘之极至为出三界,是名罗汉。大乘则既出三界,尚须入三界以觉人,未可如小乘罗汉之仅知自觉而已,是名菩萨。故于佛道争论时,僧每以道教教义仅及色界无色界之天界,尚未出三界而自身未了,其何以觉人。实则自觉之境,确有不同。入元始天尊之宝珠中以说此三十二天,固同乎佛教所谓三界中之天界乎?出三界外之不思议境界,安知非具有三十二天之中乎?此皆不可究诘,除自觉实证外,殊难以文字语言辨,我国古代以象数喻之,犹今日所谓数学语言。佛教重"法数",道教全用《周易》之象数,若由《度人经》发展成《先天图》,象数之关系尤为密切。此以二十八宿之数当三界,增四维为四梵炁,又合观三十二天而余昴胃娄奎四天,为出三界之无极天。则二十八宿一周,已具出入三界,道教之理亦未尝不具足。此书更作《系宿炁说》:"正方二十八天,一天系一宿之炁。四维四天,各系二宿之间梵炁,又等降相交东北之天,复系西北之宿,盖生炁上转如羊角而升也。赜理之流,虽洞其义趣而虑惑于方维,因作此图以明之。"观图其理尤显,道教教理之本诸天象,岂非较佛教之须弥山为有据乎。四天之梵炁在二十八宿之间,正可视为位出银河系外之螺旋星气云。

又分经首尾以陈景元义合张万福诀为准,每段皆定其字数,可录之:

自"道言昔于始青天中"至"东向诵经"一千五百九十五字。

自"元始洞玄灵宝本章"至"三界五帝列言上清"一千二百七十八字。

自"元洞玉历"至"泄慢堕地狱祸及七祖翁"七百八十六字。

自"道言此二章"至"乃当洞明至言也"四百四十字。

自"诸天中"至"灵书中篇"十九字。

自"宣娄阿荟"至"幽寂度人"二百五十六字。

自"道言此诸天中大梵隐语无量之音"至"大量玄玄也"一百八十六字。

合而计之,共为四千五百六十字,可作为定本。而当以陈景元四注本为主,参校诸本而定。凡道教教义,实可以此经为主。若于卷上,定有其他有意义之旁通图,不幸而佚,甚觉可惜。

此书见《道藏》67 册调上四。

# 38. 元始无量度人上品妙经
## 青元真人注

《元始无量度人上品妙经注》三卷,东海青元真人注,清河老人颂,净明道子郭冈凤参校并赞。书前有清河老人序,明作颂以重美青元真人注所未详之意。故此书注后,或有颂,或更有参校全书,经三人合注,可见当时慎重之情况。书后记"诵《度人经》应验",由淳熙间(1174—1189)而绍熙间(1190—1194)、而庆元间(1195—1200)、而嘉泰间(1201—1204),故成书已在嘉泰后。若萧应叟于中篇后增下篇及《太极真人颂》,此书中已有上篇,更增一篇,凡《元始灵书》共四篇,皆为四字句六十四句。青元真人注曰:"上篇龙章凤篆之文,亦名除禳水火漂溺玉章。"参校曰:"《青元经注》引《天公经》云:大罗宫有上篇,观觉郁缁者,龙篆正文,谓此也。蜀本叙在灵书下篇后,但即曰上篇,章篆合置上篇之列。别本已有置此在上篇后者,今从之。"可见后人之于《度人经》,非仅加注,并在增加经文。今《正统道藏》本《度人经》凡六十一卷,六十卷皆后人所增。即一卷中,于《元始灵书》亦仅中篇,若上篇之"广生高映"六十四句,下篇之"森角储云"六十四句,以及太极真人颂,亦为后人所增。而此书更有"观觉郁缁"六十四句,即视为青元真人所增,亦未尝不可。

若青元真人注"元始天尊"曰:"元者,玄也。玄一不二,玄之又玄,为众妙门。始者,初也。元始禀玄一之道,于元始之初,先天先地,为众妙之宗,出生之始,故曰元始。天者,一炁之最上。尊者,万法之极深。当其氤氲未朕之时,湛然独立,天地凭之而处尊大者,故号元始天尊。"此与葛巢甫取易义而塑造元始天尊之形象,已完全不同。若能识得《易》无体"而"刚柔有体",亦未尝不可。奈于"万物资始"之"大哉乾元"已昧然不知,徒执其独立之体,则与释迦所破之大梵天无异。此佛教徒所以视道教为小乘者,亦非无故。然能妙合《易》老而一之之道教教义,则岂其然乎! 奈青元真人辈,或未足以语此。

此书见《道藏》40、41 来上中两册。

# 39. 元始无量度人上品妙经内义

《元始无量度人上品妙经内义》五卷,宋上清大洞玄都三景法师萧应叟著,成而上天表于宝庆二年(1226)。见《道藏》43—44 册暑上下。首述经旨,主要以反身内修为主。载三图,其一《太极妙化神灵混洞赤文图》,即取周濂溪之《太极图》成《炼丹图》。其二《体象阴阳升降图》,盖以人身之气血周流合于山中之泉水上下,此喻可取。其三解释五代道士彭晓之《大还心镜火候之图》,图分八环,实即汉魏伯阳《周易参同契》之说。凡此三图,全书之精华所在,宜观其图以喻其理。

至于全书之注,实合严、薛、李、成四注而以己语出之,且以自身修炼为主,故每节皆加"《内义》曰",全书亦以《内义》名。凡各种内丹之名,书中应用甚多。五卷末附有门人梅岩、林元鼎正夫所著之《内义丹旨纲目举要》,内分祖炁、真铅、真汞、还返、法象、还丹,及释首载之三图,确可视为《内义》之纲要。故萧作简跋曰:"梅岩作是书,简易明白,虽《还丹金钥匙》、《红铅黑虎论》未能若也。置之篇首,学者不待问途牧马童子而造具茨之山见大隗矣。"此言既可见《内义》之要旨,亦知当时有简介气功之二书,于此尚能留其书名。

考《度人经》之作,本诸《周易》的象数,而萧应叟能因其理而配合之。凡于《元始中篇》之六十四句,每句各当一卦卦象,卦准《序卦》之次,终而复始。本"九日导乾"属乾卦,"坤母东覆"属坤卦,故首句"亶娄阿荟"属豫卦。至于以六十甲子合诸六十四卦,仍准《参同契》之例,不取乾坤坎离。于乾坤后"形摄上玄"属屯卦为甲子,以一年之卦气论,即注曰:"冬至节应复卦,月朔应子时。"然与《易纬稽览图》及孟氏之《卦气图》不同,此不可不知。

若于《度人经》之原文,于"大量玄玄也"以下,又有"梵炁玄辽天宝自然八合之音"一句,引出天真皇人所撰之《元始灵书》下篇,亦四字句六十四句。又有《太极真人颂》一首,凡五字句二十句。此下篇与《太极真人颂》以陈景元本为准,显系宋人所撰以羼入经文。此书于此二篇,亦变"《内义》曰"而为"后释曰",又谓:"其下篇遗失,不可考复,故世无全经,莫可而得。今昌运流行,天吏下降,以其阙文,续于经末。诵咏之者,得本经二章三篇之妙范;修用之者,备全品十过十方之殊功;斋戒遵行,则上清可跻矣。"其为当时所作,更可自显。于下篇《后释》曰:"此与中篇隐语为类,非如中篇有《皇人内训》可考,然东方森字从木,南方炎字从火,西方镐字从金,北方洼字从水土。水土俱旺于北而孩字从亥从子,必关涉天地造化之妙理,得道者乃洞明至言也。"则《后释》者即托名天真皇人以撰此下篇者。凡读《度人经》者,宜明辨之。

# 40. 元始无量度人上品妙经
## 陈观吾注解

《元始无量度人上品妙经注解》三卷,元金螺山北紫霄绛宫上阳子陈观吾著,自序于至元丙子(1336)。按上阳子此书,盖承陈景元、萧应叟、青元真人三书之注,《度人经》原文,亦已从青元真人本为定本。于序中述《度人经》之原委,自然不可信。若曰:"在《道德经》以无为为先,有为为次。上德者,无为也;下德者,有为也;上仁者,无为也;上义者,有为也。此《度人经》则以有为为首,无为为终。玄座空浮者,有为也;冥慧洞清者,无为也。璇玑玉衡一时停轮者,有为也;十方肃清河海静默者,无为也。"则明辨有无,深得道教之缊,岂仅《度人经》一经之妙义乎!又释题曰:"何谓灵宝?气谓之灵,精谓之宝。寂然不动感而遂通曰灵,上无复祖唯道为身为宝。气合而精聚曰上品,神交而道合曰度人。则知灵宝者,精气也。精气者,汞铅也。汞铅者,阴阳也。阴阳者,离坎也。离坎非得有为之道而既济之,则何有凝结而成黍米之珠哉。"此释亦可谓非"灵宝"之本义,然神思通贯,有无致一,非见一者亦何能作此语哉。

至于全书之注解,已兼取前人之说。综其理而畅言之,贵在反身而有得于人参天地之大义,故汪洋恣肆,禅机迭出,岂好为不经之论哉。论及天象,已确知月近日远而天最远;考岁差,亦已见及其周期;是皆当时自然科学之尖端。由是而反身,实与对外界之认识,未能一一对应。然反身能有得者,盖任自然而不任所知之知识。而述其所得,又不可不依当时所知之科学知识。此所以道教论反身之气功,必从杂恍惚,难免有今日目为非科学之观点。若上阳子者,可肯定其已有得于身,奈读其注者,能明辨其言之得失,殊非简单。

下以《度人经》之原文论。如《元始灵书》本仅有中篇,后人增"广生高映"、"观觉郁缨"、"森角储云"三篇而四,若萧应叟与青元真人尚不敢全信此四篇为真,而上阳子据《天公经》而信之,且曰:"如此乃有四篇,今人止诵中篇而不诵上篇者,岂上天秘惜而下世罕闻乎。"然以注文言,上阳子亦仅注中篇而其他三篇不注一字,则何怪乎今人之止诵中篇。此见上阳子于《度人经》之始末,毫无所知。若于注解《度人经》,又不可忽乎其确有所见。此即一以历史观点,一以哲学观点,况于历史观点与哲学观点中,亦可得失互见。此为读《道藏》文献中所常见,特为拈出,以告读者。

此书见《道藏》45、46两册往上下一二三。

# 41. 太上洞玄灵宝无量度人上品经法

《太上洞玄灵宝无量度人上品经法》五卷,太上三五都功职箓弟子陈椿荣集注。书无序跋,未详何年所作,然于《元始灵书》信及四篇,当在陈观吾于至元丙子(1336)注此《度人经》之后。且于上篇名之曰《大梵隐语正音》,于四方八天外益以中央,凡四字句二十四句。

又全书以意分章,共成四十七章,大半无甚意义。若于"一时停轮"一节,名之曰"定极章",先说十遍为"还元章",再说十遍为"重玄章",三十二天为"宝讳章"等,尚有可取。注解基本取前人之说。于三十二天合以二十八宿以见周天之循环;于"一时停轮"取灵宝内象丹旨之言,有调息之作用;皆有功于入定。

书名《经法》者,或指注中颇载《度人经》之修炼法。曰"元纲流演法",有变化大周天之妙用,重内修者殊可参阅。所谓"九鼎九炁之大行梵炁",即五方五色,益以八苍四碧二绿六紫,以当九畴之象。以经络合九畴之九色,亦有深入反身体味之必要。囟门灵谷总出上元,所谓上通金阙之庭,三宫升降上下,往来无穷不息。盖人以经络爰周于一身,一日一夜百刻之中,呼吸升降,计一万三千五百息,大会于风府者也。脉属阴,阴行速,犹太阴一月一周天。息属阳,阳行迟,犹太阳一年一周天。如人之息脉元爰,则应天之常度也。阴阳顺则流衍循度,阴阳和则天和,脉息和则人和也。

## 42. 洞玄灵宝度人经大梵隐语疏义

《洞玄灵宝度人经大梵隐语疏义》一卷,未详作者。以意推之,作者已参阅前人之注,似为元代作品。

考《元始灵书》中篇四字句六十四句,尚可信为确系葛巢甫取佛教梵音之咒语形式,自加内容而成。若其内容,本不可解释明白。四字歌诀,《诗经》已然,乃我国古老之文体。必作六十四句以合三十二天,即三十二天与三十二天帝之象,当《周易》六十四卦之数。由准《周易》而取元始天尊之名观之,似无可疑,故萧应叟取六十四卦卦象象之,其法至善。若四字一卦,是否本乾坤二字而循《序卦》之次,则未可肯定。而此疏直接以字义解之,难免有穿凿之感。虽然,仍可备一说。音与义皆指也,指非指,葛巢甫其自知乎?尚未可知。后人其能知之乎?

此书见《道藏》48 册秋下六。

## 43. 元始无量度人上品妙经
## 薛季昭注解

《元始无量度人上品妙经注解》三卷,九江冰湖野人薛季昭显翁著,著成而上天表于大德七年甲辰上元日。考大德甲辰当为八年,"七"字疑误,以甲辰计即公元 1304 年。

此书之注解，基本取前人之说，未有卓见。若用四注本之原文，较为可贵。末有后序明"止于大量玄玄也"为葛洪之本，实则系葛巢甫之本。若所增诸篇，皆当宋代之时。又谓："至大改元岁在戊申九月一日，予宿于先天坛，夜梦普济一炁真人老祖师雷默庵曰：先生之名，在神霄玉府，阐化之功与老夫相亚。"又感得铁笔辛忠义之梦。凡此皆薛季昭之梦想，信之为真而刊出之，虽曰不敢违天君之命，实非炫名而何。且薛季昭之梦，可信其为真，得其梦而不思化其梦，固执局促而不知其本，其德如是，尚可注《度人经》乎！故成此注解而生此妄想，此书之不足观可知。

此书见《道藏》46 册往下四、五、六。

# 44. 元始无量度人上品妙经通义

《元始无量度人上品妙经通义》四卷，明正一嗣教道合无为阐祖光范真人领道教事四十三代天师张宇初注，宇初即参与修此《正统道藏》者。若其解此《度人经》，可谓全本前人之说。惟于观复三图中，于《太极妙化神灵混洞赤文之图》仍同；于《体象阴阳升降图》，则取十数河图而益以《黍珠空悬十回之图》及《金丹十转回灵之图》，其为周流则同，然于《度人经》经义较为体贴；于彭晓之《大还心镜火候之图》，更合观复配卦之象而成《中篇合易火候之图》。则于观复之说，一览可喻。至于玄牝一窍以雷霆一窍当之，其象一圆于卦为坎离，合则静为金丹而动为霹雳，且即以一圆为"大量玄玄"。又天圆地方修行之象，乃合先天图六十四卦为三十二天，分贞悔六十四卦成十六平方之《元始灵篇》二百五十六字。凡此虽有所见，而尚未能说明《周易》三才之体，则仍非《度人经》之精粹处。考自宋陈抟传出先天图，实本《度人经》。然发展至明，道教学者已未能再加说明。儒家碍于理学，取先天图已讳言取自道教。故对《度人经》，绝无儒生为之研究。若道者之注，则以宇初之注为殿。然则葛巢甫塑造元始天尊之形象,对宝珠及三十二天二次十遍等《周易》象数,始终未能说明。故此《周易》与道教之汇合处,儒者既不究,道者亦不知,惜哉。

此书见《道藏》41、42 来中下两册。

# 45. 老君音诵诫经

《老君音诵诫经》一卷,北魏寇谦之所作,以此改革天师道,《魏书·释老志》言之已详,而此书为其原文,有重要的文献价值。有此诫经,使道教正式为统治者服务。故崔浩与寇谦之结合以佐北魏拓跋氏,犹汉武帝之用董仲舒。从拓跋焘始光元年(424)用寇起,我国统治者方知有道教可利用。

寇之改革天师道,主要废父子继承,可见当时五斗米道的祭酒皆父子相继。因教主由张陵起,本父子相继,而寇废之。宋后封龙虎山张氏,上推至汉安元年(142)。其实自张鲁卒后,天师道已非张氏为主,而祭酒犹世袭。寇之重要作用,既废祭酒的世袭,并张氏的世袭亦废。故寇之改革天师道,犹反归黄老道。且亦重视神权,以斥当时借道教形式的农民革命。由是整理天师道之二十四治,有诫而重音诵,盖取儒家以礼乐治天下之理。

此书见《道藏》562 册力上二。

# 46. 太上老君经律

《太上老君经律》一卷,内含四种戒。曰"道德尊经戒"九行二十七戒,"老君百八十戒",已上男官同受。"太清阴戒","女青律戒",已上女官受。惜后女官受二戒已阙。

于"道德尊经戒"前,合其设戒之理为"道德尊经想尔戒"。其戒言为:

行无为,行柔弱,行守雌,勿先动。此上最三行。

行无名,行清静,行诸善。此中最三行。

行无欲,行知止足,行退让。此下最三行。

凡此九行确属老子之旨。名"想尔戒"者,与《道德尊经想尔注》有关。且由此九行而一化三即成"道德尊经戒九行二十七戒",尚合三宝之慈、俭、不敢为天下先。

其后更广为老君百八十戒。既有基本的品德问题,亦多应时而立。如第一戒者不得多畜仆妾,第二十七戒者不得贩卖奴婢,第六十七戒者不得黥奴婢面,第一百四戒者不得诱枉良人为奴婢,第一百二十三戒者不得为人保赁券契卖田宅奴婢之事。由上五戒,可喻是时买卖奴婢之风盛行,考此风南北朝时极盛。又严别男女,是当寇谦之正天师道的男女合气事。故此戒律基本可视为北朝所定。又有曰"不得妄鞭打六畜"、"不得惊鸟兽",则仁恩已及动物,可见制此戒律者之情。若女官之律,定多轻视妇女之戒,或不便公开,故不知何时何人为之删去。可参阅"女青鬼律"。

此书见《道藏》563 册力上三。

# 47. 太 上 经 戒

《太上经戒》一卷,集录多经之戒以成此书。凡录自七种道经:一、《玉清经》之十戒。二、《上品经》由相应而生的五十八愿。下引数则以见一斑,如曰:"若见老病,当愿一切以道摄生不更衰老。""若见素雪,当愿一切众生常居洁白逍遥自在。""若见夷狄,当愿一切众生得生中国不生边地。"三、《礼经祝三首》引太极真人之言十劝善戒。四、《太霄琅书十善十恶》。五、《思微定志经》十戒。六、《妙林经》二十七戒。七、《老君二十七戒》。

观其内容基本相似,惟《上品经》之愿,极有意义。凡因境起愿,如一般不知善恶者,难免起愿不当,是即犯戒。故此五十八愿,殊可为处世之宝鉴。

若第七种引《老君二十七戒》,即《太上老君经律》第一种戒。可见此二书教义的相似,或亦北朝道士所集。

此书见《道藏》562 册力上四。

# 48. 陆先生道门科律

《陆先生道门科律》一卷,见《道藏》761 册仪字下。此书为重要之道教史料。陆先生指陆修静(406—477)。是时北方已有寇谦之改革天师道,而南方即有陆修静完成道教之三洞教义。今曰道教者,一般视为创于张道陵,初备教义于陆修静。若其组织情况、修治鹄的,略见此卷中,可见陆修静重振道门之纲要。全卷仅三千字,能说明道教为佐治的工具,亦见张道陵创二十四治及二十八治的重要性。阳平治有数十年太平,亦非偶然。考道教初创于张道陵,三张至鲁而盛,鲁卒于正始六年(245)。其后代迁于江西龙虎山,当时已非道教的主流。然五斗米道仍盛行,信者已上下分化。上者纯以宗教信仰为主,下者假借宗教信仰以信其图谶,而为农民革命之理论基础。晋末利用五斗米道以行其农民革命者,主要有孙恩、卢循。因五斗米道之分裂,造成教徒思想的尖锐矛盾。如孙恩与王凝之同为世奉五斗米道,然凝之为会稽守,恩攻之而凝之遇害,时当隆安三年(399),此为最突出的事实。自寇谦之、陆修静起,则已归统治者(始于北魏与刘宋)利用以制民,所谓精神束缚,此卷中可见一斑。

# 49. 太上求仙定录尺素真诀玉文

《太上求仙定录尺素真诀玉文》一卷,题西城金母王夫人受。见《道藏》59 册成一。首载受此法者须作誓言的格式,填入姓名日期,誓不轻传。此道教保密的惯例,故与唐后逐步传入佛教中的密宗,本有相似处。

全书记尺素密字诀文,皆固定字数,可云郑重。

凡诀文之次,自天皇君、地皇君、人皇君始,以及东南中西北五岳君,青赤黄白黑五色帝。又内音录字,八景录魔讳,则与《度人经》所记相似。分上中下三部各有八符等,归于三元延生三符。且符皆为文字,在可解不可解之间,最后有十天干成五行及六甲灵飞以空行三界等象。

总观此卷,当与《灵宝度人经》及《三十九章经》等同时形成,其象数皆我国所本有。上相青童、左童等名,皆来源于天师道。故此卷当属《真诰》中述及之杨羲辈所作。

# 50. 太霄琅书琼文章章诀

《太霄琅书琼文章章诀》一卷,见《道藏》59 册成二。此卷记述学道之法,贵在尊师重道。若"法信诀"所载,必须供师二十四信物,实道教所以借此以敛财,与择人而传之至道,已未可同日而语。

全卷主旨在"太真九科",犹九种戒律。于不轻传,不畏险阻,专心三宝等,皆属戒律的基础。

若于"启告诀"中示"斋启告"的格式,有曰:"法师姓名,受《大洞真经》录如左,洞真部卷第如下,以次书之。"则知作此卷时,尚以《大洞真经》为总名,洞真部属之。今反以《大洞真经》为洞真部中之一经,且即以《三十九章经》为大洞经,似后起之名。以名义言,宋邓自和撰《道藏目录》,即以作大洞真部,犹洞真部。若此书亦属杨羲辈所撰之道经,可见茅山道之源流。

# 51. 太清真人络命诀

《太清真人络命诀》一卷,未详太清真人为何许人。见《道藏》59

册成三。全书三引"黄老曰",一引"神仙图曰",以下皆为"师曰","师"亦不知何人。

考此所谓"黄老曰",似与汉代黄老道有关,明魂魄日月义与《太平经》同。又"师曰"者,可与《黄庭经》并读。且及天象,皆属汉末魏晋时论道的情况。故此书归类,因其托名为太清真人而可入太清部。太清辅洞神,炼丹之书属之。是时尚不辨内外丹,此书之义亦同。

若此书曰:"中央为赤子黄老君,左右两肾王童侍,老君授:'大如弹丸黄如桔,唯尔守之慎勿失。离娄绮户珠玉室,出为两半入为一。流照天下赤如日,子而知之慎勿失。'"此曰"王童"或为"玉童"之误。凡以心火肾水合一,故赤子即黄老君,可出可入,或二或一,是即两仪与太极之变化。当时全以人身体验其理,此为道教所法之易象。

又曰:"常念左目为绛宫,右目为玉堂。其中有赤人,令人目聪明,夜视有光如昼。"按此即内视之谓,亦即黄老君合于赤子之象。

# 52. 太上洞房内经注

《太上洞房内经注》一卷,黄老君以授周真人,周真人序之注之。是经称"黄老君曰",似与黄老道有关。此经名《太上洞房内经》,当与《汉志》所载"房中八家,百八十六卷"有关。《隋书·经籍志》记录道经有"房中十三部,三十八卷",此经宜属之,惜《隋志》未记书名。此书可视为汉代古说,尚与佛教无关。

周真人未详,其序可诵,其理圆融。既积二十七年之久,专念不已,能有所悟,皆心理作用影响于生理变化。由是种种神灵,或即控制自身之若干种神经细胞所起之作用,故此经宜与《黄庭内景经》相似。

如经曰:"精通神见,阳气成云,彻洞六合,引阴招龙。"注曰:"呼阳三气,是为三素成云,彻洞六合,则三神来见,见三气化而为云,所谓三素之云也。阴,阳中之三阴也,精通神见,三素成云,彻洞六合,则三阴招龙,乘云驾龙,真道备矣。"

末有"平旦颂"与"暮颂",能旦暮遇之,则无时不遇,《周易·乾象》所谓"时乘六龙以御天",《庄子·逍遥游》之"御六气之辨",皆同此象。反观人身之微观结构,此为道教可贵处,今正宜去其迷信,而加以科学的研究。

# 53. 元始上真众仙记

《元始上真众仙记》一卷,又名《葛洪枕中书》。首有洪叙述是书之来源,谓于罗浮山夜半见一真人,年可二十许,羽卫千人,自号玄都太真王,令侍者书此以授洪。此书名《真书》,首题《葛洪枕中书》,尤合其境。内容盖幻想宇宙演化。《真书》曰:

> 昔二仪未分,溟涬鸿蒙,未有成形。天地日月本具,状如鸡子,混沌玄黄。已有盘古真人,天地之精,自号"元始天王",游乎其中。溟涬经四劫,天形如巨盖,上无所系,下无所根,天地之外,辽属无端。玄玄太空,无响无声,元气浩浩,如水之形。下无山岳,上无列星,积气坚刚,大柔服结。天地浮其中,展转无方,若无此气,天地不生。天者,如龙旋回云中。复经四劫,二仪始分,相去三万六千里。崖石出血成水,水生元虫。元虫生滨牵,滨牵生刚须,刚须生龙。元始天王在天中心之上,名曰玉京山,山中宫殿并金玉饰之。常仰吸天气,俯饮地泉。复经二劫,忽生太元玉女在石涧积血中。出而能言,人形具足,天姿绝妙。常游原地之间,仰吸天元,号曰"太阴圣母"。元始君下游见之,乃与通气结精,招还上官。当此之时,二气氤氲,复载气息,阴阳调和,无热无寒。天得一以清,地得一以宁。并不复呼吸宣气,合会相成,自然饱满。大道之兴,莫过于此。结积坚固,是以不朽。金玉珠者,天地

之精也,服之与天地相毕。元始君经一劫乃一施,太元母生天皇十三头,治三万六千岁,书为扶桑大帝东王公,号白元阳父。又生九光玄女,号曰太真西王母,是西汉夫人。天皇受号十三头后生地皇,地皇十一头。地皇生人皇九头,各治三万六千岁。圣真出见受道,天文无为,建初混成,天任至今。所传三皇天文,是此所宣,故能召请天上大圣及地下神灵,无所不制。故天真皇人三天真王,驾九龙之舆是也。次得八帝,大庭氏、庖牺、神农、祝融、五龙氏等,是其苗裔也,今治五岳。是故道隆上代,弊极三王,三王夏禹、殷汤、周武也。是以醇风既浇,易变而礼兴,礼为乱首也。周末阳弱而阴强,国多寡妇,西戎金兵起而异法兴焉。既而九州浸没,帝业荒芜,此言验焉。后来方有此事。道隆之代,其人混沌,异法之盛,人民滑伪也。

此节宜全录之,犹道教之《创世记》,求其义仍本《周易·系辞》"天地氤氲,万物化醇;男女构精,万物化生"之理。此节下有洪曰:"此事玄远,非凡学所知。吾以庸才,幸遭上圣眄目,论天地之玄奥,畅玉妙之源本。辄条所诲,铭之于素,以为绝思矣。夫无心分之人,慎勿以此元始告之也。故置遗迹,示乎世之贤耳。"

考此《枕中书》题为葛洪所著,不一定可信,然有可能性。洪卒于晋哀帝隆和二年(363),此书或系晚年所作。所谓见玄都太真王,实当数十年之幻象所化。

此节后尚进一步描写天宫形象。凡分三宫,上宫为盘古真人,元始天王,太玄圣母。中宫为太上真人,金阙老君。下宫为九天真皇,三天真王。由是推演以成天上的组织,且与人间可互相变通。以使世间历史人物,授以天上的官爵,故又有《元始上真众仙记》的书名。其中有许黄民等死后事,皆在洪后,显系后人所增。最后结曰:"若出入人间,暂舍山谷事缘,衣服饮食,不须与世交,当有异矣。外和光同尘,内守其真一,斯言之妙也。"此为道教神秘处之一,仙与世人虽异而外不见,见即未能和光同尘而尚未成仙,成则外与世人一无所异,故仙人实无。

观此书的结构,可视为《真灵位业图》的雏形。故虽或全书非洪所著,然必在陶弘景前,属茅山派道者的作品。此书对后世的影响甚大,道教的形象,大半从此。若谓"状如鸡子"、"天形如巨盖"、"水生元虫"等,不可忽乎其内含的科学思想。天一生水于此,宜托名真人为"玄都太真王"。此起因于我国位于北半球,北极可睹,确为天文的事实,而道教即得一于此。重视服金玉珠外丹,正是葛洪所信的道教形象。

# 54. 洞玄灵宝真灵位业图

《洞玄灵宝真灵位业图》一卷,梁陶弘景(456—536)著,唐闾丘方远校。《道藏》收在洞真部谱箓类腾字上,涵芬楼本第73册。

此书大义贞白在自序中已说明,更进而言之,定真灵位业,实为修真阶梯。考道教教理的发展,自东汉中叶至陶弘景,已积二三百年的草创革新,既成三洞而四辅,宜更及洞中之规范。此书明辨其次第,为穷理时当知,渐教所必备,故久为道教信徒所重视。

究其位业,真灵以玉清三元宫为主当第一级,以下第二级为上清,第四级为太清。第三级于上清、太清间为太极,于太清下分第五级有名九官者,第六级有名三官者,最下第七为酆都。每级各具中左右三列,各有真灵领衔主之。于二级、六级下另有女真位,于五、六二级之左右各有散位。故共分次第为七级二十七位。

于第一级中位为"上合虚皇道君,应号'元始天尊'",下曰:"右玉清境元始天尊为主,已下道君,皆得策命学道,号令群真,太微天帝来受事,并不与下界相关。自九宫已上,上清已下,高真仙官,皆得朝宴焉。"

由是知元始天尊为道教的最高真灵,今试循名以责实。观《周易·乾彖》曰:"大哉乾元,万物资始,乃统天",故有"元始"之名。又《周易·系辞》上曰:"天尊地卑,乾坤定矣",故又取"天尊"以称之。然则"元始天尊"者,犹乾元纯阳之始气,天地万物资焉。因知道教教理基本由《周易》出,所以使《周易》宗教化,此又得一主要的确证。若"元始天尊"之名,盖起于葛巢甫的《灵宝度人经》,贞白乃继之而重视之。

# 55. 真　　诰

《真诰》二十卷,梁陶弘景撰。全书凡七篇,名:《运象篇》(卷一至卷四)、《甄命授》(卷五至卷八)、《协昌期》(卷九、卷十)、《稽神枢》(卷十一至卷十四)、《阐幽微》(卷十五、卷十六)、《握真辅》(卷十七、卷十八)、《翼真检》(卷十九、卷二十)。据《翼真检》之《真诰叙录》,首篇名《运题象》,则与其他六名相称,当从之。

考此书七篇之编次及其题名,当为陶氏所定,于一至五篇记一杨二许通神之事,第六篇记一杨二许本人之事,末篇似陶氏自记。此由《握真辅》《翼真检》之篇名可喻。至于通神事,时在升平三年至太和二年(359—367),合诸杨羲(330—386)、许谧(303—373)、许翙(341—370)的生卒年,此书为一杨二许之手迹,似无可疑。陶氏编定成书,实能保存东晋时道教发展之史迹。所谓通神,或视为杨许本人的思想,即不以为怪。是时佛教已盛行,故《真诰》亦信汉明帝梦见神人之说。

于《甄命授》第一有"道授君"曰:"道者混然,是生元炁,元炁成,然后有太极。太极则天地之父母,道之奥也。故道有大归,是为素真,故非道无以成真,非真无以成道。道不成,其素安可见乎,是以为大归也。见而谓之妙,成而谓之道,用而谓之性。性与道之体,体好至道,道使之然也。"注曰:"此说人体自然与道炁合,所以天命谓性,率性谓道,修道谓教,今以道教使性成真,则同于道矣。"

读此言此注,尤见东晋时道教思想,已取《周易》哲理与《老子》相合,然与王弼扫象之说不同,实能保存汉易之象数。注以《中庸》释之,反诸人体,已为宋儒理学的先声。又于"道授"下注曰:"此有长史、掾各写一本,题目如此。不知当是道家旧书,为降杨时说,其事旨悉与真经相符,疑应是裴君所授。"今既视为杨说,当然不论有裴君事。然亦不可不考虑其为道家旧书,是即杨许能总结当时之旧书而成此《真诰》。故研究道教思想的初期发展,此书不可不深入细读,其注亦极重要,已对全书能融会贯通。若视为陶注虽有可能,然十九卷注《真诰·翼真检》第七曰:"此卷是标明真绪,证质元原,悉隐居所述,非《真诰》之例,分为二卷。"则已明言陶隐居。故陈国符谓"前十八卷陶所注",然未言后二卷之注者。今本全书注文之文气一致,似为一人所注,故当视为陶之弟子为长。

# 56. 华阳陶隐居集

《华阳陶隐居集》二卷,梁陶贞白著,昭台弟子傅霄编集,大洞弟子陈椆校勘。见《道藏》726册尊上一二。

陶贞白始末另详。其一生对道教的发展起重要作用,盖继承葛洪、寇谦之、陆修静而与大小孟同时以确立道教的完备体系。陶居茅山以总结茅山之史迹,亦即发展茅山道教的重要人物。此集盖其文集。首有江总序,提及其有关道教之文曰:"至知紫台青简,绿帙丹经,玉版秘文,瑶坛怪牒,靡不贯彼精微,殚其指趣。盖非常之绝技,命世之异人焉。"言亦恰当其人。

此集中首篇为年十五作之《寻山志》,其年虽未必正确,然为早年作品无疑。唯其少年有此志,益以天生之聪慧,故对道教能起重要作用,决非偶然。此文中有注曰:"先生去世后,久无人编录文集。至陈武("武"当作"后")帝贞(当作"祯")明二年(588),敕令尚书令江总,始撰文集。先生以梁大同二年(536)解驾,至是五十三载矣,文章颇多散落。"或即傅霄之言。则此集二卷,亦足可宝贵。间有与梁武帝之往返书启,可见我国书法流行之情况。《本草序》、《肘后百一序》、《药总诀序》等,又可见当时的医药情况。《登真隐诀序》、《许长史旧馆坛碑》、《吴太极左宫葛仙公之碑》、《进〈周氏冥通记〉启》诸文,则可见当时由隐居所塑造的道教形象,尤为究道教史者的重要史料。末有残文若干篇,亦未可忽。

# 57. 紫阳真人内传

《紫阳真人内传》一卷,记周义山成仙事。义山字季通,汝阴人,汉丞相周勃七世孙。文述义山辗转求仙,末有"摹召法主本,本是晋隆安三年太岁己亥(399)正月七日甲子书毕"。考隆安三年正月七日之日干确为甲子,故书此者约当其时。其时正大量杜撰道经,此书或亦因时而出。其叙辗转访道,犹善财之五十三参,然内容不足与《华严》相比。若初从服食以杀三虫,继之守三一之道而云游,又反身而游戏丹田终至白日飞升,正当东晋前后一般道士之基本思想。内修之法略同《黄庭经》,与唐宋后炼内丹术语多不同。或与佛教教义并观,何能敌般若之精微。究其特色,仍在养生。下附《周君所受道真书目录》中,有《六甲左右灵飞之书》、《大洞真经三十九篇》,则知此二种极重要之道经,尚出于杜撰此传之前。

末有周裴二真叙,述江乘令晋陵华侨之弃邪种而归诸正,即周裴二真之力,周即义山。裴作自传未成,有乐序今亦未成,然则作此《内传》,或与华侨有关。

# 58. 周 氏 冥 通 记

《周氏冥通记》四卷,茅山陶弘景记其弟子周子良冥通事。子良字

64

元龢,本豫州汝南县人,寓居丹阳建康。于建武四年丁丑(497)正月二日生于余姚,天监七年(508)因机遇投至永宁令陆襄,乃入茅山学道,时年十二。十四年乙未(515)五月二十三夏至日忽有所得而能冥通,至丙申(516)十月二十七日去世。其间年余,排日冥通,有纸记之,后收集而成此书。首加子良传记,卷一记五月事四条,卷二记六月事十三条,卷三记七月事七条,卷四记乙未夏至至丙申七月末冥通事之目录。故自乙未七月后事仅存目录,丙申七月后至十月去世三月中之冥通,已不见文书。于目录中,共存百有九条。其间六十三条云见,四十六条云梦。不论见与梦,皆子良之精神已另有世界,乃成象于十二岁至十九岁七年中。且编书时已对原纸加注,如注夏至日为"天监十四年乙丑岁五月二十三日乙丑也"。今以干支考之,五月二十三日之日干确为乙丑,可证此书实为当时之文献。弘景于十二月十六所作之启事,亦系事实。有言曰:"某复障疑网,不早信悟,追自咎悼,分贻刻责。"尤见师生信道之情。贞白编存之《真诰》亦此类书,《登真隐诀》、《真灵位业图》等即其象。子良之事迹,实受此强烈之精神影响而造成。心理改变生理,或亦可视为精神失常。然有周子良其人其事,未可不信。

## 59. 真元妙道要略

《真元妙道要略》一卷,托名汉魏真人郑思远著。传曰思远为葛洪之师,此书之成约当北魏东晋之时。其时尚外丹,深信服食炼成的外丹可长生不死。唯经由晋及唐长时间之误信,始成南北宗金丹之妙。而于外丹的发展,对人的生命大有危害,然于化学变化之理亦能获得部分知识。此书盖记述外丹修炼,且有斥当时流行的各种服食,而其间反多可取者。见《道藏》596册如上四。

书凡三节。目曰:黜假验真镜第一,证真篇第二,炼形篇第三。

于第一节中,述当时一般的外丹,间有可取为药物者。倘以为服之能长生不死,自然不可,而颇多今存可取者。如服胞衣号河车,亦云紫芳,后用于内丹亦曰紫河车或北方河车,盖名同实异。此确对身体有作用。又"取十六岁童儿童女,取大小便烧淋取霜为铅汞",有"以桑椹子并蚕沙赭石子号为大小圣石,自然丹砂者",凡此对某种病今尚有效。更进而及矿物药品,如认铁锂铜缘为自然之药,便指《阴真君诀》云"金花生天地宝者,有以黑铅一斤投水银一两号为真一神符白雪"者,则自然有毒。有以硫黄雄黄合硝石并蜜烧之,焰起烧手而及烬屋舍者,凡此皆具化学原理。后者即为火药,英李约瑟博士正本此以说明我国发明火药的原始资料。共计廿九条,今皆可以科学实验法加以验证。详及各种化学物品的配方,尤宜以专业人才加以研究。由否定而肯定,外丹本可以客观环境当之。故于第二篇,即以阴阳五行明之。

其言曰:"夫日月尚有盈昃,凡人奚无否泰,都缘道德未淳,阴阳混惑,未可便至真道,但恐五行陶铸尔。时无上大道法母原始天尊说诸阴阳返五行元精,与太上老君令度长劫中,有学道之众生,采日月天地五行之元炁修种,金丹一周圆备,服之可得五行不侵,出没自在,驭鹤飞龙。万劫清凉,劫尘不坏者,盖得元精之神力。愚人不晓至真大旨,为言得道者当三灾大劫之时,去出旁三界逃避之,何其愚哉!不知至真之身,以亿大劫至而不苦不劳,恒常清静。若云劫至而避之,即出方入界,逃劫避害,未脱役役,奚为真道者哉!况五行尚不能干,岂有三灾而能伤乎,世人何不思之。"此节可代表晋代道教之思维形象。

第三篇论炼形曰:"夫炼形之要,在守一之玄妙。"又曰:"六慧者真六识也,在身为六贼六腑,在圣身为六慧六通六甲六丁,在天地为六合六律之吕,故达六慧者,乃神仙登真之品。"此亦深得反身之几。考此书虽有后人之言,然大体同晋人之道教。概念粲然,决非后人所可代言。如以南北宗视之,其言自然不同,故此书为道教发展过程中的宝贵资料。

# 60. 太清中黄真经

《太清中黄真经》二卷,九仙君撰,中黄真人注。见《道藏》567 册尽上一。此书于《通志》及《文献通考》皆著录,惟《通志》作一卷,《通考》作二卷。又晁氏曰:"题九仙君撰,中黄真人注,亦名《胎藏论》。"《通考》编次在《黄庭内景经》与《黄庭外景经》之间。读其书,确与《黄庭经》同类。且《抱朴子·遐览篇》中,二次著录《中黄经》,可见当时已多《中黄经》的抄本。若此二卷本是否属当时的抄本,殊难肯定。全书亦以七字句述之,与《黄庭经》笔法相似,其属隋唐前古道经无可疑。以后可与《黄庭经》共同研究,对人体的认识,亦有所见。

# 61. 黄帝阴符经

《黄帝阴符经》一卷,见《道藏》27 册昃下九。属洞真部本文类,无注。分三章为《神仙抱一演道章上》、《富国安民演法章中》、《强兵战胜演术章下》,所用之本为褚本,较李筌本多百余字。

以《黄帝阴符经》为本文,未尝不可,其时在唐。且与唐室认李耳为祖的思维形象不同,乃李筌等更发展的道教思想。合诸三洞四辅的概念,此唐代的《黄帝阴符经》犹汉代的《太平经》,宜属太平辅本文。

# 62. 阴符经三皇玉诀

《阴符经三皇玉诀》三卷,题轩辕黄帝制。见《道藏》57 册余上一二。

书前有黄帝序,谓得此《阴符经》而问道于广成子与天皇真人。全书为问答体,托名黄帝依《阴符经》之纲要逐句发问,由广成子或天皇真人相间答之。凡上卷三十六问答,中卷十二问答,下卷十二问答,共六十节。先不论编撰之寓言,而观其答语,实能论及《阴符经》对人身之修炼法,且天地人三皇合一之理皆能包含其中。宋后道教颇重视此经,此书有其作用,较一般注解《阴符经》者,更能深入经义而以意发挥。教徒误信黄帝得《阴符经》之传说,可借此以证。故此书于宋后的历史上,似已起过作用。而六十节之答语,实可视作道教最基本的认识论。故此书之出,对《阴符经》之概念,已起变化。以时考之,此书似成于唐末五代,《阴符经》则成于唐。若述及反身修炼之理及对宇宙之认识,则先秦之古籍中,尚能见其资料。道经之真伪难辨,皆起于名实之争。如此书之名肯定后人假托,而部分之实仍当注意其真。

又此书之内容,基本未受南北宗之影响,故产生之时,可能在北宋。序文之寓言,首言岐师,盖法《内经》。称"九宫局式"名亦较古,宋后常用"九畴"、"洛书"诸名而少用"九宫局式"。谓天皇真人居峨嵋,则作成此问答体的《阴符经》,或地属川蜀的道者。

# 63. 黄帝阴符经集注

《黄帝阴符经集注》一卷。集伊尹、太公、范蠡、鬼谷子、张良、诸葛亮、李筌七家注,集者未详,《通志》已著录。首有蜀相诸葛亮序,序文有其哲理,盖能发挥唐李筌之意,似理学兴起后宋人之说。全义可录之:

> 所谓命者性也。性能命通,故圣人尊之以天命,愚其人而智其圣,故曰天机张而不死,地机弛而不生。观乎阴阳,造化在乎手,生死在乎人,故圣人藏之于心。所以陶甄天地聚散天下而不见其迹者,天机也,故黄帝得之以统诸侯。夫臣易而主难,不可以轻用。太公九十而不遇,盖审其主焉。若使哲士执而用之,立石为主,刻木为君,亦可以亨天下。夫臣尽其心而主反怖有之,不亦难乎。呜呼无贤君而义士至死而不仕,莫若散志岩石以养其命,

待生于泰阶。世人以夫子为不遇,以秦仪为得时。不然,志在立宇宙,安能驰心于下走哉,丈夫所耻。呜呼!后世英哲审能用之,范蠡重而长,文种轻而止,岂不为泄天机。天机泄者,沉三劫宜然。故圣人藏诸名山,传之同好,隐之金匮,恐小人窃而弄之。

按此序可视为宋人所理解之《阴符经》。于唐李筌所传出之《阴符经》,于卷上之末增"天生天杀,道之理也"一句。与卷下之末又增"人以虞愚,我以不虞愚。人以期其圣,我以不期其圣。故曰:沉水入火,自取灭亡。自然之道静,故天地万物生。天地之道侵,故阴阳胜。阴阳相推,变化顺矣。是故圣人知自然之道不可违,因而制之。至静之道,律历所不能契。爰有奇器,是生万象;八卦甲子,神机鬼藏。阴阳相胜之术,昭昭乎进乎象矣。"

观筌之疏,本及甲子六十四卦。然本文中未见,宜后人又以"八卦甲子"归诸本文。此又见唐与宋《阴符经》之变化情况。

若所集七家之注,显系撰此序文者一人之作,即李筌之注亦与李筌之《黄帝阴符经疏》不同。若哲理之所在,基本观点已见于序文,不必因托名而忽乎《阴符经》在宋代的独特见解。张伯端《悟真篇》之有取于此,原文中自言,自三传匪人而誓不再言,即此"恐小人窃而弄之"之义。其后翁葆光注《悟真篇》出,则纯以《阴符经》视《悟真篇》,即此《集注》之理,或亦非伯端之象。

此书见《道藏》54册藏下六。

# 64. 黄帝阴符经集解

《黄帝阴符经集解》三卷,集十人之解,集者未详。所集之十人为赤松子、张良、葛玄、西山真人许逊、钟离权、吕岩、施肩吾、至一真人崔明公、海蟾真人刘玄英、清虚真人曹道冲。见《道藏》55册阅上四(此书装订有误,卷中第四与 58 册卷中第四当互易)。

观此十人之名,可见此书由西山派所集。此派奉许真人,南宋时盛极一时,白玉蟾亦归之。此书之成,亦见西山派之有取于《阴符经》。且虽各人分言,义仍归一,不啻为一人之言,实取《阴符经集注》之例以意而言。故同一张良,同一处注,言犹不同。如"至乐性余,至静性廉",《集注》引张良曰"夫在于是也",而此书引张子房曰"机在目",则集者之无本可知。然此书有西山派之旨,故最后引吕真人之《满庭芳》云:"大道昭然,明休咎吉凶,惩警凡夫。悟来悛省修慎,即无虞祸福,惟人自召。观世物方显荣枯,临机应常行德善,殃厄永消除。阴符然义简,文微旨密,提挈迷愚。放神光炜炜,照烛昏衢。抱一丹成,国富民安泰,神乐清虚。强兵胜,纯阳炼就,飞步入玄都。"则杜撰此书之义可喻。

# 65. 黄帝阴符经张果注

《黄帝阴符经注》一卷,题曰张果先生注。《通志》已著录,见《道藏》55 册闰上五。前有序言谓李筌注之非,故全书之注,每句必反筌之义。实则理固无碍,然必以筌注为非,则其所注之是亦浅乎其言,殊未可观。且已见伊、吕之注,时已在宋,题曰张果,诚唐突古人。张果先生唐之高士,史有传,何能著此书。另有《太上九要心印妙经》,题曰仙人张果老述。虽未能肯定为唐张果之作,然内容气象,实与史传所载者其象同,故不妨视为张果之书,提要另详。而于此书,则必须否定之。

至于此注之义,亦有可取。如不用暗合为阴符,而取惟深微而能照谓之阴,心契其机谓之符,则观天执天之最高方法是谓阴符。以机、情、性为三要,机之则无不安,情之则无不邪,性之则无不正。且云太公以三要为耳目口,李筌以三要为心神息,皆忘机也,俱失阴符之正意。又曰:"瞽者善于听,忘色害声,所以致其听。聋者善于视,遗耳专目,所以致其明。故能十众之功,一尽之中,三而行之,所以至也。一夜之中,三而息之,所以精也。故能用万众之人。筌不知师是众,以为兵师,误也。"凡此等,皆可作注《阴符经》之一家言,未可因托名而忽之。

# 66. 黄帝阴符经邹䜣注解

《黄帝阴符经注解》一卷,宋崆峒道士邹䜣注,见《道藏》58 册余八。按邹䜣即朱熹之别名。当时儒道严分,以为儒者不可以读道教书,而理有可取者,朱子乃择取《参同契》《阴符经》而注之,皆化名邹䜣。

此书末引鹤山魏氏曰:"李嘉猷博通经子百氏而深于《易》,晚得专气致柔之说,以《阴符》、《参同》博考精玩,笃信不懈。然则知道者,固合是二书与《易》同用云。"朱子既引了翁之说,盖实有同感。凡《易》用三才之道,决不可忽乎人生问题,而《参同》、《阴符》,全在反身。儒道二家修养之法,其实可同。

至于《阴符》的特点,在阐明五行反侮之理,所谓"火生于木,祸发必克"。唐李筌已重此句,乃托诸骊山老母。此可视为五行哲理之发展,在医理中早已注意。由《阴符》出,则反侮与"奸生于国"同观,朱子注此节曰:"火生于木,有时而焚木,奸生于国,有时而必溃。五贼之机,亦由是也。"

此书之注未多,辑者加入朱子语录之言,又引须溪刘氏之说。若此《阴符》一书,有唐褚遂良得太极真人所注本于长孙赵国公之家,则在李筌前已有之。李筌所谓得寇谦之藏本,或非尽属子虚。篇末较李筌本多二十一句百一十四字,即出自褚本。

# 67. 黄帝阴符经蔡氏注

《黄帝阴符经注》一卷,蔡氏注,既无序跋,未知其究为何人。见《道藏》56 册闰下九。然与邹䜣之《黄帝阴符经注解》并观,则全书同,可能为朱熹之初稿,曰"蔡氏"者或指蔡西山父子。其后更集取语录及须溪刘氏说,并褚本校刊,即成邹䜣之书。故知此二书实一书,可题朱熹注蔡氏辑,方合事实。

# 68. 黄帝阴符经刘处玄注

《黄帝阴符经注》一卷,金神山长生子刘处玄注。见《道藏》57 册余上六。首有宁海州学正范怿裕德序于明昌辛亥(1191)。凡北宗之作,每多范怿之序,序此书时长生仅四十五岁。而重阳与马谭,已先后羽化(此书装订有误,序第二当与 56 册闰下九之序第二对易)。

若刘注此书,全用三教合一之理。首句曰:"观者,五眼圆明也。明其天眼、慧眼、法眼、道眼、神眼,五光明澈则五蕴归空,见其天道也。"全书之旨可以推知。又注"三才既安"曰:"归依三圣,教明三乘,玄悟三皇,上运三光,倒推三车,耕透三田,周天三火,炉结三丹,神现三阳,升上三天,真而不朽,生而不灭,尽于物道也,真与道同体则安也。"最后曰:"万物造化与人造化无异也。天地运炁,物通变也。五鼎烹铅,则金炉炼汞也。七返通灵,九还丹结,姹女离宫,则婴儿坎户也。龟蛇蟠绕,则龙虎咆哮也。前朱雀行,则后玄武随也。金翁守庚辛,则黄婆伴甲乙也。巨海捞龟,则昆山凿玉也。黄芽长,则白雪生也。玉花开,则金莲结也。三光照,则七宫明也。二八无亏,则六三无缺也。金木间隔,则水火相逢也。恍惚之中,则隐显难测也。道之用也。"此与南宗重命宫者基本相同。有翁注《悟真篇》及此注出,《阴符经》内容为之大变,亦即南北宗化。

# 69. 黄帝阴符经讲义

《黄帝阴符经讲义》四卷,宋云峰散人夏元鼎宗禹撰。首有朝散郎权发遣兴化军州事楼昉撰序,时当宝庆二年(1226)。序文以孟坚分兵书四家总于权谋,特反之而使权谋形势技巧总于阴阳,所见可取。且楼昉每以儒自居,因宗禹固亦见及世事不可为而归诸道者也。凡注有三部道书,除此书外,尚有《悟真篇讲义》及《入药镜笺》。后书已佚,尚存序跋于此书末,《悟真篇讲义》提要另见。以此书言,四卷中首三卷讲《阴符经》文,卷四为图说。由图说始见其所得,首载内外各三关。

内三关为"性不迁情"、"气不化精"、"神不外弛"。

外三关为"耳不淫听"、"目不妄视"、"口不欺心"。

以下"日月圣功图说"即纳甲爻辰。"奇器万象图说"即消息洛书三白之象。凡三白为鼎之三足,四碧二黑为鼎之二耳,左三绿右七赤以和成中五黄,上出为九紫。然则紫气东来犹祸发必克,知之修炼即安炉立鼎之象。又有"三教归一图说",理亦可取:

儒一天生烝民,有物有则。

释一圆觉真如,与生俱生。

道一有物混成,先天地生。

且记曾扣蒙庵聪老问宗性传灯大意。又见雪窦语录,反以悟蒙庵。因主张三教合一,实即伯端之象。又"先天后天图说",即先天一奇后天二耦。"上下鹊桥图说"一名"曲江乌桥",则通任督之气。"七十二候图说",即三十六阳生火与三十六阴生水。最后为"五行生成图说",当时朱熹辈以定名为河图,于道教仍用"五行生成"之名,反合汉代之义。由此卷图说,方见宗禹注三部道书的具体形象。对性命二宫之认识已同伯端,始见其能传南宗者,如单读《悟真篇讲义》而未读此书,犹未能见宗禹之象。

惜《入药镜笺》已佚,今尚存左史直院舍人大夫留元刚之序,武夷山人之后序,又有《云峰续记》,与自序共四文。

留元刚即清源齐云山人,序于宝庆丙戌(1226)。武夷山人即修职郎新处州州学王九万,序于宝庆丁亥(1227)。留、王之前后序,皆以儒术勉之,真德秀序其《悟真篇讲义》大义略同。于自序谓曾见七本崔公《入药镜》,本各不同,所注本凡二百四十三字,并寄豫章灵源子胡季辙、天台元漠子王和甫,皆学仙弟子。惜其注本未见。今《道藏》有混然子注本,二百四十六字,其本略异,即三字句由八十一而八十二。

若《云峰续记》一文,盖发挥晋人"夏云多奇峰"一诗句,深味山色云峰而悟道,此所以自号云峰。又云峰丰城人。

此书见《道藏》54 册藏下七八九。

# 70. 黄帝阴符经沈亚夫注

《黄帝阴符经注》一卷,给事中沈亚夫注。首有孟绰然序于金正大己丑(1229),尚当南宋理宗绍定二年。

全书之注甚简。若注"人知其神,不知其不神所以神也",曰:"人之有三万六千神光,故多欲则耗竭精神,故不神也。《易》曰:'阴阳不测之谓神',抱一存神,所以神也。"显与原义不同。又注"机在目"曰:"心既灰而目不外视,生死绝念,乃忘其机也。"则虽有丧我之象,然与原书之义亦不同。上曰"动其机,万化安",此指出此机在目,何贵乎忘机。能不外视而内观,恰当其机在目,若刘长生注此句曰:"慧目视灵物,明于天机,知道要妙,物我俱泯也。俗机益于己损于人,道机损于己而利于人也。"并观可明其所悟。若亚夫此注,实淡而无味,然亦有所见。此书《通志》已著录。

此书见《道藏》56 册闰下九。内有二页(序二及第五)装订有误。

# 71. 黄帝阴符经解义

《黄帝阴符经解义》一卷,开州助教萧真宰著。见《道藏》56 册闰下十。全书三章，第一《神仙抱一演道章》之注已阙，今存二章之注。《通志》作三卷，或以一章为一卷，则二章犹二卷。内以《庄子》寓言解者甚多，兼及孟子等儒者之言，皆有所见。

如解"瞽者"云云一节，有曰："若市南之累丸，佝偻之承蜩，去垩于鼻端，游刃于解牛，皆用志不纷，然后能有所致。寓形于盗贼之间，困于偏伤之患者，志有所适，虽一该一曲不无所容于世也。若乃炁合于心，神合于炁，则不用于耳目，亦无困于患也。"此明由一该一曲而及全，犹十倍万倍之理。解"机在目"又用孟子眸子瞭焉与眊焉，义亦确切。

最后一节明天地时物之说曰："天有时，地有物，言天地者，指其形器之迹也。言时物者，指其运用之妙也。"则人参天地之理。总论三章亦归此义曰："使愚而达于圣，亦可以至，修炼以我而用其哲，则观天之道执天之行尽矣。"此圆融全经首尾连贯，故曰："唯天下之至神，然后能寓众妙所寄，见朝彻之独，而得其阖辟关键之原。则有之以为利，无之以为用，不知其尽也。"读此可见萧真宰之象。若必以所多之一百十四字为非，未免固执。

# 72. 黄帝阴符经任照一注解

《黄帝阴符经注解》一卷，绥德军道民任照一注。见《道藏》56册闰下七。此书《通志》已著录。

此书义谓《阴符经》暗合天道人道之妙理。解"禽之制在炁"，以庄子"虚室生白"及孟子"养气"当之。"禽"通"擒"，兼取能飞与制炁亦可取。

末句："愚人以天地文理圣，我以时物文理哲。"以天地自然与五谷当之。前者天然，后者人为，其言曰："五谷者，是天下人之日用之物也。但世人务取乎饱食而不究乎造化之本末也。盖五谷盗天地造化而生,盗天地冲炁而实,即知五谷是天地真一之精,长茂成熟人得食之,接炁延生受脾胃磨,而精华灵液化为太一真水,是五行之先声。又焉知五谷精炁,是天地之灵液,日月之华英,五行之精髓,能资我生,能益我炁,能延我命,能全我神,能通我圣,所谓我以时物文理哲者,其是之谓欤。"此以人定胜天为哲,尤有积极作用。

书亦用李筌本,不取褚本之百余字。

# 73. 黄帝阴符经蹇昌辰解

《黄帝阴符经解》一卷,同知建隆观事赐紫道士保宁大师蹇昌辰著。见《道藏》55册闰上六。首载《阴符经事迹》,昌辰以为西王母既助黄帝平定蚩尤后,复遣玄女授帝密诀一十九章及此《阴符经》。凡此不经之说,聊备一格而已。蹇有自序,颇重褚本之百余字,谓系黄帝演西王母之意,则仍视为较《阴符》三百字晚出。此书《通志》已著录。

若此书之注,以"八百诸侯,同会于孟津之上,岂不谓天人合发乎",则尚以兵家视之,并未纯以养生言。然末节"沉水入火,自取灭亡",解曰:"故水火之喻,则铅汞之合,虎龙之媾,任用稍荒,几丧吾宝矣。"则以反身言。又解"富国安民":"富国者资身也,安民者息欲也。"亦简洁明净。又曰:"圣功陶焉,神明铸焉。……一千年而生圣,五百年而生贤,岂不系神圣之陶铸乎。"且以陶铸之理归诸阴阳,其言曰:"今旦暮之徙,刚柔之行,死生代谢,寒暑迭迁。凡物流动,人之常情,未尝有一物而出乎阴阳之度数。但六极冥冥,皆被其陶铸矣。"斯理也,固宜发人深思,是之谓阴符乎。

# 74. 黄帝阴符经黄居真注

《黄帝阴符经注》一卷,虚靖大师赐紫道士黄居真注。见《道藏》56册闻下八,《通志》已著录。首有自序,谓此书由西王母授黄帝,取诸身而足。

其注"心生于物,死于物,机在目也"数句曰:"圣人见道而不见物,故其心未尝生未尝死。众人见物而不见道,故其心生于物死于物。夫圣人者,御天地于指掌,斡万化于方寸,皆由精神之运,心术之动,故能物役如市,吾心如水,真机之发,不为物惑矣。人则异是,见可欲而心乱,其为机也亦浅矣。"则以理言亦可通,然似非原文之义。心之生死于物,未分圣人与众人。而在目之机,自然有固躬、轻命之不同。

此书用李筌本,无末节百余字。又此书装订有误页,《黄帝阴符经注》第五,系闻下九《黄帝阴符经注》第五,二书中此页当互易。

# 75. 黄帝阴符经袁淑真集解

《黄帝阴符经集解》三卷,朝散郎行潭州长沙县主簿袁淑真集解。见《道藏》58 册余十一。《通志》著录,书名《阴符经疏》。

此书盖本《黄帝阴符经集注》而解之。每节首加"淑真曰",间有择录《集注》之说。又有老庄亢仓之言,且准李筌所述骊山老母之说分三章为《神仙抱一演道》、《富国安人演法》、《强兵战胜演术》,大义与《集注》同。褚本所增之百余字,录而未解,盖从李筌之说。其言曰:"故知天地则阴阳之二气,气中有子名曰五行者,阴阳之动用也,万物才而生焉,万物则五行之子也。"此义谈者甚多,而莫此为简,万物与阴阳五行之关系,悉在其中。不从阴阳五行而才生之万物,决不能得其本,此犹今日研究物质,必从元素始。故忽乎阴阳五行,决不能理解我国古人之思想概念,而《阴符经》尤重视阴阳五行。此书自论其要曰:"演道章一百五言,皆使人明阴阳之道,察兴废之理,动用多得其宜,然后修身炼行以成圣人矣。演法章九十二言,皆使人取舍合其机宜,明察至神之理,此其安化养命固躬之机也。章下一百三言,皆使人深思静虑,恩害不生,晓达存亡,公私隐密,开物成务,观天相时。"则袁淑真之得于阴符者,读此可尽。且不计末节之字,今本仍录者,已非袁本可知。

# 76. 天 机 经

《天机经》一卷,著者未详。见《道藏》874 册志下九。著者熟于《易》,理归于《阴符经》。取屯三、解上,而"乃顺承天"。基本立一字为题而文之,目曰:昌、身、机、藏、静、人、安、神、圣、命、倍、物、目、蠢然、生、胜、顺、契、象,凡十九篇。皆取《阴符经》之要点加以叙述,其言不乏可取者。此卷可收入注释《阴符经》之一类。《通志》著录,本名《阴符天机经》。

# 77. 黄帝阴符经俞琰注

《黄帝阴符经注》一卷,宋末林屋山人俞琰玉吾叟解。见《道藏》58 册余下九。首有眉山苏师余序于至正八年(1348),是时玉吾已卒多年。

又玉吾用李筌本。且注中提及,有詹谷注本已用御女之术当强兵战胜,盖承南宗之说,实未能得其本。玉吾注"天地反复"曰:"修炼之士知此理,则以首为天,腹为地,心为人。其法潜神于内,驭呼吸之往来,上至泥丸,下至命门,使五行颠倒,运于其中。降则金水合处而与土俱降,升则木火为侣而与土俱升,上下往来无穷无已,是为吾身之天地反复。"则简要可诵,且得金丹之诀,非玉吾不能说此有实之言。

# 78. 黄帝阴符经唐淳注

《黄帝阴符经注》二卷,金陵道人唐淳注。见《道藏》57 册余上四五。首有序,谓:"注此经者,不啻十数家,得圣人之微旨者,唐公一人而已。公讳淳,号金陵道人,不知何代人也。于是乃述己所闻,依圣意而解之,旁引诸书以证之。"盖此书乃淳所辑之解。于"天发杀机,龙蛇起陆",注曰:"此是三百字内,元'天性人也,人心机也,立天之道,以定人也'一十六字,为杜光庭加此文理也。"以下为淳曰云云。故知唐淳不知何代人,似即作此序文者所托名。此谓十六字是杜光庭所加,即淳之言,实即作序文者之言。

序文曰:"或以富国安民为修炼之术,或以强兵战胜为养摄之方。包罗乎天地,总括乎阴阳,视之无色,听之无声,冥冥然孰察其精真,杳杳然莫穷其微妙。自非内外虚朗,表里玲珑,能提挈乎天地,把握乎阴阳者,先剖析而注解之,孰能窥其壶奥测其涯涘矣。"即此书之旨。又提及"迩来莹然子周至明,寔今之好事者",有题字于崆峒事,似隐为说明撰此序集此书之唐淳,即好事之周至明。其时当南宋西山派兴起后,故已引及施真人之言。

# 79. 黄帝阴符经心法

《黄帝阴符经心法》三卷,蜀潼川六虚散人胥元一注。注文兼及三教之说,颇多引用庄子之寓言。胥元一能深味《阴符经》之精义,乃于本有之三章,改名为《发明天理章》、《开示养生章》、《胜欲复命章》,更可通于金丹之理。以"心法"名之,实有所得,足与刘长生之注疏媲美。所用本为褚本,与刘用李本不同,而理则仍通。最后注"奇器"曰:"圣人终此告人以慎动。人能将动之先,明白奇器发之事业,如镜之照形,月之映水,非特人理无过失之患,亦乃见吾本性真智,皎然无昧于动,始不负圣人之教也。虽然,与君话尽青城好,不自登临未必真。"此已属成象之言。"奇器"者何,犹正位凝命之鼎器。火化熟物,内炼之象可尽。贵于自登临者,尽性之谓,与穷理之论截然不同,愿与读此书者同登青城。末以青城为例者,青城山为蜀道教之发源地,况六虚散人为蜀潼川人,本地风光尤有趣味。

此书见《道藏》57册余上三。时代约当南宋。

# 80. 黄帝阴符经夹颂解注

《黄帝阴符经夹颂解注》三卷,南昌修江混然子王道渊注。见《道藏》58册余十。首有自序曰:"天法人,人法天,《阴符》之所以作也。"又曰:"《阴符经》篇分上中下,以按三才而明精气神。"又曰:"一要精全,二要气全,三要神全。收视则神真,返听则精真,缄言则气真。了此三全三真,自然混融于中,真火锻炼,结成金胎,十月三足,阴尽阳纯。当此时,脱胎神化,变现无方,超出生死之外,永为金刚不坏之身,此所以为还丹者也。"则南北宗所发展的金丹之理全在其中。故道渊之注,每混合三教言。书用褚本。

又此注每节之末,皆著一七绝,故曰"夹颂"。计上篇有八颂,中篇有七颂,下篇有九颂。

第一颂曰:"太极未分浑是阴,一阳初动见天心。阳舒阴惨相符合,大道生生德化深。"此颂阳符之理,备一说。

上篇末颂曰:"野战防威要识时,龙争虎斗两奔驰。片时风扫浮云尽,露出蟾光一片深。"

中篇末颂曰:"烧山符子盗天机,大象希形道隐微。君子得之身退守,小人一得便胡为。"

下篇末颂曰:"胎仙养就脱阴符,朝拜高尊入玉虚。进象昭昭神变化,鸾翔凤翥驾云车。"

读此四颂可喻解注之要。

# 81. 黄帝阴符经侯善渊注

《黄帝阴符经注》一卷,姑射山太玄子侯善渊注。见《道藏》58册余下七。

首有短序,仅百余字,而对《阴符经》之认识,可云已尽。其序曰:

> 大道无方,穷之弥远。至真不宰,测之弥深。玄微众妙,孰可
> 期之,曰《黄帝阴符经》焉。阴者内著阴灵之性,符者外契纯一之
> 真。至真则上通三要之正,其正则下伏九窍之邪。然则生死之
> 理,其机在目。曰不为聋瞽,故得观天之道,神明出焉,是谓执天
> 之行。爰夫经义者,圣功必尽于此矣。

此以"内著阴灵之性,外契纯一之真"释"阴符",其见可取。由阴
灵以外契纯一,即道教中灵宝与元始之象。其注三要曰:"一者太始之
元,二者遍昱之通,三者胎光之凝。三一之政,是谓至道之要也。"是即
天地人三才之政。此书末节亦不注。

# 82. 混元阳符经

《混元阳符经》一卷,见《道藏》27 册昃下九。未题作者,凡四字句
三十五,共一百四十字。主要继《阴符经》而作,首曰"晦颐之功,影响
不真"是其义。内容虽恍惚,然确有所见,归诸"阳符为心,万泰变业,
劫劫长存"之本体。明其本体之象,亦取于"三变一定,九变极神"之
旨。仍为三才合一,一炁化三清之理。作者约当唐宋时人。文采义
理,能兼及之。下附录原文:

> 晦颐之功,影响不真。清清之炁,朴朴昏蒙。滚符流影,寂截
> 判魂。含华历运,炁聚或奔。焊焊火盛,无底无轮。骞暮灵晃,辉
> 黑精魂。血灌五体,神符火君。脑灌华液,胎高辅真。边阙不动,
> 神躁命门。唉呼风雨,茫茫不作,类类守根。三变一定,九变极

神。一初载日,二象月分。清灵合委,屣脱励真。潜心在志,遁迹幽门。格孚跳黩,盗禹麦轮。帝运历纪,阳符为心。万泰变业,劫劫长存。

似当为之注释,以见发展《阴符经》之道教幽门思想。

# 83. 道 教 义 枢

《道教义枢》十卷,青溪道士孟安排集。见《道藏》762—763 册诸四至九。此书所集的内容,属道教的基本教义。详定其编次,实为宋张君房编《云笈七签》的蓝本。故此书为研究道教所必读的重要文献。

至于作者孟安排的事迹,今本唐末杜光庭(850—933)《道德真经广圣义序》云:"梁道士孟安排号大孟,作《经义》二卷。"而陈国符《道藏源流考》据陈子昂《荆州大崇福观记碑》,已考得孟安排为唐武后时道士。然碍于杜说,仍谓"此非《道教义枢》撰人"。

考《道教义枢》中孟安排的自序,已提及儒书《经籍志》而引其原句。所谓儒书《经籍志》即《隋书·经籍志》,此书成于唐显庆元年(656)。又陈子昂《荆州大崇福观记碑》作于圣历二年(699),故孟安排确为唐武后时道士以集此《道教义枢》者。杜说有误,号大孟更不确(另详《孟法师考》)。然则此书当道教极盛的唐武后时代的作品,能说明整个道教的面貌,决非偶然。

全书分十卷三十七条,自序所谓"显至道之教方,标大义之枢要",亦非虚言。卷目宜录之:

卷一　道德义　法身义　三宝义　位业义

卷二　三洞义　七部义　十二部义

卷三　两半义　道意义　十善义

卷四　五荫义　六情义　三业义　十恶义

卷五　三一义　二观义　三乘义

卷六　六通义　四达义　六度义　四等义

卷七　三界义　王道义　混元义

卷八　理教义　境智义　自然义　道性义

卷九　福田义　净土义　三世义　五浊义

卷十　动寂义　感应义　有无义　假实义

　　惜此十卷中，卷六已全阙，卷五中阙三乘义。今仅存三十二条，幸大义仍可概见。书例于每条分"义"与"释"二段。"义"简而要，述是条大义，每引道经为准。"释"甚长，博引各家之说而归诸大义。下录五段"义"，以概其全。

道德义曰：

　　道德者，虚极之玄宗，妙化之深致。神功潜运，则理在生成；至德幽通，则义该亭毒。有无斯绝，物我都忘，此其致也。故《道德经》云：道生之，德畜之。又云：大道泛兮玄德深远。《西升经》云：道德混沌玄同也。

三洞义曰：

　　三洞者，八会之灵音，三景之玄教。金编玉字，研习可以还源；凤篆云章，修服因兹入悟，此其致也。故《玉经隐注》云：三洞经符，道之纲纪。《正一经》云：三洞妙法，兼而该之，一乘道也。《本际经》云：若有经文十二部应三洞者，是名正也。

三一义曰：

三一者,盖是希夷之奥赜,神炁之枢机,智用则事并有形,会归则趣同无物,此其致也。《洞神经三寰诀》云:一者,精气神也。

自然义曰:

自然者,本无自性。既无自性,有何作者。作者既无,复有何法。此则无自无他,无物无我。岂得定执,以为常计。绝待自然,宜治此也。

三世义曰:

三世者,义有去来,名兴代谢。若虚忘遣有,便超有欲之体;了知无方,即践无为之境。此其致也。

由上五段"义",可喻当时的道教。如自然义,早有禅味,此见太玄一辅以辅洞真之作用。三一义又通性宗相宗之空有。事并有形,趣同无物,不测有无之阴阳,斯之谓神。洞神三皇又以精气神当之,犹三一之玄。

其他"义"与"释",莫不可深入以观其机。故此书之作用,近则使玄宗辑成《开元道藏》,远则有以启发唐末五代的道教发展,终成南北宗以创三教合一的道教教义。

# 84. 存神炼气铭

《存神炼气铭》一卷,唐孙思邈著。此卷仅有《道藏》本,见571册。考此卷是否为孙著,尚有可疑。于《道藏》704册有《坐忘论》一卷,附有《坐忘枢翼》,唐司马承祯(647—735)著。此《存神炼气铭》,基本与

《坐忘枢翼》相同,皆论五时七候。《坐忘枢翼》文气较谨严,与《天隐子》之笔法相似,而此书显有紊乱杂糅之感,或抄录彼书而略为改动,且托诸孙思邈之名。虽然,由五时七候之体,实以各种概念,亦未尝不可。况《通志》已著录此书,故虽非孙著,其为唐人之说可无疑。

铭首曰:

> 夫身为神气之窟宅,神气若存,身康力健。神气若散,身乃死焉。若欲存身,先安神气。即气为神母,神为气子,神气若俱,长生不死。

此以"气为神母,神为气子"为喻,理极可取。因气本流动,由流动而生变化,曰神者盖生于流动变化之中。故此处所谓神,犹身内之气,所以别于未炼的身外之气。此提出神存于炼气的观点,有大作用。以下述存神炼气法分五时七候,然未若《坐忘枢翼》之层次分明。另详《坐忘论》提要。

# 85. 太清服气口诀

《太清服气口诀》一卷,见《道藏》569 册尽下六。作者未详,然所服之气,全属外气。本有之元气,尚未知用胎息之名。可见其成书较早,若曰:"凡人腹中三处有隔,即心下有隔。初学服气者,皆觉心下胃中满,但少食,久作之,自觉至脐下丹田中。然后觉气周行身中,犹未入鸠中,后觉鸠中气出,即能与人疗痛也。"此知以气功治病,由来已古,脐下丹田中,即下丹田。心下有隔即今日解剖所得之横隔膜,气动横隔膜而及下丹田,即可聚气,然周行身中而入鸠中,理以性命相合为是。当时以鸠名之,犹取《庄子·逍遥游》中鲲鹏之寓言。非及南冥,其何能与人疗病,当时医家须通气功,此书可证。

又有"分别外气元气诀",则胎息之理已知。若即以"乾元亨利贞"及"贞吉"等为咒,可见神化《周易》之情况。是书亦属南北朝时之作品。

# 86. 太清调气经

《太清调气经》一卷,作者未详。见《道藏》569 册尽下五。此书属服气法,所以传《黄庭经》。亦取六时吸气法,呬嘘六字诀等,且以气为主。其言曰:

> 夫气者主心,心邪则气邪,心正则气正。今所举手动足,喜怒哀乐,莫不由心,心之动念,莫不是气。气感意,意从心。如此气全即身全,气灭即身灭,神灭即身无。

此全以人之生气言,义亦可取。明胎息之理,亦简洁。其言曰:

> 夫服炁者,本名胎息。胎息者,如婴儿在母腹中,十个月不食而能长养成就,骨细筋柔,握固守一。为初受正气,无思无念,兀然凝寂,受元气变化,开节脏腑,皆是自然。忽出母腹,即吸纳外气而有啼叫之声,即知干湿饥饿。似有所念,即失元气。今人所服者,如婴儿在母腹,是名胎息,服内气耳。旧经云:"鼻引外气服者深",非正法也。

按此书之言,得胎息之正,实古已有之,今《道藏》中亦数见。以此书论,时约当隋唐之际。因达磨之禅、天台宗小止观亦用呬嘘六字诀,道教胎息法本同,当属茅山或正一的基本修炼法。考"太清"二字,如以三洞分之,则太清辅洞神,上清辅洞真。茅山虽通三洞而以上清为主,故太清又当属正一云。

# 87. 太清导引养生经

《太清导引养生经》一卷，见《道藏》567册尽上三。全书录赤松子、宁先生、彭祖、王子乔四家之导引养生法，内容与八段锦相似。其视赤松子为神农时雨师，高辛氏时犹存；宁先生为黄帝时陶正；彭祖为殷大夫，历夏商年七百。言虽不经，然导引之法，确古已有之。且新石器时代，难免与野兽相遇，非有体力，不足以胜之。故虽非其人，于初入农业社会及发明烧窑时，自然有善于养生者。其法世世相传，至西周时养生医理定已有相当成绩，而导引之说逐步有文字记载。若此书所记者，法当先秦时已具，文字则汉后所记，且多汉后人所增补。今已得长沙马王堆所出土的汉初导引图，此书所记述者可参考。且此书有"王乔导引图"、"彭祖导引图"之文，惜其图已佚，正可互证导引之理。

又有曰："右抄集《宁先生导引图异同事》，《道林导引要旨》。"盖当时已有之古籍。若抄成此书者，约当在唐。《文献通考》："《太清养生上下篇》二卷，陈氏曰：'称赤松子，宁先生。'"似即此书。而此书未分卷，似已有阙。今书中所存之法，可供医学、体育工作者研究。

# 88. 玄 珠 录

《玄珠录》二卷，唐洪元王玄览撰，先祖自晋末从并州太原移于广汉绵竹普闰。书前有弟子道士王大霄序，述其师一生。初能逆知人祸福，善卜筮，又通佛老，作《遁甲四合图》。四十七岁时益州长史李孝逸召见之，旋遇恩度为道士，隶属于至真观，又作《真人菩萨观门》二卷。六十后不言灾祥，被他事系狱一年，在狱中作《混成奥藏图》。晚年又著《九真任证颂》、《道德诸行门》两卷。随口便书，记为《孝经口诀》两卷。则天神功元年戊戌岁年七十二，奉敕入都，闰十月九日，至洛川三乡邑羽化。大霄少四十五岁,集诸子私记题名《玄珠录》,其他著述《道藏》皆未见。

读其全书,颇用因明以明其理,且用相宗语。如曰:"道为能境,身为所能。能所互用,法界圆成。能所各息,而真体常寂。"

明必须生前修习之理曰:"死不自由死,死时由他死,死后知见灭,此灭并由他。后身出生时,生时会由他,知见随生起,所以身被缚,不得道矣。若使身在未灭时,自由灭知见,当至身灭时,知见先以无。至己后生时,自然不受生,无生无知见,是故得解脱。"虽先假定投生为真,若其自主不自主之推理,甚可取。

又曰:"身有重,先了身中,诸有既空,其空亦空。心有天游,空有俱空,心无所系。"是已能并性宗、相宗而空之,乃有天游无所系之乐。

又论"可常生灭"曰:"不但道可道,亦是常道可。不但常道常,亦是可道常。皆是相因生,其生无所生。亦是相因灭,其灭无所灭。"

其答三时之问曰:"古事若在今(今念里),则知过去未过去;今心若在古,则知未来犹已来。"又曰:"云何有今能知古,云何古实犹在今。既将今心念古事,复将古事系今心。明知一心一念里,含古复含今,以是今古故一心。"由是而谓:"道性无生灭,今古观无穷。故云:廓然众垢尽,洞然至太清,世界非常宅,玄都是旧京。"此理殊精,以今而言,世界犹指储存之信息,信息本身犹玄都之象。

又曰:"破名者指竹为水,指空为竹。是则一时是,非则一时非。"由是可见可道可名、常道常名之理,确变化无穷。更有辨十方一身及多中一、一中多、眼色二见之名循环等等,各有所见。

此书当唐代之说,实有深入研究之价值。见《道藏》25 册别七八。

# 89. 宗玄先生文集

《宗玄先生文集》二卷,唐吴筠著。首有礼部侍郎权德舆序,叙其道统如下：

陶贞白——王升玄——潘体玄——冯齐整——吴宗玄

又权著有《吴尊师传》，则以宗玄直承体玄。盖吴有青出于蓝之事实，乃后人不计其启蒙师冯齐整。吴卒于大历十三年(778)，生年未详。天宝初征至京师，请度为道士，乃就冯尊师齐整受正一之法。天宝十三载(754)进《玄纲论》，弟子有邵冀玄传其道。太原王颜悦其风，于化去二十五年后(803)，颜为御史丞，类斯遗文成此集以上于朝，冀玄亦得其本而请序于权，今则幸此本尚存。

三卷中，卷上为赋，卷中为赋、文、诗，卷下为诗，全集有贞白之风。卷上之《岩栖赋》，可与陶之《寻山志》媲美，《逸人赋》乃见其志。卷中之《神仙可学论》一文为其宗旨，"放彼七远，取此七近"，殊非空言。《形神可固论并序》一文，为具体之学仙方法。分"守道"、"服炁"、"养形"、"守神"、"金丹"五步。对人体自身之结构，确可加深理解，此实为道教中最合乎科学原理的部分。且可见南北宗炼金丹之原，因此则由《黄庭经》来。南北宗则既承《黄庭经》，又另承《周易参同契》，故能离唐代正一教派而另辟门户。并观此所述的"金丹"与《悟真篇》所明的"金丹"，可不言而喻。《游仙诗》二十四首，《步虚词》十首，皆可见宗玄之象。卷下《高士咏》五十首，则知宗玄之所谓道教。

此书见《道藏》726、727两册尊上下三四五。

# 90. 宗玄先生玄纲论

《宗玄先生玄纲论》一卷，唐吴筠著。筠字贞节，鲁中儒士。少通经，善属文，举进士不第，乃入嵩山依体玄先生潘师正，传正一之法。然此书末所载之《吴尊师传》与《文集》序，二文同属唐礼部尚书权德舆撰，然记述其事迹，颇多不同。其为传正一法无异，然时间颇有疑问，似当在开元后。于天宝后又在嵩山,开元中则南游金陵访道茅山,久之东游天台。于天宝初召至京师,乃又上嵩山。初则师潘师正,又师冯齐整,则尚可综合其异同而见其实。而此《玄纲论》之成,有《进玄纲论表》,末云"天宝十三载(754)六月十一日中岳嵩阳观道士臣筠表上",则信而有征。考是时正唐室最盛之时,旋即安史之乱而唐渐衰。则此《玄纲论》,正见唐代道教的最高成就。

全论三篇。上篇明道德凡九章,中篇辨法教凡十五章,下篇析凝滞凡九章。

于上篇九章,盖述天地形成而生人,帝王法自然以治世,故仁义礼智为道家所遗者,当明本末。此儒道之辨,以今而言,道之所研习者,实属自然科学之原理。若此篇根本未及宗教色彩,纯属道家之理。

于中篇十五章,方及神道设教之事。若曰:"伏羲受图,轩辕受符,高辛受天经,大禹受洛书,神道设教,兆于兹矣。"及宋即以象数当河图洛书,则又化神道成数学原理,此陈抟之可贵处。且此文继之即言:"吐纳以炼藏,导引以和体,怡神以宝章,润骨以琼醴。皆承奉师诀,研味真奥,则气液通畅,形神合同。不必金丹玉芝,可俟云轩羽盖矣。"则止见南北宗之来源。

于下篇九章,乃言修真之法,基本已同南北宗的性宫。如曰:"以玄宗为境域,以澹漠为城阙,以太和为宫观,以寂照为日月,惟精惟微,不废不越。行如是,息如是,造次如是,逍遥如是。习此久者,则物冥于外,神鉴于内,不思静而已静,匪求泰而弥泰。即动寂两忘,而天理自会矣。"则其境界可喻。然尚自守于道教,必须与儒佛不同。故全篇不谈佛,实则道教之种种仪规,早与佛教相合。唐既崇道,自然宜有此独立之见,故其归宿,不得不以飞升为鹄的。故末曰:"自我唐以来,可略而言矣。刘庆云举于蜀士,韦俊龙腾于嵩阳,道合蝉蜕于太一,洞玄骨飞于冀方。其余晦迹遁世得道轻举者,不可胜纪。"此见尚与葛洪全同。故道教的进一步发展,实在中唐后。钟离权、吕岩、陈抟等当之,宗玄盖属承前启后之关键人物。

此书见《道藏》724 册尊下六。

# 91. 天 隐 子

《天隐子》一卷,见《道藏》672 册。前有唐司马承祯序,末又作后序口诀。全书简要中肯,惟八节,目曰:"神仙一"、"易简二"、"渐门三"、"斋戒四"、"安处五"、"存想六"、"坐忘七"、"神解八"。序谓:"自伯阳以来,惟天隐子而已矣。"今作下表,可尽全书之旨。

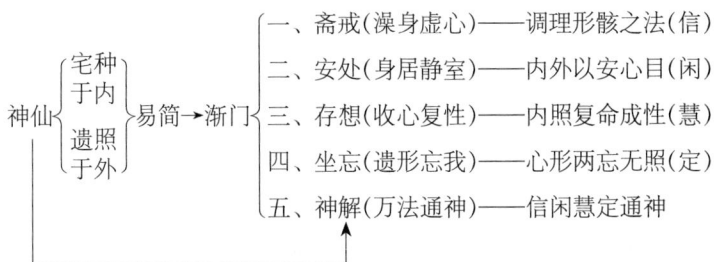

```
                              ┌─ 一、斋戒(澡身虚心)——调理形骸之法(信)
            ┌宅种        ┌─  ├─ 二、安处(身居静室)——内外以安心目(闲)
            │于内        │    │
   神仙─────┤      ├易简→渐门├─ 三、存想(收心复性)——内照复命成性(慧)
            │遗照        │    │
            └照于外      └─  ├─ 四、坐忘(遗形忘我)——心形两忘无照(定)
                              └─ 五、神解(万法通神)——信闲慧定通神
```

后序明言承祯诵《天隐子》之书,三年又三年,天隐子出而授以口诀,要在存想之复命成性,且述静坐之法,皆简而易行。然则《天隐子》之书,实子微受诸师而书之,书之而诵之,久之乃悟之。故天隐子即司马承祯,此丧我之吾,以当师师相传之道。序曰:"归根契于伯阳,遗照齐于庄叟。"诚为全书之要。

若于"神解八"曰:"兼三才而言谓之易,齐万物而言谓之道德,本一性而言谓之真如,入于真如归于无为,故天隐子生乎易中死乎易中。"则对三教合一之理,比之两晋南北朝已有进一步认识,然尚分为三。若完成合一之理,尚须经唐末五代之乱。

《文献通考》:"《天隐子》一卷。"引晁氏曰:"唐司马子微为之序。天隐子不知何许人,著书八篇,修炼形气,养和心灵,归根契于阴阳,遗照齐乎庄叟,殆非人间所能为学者也。王古以天隐子即子微也,一本有三宫法附于后。"又引陈氏曰:"司马子微序言长生久视,无出此书。今观其言,殆与《坐忘论》相表里,岂天隐云者,托之别号云。"

按子微(647—735)一生恰当盛唐,乃能反身自悟而神解不测,可谓唐代道教之最高境界。由外丹而内丹,理已完备。玄宗继之改国号为天宝,仅属洞真。于三洞之境实未及子微之神,后经晚唐之衰乱,能继子微之道者,其唯钟吕与陈抟辈乎。

上引《通考》晁氏之言"归根契于阴阳"句,"阴"当为"伯"字之误,读《天隐子》之序可知。有关《坐忘论》之旨,可参阅《坐忘论》提要。

# 92. 老子像名经

《老子像名经》十卷,内阙六至八三卷。全书列一千一百六十天尊名号以当十方,所以济十方众之苦难。观其体例安排,完全取法《华严经》。然既未言其理,仅依其形式而作此名号,何用之有。进而以象数言,视东方九气而天尊名号九十,南方三气而三十,西方七气而七十,北方五气而五十。上方天尊名号三百二十,当为三十二气。又下方、东北方皆一百二十尊名号,其他三方阙。以数核之,其他三方共三百六十天尊名号。如等分之,则五阴方皆一百二十而共六百天尊,五阳方则数有参差而合成五百六十天尊。少四十天尊之位,正以度世人之升天。故灯凡万二千盏,每一天尊十盏。由是"讲说《三洞大乘妙经》,即得国土安乐天下太平"。惜道教的《三洞大乘妙经》,怎及善财五十三参之妙,虽具此形式,孰能见其玄义。若作此经约在唐玄宗时,方能有此壮观。

此书见《道藏》345册女下十至十四。

# 93. 太上九要心印妙经

《太上九要心印妙经》一卷,仙人张果老述。见《道藏》112册珠上一。按张果之事迹,新、旧《唐书》皆有传,基本相同。当则天与玄宗时人,开元二十二年召之(733),赐号通玄先生,当是事实。《旧唐书》谓:"尝著《阴符经玄解》,尽其玄理",书于《道藏》中尚存,提要另详。今以此经言,亦与《阴符经》有关。

首有自序曰:"夫九要者,要乃机要也,以应大丹九转。故以道分九篇,法显九门,九门合理,篇篇归根。虽不得亲师之旨,得此要如亲师训得者,坐获天机,悟之者为之心印。若依行者,在欲无欲,居尘出尘,分立九门,还元二仪,学道君子,细意详之。先序显用,次要应体,以体兼用,性命备矣。"文极简要中肯,以为张果之作,颇有可能。九要之目为:"真一秘要,橐龠秘要,三五一枢要,三一机要,日魂月魄真要,日用五行的要,七返还丹简要,八卦朝元统要,九还一气总要。"论此九要又极自然。始论玄武龟蛇之一,动气命静者性,神气不相离而道自然,是谓心肾橐龠。枢要、机要全准《阴符经》三才五行生克之理,抱一炼神、富国安民、强兵战胜犹三丹田之象。真要、的要同属阴阳五行。简要论内外丹曰:"其内丹不得外丹则不成,其外丹不得内丹则无主。内丹者真一之气,外丹者五谷之气,以气接气,以精补髓。补接之功不离阴阳二气,阳气升即为返,阴气降即为还,昼夜还返,至于丹田。阳不得阴而不升,阴不得阳而不降,自然还丹之道,秘于此矣。"以下统要即纳甲。总要即一三而三三。"九阳既聚,性命相守。上则清虚日月行度之数,下则地气生产万物之源,中则人身阴阳造化之理。内各有三,故曰'三共之道',是名九要也。"又以一气为胎息。又曰:"胎乃藏神之府,息乃胎化之(原书脱"之"字,以文义补)因。息生息,因神为胎。胎不得息则不成,息不得神则无主。神乃息之主,息乃胎之根,胎乃息之宅,神乃胎之真。在腹之中谓之胎,一呼一吸谓之息,故名胎息也。"此节论总要,皆有所指,故全经之旨,能明确说明养气之理。《唐书》言:"张果能绝气如死,良久渐苏。"又曰:"果善息气,能累日不食。"此实即胎息之象。故此经乃唐代炼气之法,殊可宝贵。南北宗之理,皆由此发展而成。

# 94. 真 系 传

《真系传》一卷,唐李渤著。渤陇西人,述此书于庐山白鹿洞栖真堂,自序于贞元乙酉(805)七月二十一日。凡《新唐志》、《崇文总目》、《宋志》、《通志略》皆有著录。早收入元刊《道藏》,编《正统道藏》时已佚,属《道藏阙经目录》。幸张君房之《云笈七签》中,此书全部录入于第五卷。

全书叙述由晋杨羲起至唐李含光之授受史实,各有年代事迹可考,非荒诞不稽之神仙传可比。以下总述所记十师之简历与生卒年,庶见晋唐间道统传授之部分情况。

杨羲,句容人,生于晋咸和五年(330),曾就魏夫人长子刘璞传灵符,兴宁乙丑(365)众真降授,太元十二年(387)卒。

许翙字道翔,小字玉斧,师杨羲。生于咸康七年(341),卒于太和五年(370)。

许黄民,字玄文,翙子。生于升平五年(361),元嘉六年(429)欲移居钱塘,以道经付马朗,玄文即于是年卒。后朗终,堂弟及爰季真守护之。于景和乙巳(465)经入华林园。同年,明帝登祚,爰季真乃启还私廨。陆简寂南下(467)立崇虚馆,经亦归于馆。

陆修静,字元德,吴兴东迁人。生于义熙二年(406),好方外游,曾至衡湘九嶷罗浮巫峡峨嵋等处。后居匡庐,于太始七年(471)上《三洞经书目录》,卒于元徽五年(477),谥简寂先生。

孙游岳,字玄达,东阳永康人。生于晋隆安三年(399)。久居缙云山,宋太始三年(467)简寂至京,特往从之。永明七年(489)卒。

陶弘景,字通明,丹阳人。生于宋孝武帝孝建三年(456)。于齐武帝永明二至四三年中(484—486),就兴世馆主东阳孙游岳咨禀道家符图经法。意所未惬,更远近博访以正之。梁武帝大同二年(536)卒,谥贞白先生。

王远知,字广德,本琅琊临沂人,后为扬州人。唐高祖龙潜时,尝密告符命。贞观九年(635)卒,时称王法主。按广德之卒年于史有据,唯年岁有疑,此书外如《王旻碑》、《茅山志》、新、旧《唐书》、《谈宾录》等皆谓一百二十六岁。依之上推,当生于梁武帝天监九年(510),则"年十五入华阳事贞白先生授三洞法,又从宗道先生臧矜传诸秘诀",皆可能。若据《玄品录》、《茅山志》谓生于梁大通二年(528),则贞白先生卒时,年仅九岁,未能亲授三洞法。然以大通二年计,亦百有八岁,已极希有。必信其一百二十六岁,可能性更少。

潘师正,赵州赞皇人。隋大业中入道,师广德。唐高祖敬之,以永淳元年(682)告化,年八十九,则知生于隋开皇十四年(594)。谥曰体玄先生。

司马承祯,字子微,河内人。少事体玄先生,传其符箓及辟谷导引服饵之术。善篆隶,写三体《道德经》,刊正文字,著五千三百八言为真本。唐开元二十三年(735)告化,年八十九,则知生于贞观二十一年(647)。谥曰贞一先生。

李含光,晋陵人。年十三辞家奉道,后事贞一先生。开元末,明皇礼请而问理化,加玄静之号以尊之。大历四年(769)坐亡,年八十七,则知生于永淳二年(683)。

上述十师年代,始杨羲生于晋咸和五年(330),止李含光卒于大历(769),其间凡四百四十年。当渤述此书,李含光仅去世三十七年。故渤视可征信的道教史,仅有五百年历史,是皆东晋起魏夫人所发展的洞真,由陶隐居形成的茅山道。对我国所固有而未受佛教影响之道教,包括黄老道与五斗米道,渤盖未加注意云。

# 95. 天元入药镜

《天元入药镜》一卷,唐崔真人希范著。收入《修真十书》卷二十一,见《道藏》125 册李中五。

卷末自署"唐庚子岁望日至一真人崔希范述"。按唐庚子不能定其为何年,约可以宪宗十五年(820)当之。因自唐末起内丹之法渐盛,此书之名盖承崔公《入药镜》而来,是否同一人未可考,而理已相似。末有内丹之图,亦名坎离交媾图。录如下:

☲

| 阳 | 阴 |
|---|---|
| 龙 | 虎 |
| 元 | 还 |
| 向 | 从 |
| 离 | 坎 |
| 中 | 位 |
| 出 | 坐 |

☷

按此图即《参同契》之象,或唐时重兴,故极重视之。宋之金丹自此出,希范自序曰:"余少游云水,曾遇至人论养牛之术,修龙虎之要。"即指此而言。又曰:"余虽未亲鼎炉,略启玄奥,撰天元之秘法,显龙虎之妙道,铅汞之根源。好道同志,幸垂一览。"此见唐代之养生,尚重视外丹鼎炉。若希范者,已能不亲外丹鼎炉而重视内丹龙虎之铅汞。同名异实,由外而内,二事而同用一名,希范时或已渐盛,故此书能见内丹发展之迹。据曾慥《道枢》之言,吕岩盖读希范之言而有悟,或即著此《入药镜》者。

# 96. 三 洞 珠 囊

《三洞珠囊》,大唐陆海羽客王悬河修。《宋志·神仙类》、《通志略·诸子类·道家》、《秘目·子类·道书》皆作三十卷,此《道藏》本仅

十卷。是否全书,或仅为分卷之不同,已未可考。此十卷凡三十四品,
编目如下:

卷一　救导品

卷二　贫俭品

卷三　韬光品　敕追召道士品　投山水龙品　服食品

卷四　绝粒品　神丹仙药名品　丹灶香炉品

卷五　坐忘精思品　长斋品

卷六　斋会品　舍失戒品　清戒品　立功禁忌品　受持八
　　　戒斋品

卷七　二十四治品　二十四气品　三部八景二十四神品
　　　二十四地狱品　二十四职品　地发二十四应品　二
　　　十四真图品　二十七中法门名数品　二十八中法门
　　　名数品　三十二中法门名数品

卷八　相好品　诸天年号日月品　分化国土品

卷九　劫数品　老子为帝师品　老子化西胡品　时节品

卷十　叩齿咽液品


　　王悬河事迹失考,此书为其读道经后之分类摘录,所征引之道书,
计有二百六七十种之多,其中大部分已失传。陈国符《道藏源流考》附
录七《道学传辑佚》,基本辑于此书。此外有辑佚价值之道书尚多,故
此书有保存文献之价值。若分成三十四品,概念尚杂乱。于卷七诸
品,与象数哲理有关。既有十方世界之四周为三十二天,而星取二十
八宿,所余四天当四种民,此即道教用天文象数原理以对抗佛教思想。
佛教徒尚以道教仅属天界而未能出三界者,皆未喻道教之义。

　　又《化胡经》之争,由来已久,且原书被焚。然此书之"老子化西胡
品"基本仍在。若"劫数品"义,或与邵雍著成《皇极经世书》有关。

# 97. 上清道类事相

　　《上清道类事相》四卷,大唐陆海羽客王悬河修。王悬河始末未详,著有《三洞珠囊》,提要另详。以所引之书目观之,皆属早期之道经,故可信其为唐人。

　　此书凡六品,曰"仙观品"、"楼阁品"、"仙房品"、"宝台品"、"琼室品"、"宅宇灵庙品"。对道观的源流、命名、居者等皆有所考,且皆引出处,更信而有征。如引《道学传》云:"许玉斧玄孙灵真,梁代在茅山,敕为立嗣真馆,以褒远祖之德也。陶隐居所住朱阳馆,是许长史旧宅也。"又引《尹喜楼观本记》云:"昔周康王闻尹先生有神仙大度之志,乃拜为大夫,因号尹喜宅为楼观。在后周穆王为修此观,召幽逸之人为道士置其中,自尔相承,至今不绝。"于考据史实,大可参考。又如引《大洞玉经》三十九章注云:"玉皇之庐者,清虚道人之逸宅也。《登真隐诀》有上清仙台,全书在其中。"此皆不可究诘之事,然观此亦可知虚构之原,故此书对考察道教史迹者殊有用。再者所引之道书,今已大半失传,更见此书之重要。下录卷一所引之书目,以见一斑,对研究《道藏》文献者,亦可参考云。

　　《本相经》、《三洞科》、《法轮经》、《上清变化经》、《上清经》、《真诰》、《三元布经》、《灵书经》、《灵宝隐语》、《太上飞行经》、《八节谢罪经》、《道学传》、《大洞经》、《皇人三一经》、《登真隐诀》、《十洲记》、《凤台曲素上经》、《上皇先生紫宸经》、《上清三天正法经》、《八素龙虎隐文》、《三九素语玉精真诀》、《玉帝七圣玄纪经》、《三道顺行经》、《玉光八景经》、《大有妙经》、《龟山元箓》、《七转紫宸君上经》、《上清八景飞经》、《升玄经》、《龙飞尺素隐诀》、《白羽墨翻经》、《飞行羽经》、《神州七转七变经》、《玉珮金珰上经》、《太霄紫书》、《外国放品经》、《上清投祠仪》、《空洞灵章》、《道迹经》、《玉炼生尸经》、《内音玉字下》、《后圣道君列纪》、《八素阳歌九章》、《三皇经》、《尹喜楼观本记》、《老君圣人纪》。

上所引者,今能保存者已鲜,庶见其属唐人之书。此书引《本相经》云:"仙房者,道士服气之室也。"又引《本相经·第一》云:"仙庙者,神仙所居之室也。"《第二十一》经云:"东华国王,造神仙七政之庙,女人居之修道也。上法二十八宿也,其宫室二十八门也。"则道教已发展明堂而成,后世大行之星宿殿,实滥觞于此。

## 98. 神仙服食灵草菖莆丸方传

《神仙服食灵草菖莆丸方传》一卷,未详作者,署时为大历十四年(779),全卷介绍菖莆之功用。其言曰:"菖者盛也,莆者普也,精者灵也。能广救诸病,延年益寿强志,童颜日驻,岂不是仙草者也。"既可以秦胶一二钱,一盏水煎,待冷饮之;亦可取菖莆炎日干之,杵为散,以糯米糊合之成丸。

考菖莆可入药引年,韩愈《进学解》中已提及。若谓服食而仙,难免过甚其辞。或唐时曾提倡服菖莆,故有此传。此书所引古人如扁鹊、陶潜、寇谦之等皆得力于服菖莆,似不可信。然即此可证,葛洪、陶弘景辈之信道,皆擅医药,至唐仍然。亦见道教教理之重要处,就在与医理结合而以养生为主。此书介绍菖莆,乃其一端而已。

此书见《道藏》573 册临下七。

## 99. 养生咏玄集

《养生咏玄集》一卷,著者失考。首有一序,语简意赅,全文录于下:

夫咏玄者,乃咏玄中深奥也。窈冥取理,恍惚求真。撮众妙之英华,采群经之要会。言尚直而义正,道入重玄;旨似远而意明,风存上祖。引龙虎同归之躁竞,显玄牝绝利之玄微。直示指归,立成妙用。正演开遮之说,明分去就之元。回玄包罗,升沉浩渺。故使下士抚掌,上士勤行。克成于神气全真,冀泯于根尘妄照。诚知珠玉为何重?性命为何轻?宁不穷解分息动之玄,而纵流光走魄之逝,深可悲哉。此咏玄诗,实长生度世之法要也。至如玄元帝之灵箓,常秘枕中;淮南王之神方,密藏肘后。盖上圣所遵所重之至言也。学者值遇,宜须秘慎,深自惜焉。

全卷凡七绝诗三十首,特为之编目:

　　荣卫气　荣气　卫气　魂魄　魂　魄　谷神　谷　神　返本还元　神与气合　抱一　胎息　自然　龙虎　炼阳销阴　上丹田　中丹田　下丹田　重玄　阴丹　玄关　玄珠　玄牝门　玄门　牝门　绝利一源　心　性　法

　　于每首每句下,各有解义,编次亦合修炼之步骤。由荣卫魂魄而谷神,始能返本还元而渐由后天而达先天之自然,以下皆属"内呼吸"之义。更由三丹田而明重玄,越阴丹玄关而达玄牝,始达"大还丹"之象。乃心性而法,玄理可尽,故此书之作者,已深得修炼之法。考其时似在唐,当在《悟真篇》之前。因尚无《周易》象数之说,仍用荣卫三焦等中医之理,取义于《黄庭》而犹未用《参同》可证。

　　且咏"绝利一源",又知其在唐李筌传出《阴符经》之后。读其序又知其颇重"重玄",此一诗确极重要,其言曰:"上玄潜与下玄通,动静由来事一同,消息上玄会泯灭,下玄从此亦同功。"此所谓上下玄之名,实同《悟真篇》起所谓性宫命宫之说,且由此以破"阴丹",理亦自然。宋后产生的南北宗,于元明以来,对性命双修之理,或先或后之旨,反复争辩,立宗各异。而此"重玄"一诗,已能潜通其道,一同消息而泯灭"重玄",何必生先性先命之说。此书之价值,亦可由此而明之。最后咏"法"曰:"法本无言理自如,犹知自是众经枢,人有颖悟玄玄趣,秘向心头作妙符。"禅机显然,盖佛教禅宗能在我国大发展,本法道教之玄玄趣,然已与魏晋之清谈不同,此不可不辨。

此书见《道藏》573 册临下六。

# 100. 道 典 论

《道典论》四卷,未详作者。全书录自道经,以明典实,所释者有:

> 太君、大神、飞天、童子、大士、道士、先生、上人、至学、贫道、宗匠、弟子、尸解、主者、诽谤、毁辱、攻击、耽酒、放荡、不慈、不孝、三障、三畏、三毒、四病、五欲、五浊、七伤、八难、七患、五败、田猎、渔捕、苦酷、淫祀、谋逆、承负、妙瑞、灾异、怪妖、梦相、真人、吉兆、凶徵、服饵、导引、胎息、云牙、服黄炁、服王炁、服六戊、服三光、丹品、丹名。

观此书所得,渐由外而反内,亦犹道教之发展,渐由外丹而内丹,则当南北朝至唐。而此书既论"导引"、"胎息"、"云牙",而所归结之"丹品"、"丹名",尚有外丹之象。盖当《黄庭》之演变,自然早于《悟真篇》,故此书暂可定为唐人之作。《通志》著录"《道典论》三十卷",此四卷或系节本。其间于胎息,引《太上说玉京山经》云:"冲虚太和炁,吐纳流霞津。胎息静百关,寥寥究三便。"作者加注云:"按服炁法云:息以鼻而不以口,使炁常储,名之胎息。又能不以鼻息炁,所谓大胎息者,如儿胎在腹中,炁息而不须外彻也。能尔,亦可久居水中而不短炁,久久便能轻举矣。"诚理简而易明,习胎息之良法云。

# 101. 道门经法相承次序

《道门经法相承次序》三卷,未详撰人。然文中提及潘尊师答唐天皇问,其指潘师正无疑,故录其言而辑成此书,当系师正弟子。全书述道教的形象,较有条理。虽取诸佛教三界之说,而三清、三洞的形象,实为陆修静发展葛洪之说而成。其后经孟法师而陶弘景,早有《登真隐诀》、《真灵位业图》之象,而此书即本此二书而进一步发展。可见茅山道虽承上清,其于法相未曾不本灵宝。此书更进一步,则已与佛教相似而无别。

若首节明道教之始,与《云笈七签》相同。又曰:"今人每多浮浅,惟诵道德,不识真经,即谓道教起自庄周,不知始乎柱下也。眷言弱丧,深可哀哉,蠡酌管窥,一至于此。何者,老君生于殷末长于周初……"以下即用楼观派之说。又曰:"此明道家经诰非唯五千、元始天尊宝珠,老子岂唯年代差异,亦自位号不同。"此理亦极简单,欲非老庄之玄学,以恢复黄老之仙学。惜黄老之说及唐已不为人知,乃承王浮《化胡经》之说,进一步神化老子以继黄帝。不知求先秦黄老之说,必以王浮之寓言为真,由是与佛教相争,安得不为僧人所屈。潘师正犹如是,遑论他人。

# 102. 金锁流珠引

《金锁流珠引》二十九卷,中华总真大仙宰王方平、张道陵、赵升、王长、司命、李仲甫、茅盈、许玉斧等系代撰述,中华仙人李淳风注。书全名前,尚有"太玄金箓"四字。首有李淳风序,述此书传授之次,皆不可深究之言。明书名义,谓:"金锁本说锁魂炼魄,求生去死之法。本说坚身如金,留神系锁,口诵金锁,足履金纲,故名此两字以授后贤。

晓达其名,应时得道。"又曰:"流珠是北斗九星也。人以修行步纲,故曰随转流珠。"其卷目为:

1. 三五步纲引;2. 三步九迹引;3. 初受三五法;4. 五等礼师引诀;5. 太玄元炁所生三元引;6. 存使周将军法图,存使葛将军法图,存使唐将军法图,存使七斗法图;7. 说中篇上部转身存用图;8. 说上元三部将军及三功曹等图;9. 上元上、中、下部将军步纲图;10. 存诵中斗七星名法图,说存使四斗法图,说倚配衣存行法图,卧斗法,说坐配衣存发图,说使柱天力士系敌凶恶图,说佩诸天、地隐讳,拔宅上升天官;12. 13. 14. 15. 五行六纪所生引上、上之下、下、下之下;16. 17. 18. 19. 六甲阴功上、上之下、下、下之下;19. 六甲灵书阳功;20. 六甲七星步蹑为国战贼救度灾厄符法,二十八宿旁通历仰视命星明暗扶衰度厄法,北斗二十八宿醮祭日月时法;22. 醮七星二十八宿法,言赤章助国伐贼法,发符檄制止三官中凶恶为祟害人物等法;23. 行符断邪治病法,出引用符治病护身镇厌除害却祸消怪等事,治救病疾禁止鬼神追捉妖祟出牒等法;24. 伏虎使龙禁蛇法,考召法师及志道之人等家每年正月一日早朝人未起前自发牒符保护身家令平安无疾疫法,为一切官人保护身家口发牒住处社庙及宅保一二年合平安法,为百姓除祸镇灾殃保护身家同前用法,考召法师将家口或自身行往他州界先发帖牒太庙扶迎拜送保护往还法,诛符破庙法三会日醮祭言功迁赏吏兵法;25. 表奏请补考召法中灵仙职大迁举赏三元六甲七星九天二十八宿三十五神官五岳九州社庙法,州国郡府州地多水火疾病灾害不安作符章镇厌法,国郡府州破山魈鬼及妖精鬼作祟乱者遥与收断禁止法,考召法师身家常自厌镇口舌法,为官人及百姓厌镇口舌法,为官人及百姓断内外注祟鬼贼妄为虫蛊杀人不止法,为官人百姓断瘟法,发职色符牒牒远州收为祟神鬼邪精法,发牒问远亲故平安报消息法,为国克断妖星恶祥异气欲作灾怪法,为府郡官人断灾怪祟乱身家法,断百姓符,为百姓家断妖怪祟乱身家法;26. 为国王帝主拜上大元辰千车五墓却死来生令疾病除差平安如愿章法,为诸侯三品五品等大官上大元辰千车五墓却死来生令疾病除差平安如愿章法,为国除蝗虫灾损食人种植香苗五谷时天火消之法,志人为国及身家修道合用法器等科律法,志人为国及身家修道用式等给数科仪通济法,志人为国及身家修道传法箓及救人物疾病合用太上前圣老君法印二十四窠法,志人修道恐灾及身逃避及助国行水不没不溺法;27. 志人学道缩地往来之法,入洞天法,功成名遂乘龙驾鹤乘风上天入水入石法,画地为江河或为众山法,变壶器盛天地六甲七星府天营出没隐见法;28. 考召法师说巡游图法,考召法师存思说召延寿六星君名图法;29. 考召法师存思木官起屋救病法,考召法师存思说身巡游病家图法,考召法师存思说青龙白虎朱雀玄武镇疾图法。

由上所引全书诸法,可见此书之旨,亦可见道教盖以以上诸法而存。观其著者,乃知书出茅山派,亦见魏夫人犹保存天师道的痕迹。李淳风注未必可信,而其本诸天象,则有客观事实。若由宏观而微观,自然迷信丛生,仍继承星占术而扩大之。至于步纲法,存东南西北中五斗的形象,来源甚早,信其有与于张道陵,亦可备一说。

# 103. 三洞法服科戒文

《三洞法服科戒文》一卷,唐三洞弟子京太清观道士张万福编录。全书录"天师请问法服品",似亦属寇谦之所述。末有科戒四十六条,所以重此法服。尚有护持法服之责,曰:"应服不服,非服而服,皆四司考魂,夺算一千二百。"由此重法服,亦所以重科仪,此与儒家之礼相似。观老庄与道教的不同,此法服仪轨之制定,实其分歧处。北寇南陆之作用,主要在此。由政局统一于隋唐而仪轨初定,至中唐张万福时基本定型。至于视其理,谓四梵以上当无衣之衣,三界以下始有七种不同。

一、初入道门,平冠黄帔。

二、正一芙蓉玄冠黄裙绛褐。

三、道德黄褐玄巾。

四、洞神玄冠青褐。

(皆黄裙,冠象莲花,男女冠带不同)

五、洞玄黄褐玄冠。

六、洞真褐帔用紫纱,以青为里,飞青华裙莲花宝冠,男女冠带不同。

七、三洞讲法师如上清衣服,上加九色。

此见唐代尚明辨三洞。此七种犹三洞四辅,初入道门犹太平,道德犹太玄,三洞讲法师犹太清。

此书见《道藏》563 册力下五。

# 104. 广　成　集

《广成集》十七卷,唐上都太清宫内供奉应制文章大德赐紫杜光庭撰。见《道藏》337—339 册敢上下毁上一至五。

光庭字宾圣,号东瀛子,本处州人,《青城山志》谓京兆杜陵人。唐懿宗时试不中,入道事天台道士应夷节。整顿道法科教对道教有所裨益,僖宗召之为道门领袖,赐号广成先生。遇术士陈七子,后游青城。王建重之,为皇子师,相国徐光溥执弟子礼。后唐庄宗长兴四年癸巳卒,年八十四。

按光庭系陶隐居茅山之传派,师承示以下表:

陶隐居——王远知——潘师正——薛季昌(明皇曾召之)——田
良逸(宪宗召不起)——冯惟召(年九十而化)——应夷节(昭宗乾宁中
卒,八十五岁)——杜光庭

今所存广成之著作尚多,颇多文采,与陶隐居相似。此集十七卷,
首三卷为表,以下述斋醮之词。表以奏君,词以告神,大半为上表及设
斋醮代作。盖能掌握当时尚文之情况,尤以道门奏天之词,殊可见设
斋醮之目的,亦以见道教存在对社会的具体作用。若《贺太阳合亏不
亏表》,难免为迷信所误。《贺诛刘知俊表》,则见完全为统治者利用。
至于斋醮词之内容,实能"范围天地而不过,曲成万物而不遗",道教之
所以无所不包,于焉可见。三才易理之宗教化,略可见此十七卷中,微
广成之才殊不能为此集,若其内修之功,则此集中未见。

# 105. 太上宣慈助化章

《太上宣慈助化章》五卷,唐广成先生杜光庭集。见《道藏》339、
340 两册毁上六至毁下十。

此五卷可补《广成集》十七卷之不足。凡设斋醮须以词述其目的,
更有个人之求,以及道士本人之求,包括忏悔改过、立志立愿等等,皆
须上章于天神。而章奏之文,各有格式,此五卷之文,所以示其例。由
是凡有章奏,莫不可依样画葫芦,仅须以上章者之姓名代入即可。故
广成之集成此卷,可免后人之思。虽然,尚形式而乏诚心,此亦为大
弊。自寇谦之、陆修静之定此仪式,至唐末又有杜光庭为之复兴。凡
外形与内容,固不可偏废,今儒家之礼法已乏人注意,遑论道教之仪
轨。而历史上实有其人其事,文采斑斑,神威凛然,为了解文学之一

体,亦宜注意之。

# 106. 墉 城 集 仙 录

《墉城集仙录》六卷,杜光庭著。光庭字圣宾,一作宾圣,晚号东瀛子,缙云人。咸通中,举进士不第,入天台山修道,仕唐为内供奉。避乱入蜀,事王建父子,官谏议大夫,赐号传真天师。生于唐宣宗大中四年,卒于后唐长兴四年(850—933)。因前蜀衰乱,隐居于青城山以终。能诗文,著述甚多。《道藏》收此书于洞神部谱箓类,涵芬楼本第 560册竭字下。

全书皆集女贞,原书无目,编之如下,以便查阅。

卷一　圣母元君　金母元君
卷二　上元夫人　昭灵李夫人　三元冯夫人　南极王夫人
卷三　云华夫人　太微玄清左夫人　东华上房灵妃　紫微王夫人
卷四　太真夫人
卷五　云林右莫夫人　婴母　钓弋夫人　湘江二妃　洛川宓妃　阳都女　杜兰香
卷六　盱母　九天玄女　孙夫人　蚕女　彭女　弄玉　园客妻　昌容　汉中酒妇　女几　河间王女　采女　太阳女　太玄女　樊夫人　东陵圣母　西河少女

今以此书所集录的女贞,与赵道一编修的《历世真仙体道通鉴后真》所集的女贞相比(见洞真部记传类涵芬楼本第 150 册羽字下),可见道教具体内容的发展情况。凡二书所集相同甚多,如金母元君、上元夫人、九天玄女、蚕女、云华夫人、昌容、太阳女、园客妻、西河少女等。此辈于道教中早已历代相传,故同。然赵书集录者较此书约多三倍,而此书中仍有赵书所未及者。例如元君的称呼,于道教中极为尊贵,以理言似当相同。而赵书集无上元君、太一元君、金母元君凡三,此书则圣母元君、金母元君凡二。此全由集录者本人的想象所决定,以阴阳的象数论,似当以此书取二为准(偶数)。又如湘江二妃,即湘君、湘夫人的形象,此在《九歌》中早已形成。洛川宓妃的形象,由曹植《洛神赋》造成;而赵书中即无。凡此,视为此书所增未尝不可。女贞如是,此外各部《集仙录》,莫不如是。其加速发展的时代在魏晋南北朝,完全由佛教刺激而成,而其间亦多保存当时的特殊事迹,故此类传记未可皆视为无稽之谈而一笔抹煞。一则可考察故事的来源,一则可研究事迹的可能性。道教重视女贞,更为佛教所不及。

# 107. 秘传正阳真人灵宝毕法

《秘传正阳真人灵宝毕法》三卷,正阳真人钟离权云房著,纯阳真人吕岩洞宾传。传曰汉钟离传道于唐吕岩,实指以汉代之说传于唐代。且作之传之者皆在唐末五代,书出后于吕岩,或已当宋初的西山道派。而此三卷十篇,实可概括唐末五代之道教,未可以疑钟吕其人而忽之。其目如下:

卷上　小乘安乐延年法四门

匹配阴阳第一　　聚散水火第二

交媾龙虎第三　　烧炼丹药第四

卷中　中乘长生不死法三门

肘后飞金晶第五　玉液还丹第六

金液还丹第七

卷下　大乘超凡入圣法三门

朝元第八　　内观第九
超脱第十

首有云房之序曰：

　　道不可以言传，不可以名纪，历古以来，升仙达道者不为少矣。仆志慕前贤，心怀大道，不意运起刀兵，时危世乱。始以逃生，寄迹江湖岩谷，退而识性留心，唯在清净希夷。历看丹经，累参道友，止言养命之小端，不说真仙之大道。因于终南山石壁间，获收《灵宝经》三十卷。上部金诰书，元始所著；中部玉箓，元皇所著；下部真源义，太上所传；共数千言。予宵衣盱食，远虑深省，乃悟阴中有阳，阳中有阴，本天地升降之宜，日月交合之理；气中生水，水中生气，亦心肾交合之理。比物之象，道不远人。配合甲庚，方验金丹之有准，抽添卯酉，自然火候之无差。红铅黑铅，彻底不成大药；金液玉液，到头方是还丹。从无入有，常怀征战之心；自下升高，渐入希夷之域。抽铅添汞，致二八之阴消；换骨炼形，使九三之阳长。水源清浊，辨于既济之时；内景真虚，识于坐忘之日。玄机奥旨，难以尽形；方册灵宝，妙理可用。入圣超凡，总而为三乘之法，名《灵宝毕法》。大道圣言，不敢私入一己，用传洞宾足下。道成勿秘，当贻后来之士。正阳真人钟离权云房序。

　　按此序未记年月，或故玄其人，时当世乱，或指唐末五代。所得之《灵宝经》，或系隋唐前之古籍。合而成此三卷十篇，权所自编，所谓"止言养命之小端，不说真仙之大道"，其志可喻。后能悟此内外之大还丹，诚得所谓天人合一之理，确为人类之大学问。虽然，对客观之认识正宜应时而变，其何可执一。如此谓天地之间四万二千里，乃当时之宇宙观,今何可信之。若冬至夏至之本诸南北回归线,则地球之轴若干亿年内决不可变。此类之事实,不可不加明辨。至于反身内观,则解剖之事实仍不可忽。惟于内气以及思维之象,则岂可以今日之知自囿。若此书之分三卷十门,由人仙、地仙而天仙,由守身既济、应身纯阳而超脱之象,其理仍宜深究。于身外有身,出入无疾之境,此书最后曰:"既出而复入,入而不出,则形神俱妙,与天地齐年而浩劫不死。既入而复出,出而不入,如蝉脱蜕,迁神入圣,是以超凡脱俗以为真人仙子而在风尘之外,寄居三岛者也。"然则登七级宝塔、上三层红楼者当自知为是。

此书于象数亦用汉法,殊有价值。见《道藏》774 册志下十。

# 108. 钟 吕 传 道 集

《钟吕传道集》三卷,正阳真人钟离权云房述,纯阳真人吕岩洞宾集,华阳真人施肩吾希圣传。此书《文献通考》有著录,引陈氏曰:"施肩吾撰,叙钟离权云房、吕岩洞宾传授论议。"今《道藏》中无单行本,此三卷收入《修真十书》,当卷之十四至十六,见《道藏》124 册李上。

全书为问答体,由吕问钟答以传道。书由施肩吾述之,然无序跋。陈氏又曰:"唐有施肩吾,能诗,元和中进士也。而曾慥《集仙传》称,吕岩之后有施肩吾者撰《会真记》,盖别是一人也。"此说当是。且施肩吾除撰《会真记》外,尚撰此书,他处亦屡有提及。道者每喜神其说,即以吕岩后之施肩吾视为唐元和之施肩吾。或宋人有意托名,以见施已成仙,一二百岁乃无妨。今宜从陈氏说以正之,此为宋初之施肩吾,若其所以能撰此书者,或为吕氏之门人,或为整理文饰当时已有的传本。虽然,施能承钟吕之思而反身有得,则可信其为真。

凡三卷共十八论,每卷六论,其目为:

论真仙、论大道、论天地、论日月、论四时、论五行、论水火、论龙虎、论丹药、论铅汞、论抽添、论河车、论还丹、论炼形、论朝元、论内观、论魔难、论证验。

此十八目皆为炼丹之基本知识,吕问钟答,层次分明,实可视为内修之必读课本。早如《参同》、《黄庭》,后为《悟真》、《还源》等,皆作韵语,故不如此书之易明。传曰:"钟,唐人;吕,宋人。"此道者之神其说。今详读此十八论,则知撰者之思,确已远超魏晋而深得汉人之思。道则直承伯阳而以阴阳五行明之,于论内观曰:"呼名比类,不可具述,皆以无中立象以定神识。未得鱼,则筌不可失;未获兔,则蹄不可无矣。后车将动,必履前车之迹;大器已成,必为后器之朴。则内观之法,行持不可阙矣。亦不可执之于悠久,绝之于斯须,皆不可也。"是犹反王弼之易而归之于汉易。且此书之理,亦即以汉易反诸身。以天地十数为七返九转还丹,同归中丹黄庭,返还戊己之功乃成。继之以三迁,非中脉乎?乾元自强不息以上出之象,"自下而上,不复更有还矣",庶得不还之还而达无穷远之境。以今日之数学语言论,乃可由相互对偶成自对偶,所谓诚合外内之道,景色自然不同,名紫河车,此书所宗。

若继《周易·说卦》之"穷理尽性以至于命"而曰"全命保生以合道,当与天地齐其坚固而同得长久",亦可说明道教之长生实同易道之生生。炼神合道,保生莫善矣。

总观此书,以见施传钟吕之道。初与紫阳之《悟真》并无交涉,必以之为南宗之祖,似已在泥丸传于玉蟾之时。道光尚不言钟吕,遑论紫阳与杏林。

# 109. 钟离八段锦法

《钟离八段锦法》一卷,已收入《修真十书》,属卷十九,见《道藏》

125册李中五。全文仅五字三十六句,宜全录于下,然后述其源流并论其作用。

> 闭目冥心坐,握固静思神,叩齿三十六,两手抱昆仑。左右鸣天鼓,二十四度闻,微摆撼天柱,赤龙搅水浑。漱津三十六,神水满口匀,一口分三咽,龙行虎自奔。闭气搓手热,背摩后精门,尽此一口气,想火烧脐轮。左右辘轳转,两脚放舒伸,叉手双虚托,低头攀足频。以候逆水上,再漱再吞津,如此三度毕,神水九次吞。咽下汩汩响,百脉自调匀,河车搬运讫,发火遍烧身。邪魔不敢近,梦寐不能昏,寒暑不能入,灾病不能迍。子前午后作,造化合乾坤,循环次第转,八卦是良因。

至于此法之来源,宋曾慥有记,其言曰:"《钟离先生八段锦》吕公手书石壁上,因传于世。其后又有窦银青《八段锦》与小崔先生《临江仙》词,添六字气于其中。恨其词未尽,予因择诸家之善,作《临江仙》一阕,简而备,且易行,普劝遵修,同证道果。绍兴辛未仲春,至游居士曾慥记。"

按绍兴辛未(1151),此法早已流传,所谓吕公书石壁上,约当五代宋初。钟离殊难以世法定其年代,然吕公当唐五代时,尚可考证。传曰吕公曾见陈抟,或亦可信。故此八段锦法,可视为唐末炼身法,足与汉末之五禽戏并观。且今已得马王堆导引图,故知从先秦起,我国早有各种体育动作以养身。传曰钟离为汉人,亦何足为怪。然此八段锦法,不同于五禽戏者,本诸"闭目冥心坐",则与陈抟之卧功略近。惟坐而用动,与坐而不动者异法。此由坐时之外形动以引起内气动,所谓"河车搬运讫,发火遍烧身",则与坐而不动者,亦可达同一目的。又《道藏》此卷中尚有准其义而绘成八图,画者失考,不知是否窦银青,观图有助于对此八段锦之了解。尚有《去病延寿六字法》,似即小崔先生希范所增,唐庚子岁述《天元入药镜》。末有孙真人《四季行工养生歌》,所以合六字法于四时五行。以时考之,孙思邈当在崔希范前,故六字法可视为思邈所创。录以备考。

《去病延寿六字法》(其法以口吐鼻取):

总诀:

肝若嘘时目争精,肺知呬气手双擎。心呵顶上连叉手,肾吹抱取膝头平。脾病呼时须撮口,三焦容热卧嘻嘻。

肾吹气:

肾为水病主生门,有疾厄羸气色昏。眉蹙耳鸣兼黑瘦,吹之邪妄立逃奔。

心呵气:

心源烦燥急须呵,此法通神更莫过。喉内口疮并热痛,依之目下便安和。

肝嘘气:

肝主龙途位号心,病来还觉好酸辛。眼中赤色兼多泪,嘘之病去立如神。

肺呬气:

呬呬数多作生涎,胸膈烦满上焦痰。若有肺病急须呬,用之目下自安然。

脾呼气:

脾病属土号太仓,有痰难教尽择方。泻痢肠鸣并吐水,急调呼字次丹成。

三焦嘻:

三焦有病急须嘻,古圣留言最上医。若或通知去壅塞,不因此法又何知。

孙真人《四季行工养生歌》：

春嘘明目木扶肝，夏至呵心火自阑。秋呬定收金肺润，肾吹唯要坎中安。三焦嘻却除烦热，四季长呼脾化餐。切忌出声闻口耳，其功尤胜保神丹。

最后于《修真十书》卷二十三中，更增曾慥之《临江仙》，则八段锦合六字法之要，尽在其中。

子前寅后东向坐，冥心琢齿鸣鼍。托天回顾，眼光摩，张弓仍踏弩，升降辘轳多。三度朝元九度转，背摩双摆扳，虎龙交际咽元和。浴身挑甲罢，便可蹑烟萝。

若《体壳歌》之撰者烟萝子，于"烟萝"二字似即取诸此。

# 110. 破 迷 正 道 歌

《破迷正道歌》一卷，正阳真人钟离述。见《道藏》133册芥上一。全书为七字句歌诀二百四十四句，畅述金丹之要以破迷正道。凡一切执著及道教之一般修炼法，皆作否定，然后显其人通天地之正道，以达白日飞升之果。所谓白日飞升，指化光言。道教贵白日飞升，由来已古，然内容亦因时而变。自南北宗创立后，已少言白日飞升，而理反圆融。此歌作者题曰正阳真人，不论是否钟离本人，而作者之思确已深悟金丹之理。以王重阳的思维形象当之，未尝不可。且正阳、纯阳事，产生唐末五代时，略早于陈抟。若此歌之作，似当属诸西山派的文献。故不论何人托名，此歌可视为始学道教金丹派的入门书，读之可比较正确地理解道教的修身形象。

# 111. 真仙秘传火候法

《真仙秘传火候法》一卷,著者未署名。以内容观之,盖传钟吕西山派之诀,时当宋末。此派与南宗并行,泥丸、玉蟾后,渐趋一致。此书论火候完全由客观之呼吸法入手,与脉象结合,取象尤具体。以心为君火,肾为相火,膀胱为民火,当三昧真火。由是而通夹脊,脊间经曹溪(原注:乃三椎骨下是也)而达玉京,则又有命宫而兼性宫之理。至顶而下,实即转河车之理而另成其象,是即西山派之特点。间有《行武火六十四》一图,即《周易参同契》之说。宜观其论与图,庶见全书之旨。凡初修内丹者,可由此法入手。

此书见《道藏》133册芥上四。

# 112. 西山群仙会真记

《西山群仙会真记》五卷,清虚洞天华阳真人施肩吾希圣撰,三仙门弟子天下都闲客李竦全美编。《文献通考》已著录,书名卷数皆同,引陈氏曰:"九江施肩吾希圣撰。唐有施肩吾能诗,元和进士也。而曾慥《集仙传》称吕岩之后有施肩吾撰《会真记》,盖别是一人也。"晁氏曰:"言炼养形气补毓精神成内丹之法,凡三十五篇。"按书中引有海蟾子语,海蟾子即刘操,辽时燕山人,已在唐后。故著者施肩吾,决非唐元和进士施肩吾。然尚未及《悟真篇》之言,故成书时当在北宋。书前自序述炼丹之法,有易简之理,其言曰:"览仙经万卷,不出阴阳;得尊师之一言,自知真伪。水火木金土,五行也。相生而为子母,相克而为夫妇,举世皆知也。明颠倒之法、知抽添之理者,鲜矣。上中下,精炁神,三田也。精中生炁,炁中生神,举世皆知也。得返复之义、见超脱之功者,鲜矣。知五行颠倒,方可入道。至于抽添,则为有道之人也。

115

得三田返复，方为得道。至于超脱，则为成道之人也。"如能悟得此节之言，炼内丹之理已在其中。《悟真篇》有"三五一都三个字，古今知者实然稀"，亦同此义。此理盖重兴于宋初，皆与钟吕与陈抟有关。

序又曰："前圣后圣，秘密参同。一集五卷，取五行正体之数；每卷五篇，应一炁纯阳之义。开明至道，演说玄机。因诵短篇，发明钟吕太上至言。"则全书有五五二十五之象数体例。晁氏言三十五篇，三为二无疑。此二十五篇篇目，可视为炼内丹之基本步骤。原书无目，特为编之。

    卷一　识道　识法　识人　识时　识物

    卷二　养生　养形　养炁　养心　养寿

    卷三　补内　补炁　补精　补益　补损

    卷四　真水火　真龙虎　真丹药　真铅汞　真阴阳

    卷五　炼法入道　炼形化炁　炼炁成神　炼神合道　炼道入圣

书分识、养、补、真、炼五层，实有所见。识犹认识，唯认识自身者方可言养。养之所得，盖有以补自身之未备，未备者备，始见外物备于身而有真。真即诚合外内之道，始可言炼。其间反复于认识与实践，非经时日何以见真。况所谓真者，其果真乎，又须以真识、真养、真补验之，是之谓炼。且每层中又分五步，辗转反复，非文字语言可尽。今之科学，已用数学语言，我国即用"五行生克"喻之，实与数学语言同义。故道书以至医书，必用阴阳五行之象数者，皆此义。

又此书皆引古说，包括古人与古书。合而观之，有葛仙翁、《西山记》、《太上隐书》、广成子、《扁鹊解灵枢》、《九仙经》、《通玄真经》、《灵宝内观经》、《上清玄格》、《洞玄经》、《洞天语录》、太白真人、阴真君、《三元真经》、《玉华灵书》、《三清贞录》、《九天秘篆》、《太上玄镜》、《洞神真经》、《十洲杂记》、《中黄秘诀》、《龙虎真丹经》、吕公、《玄洞玉诏》、《玉皇圣胎诀》、海蟾公等。

其中《西山记》一书，屡屡引及，而大旨可得。序中谓"欲论得道而超脱者西山十余人矣"，可见施肩吾属西山道统。其后陈泥丸、白玉蟾时，乃使西山派与南宗相合。宋末南北宗相合时，北宗论纯阳，又不以西山派为是。盖西山派者，乃重阴阳五行生克之象数者。此书与《钟吕传道集》、《灵宝毕法》等为同一类型，皆属唐末五代或迟至宋初时期的作品。又《文献通考》尚载有《华阳真人秘诀》一卷、《吕真人血脉论》一卷，引陈氏曰："前书称施肩吾，后书称傅娄景先生。"今《道藏》中已无，而其内容亦当与此书近似。

此书见《道藏》116 册夜上一至五。

# 113. 纯阳真人浑成集

《纯阳真人浑成集》二卷，唐纯阳真人吕岩撰。岩之事迹，传说纷纭。于唐代有其人，确可无疑。若种种传奇般的神迹，当然未可信。然宋初已流传，而此《浑成集》盖集其诗。其诗是否吕岩所著，亦未可深信。然得于藏室中，有执事于纯阳宫者刊印，时当辛亥岁闰十月望日，有"条阳清真道人何志渊序"。考辛亥闰十月当元宪宗元年，即南宋理宗淳祐十一年(1251)，其时上距唐末已三百五十年，则其真实性可知。唯距今亦已七百余年，当时劝人信道的言论及其思想，又可赖此而知。故退而视之为何志渊所作，小未尝不可，况确为何氏以前之作品乎。且传说吕岩的形象，正可赖此《浑成集》以见其思维形象。

全书凡诗三百余首，大半劝人勘破世情，亦有明内丹之修炼及所向往之境界。语句确有自在之趣，决无外物之执。首为《劝世吟》二十九首七律，录二首以见一斑：

红门不可久蹉跎,利未多时害已多。莫纵颖锋为剑戟,好平心地息风波。蜂痴刚采花成蜜,蚕死谁将茧织罗。不义之财贪得富,浮云终久待如何。

识破穷通造物般,空心一片任闲闲。圆光上下千峰月,灵相纵横七宝山。收拾乾坤归手掌,搬运日月撼天关。苍穹冗冗无由见,一颗玄珠灼世间。

此二律一破一立,不破世情,何以见玄珠。二首并观,庶见劝世之理。下有七绝六首以言心,亦可玩味。

《心剑》:我有龙泉匣里藏,令人肝胆荧神光。一从提上中宫帐,万里群魔不敢当。

《心印》:寒光不动自天然,应变随人方与圆。印定了知无那个,这里恰是未生前。

《心镜》:高挂灵台久不磨,自然影观万森罗。任从尘翳休吹拂,吹拂尘无照甚么。

《心灯》:一点心灯焰焰生,不劳挑拨朗然明。得来照破人间暗,独放寒光满太清。

《心月》:一轮心月贴天庭,兔魄蟾魂特地清。些小闲云难作障,通天彻地自圆成。

《心地》:心地无劳苦耨耕,静中独有道芽生。我从填得无沟壑,稳稳安闲一片平。

此六绝中,因有《心剑》,宜流传吕岩之像必备剑。《心镜》之休吹拂,宜岩之常在人间,足与六祖并驾齐驱。《心印》以自觉,《心灯》以觉他,《心月》《心地》之积功,道教之理,可云已备。

此外可贵者甚多,妙在不即不离,实能发展南宗《悟真》、《还源》诸诗篇。如曰："莫怪瑶池消息稀,只缘尘事隔天机。若人寻得水中火,有个玉童上太微。"仅二十八字,足以说明命宫之理。又曰："随缘信业任浮沉,似水如云一片心。两卷道经三尺剑,一条藜杖七弦琴。壶中有药逢人施,腹内新诗遇客吟。一爵汞添千载寿,一丸丹点一斤金。"则又见内外丹之本一。

总上而言,此《浑成集》之作者,确能贯通道教之理。纵横捭阖任我逍遥,较南宗又胜一筹。考此象之成,当在白玉蟾前后,世人之重视吕祖,亦非偶然。若留传吕祖之诗文尚多,提要另详,可见其"随缘信业任浮沉"的变化,亦即后人所想象之吕祖形象。必作如是观,或能略窥道教史迹之发展情状。

此书见《道藏》727 册尊下七八。

# 114. 纯阳帝君神化妙通纪

《纯阳帝君神化妙通纪》七卷,元玄门苗善时校正编次诗象。首有自序,署曰"金陵中和老呆子苗善时"。又录至元六年及至大三年之诏,后者又进封真君为帝君,则与东华帝君五祖同。其号如下:

> 正阳开悟传道钟离真君可加赠正阳开悟传道垂教帝君;
> 纯阳演正警化吕真君可加赠纯阳演正警化孚佑帝君;
> 海蟾明悟弘道刘真君可加赠海蟾明悟弘道纯佑帝君;
> 重阳全真开化王真君可加赠重阳全真开化辅极帝君;
> 右付玄门演道大宗师掌教凝和持正明素真人苗道一收执准此。

此苗道一似即苗善时。若此书者,"集唐宋史传,摭拾实迹,削去浮华,绘成一百二十化,析为六卷,每章就和诗词象章直说,目之为神化妙通纪",盖以纪纯阳自化化人之迹。今《道藏》本为一百零八化,且原阙二十六至三十三化,故实仅一百化。已分为七卷,事迹从《道统录》:"帝君姓吕名岩字洞宾,唐河中府永乐县人氏。德宗贞元十四年四月十四日巳时生。若黄粱梦之故事,视为钟离以悟纯阳,又以为五代时即化为麻衣道者以易理《参同》点化陈希夷先生与燕国相刘玄英即海蟾帝君也。"凡以每化下各附以象章,当善时之意。于第九化曰:"海蟾帝君受《易》发明仙道,复南授张紫阳,张作《周易参同契》授石泰,之后三传至诸葛玉蟾,又二传至清庵李元素先生,北授重阳帝君王某,王乃以《易》妙河图洛书,分梨十化丹阳七真。后开金莲万朵,玉树千株,代不乏人,皆祖袭纯阳帝君之余荫也。"盖见是时南北宗开始合一之象,其于紫阳之《悟真篇》,竟误作《周易参同契》,可见对南宗尚未深入理解。又与第六化之象章曰:"愚昧此,尝默叹世传《灵宝毕法》、《钟吕传道集》谬安之甚,乃要名尚奇之士为之。或云施肩吾作,亦未知是否。又于伪书中取用作集作记证事证理而为传道根源,真乃井蛙耳。"可知《毕法》等书,非属北宗,作者传汉易的象数以存其法。今观其法,自见其价值。故钟吕的形象,当时已分南北,北则王重阳自言其道统,南则属西山道派,宜此书非之。又此书十七化为度曹国舅,十九化为度何仙姑,当后世所传八仙中之二仙。

总观其义,可见北宗所传之吕岩形象。是即法老子历代度人的形象,而更以吕岩当之。

此书见《道藏》159 册帝上。


# 115. 希 夷 观 空

《希夷观空》一卷,陈抟(?—989)之言。抟在我国哲学史上,应有重要地位,惜以儒家为主之评论,每以羽士而轻之。于《道藏阙经目录》中,有《希夷先生直解周易》四卷。书既佚,未能恍惚知其内容,然必与先天图有关。若其哲学思想,尤难捉摸。今幸有南宋初至游子曾恺集成《道枢》一书,凡历代对道教有得者,皆抄录其要,基本以内修为主。于陈抟亦录其《观空》说,内引有《周易》,是否出于《直解周易》已未可考,其为抟之言,似可信之。此不可多得之文献,不长而内容丰富,宜全录之,然后明其要。

　　希夷先生曰:欲究空之无空,莫若神之与慧,斯太空之蹊也。于是有五空焉。其一曰顽空何也? 虚而不化,滞而不通,阴沉胚浑。清气埋藏而不发,阳虚质朴而不止,其为至愚者也。其二曰性空何也? 虚而不受,静而能清,惟任乎离中之虚,而不知坎中之满。扃其众妙,守其孤阴,终为杳冥之鬼,是谓断见者也。其三曰法空何也? 动而不扰,静而能生,块然勿用于潜龙乾位,初通于玄谷,在乎无色无形之中。无事也,无为也,合于天道焉,是谓得道之初者也。其四曰真空何也? 知色不色,知空不空,于是真空一变而生真道,真神一变而物无不备矣,是谓神仙者也。其五曰不空何也? 天者高且清矣,而有日月星辰焉。地者静且宁也,而有山川草木焉。人者虚且无也,而为仙焉。三者出虚而后成者也,一神变而千神形矣,一气化而九气和矣。故动者静为基,有者无为本,斯亢龙回首之高真者也。

有此三百余字之文献,方见宋代起之所谓三教合一。时经唐末五代之乱,佛仅以禅为主,而抟属道教之革新人物,已能兼儒佛而明道。曰顽空者,苦修小乘者思维形象,有终身而不得,其为至愚者也。曰性空者,修小乘有得者之思维形象。然未经灵山之会,不知由小转大,终为杳冥之鬼,知出而不知入,是谓断见者也。曰法空者,犹善财初发阿耨多罗三藐三菩提心之象,是谓得道之初者也。其初难知潜龙勿用,然已通于玄牝之门,谷神不死盖已见矣。曰真空者,犹性宗而相宗。

考玄奘弘扬之唯识,至五代早已乏人研习。然于清末复经日本传入,而今又有通其理者。若由识转智而通有无,与此真空真道真神而物无不备,恰有方向之异。故释道虽可同达真空之见,释仍以无为主,神仙则以有为主。故"真空"而"真道",犹周濂溪所谓"无极而太极","真道"而"真神",犹"二五之精,妙合而凝"。"真神而物无不备",犹"二气交感,化生万物"。曰神仙者,其犹生命起源之象。曰不空者,弥勒楼阁之境,西方净土之象。其于天地人三才之理,同乎异乎?《复象》曰"出入无疾",不空之至理乎? 故以陈抟之道以视释,盖知无而不知有。以视儒,则知有而不知无。末对儒言,斯亢龙回首之高真者也。凡执有而不知变通,其上易知,有不陷于亢龙之悔者乎?

由上顽空、性空、法空、真空、不空五步观空,庶可见陈抟的哲学思想。"辨是与非,则非其中爻不备",然何可忽乎本末之观空。若抟者,确能感通易道,以伏羲名其自创之六十四卦先天卦次,当求其实而不可徒争其名。此《观空》说,自宋后乏人注意,特为郑重介绍。

# 116. 太华希夷志

《太华希夷志》二卷,元登仕郎河中府知事讷斋张辂纂集补撰。前有自序,作于延祐甲寅(1314)。全书述陈抟等之事迹较详,《宋史》之成尚后于此书。且辂亦本诸古传记而为之编次,非以意而言,故考抟之事迹,此书为主要来源之一。

凡太宗三诏图南之事,当系事实。至道元年("至道"当作"雍熙",公元 984 年)初差陈宗颜于四月十四日抵华阴,由道士钟希晦引见。二差张素真于六月八日到华山云台观,三差葛守中于七月七日到观,由道人杨子遵引见。唯第三诏之不能辞,故即随使至京师建隆观安歇,以客礼见帝于延英殿。所留诗句名言,皆可读诵,其间上《睡歌》一首尤妙,录于此:

122

臣爱睡,臣爱睡,不卧毡,不盖被。片石枕头,蓑衣复地,南北任眠,东西随。轰雷掣地泰山摧,万丈海水空里坠,骊龙叫喊鬼神惊,臣当恁时正酣睡。

闲想张良,闷思范蠡,说甚曹操,休言刘备。两三个君子,只争些小闲气。争似臣向清风岭头,白云堆里,展放眉头,解开肚皮,打一觉睡,更管甚么红日西坠。

于初召不赴时作诗曰:

九重特降紫泥宣,才拙乐静深居缘。山色满庭供画障,松声万壑即琴弦。无心享乐登台鼎,有意求仙到洞天。轩冕浮劳绝念虑,三峰只乞睡千年。

此可喻世传抟得卧功非无据。睡乃气功之一法,形式有异,其理则一。盖形有行、住、坐、卧四式,理则同归于"大还丹"。陈抟以卧式传,理则启道教之南北宗。

此志又曰:"希夷先生好读《易》,以数学授穆修伯长,修授李之才挺之,挺之授康节邵尧夫。尧夫(廷按:'尧夫'二字误,疑当为'希夷')以象授种放,放授芦江许坚,坚授范谔昌一枝,传于南方也。世但以为神仙术,善人伦风鉴而已,非知希夷先生也。"此意极是,道教南北宗能创三教一的新教义,希夷所传之《易》,实为道教中象数之本。唐起渐为三教所公用,乃能本此以合三教。

抟羽化于端拱二年七月二十二日,若寿一百一十八岁略有可疑。又必使弟子贾德升凿石室于张超谷中而终,此陈抟有继于汉学之象。因张超盖汉代善辨气象之学者,经学亦有原。

若于图南有关之仙家有麻衣道者、吕洞宾、孙君仿、獐皮处士、白鹿先生、李八百等,然难免有不可究诘者。著作有《指玄篇》八十章、

《入室还丹诗》五十首、《钓潭集》万余字。弟子曾孙武尊师，因文正范公指教，得《入室还丹诗》于京师凝真院；得《三峰寓言》于太华李宁处士；得《指玄篇》于赤城张无梦；得《钓潭集》于张中庸进士；共三百篇余。乃纂《陈先生传集》并《养生要旨》及《李真人服饵法》，惜其述已佚。御赐诗曰："只向身边有大还，胎神月殿在秋天，三灵密象谁分别，尸质清虚本自然。"亦能略窥图南之象。

其后附述传其学者数人。其一种放，谓别业于终南山，学徒甚众。其二穆修，首创古文。其三李之才。其四邵尧夫，乃由道入儒。其五曰魏野，字仲化，陕州人，终身为处士不仕。子名闲，亦不仕，皇祐中赐清逸处士号，事出《归田录》。

此书见《道藏》160册帝下八、九。

# 117. 西岳华山志

《西岳华山志》一卷，金莲王处一编。首有友人泥阳刘大用器之序于大定癸卯(1183)，其言曰："吾友王公子渊，先觉而守道，独立而全和。每语人曰：'我欲曳杖云林，举觞霞岭，斯志积有年矣。'方毕婚娶，弃家入名山修炼金液，不有太华，其孰留意焉。"遂先成此志。又录唐玄宗序。

此卷分节叙述华山之胜状。由华山图经始，及峰地洞泉、仙真遗迹、动植之奇、宫观之兴，一一记之。对陈抟之事迹，记于无忧树一节，略谓："无忧树者，陈希夷先生庵旁之树也。"言事迹基本与《宋史》同，于著作则曰"有《指玄篇》、《钓潭集》、《超苦海诗》、《入室还丹诀》、《三峰寓言》"五种，惜今皆未见。最重要之《先天图》反未及，仅曰"语人祸福，若合符节"，则仍为小道。故金代《先天图》实未流传，邵学反由四川张行成传之。道教内部自陈抟后对易学已无发展，况子渊仅记其迹，自然未知其蕴。又知上方中方下方之三宫皆兴于羽人焦道广，唐玄宗又修之,其后有扩建。

此书见《道藏》160册帝下十。

# 118. 茅 山 志

《茅山志》三十三卷,上清嗣师刘大彬造。自序于元天历元年戊辰(1328),自署为嗣上清经箓四十五代宗师洞观微妙玄应真人。见《道藏》153至158六册龙师虎三字各上下二册。

考茅山为我国道教圣地,其来已古。史有确据者,当自上清第一代太师魏华存为始,主要经典为《黄庭经》。然魏夫人亡后之授传,造成宗教的神秘性,而茅山即本之以相传。若魏夫人本人仍属天师道为祭酒。其后三洞之上清兴,陆修静有其功,今当上清第七代宗师,然未居茅山。由孙游岳而陶弘景,今当上清第八、第九代宗师,茅山始大兴。贞白善文,乃居山访古,立三茅神位,史在信疑两可之间。以理推之,是山于汉代肯定有山居者,茅姓而善修养者居之,当然可能。惟造成三茅之偶像崇拜,实在贞白后之发展,宜于山志后详前略。初仅有若干条以记句曲山,大彬自言所见此山的山记,已当绍兴二十年(1150)南丰曾恂孚仲、昭台道士傅霄子昂所修的四卷。故继之成此十二篇十五卷,为唯一最完备之《茅山志》。今《道藏》本十二篇仍同,然已析为三十三卷。首除大彬的《叙录》,尚有"泰定甲子(1324)日南至集贤大学士光禄大夫西秦赵世延"及"泰定丁卯(1327)春正月特进上卿玄教大宗师吴全节"两序。合而言之,盖元代崇道,于至大庚戌(1310)曾记茅山,已觉无山志为憾。于二十年后,始成此书,实时代所须。

全书之结构分十二篇。一曰"诰副墨",存历代之诏诰,有汉诏诰、齐梁诏诰、唐诏诰、宋诏诰、元诏诰。最早者仅汉哀帝元寿二年太岁庚申(公元前1年)八月十八日己酉天皇太帝授茅君九锡玉册文,而刻此文已当梁普通三年岁在壬寅(522)五月壬辰朔,故其真实性殊可疑。以下诏诰多可信,可考见历代茅山发展之状况。

二曰"三神纪",基本未可信。三曰"括神区",四曰"稽古迹",可作为导游用。五曰"道山册",乃见元代时茅山所藏的道书。次《道德经》五千文后,上清大洞宝经篇目以《上清大洞高上三十九章经》为首。此经确可视为继《上清黄庭二景经》后,唯一有特色的上清经典。六曰"上清品",其七传之次为:

元始虚皇天尊——太上玉辰大道君——太微天帝大道君——后圣玄元上道君——上相青童道君——上宰总真道君——小有清虚道君

此已由《度人经》之象而加以发展。如以汉代之王褒等当之,自然不可信,唯可究其发展之思维过程。以下各代相传,则实有其人,亦可录于下,与天师之家谱并观。

1. 魏华存——2. 杨羲——3. 许穆——4. 许翙——5. 马朗——6. 马罕——7. 陆修静——8. 孙游岳——9. 陶弘景——10. 王远知——11. 潘师正——12. 司马承祯——13. 李含光——14. 韦景昭——15. 黄洞元——16. 孙智清——17. 吴法通——18. 刘得常——19. 王栖霞——20. 成延昭——21. 蒋元吉——22. 万保冲——23. 朱自英——24. 毛奉柔——25. 刘混康——26. 笪净之——27. 徐希和——28. 蒋景彻——29. 李景合——30. 李景瑛——31. 徐守经——32. 秦汝达——33. 邢汝嘉——34. 萨汝积——35. 任元阜——36. 鲍志真——37. 汤志道——38. 蒋宗瑛——39. 景元范——40. 刘宗昶——41. 王志心——42. 翟志颖——43. 许道杞——44. 王道孟——45. 刘大彬(即著此书者)

七曰"仙曹署",犹贞白之"真灵位业图",亦为不可究诘之事。八曰"采真游",记历代游居茅山人物之姓名事迹,有可供考据者。九曰"楼观部",可考茅山之建筑。十曰"灵植俭",可考茅山之植物。十一曰"录金石",间分梁碑、唐碑、宋碑、元碑,可见历代发展之事实。以梁普通三年为最早,确证茅山之兴以贞白为主,存此碑文,对道教史之研究颇有作用。十二曰"金薤编",以集历代诗文。诗亦始于陶隐居,末篇杂著之文,为元赵孟頫作于延祐七年(1320)之"上清传真图序",则此《茅山志》已在编辑中。

总上十二篇以观之,凡元以前之茅山情况,基本已在其中。然仍有未详者,另详《三茅真君加封事典》提要。

# 119. 三茅真君加封事典

《三茅真君加封事典》二卷,宋张大淳编。自序于丁卯,当度宗咸淳三年(1267)。初于理宗朝,有佑圣观虚白斋高士司徒师坦,数上表请加封三茅君,后于淳祐九年(1249)三月加封。未久师坦逝,有张大淳继其事,充茅山山门道正,乃裒集师坦上表始末及加封时之祭祀与谢表等以成此书。凡上表之反复,加封之严肃,谢表之隆重,皆可见当时王者利用宗教之具体形象。

若理宗加封三茅君之诰,已见于刘大彬《茅山志》。至于一切细节则阙如,故此书详记理宗加封三茅君之情形,足补《茅山志》所未及。

此书见《道藏》75 册致上二三。

# 120. 武当福地总真集

《武当福地总真集》三卷,林下洞阳道人刘道明集。自序于至元辛卯(1291),吕师顺跋于辛丑(1301),已在成书后十年。见《道藏》609 册不上一至三。全书记武当胜景及帝王封诰与隐者始末甚详。述山名之由来谓"地势雄伟,非玄武不足以当",乃改原名"太和"为"武当"。且"玄武"之名,宋避讳作"真武"。真宗天禧二年(1018)加封真武将军号,曰"镇天真武灵应佑圣真君"。翌年张君房成《大宋天宫宝藏》,可见真宗盖继太宗一心以崇道者。

此书记武当之景有"七十二峰"、"三十六岩"、"二十四涧",以及莹池潭洞、宫观本末、神仙灵迹、仙禽神兽、奇草灵木等。

且自真宗加封后,仁宗、理宗等亦皆有所封诰。及著此书时,已有三百年之香火。若隐于此山者,于汉代皆未可究诘,一般居者汉代当亦有人。其后如刘宋刘虬、谢允,隋姚简等,仍未可深信。陈抟曾居此读《易》,亦难肯定。盖此山开辟较晚,故寻古之情自然逊于华山、茅山等。

# 121. 武 当 纪 胜 集

《武当纪胜集》一卷,元龙兴路云麓樵翁罗霆震撰。见《道藏》609册不上四。书无序跋,全书以诗吟出武当胜迹,恰可与刘道明《武当福地总真集》并存,成书之时当亦相近。

罗吟"黑虎祠"曰:"变豹初头未炳文,文章不露已超群,玄天约束巡廊了,爪距深藏铁色云。"又吟"天乙真庆宫"曰:"帝居坎上紫微垣,四海分灵万派源,一脉太初生气水,万年雨露溥天恩。"皆能切景。

又吟"大顶"及"大顶圣坛",或系武当之高峰。吟"佑圣府"之诗曰:"掌天北极职天枢,北极枢庭职亦如,奔走雷霆神号令,几多三界密文书。"乃见武当之作用。宋元起重视之皆本此象,是犹北辰之居。

# 122. 化 书

《化书》六卷,南唐真人谭景升著。见《道藏》724册别上三四。《续道藏》又收入,见1107册冠上二。

名《化书》者,以示一切变化之状。分"道化"、"术化"、"德化"、"仁化"、"食化"、"俭化",各当一卷。每化中各以二字为题,缀短文二十篇左右,六卷共一百零九篇。且于"道化"有总冒,全书皆可得而见,其言曰:"道之委也,虚化神,神化气,气化形,形生而万物所以塞也。道之用也,形化气,气化神,神化虚,虚明而万物所以通也。"此以虚、神、气、形四者之顺逆次序,以论道之委用,是乃有取于《周易》消息之象。且云:"忘形以养气,忘气以养神,忘神以养虚,虚实相通,是谓大同。"盖由委而用,养虚而通于形实,实与塞一音之转,亦一理之变,是之谓道化,犹《周易·复彖》"出入无疾"、"七日来复"之象。以此理反诸身,"是以坎离消长于一身,风云发泄于七窍",可喻道教养生之化。

按五代十国之时,正道教教义处于创新的阶段。谭子之思,能见及时代之几,后世以真人目之,亦非偶然。北燕刘操,南唐景升,皆应运而生。其境虽异,各有见于道,其归则同,此所以能产生三教合一的道教。谭子盖近乎儒家云。

# 123. 真藏经要诀

《真藏经要诀》一卷,作者未详。全书仅一千七八百字,基本仿照佛教经典而作,而其内容以身为主,则确乎道教之言。所谓"真藏"者,谓:"一切众生,身性清静,天真正道,隐在其中,名为真藏。"又曰:"一切众生,身为边相,名为经法,亦名法聚。何以故?解惑立名,不同体解,名为众生,亦名生死,亦名苦聚,亦名颠倒,亦名外求。何以故?众生不解,名之为惑,以是缘由,不识自身。自身之中,有无量法聚,具三清境。众生迷惑,遂使外求,不信正法,不求善友,名为众生。"最后曰:"不信根中而有三宝,不信众生等天尊性,不信诸法寂灭无相,不信众生从无量劫来,种种示形而无生灭。如是不信,名为谤法,是名毁法,是名灭法。既名灭法,生死轮转,必堕地狱,无缘得出,慎勿外求。不怀身相遍满诸国,不怀身相不生不灭。非离众生而出相好,非离众生而满虚空,非离众生有真藏宝。"

读上诸节,可喻佛教所谓"心佛众生三无差别"之义。此《真藏经》即取之而归诸身,人能反身而识此法聚,是之谓长生。以今日自然科学之名词言,此法聚犹生命起源,暂归诸 DNA 与 RNA,则单细胞进化迄今,种种示形其有生灭乎? 道教重反身而见隐在其中之天真正道,是即生命起源之机。如失此对整个生物界之认识,而徒见个体生命之分段生死,则无缘得出控制个体之"地狱"。然既具生命,起源之理本在其中,道教有以开真藏之门,则隐在其中之天真之宝,众生亦何以异。我国先秦之哲理,早知天地人三才合一之整体性,其后为道教所取,且善取佛教之理。此《真藏经》即深思之羽士所撰,其时约当唐宋间,文不长而能述此甚深之哲理,惜未为人所注意。今特为郑重介绍,以表彰我国之好学深思者。

此书见《道藏》48 册秋下八。

# 124. 元始天尊说升天得道经

《元始天尊说升天得道经》一卷,见《道藏》27 册昃下五。全经约三百字,可云简洁。文法佛经而作,最后偈言四句:"杳杳冥冥清静道,昏昏默默太虚踪,体性湛然无所住,色心都寂一真宗。"然以佛教之理观之,难免仍属小乘,与葛巢甫创元始天尊的形象以作《度人经》的认识已不同,亦可见隋唐后道教发展的情况。若作此经者,已在唐后。其能总结佛教之六根八识五蕴等概念而化诸内观,重视"外想不入,内想不出"。由是消灭恶业烦恼而引太和真炁,则确与罗汉同其境界。故以理而言,道经实未能敌佛经。若宋后兴起之南北宗,更能同一三教而仍重内丹,则始有道教之特点,决不限于佛教之小乘。故此经仅说"升天得道",理尚未圆。

# 125. 元始天尊说得道了身经

《元始天尊说得道了身经》一卷,见《道藏》27 册昃下五。此经与《元始天尊说升天得道经》似同一作者,亦重视"外想不入,内想不出",然已进而论及"二炁交合各一斤,虚无自然为运用",且已及性命之理。故作者约当宋,有意分二经述之。然了身后仍未及行愿,故"七宝居身不散,功成行满,跨凤乘鸾,飞升金阙,上朝玉帝,永为真神仙矣",则仍与佛教之净土宗同义。是否大乘,于佛教内部本有争辩。若道教之理,非尽于此,唐末钟吕派大行即其义。此《得道》、《了身》二经之作者,仍徘徊于佛教出世之教义中,尚未能显出我国本有出入无疾的道教真义。

# 126. 太上老君说报父母恩重经

《太上老君说报父母恩重经》一卷,托名太上老君告海空智藏真人说人子当报父母养育之恩重。而或不孝,又述地狱之苦为逆子而设,孝则有享乐之天堂。全经概述父母爱子之情,颇切事理,故此经不啻为儒家《孝经》之笺注。且更以宗教感情控制人心,起神权的作用,维护家长制。此为儒道结合的原则,唯政法不足以维持社会秩序,即利用宗教以辅佐之。考此经之成似在宋代,即道教进一步法佛教经典的形式,充入我国本有的行为标准而加以神化。

至于报父母恩重的事实,当分而辨之。以生物学而言,既进化成人,确已理解"大鱼吃小鱼"之非。然小鱼而大,其可吃老鱼否? 故孝的原则,未可全非。唯时代之变,其可限于所谓"孝"而不思改进。若此经之伪造南北地狱以劝人子之"孝",无非助理学之教化而已。

此书见《道藏》345 册女下十五。

# 127. 玄天上帝说报父母恩重经

《玄天上帝说报父母恩重经》一卷,托名玄天上帝,以言报父母恩重之理。全卷不长,诠理圆融。大义谓:"父母诞生男女,始相不见。托相为有,有中有相,相化万状。"此从生物自雌雄同体进化成雌雄异体时说起。故当"从我相中,悉灭贪嗔,悉破险峻,持念平等,用报始相。使我始相,大得快乐,无诸苦恼,世世生生,托相全具,不致衰朽",则已指生物之本源。进而又言:"然后灭除始相,令无相著,将此无著,同灭始相,我相始相,悉归无著。相既无著,不见不有,不起不为,无碍无障,无闭无塞,自然去累,不堕苦海。"此犹及生命起源之前。此经文从今而古作结,其起笔则从古而今,其言曰:"妙缘无修,妙行无积。从修有修,修缘证妙。从积有积,积行通妙。妙本从无,修积自有。广演妙缘,显言劝修。煊赫妙行,示相有积。妙缘妙行,既通修积。若世众生,一念一动,缘行俱在,迷惑本来,毁无失有。"此从缘行修积说起,由无修无积而有修有积,乃修缘证妙,积行通妙,则妙无而修积有。无而无之,乃广演之煊赫之,即劝修有相,示相有积。故妙缘妙行之无,既通由无而有之修积,是即众生之一念一动,缘行俱在,迷与不迷,其机在己。是犹道教之宇宙演化论,已总结儒释道三教之理而归诸玄天上帝。究其写作之时,因已称真武,似当在宋。全经仅三百字而能概括宇宙生命之妙旨,非好学深思者不能著此。惜不愿留名而托诸玄天上帝,或亦时代使之不得不然。

又经下附有"玄帝报恩圣号",即经旨之宗教化。更有玄门嗣教浚仪赵宜真书其修行法,且引《传》曰:"仙经万卷,忠孝为先。"盖宋时大发展之西山道派,重许真人的忠孝,此经或亦属之。

此书见《道藏》345册女下十五。

# 128. 乾元子三始论

《乾元子三始论》一卷,乾元子著。乾元子未详何时人。是书全本《易纬乾凿度》之义,又以太易为本,使太初气之始,太始形之始,太素质之始为三始。能以三始合一七九,义极有见。此于《乾凿度》本书分二处言之,乾元子使之合一,且深合易道。自名乾元子,可当之无愧。以终而复始为自强不息,亦有味乎《周易》之"周"字。

考学者重视《易纬乾凿度》之理,已在清中叶恢复汉易之后。此道者能于明代以前研究世儒不读之书而得易理之蕴,又见道教保存古代易理之一例。略考其时间,可与《灵宝毕法》相近,当唐末五代。

此书见《道藏》132册重下九。

# 129. 太平御览道部三卷

《太平御览》有道部二十一,当全书第六五九卷至六七九卷。所述道教之各种情况,正可与《云笈七签》相应。今《正统道藏》收有《太平御览·道部》之文,然未全录,仅取其三卷,当原书道部之十六、十七、十八。见《道藏》988册楹上二、三、四。

观《太平御览》二十一道部之目为道一、真人上下二三、天仙四、地仙五、尸解六、剑解七、道士八、斋戒九、养生十、服饵上中下十一至十三、仙经上下十四十五、理所十六、"冠帻"等二十一种服用物十七、简章十八、"几案"及"楼观"等十九种居用物十九、传授上下二十二十一。由此二十一目,庶可理解道教之概貌。而《道藏》中节录"理所"等三目,作为上中下三卷,殊无义理可言。故如重刊《道藏》,此书当补足二十一卷,乃见宋以前之道教,亦为研究道教所必取之重要资料。

# 130. 太上老君戒经

《太上老君戒经》一卷,述老君授尹喜以戒,戒目同佛教之杀盗淫妄酒。已有不同者,即以五戒当五方五行。可以下图示之:

```
                    南方火
                     酒
                    心受毒

    东  肝       中  脾       肺  西
    方杀受       央妄受       受淫方
    木  害       土  辱       渗  金

                    肾受殃
                     盗
                    北方水
```

此说可取,确已成为道教之戒,贵能得五戒间之关系。又取"十有三"之言为十三数,谓"六尘六识皆由于心",以心当十三,乃心犹末那。故于"生死轮转无闻无见"注曰:"无闻谓不信法教,无见谓不值善缘。此总明十三破法之罪,生死所之也。"理亦可备一说,心戒而不破法,已及藏识之象。作者未必已解唯识,而其象已得。然确指十三数,仍觉穿凿。末句曰:"皆由一念中生至无数念,其对无穷。"即由一而二,有二则不可无戒,惜以下尚有阙文。

总观此书,似属唐宋时的作品,经戒与注,可能一人所作。首有说颂三章,凡五字二十四句,注曰:"初章明持戒所得,身心福渐。次章明其法既普,家国咸兴,天人同庆。后章明自渐之深,理穷于经,经理既穷乃至成真。"是犹自觉觉他乃至觉满。

此书见《道藏》562 册力上一。

# 131. 太清金阙玉华仙书八极
# 神章三皇内秘文

《太清金阙玉华仙书八极神章三皇内秘文》三卷,因文中已提及陈抟,故基本可视为宋代的作品。然《三皇内文》葛洪师郑隐已重视之,因为与《太平经》同时期所产生(另详《三皇内文遗秘》提要)。其后《三皇经》成为三洞之一,自然随时有撰述者。此书有紫微道人后序曰:"世市闹斋堂室舍宇之中,或年深绝于无人之迹,精邪尚有存焉,而况于深山幽谷穷路林茅之处也。居山守静,若不怀斯文者,如将身自投于死地。今降斯文以辨邪正,令后学仙之士不遭祸患横丧命耳,时年丙午菊节。"则知述此书者,仍同洪之重视入山符。若其内容,卷上天皇分十章,章名为"徵正章"、"神宗章"、"鬼宗章"、"精宗章"、"天条章"、"天皇神印章"、"天皇神咒章"、"天皇真形符章"、"三皇授法坛仪式章"、"三皇剑法章"。卷中地皇分十章,章名为"地皇神印章"、"地皇真形符箓章"、"修士居山所宜章"、"入山醮仪山主章"、"高玄生气择洞章"、"封山元天净地章"、"辨识仙宾邪神章"、"辨识三十六种芝草变形章"、"辨识三十六种仙药形像章"、"地皇君服饵仙术升仙得道章"。卷下人皇分十章,章名为"制恶兴善章"、"立正忘邪章"、"明昏乱章"、"固形体章"、"炼神气章"、"出圣胎章"、"超仙章"、"人皇符印章"、"人皇神咒章"、"知生死五假素奏上法章"。观此三十章章名,可见《三皇经》重在符箓印咒。然属茅山派而未及天师道正一派,推其源盖出黄老道而非五斗米道。为明生天生地生人之神迹,仍本太极元始君,可见仍从易理而加以神化。于天上之结构,又造上中下三霄,每霄四洞天,故有九霄三十六洞天之象。下录九霄之名:

上三霄——苍霄　风霄　云霄

中三霄——烟霄　霞霄　气霄

下三霄——景霄　碧霄　丹霄

文曰："九霄之上,八极之外,名曰大罗之天。中有玉清圣境,无上圣宗,无上仙君,大道之母,一气之君,号曰元始也。中有上清真境,元皇大道君所居。中有太清仙境,太上老君所居。"可见三清之君,实无定名,而以一化三则同。于鬼精而宗,更可随意设想。于地皇可多识草木之名。于人则固形体、炼神气等亦有其理,然当属诸医理而加以研究。唯去其迷信的形式,才可深入理解三皇的正确概念。由此书可见汉至宋的道教,莫不重视《三皇内文》,实为道教之基本信念。

此书见《道藏》575册深下六至八。

# 132. 真龙虎九仙经

《真龙虎九仙经》一卷,托名天皇真人语黄帝,以明反身炼内丹之法。罗、叶二真人注,亦未详何人。见《道藏》112册珠上二。

全书述静意之法为"无散乱、无烦怒、无起著、无妄想、无贪爱、无邪淫、无放逸"七者,确为养生之基础。由是以著想性宫"细想内自有神",是同《黄庭经》之理。继之明五行生克等之象数,合命宫以出顶门等方法,盖已及南北宗金丹之理。故此书之内容,乃正一、茅山以合南北宗之理而成,时代似在白玉蟾之后。依其法而修之,对身体健康当有帮助。惜有宗教色彩之思维形象,于实践时不可不随时加以注意。经末本有"此经非人勿传"之诫,今日读之,正可另加理解。凡迷信而未能具有正确认识论者,自然不能学此。

# 133. 女青鬼律

《女青鬼律》六卷,正一派之文献。然决非汉代作品,似宋初重视龙虎山时,由当时的天师所作。因天师所本之五斗米道本为鬼教,故全书以造鬼为主要内容。凡五斗、五方、五帝、六十甲子、六甲六旬、山石之精、九蛊、十二月、十二日等,无不有有姓有名之鬼。故必须有以制之,是即天师道之作用。

考《太上老君经律》中,有《女青律戒》,然其书已阙。而此《女青鬼律》之名,似有取于《女青律戒》。读其内容则截然不侔,故彼书可视为寇谦之辈所作,此书则属后代天师所述。能有此规模,盖已得宋真宗之封赠。至于若干资料,尚可视为改革天师道前所已有。迨北寇南陆改革后,此类资料或有张氏子孙所保存。及宋初既被重视,此书与《正一法文天师教戒科经》等,乃同时出世。基本形象仍取乾神坤鬼,故法《女青律戒》而成此《女青鬼律》,然此书之成不足以补偿《女青律戒》之阙。

此书见《道藏》563 册力下七至九。

# 134. 正一法文天师教戒科经

《正一法文天师教戒科经》一卷,叙述五斗米道的始末事实。此经似当宋代所作,属重兴天师道时的重要文献,因由宋代而代代上推,以见其有源。是时上清之三茅派,早有陶隐居推及三茅君,则张陵亦何可不依时上推。故不论先秦化胡之寓言,于秦汉之际,亦提及“出黄石之书,以授张良,道亦形变,谁能识真”。迨明初宋濂,则直言陵为良之六世孙,或有据于此文。且以张角黄巾作乱对比分气治民汉中四十余年,所以示五斗米道与黄老道的不同。其实用法不同,有心救汉末之弊则同。惟其见异而未见同,又见此文盖为统治者言。而寇谦之改革天师道,天师道又能重兴而为道教之主流,乃道教起于张陵之说,流传迄今。今能由此经的感性认识,以喻汉代道教的客观事实,则此书可视为宋代天师道者之思维形象。

书末有天师五言牵三诗十一首,如曰:"牵三复牵七,希仰入九室,披衿就灵训,喧然万事毕。"末首则曰:"恨无自然分,缠绵流俗间,仰意归长生,庶得厕群贤。"乃见天师道初复时,其语尚谦,未以世袭之天师自居。

此书见《道藏》563 册力下六。

# 135.　汉　天　师　世　家

《汉天师世家》四卷,明初四十二代嗣孙张正常所编,初仅一卷,曾命上清道士傅同虚征宋濂为之序。序作于洪武九年(1376),究及赐张姓于周宣王时,自然衍及汉张良,乃视为天师张道陵之九世祖。然张姓虽可考,奈世系之传,所记殊未可信。以时间核之,张鲁和张盛之关系,已难确定其必为父子。况良与道陵间已相距九世,历代战乱,何能得其谱录。且始封张陵为唐玄宗,尚非世袭。必追宋真宗封二十四代孙正随后,方属可信。其前确有正一道存在,然非张氏世袭,亦非定居于龙虎山,此不可不辨。

正常卒后,四十三代嗣孙宇初为之书录而作后序,然编《道藏》时未收。及五十代孙国祥编《续道藏》时始收此书,时已当万历三十五年(1607)。于世家之传,亦已补至四十九代。由是序共有五,当第一卷,宇初宇清后为第四卷,原本一卷则于二十八代处分为二,故共成四卷。

观此五十代天师之事迹,自然多神话不可信。然世传的年代,正可依天师之代数,考察当时之道教情况。故此书卷一所记的年代及历代封赠,大可录于此,对研究道教史有参考价值,唐宋后作用尤大。

一代祖天师道陵,字辅汉,沛丰邑人。汉建武十年(34)正月十五日夜生于吴之天目山。汉安元年壬午(142)上元感太上以建立二十四治,又增四治以应二十八宿。正气下通以六十甲子生人,分属各治,每治立仙官、阴官及祭酒之曹分统之。与夫人雍氏乘云上升,在人间者一百二十三岁。唐天宝七载(748)诏后汉天师张道陵赠太师,唐中和四年(884)封扶教大法师,宋绍宁加号三天扶教辅元大法师。

二代嗣师衡,字灵真。永寿二年袭教居阳平山,汉元和己未正月以印剑付子鲁。元至大元年武宗赠以正一嗣师太清演教妙道真君。

三代系师鲁,字公祺。不受魏太祖封,请还印绶。一日召嗣子盛以经箓剑印授之曰:"龙虎山祖师玄坛在焉。其地天星照应,地气冲凝,神人所都,丹灶秘文藏诸岩洞,汝宜往宣吾化。"元成宗赠以正一系师太清昭化广德真君。

四代盛,字元宗。不受魏世祖封,入龙虎山。元至元元年赠清微显教弘德真君。

五代昭成,字道融,寿一百一十九岁。元至元十三年赠清微广教弘道真君。

六代椒,字德馨,一百余岁。元至元十三年赠清微弘教玄妙真君。

七代回,字仲昌。入青城山,不知所终。元至元十三年赠玉清辅教弘济真君。

八代迥,字彦超。北魏太祖尝召赴阙问道,年九十一。元至元十三年赠玉清应化冲静真君。

九代符,字德信,寿九十三。元至元十三年赠玉清赞化崇妙真君。

十代子祥,字麟伯。仕隋为洛阳尉,弃官袭教,寿百二十。元至元十三年赠上清玄妙太虚真君。

十一代通玄,字仲达,年九十七。元至元十三年赠上清玄应冲和真君。

十二代恒,字德润。唐高宗问道,自言:"吾神仙中之狡狯者。"一日自阙潜归,叹曰:"吾几落世网。"九十八而化。元至元十三年赠上清玄德太和真君。

十三代光,字德绍,寿百四岁。元至元十三年赠太玄至德广妙真君。

十四代慈正,字子明。以易道教人,累征不起,百余岁化。元至元十三年赠太玄上德紫虚真君。

十五代高,字士龙。唐玄宗召见,册封汉祖天师号,肃宗降香币建醮于山中,年九十三化。元至元十三年赠太玄崇德玄化真君。

十六代应韶,字治凤。元至元十三年赠洞虚演道冲虚真君。

十七代顺,字中孚。初任贵水尉,弃官袭教,寿八十七而化。元至元十三年赠洞虚闻教孚佑真君。

十八代士元,字仲良,年九十二。元至元十三年赠洞虚明道辇运真君。

十九代修,字德真。化江西大贾入道。年八十五,自知当化。元至元十三年赠冲玄翊化昭庆真君。

二十代湛,字子坚。唐会昌辛酉武宗召见,咸通中懿宗命建金箓大醮,年百余岁。元至元十三年赠冲玄洞真孚德真君。

二十一代秉一,字温甫。南唐齐王有梦感,即龙虎山建祠宇。寿九十二。元至元十三年赠守玄紫极昭化真君。

二十二代善,字元长,寿八十七。元至元十三年赠清虚崇应孚惠真君。

二十三代季文,字仲珪。五代之际铸铁环券,继之宋初铁券箓尤盛,寿八十七。元至元十三年赠清虚妙道辅国真君。

二十四代正随,字宝神。大中祥符八年乙卯召至吏部,尚书王钦若为奏,立受箓院,并奉敕改真仙观为上清观,年八十七终。元至元十三年赠清虚广教妙济真君。

二十五代乾曜,字元光。宋天圣八年仁宗召赴阙,赐号澄素先生,年八十五化。元至元十三年赠崇玄普济湛寂真君。

二十六代嗣宗，字荣祖。至和二年宋仁宗召赴阙，赐号虚白先生。八十一化。元至元十三年赠崇真普化妙悟真君。

二十七代象中，字拱宸。七岁召赴阙，赐紫衣，命嗣教。后归徵君山梧竹塘结庐以居。元至元十三年赠崇真通惠紫玄真君。

二十八代敦复，字延之。熙宁间神宗召赴阙，赐号葆光先生，五十三岁化。元至元十三年赠太极无为演道真君。

二十九代景端字子仁，敦复之从子。大观二年赠葆真先生，五十二岁化。元至元十三年赠太极清虚慈妙真君。

三十代继先，字嘉闻，又字道正，号修然子。二十七代象中之曾孙，祖敦信，父处仁仕宋，知临川县。宋元祐七年壬申十月二十日生，九岁嗣教，崇宁二年徐神翁荐，明年赴阙。四年复召，赐号虚靖先生，赐金铸老子及汉天师像。靖康丙午十一月二十三日化，京师亦以是日陷。元武宗封虚靖玄通弘悟真君。不娶无子，付弟渊宗，后归朝英。

三十一代时修，字朝英。二十七代象中孙，敦直子。三十代继先为其从子，六十一岁化。元至元十三年赠正一弘化明悟真君。

三十二代守真，字尊一，母吴氏娠十九月而生。绍兴十年袭教，乾道元年召赴阙，赐号正应先生。淳熙三年十月三十日谓弟子曰："顷得吾兄虚靖书，有青城之约，今当往矣。"言毕而化。元孝宗复赐崇虚光妙正应真君。

三十三代景渊，字德莹，初名伯璟。乾道间侍父入朝，高宗异之，改今名。初尝鞠幼弟嗣先，字光祖，为摄天师，嗣教十一年。后有子而传之，不计嗣先一代。元至元十三年赠崇真太素冲道真君。

三十四代庆先，字绍祖。嘉泰辛酉袭教，嘉定二年坐化。元至元十三年赠崇虚真妙光化真君。

三十五代可大，字子贤，三十二代守真第二子伯瑀之孙，天麟之子。伯瑀于三十三代景渊殁后摄教事。天麟又于三十四代庆先殁后摄教事,宁宗召赐天麟为仁静先生。未几成大早殁,以可大为庆先后。绍定三年仁静殁,可大年十二,正三十五代天师位(据此可见守真后之掌教者乃属伯瑀一系)。景定四年四月以印剑付次子宗演,具表辞谢而化。元世祖赠通玄应化观妙真君,称观妙先生。

三十六代宗演,字世传,号简齐。年十九袭教,元世祖召见。至元辛卯十一月化,赐号演道灵应冲和真人。

三十七代与棣,字国华,号希微子。元辛卯嗣教,乞归山未允,示化于京师,赐体玄弘道广教真人,天姑冯淑真为靖明真素仙姑。

三十八代与材,字国梁,号广微子,三十六代宗演次子。至元三十一年嗣教,明年入见。又明年制授太素凝神广道真人兼管道教,仍封母为玄真妙应仙姑。俾自给牒度道士,加封三代仙姑。仁宗即位复入朝,延祐三年化。

三十九代嗣成,字次望,号太玄子。至大三年侍父入觐,延祐三年命袭教,十月入觐,明年告归,授太玄辅化体仁应道大真人,主领三山符箓,掌江南道教事。英宗即位,诏入觐见于上都,至顺元年入朝。至真四年出游,化于舟中。

四十代嗣德,号太乙,三十八代与材二子。至正甲申嗣教,后九年微疾而化。

四十一代正言,号东华,嗣德长子。时京道不通且二年余,命弟子程天翼入陈于朝,己亥逝。

四十二代正常,字仲纪,号冲虚子,三十九代嗣成之子。至正己亥袭教。乙巳朝京师,上(明太祖)召见。丙午复入觐,授正一教主嗣汉四十二代天师护国阐祖通诚崇道弘道大真人领道教事。壬子入觐,复加赐永掌天下道教事。丁巳祠嵩山,示微疾,举手作一圆象,嘿然而化。

四十三代宇初,字子璿,别号耆山,冲虚子。贯综三氏,融为一途,旁及诸子百家之籍,有《岘泉集》二十卷,洪武十一年入朝,授正一嗣教道合无为阐祖光范大真人。成祖壬午登位入贺,宠遇日隆。永乐元年命陪祀天坛。丙戌命编道教书以进。庚寅春一日,以印剑授介弟宇清,曰:"吾将返吾真矣。"

四十四代宇清,字彦玑,冲虚仲子,耆山弟。永乐庚寅嗣教,授正一嗣教清虚冲素光祖演道大真人领道教事。戊戌二月召入京,宣德改元入贺,封为正一嗣教清虚冲素光祖演道崇谦守静洞玄大真人掌天下道教事。丁未入觐,还山而逝。

四十五代懋丞,字文开,别号九阳,又号澹然,父宇程。洪武丁卯九月九日生,母刘氏,系刘基弟之子。甲子(正统)化,子已亡,传孙。

四十六代元吉,字孟阳,别号太和。乙卯生,乙丑冬赴阙,时年甫十一。授正一嗣教冲虚守素绍祖崇法真人领道教事。己丑冬召见,辞归出游六载,归抵龙虎岩下结茅却粒者三年,一日坐化。

四十七代玄庆,字天赐,别号贞一,又号七一丈人。成化丁酉入觐,聘成国公朱仪女为配,授正一嗣教保和养素继祖守道大真人领道教事。己巳秋坐化。

四十八代谚颋,字士瞻,别号湛然。弘治辛酉,甫十二,随父入朝,授正一嗣教致虚冲静承先弘化真人领道教事。庚戌坐化,年七十一。

四十九代永绪,字允承,别号三阳。嘉靖己酉随父入觐,授正一嗣教守玄养素遵范崇道大真人掌道教事。诏聘定国公徐延德女为配,乙丑坐化。

此书即五十代孙国奉于明万历三十五年(1607)奉旨校梓,所赠为正一嗣教凝诚志道阐玄弘教大真人掌天下道教事。

# 136. 雷法议玄篇

《雷法议玄篇》一卷,宋元虚真人万宗师撰,共有文四篇。万宗师实属正一派,其师王太素授此雷法。第二篇名《雷法渊海正演数》,谓:

"宋淳祐八年(1248)二月真元节谷隐作此法行雷,举世皆是,然得识其奥者寡矣。"

第三篇名《玉霄吟》(赠识庵先生),此识庵先生指何君,受法于邝真士,以成玉霄一派。又有《焱火真形详论》,则以论《雷法议玄篇》。谓于癸丑(当指宝祐元年,公元 1253 年)寓金陵,忽有异遇,乃见元丰间(1078—1085)宗师曾君之秘典。今不论二百年前之事是否属实,已可知万宗师一派略同玉霄派,其传人更得古籍而发扬之。谓于作法时须用先天祖炁,此实正一派参同南宗之关键处。其言曰:"凡欲行持,先服先天祖炁,点化一身凡胎之炁。盖此先天祖炁乃鸿蒙大道之根,当于混沌未分已前求之,万法千门皆始于此也。"此文系传雷法之言,宜文皆低一格。最后第四篇名《太极雷坛祭四维神法》。四维神指东南之神人首龟身,名玉雷皓师君;东北之神人首蛇身,名洞阳幽灵君;西北之神人首龟身,名虚皇太华君;西南之神人首龙身,名火光流精君。谓系水精,禹王治水,令镇四维。亦云八卦之精,主云雨,年年祀之,可立致云雨。是皆宋代之巧立名目之神,其象得之《山海经》云。

此书见《道藏》977 册席下八。

# 137. 冲虚通妙侍宸王先生家语

《冲虚通妙侍宸王先生家语》一卷,侍宸王先生自述于家,实与弟子梅隐袁庭植之问答语。自谓尝于金陵清真洞即唐叶天师修真地得见雷霆所居之地,遇老姥得雷文。且于此前已遇汪君于扬子江,授飞神谒帝之道。后又遇汪君,汪君曰:"子真宿仙也。昔老姥乃电母也,子既得其文,予当语汝于此。"方蒙指授,授毕乃召使者当空分付。其后明初张宇初分道派,有曰:"神霄则雷霆诸派,始于玉清真王而火师汪真君阐之,次而侍宸王君虚静真君,……倡其宗者林灵素、徐神翁。"此书即侍宸王君所自述,其见汪真君及雷之电母,可谓开创此宗。其年代未可考,此谓虚静真君,或即三十代天师虚靖真君,故亦当徽宗之时。当时道教特盛,乃有侍宸王先生故作此动人之言以创此雷霆派,自然与道教之符箓有关。至于道教符箓之客观作用,除心理影响外,是否尚有与主观思维或客观物质一一对应关系,今后当专题研究。凡属此类道教文献,仍当类聚而以时编之,可作为天师道之旁枝。

此书即当北宋末年文献之一。见《道藏》966 册席上三。

# 138. 虚静冲和先生徐神翁语录

《虚静冲和先生徐神翁语录》二卷,宋天庆观道士苗希颐记其师徐神翁语录。徐神翁名守信,泰州海陵人。年十九入天庆观,隐迹于扫洒之役。尝遇至人授道,日诵《度人经》,有问休咎者,假经中语以告。常携一帚,人呼之徐二翁。发运使蒋颖叔以经中有"神公受命,普扫不祥"之语,呼曰"神翁",自是皆以"神翁"目之。崇宁二年(1102)诏赐虚静冲和先生,凡三召赴阙。大观二年(1108)四月二十日,解化于上清储祥宫之道院,年七十有六。赠太中大夫,敕葬本州城东响东原,宣和中即其地建升真观。

按徐神翁生当北宋末年(1033—1108),正遇徽宗之信道,乃有三召之荣。若其人以书字预知,或具有特异条件,能接受超时之信息。弟子苗希颐,随之数十年而录其语录,实皆糟粕。朱翌复得其书而序之,已当绍兴戊寅(1158)。朱宋卿更取希颐之录,证以所闻而重为编制,时已在淳熙丁未(1187)。则书字之事,皆在百年前。

今观其迹,如曰:"元祐四年,郡吏陈德仪亡失海陵宰李元规印纸,限一月寻访。求字公书宀。至限满前一日,于门首官道上获之,是日乃十一月十一日。盖月建在子,所得宀字加子为存字,十一为在字。"

又如:"进士周获,元祐八年失解,求字,公书佀字。后三年,陆农师守泰州,周预荐。"

又曰:"公一日谓修观道士曰:'速去真州买木。'遂如其言。至真州问之,市人云:'今早有木枕甚大,欲得一千六百贯。'长芦僧酬一千五百贯,客未售。道士如其价而得之,长芦人再来,已不及矣。"

又曰:"佛印大师了元,住金山,执书于公。公不开缄,只云好好。又于封皮上书金字十四个,两两相并,授来人持去。复遣人求字,公书'二七佛'三字,后住金山凡十四年。"

全书基本皆此类,由人体另有之感觉器官,能知此奇异事,不外超时间超距离二方面。是否人皆可能,是否实有此类事,宜存而备考。特录后面二则,仍可见僧道之争。羽士正借徐神翁之事,以斥佛教之无高僧,实亦非其然。淳静之修,僧道皆可能有高人,若其作用,今仍宜以具体事实予以评价。此徐神翁之有特技,仍可信之。然二十年后靖康之耻,其能预知乎,能知而有改变之策乎。则此类以儒者视之,仍未免小术耳。

此书见《道藏》977 册席下四五。

# 139. 静 余 玄 问

《静余玄问》一卷,宋人名栯者记与师问答之言,其师为翠虚之门人。论其师翠虚:"尝以泥丸与人治病,故湖广中人呼为陈泥丸。"又曰:"嘉定六年(1213)四月十四日在漳州梁山与一箍桶老子掎角入水而逝。"又曰:"先师得雷书于黎母山中,不言其人姓氏,恐是神人所授也。丹法却是道光和尚所传。"此与翠虚之言相似。故南宗至翠虚而有变,实已有取于正一之法。亦见正一与南宗相合,于翠虚时渐见。

若曰:"万神常凝谓之灵,一气不散谓之宝。""金丹即灵宝,灵宝即金丹。"此又使金丹与灵宝合一。又曰:"先师泥丸翁昔在徽庙时,尝遇大洞真人孙君与之曰:昔者元始天尊与太上老君所说经教甚不多,后人采摭编录,遂成一藏。如《北斗经》乃张正一所作,《南斗经》乃王长所作之类,大凡教人课诵,不如《灵宝度人经》、《玉皇天真号》为愈也。"此见南宋末时《灵宝度人经》已多,今本六十一卷,或宋时起渐增而成,当时如仅一卷,泥丸不可能作此言。若泥丸之门人定多,此未详何人,与白玉蟾同门,然书中未及。其门人�,亦佚其姓。

此书见《道藏》977 册席下六,亦当归入南宗文献之一。

# 140. 云 宫 法 语

《云宫法语》二卷,元绩水虚夷子静安汪可孙纂,自序于大德戊戌(1298)秋。盖以儒为主而理合三教,由是以谈性命,颇引古说,亦多可取处。自释名书之义曰:"道书谓偃息云房、黄房之内,即心斋坐忘之时。究竟斯道,庶乎瞻前忽后,无时不然,仰不愧而俯不怍,岂徒虚无空寂之谓性命云。"全书七品,目曰"先天品第一"、"后天品第二"、"养生品第三"、"明善品第四"、"持用品第五"、"造微品第六"、"神化品第七"。凡先天则不可说,后天已及生物。于人贵养生,明善分"心"、"心性"两面言。持用主敬,造微为"返本还元之学,回光返照之机,深入于忘光绝照,至矣"。神化引《易》曰:大而化之之谓圣,圣而不可知之之谓神,神无方而《易》无体"。义亦可取,唯前二句为孟子之言,后一句则《易·系辞》之言,引时偶误。

此书见《道藏》725 册别下九。

# 141. 道 法 心 传

《道法心传》一卷,元王惟一著。惟一字景阳,号雷霆散吏,松江人。自序于至元甲午(1294)。引有萨真人、虚靖天师之言,故知已由全真而合诸正一。重视五雷法,法数当阴阳五行河图之象,消息归诸十二辟卦,要在能本内气而致外物之变。提及月鼎莫先生及奉度师铁壁先生邹君,当属正一教。

前有诗百余首,亦非虚言。如吟玄牝曰:"一窍虚无天地根,绵绵密密不通风。恍惚杳冥包有象,真人出现宝珠中。"已得《度人经》之义。吟亥木为核曰:"巽木秋来种亥宫,这些生意化无穷。要知剥复皈根处,却在乾坤未判中。"吟子亥成孩曰:"离坎相交结圣胎,子来会亥始成孩。孩儿分付黄婆养,成就神全上九垓。"则字喻殊妙。亥子剥复之际,于易理固极重要,于内修又当呼吸归一之时。是得乾坤未判之黄婆,其为太极,或为无极,为克水,为生火,实思维之几。所谓心传之雷霆,盖亦指此。故咏剥复上下曰:"造化造藏太极中,自从剥复下神工。六阳数足归坤位,激博雷霆起坎龙。"是即景阳所重视之雷霆一窍乎。

# 142. 南统大君内丹九章经

《南统大君内丹九章经》一卷,作者未详。系宋后之正一派道者既知内丹之理,又须明正一派之有徵于古,乃伪托唐吴筠之名以撰此。首有吴筠于"唐元和戊戌(818)"之序,其时筠亡已四十余年,何能撰此序。且其内容及篇末之跋皆明金丹之理,此决非吴筠所知。若此卷九章之章名为:《贤愚异实章》、《神光章》、《朝斗章》、《庚申章》、《修阳德章》、《导引元阳章》、《阴忌章》、《习近则生章》、《七曜感通章》。观其章名,已略见其内容。当内丹之理既盛后,正一教派之羽士,须取其理以归入其教派之中,由是生此炼内丹与正一仪轨相合之思想。故另立"南统大君"之塑像,以撰此《内丹九章经》。撰成后必须神其说,且吴筠于唐代确为正一派而略具内丹之理者,故即谓吴遇老叟而授此九章,此皆伪撰者托名之惯技。然书虽托名,而内丹之理可合于正一教,亦为道教发展之必由途径。

此书见《道藏》727 册尊下六。《通志》著录此书,可见北宋时已盛行。

# 143. 三十代天师虚靖真君语录

《三十代天师虚靖真君语录》七卷,嗣孙四十三代天师张宇初编次,编成而序于洪武二十八年(1395)。

虚靖真君生当崇宁靖康间,同时有徐神翁、王文卿、林灵素辈。此书虽名语录,实多诗文。惟首有《心说》《开坛法语》两文,可见当时徽钦二宗所崇之道。由强名曰道、曰神、曰心而纳入六道轮回,全准佛教之理。故本老庄清静以消灭万祸,所谓"收视返听,和光同尘,瞥起是病,不续是药,不怕念起,只怕觉迟"等,皆禅机之说。而于其特点乃曰:"吾家法箓,上可以动天地,下可以撼山川,明可以役龙虎,幽可以摄鬼神,功可以起朽骸,修可以脱生死,大可以镇邦家,小可以却灾祸。然得之在修,失之在堕。"然其理虽是,奈玄坛之设何补于民。徽宗治国而信此,本以愚民而终于自愚,其何能"镇邦家"。故徐神翁辈有其特材,未可全以为伪,然于治国究非一事,此又为儒道之辨。

有还山诗曰:"长年京国甚羁囚,丘壑归来始自由。流水有声如共语,闲云无迹可同游。猿依松影看丹灶,鹤与芦花入钓舟。如此栖迟良不恶,红尘何事辱鸣驹。"此诗与陈抟诗义,大体相似。然一当宋之开国,此当徽钦之将掳,于山无碍,于朝其可无辨乎。然则虚靖真君与陈抟之情,其异乎同乎。而编次此语录之宇初,又当元明之际,此所以相应十三代祖乎。

语录中收有《答林灵素书》,可见其情。此外如《大道歌》《虚空歌》《橐籥歌》等,亦能言及道教之养生,与当时之南宗,似同而异。同者皆属道教,异者虚靖天师早已正位于上,而南宗之道实能另辟蹊径,一新当时之道教而流传于下。若于泥丸、玉蟾起,则未与北宗相合时,已渐与天师道相合。实则天师道于南宋后亦发展金丹,读此《橐籥歌》及下《金丹诗》可见其概。

《传度后作》七律一诗曰:"道人愿力如天溥,度尽众生方自度。若还纤芥未蒙恩,我终不舍升天路。"此纯取佛教大乘之说。可见宋代重视道教,实已有通于佛。然谓道教无此大乘之说既不可,谓道教未取于佛教而即有此"度尽众生方自度"之思亦不可。本此内外分合之理,方可见天师道在历代之发展情况。于南北宋之际,自然以虚靖真君为代表。故此七卷语录,亦为究天师道之重要资料。

此书见《道藏》996 册席上一二。

# 144. 岘 泉 集

《岘泉集》十二卷,明耆山无为天师张宇初撰。宇初为四十三代天师,始末详《汉天师世家》。

岘泉者,京舍之称。集前有国子博士金华王绅序,另有一序序于永乐五年(1407),同年尚有新安程通识,三文内容相似。全集中卷一为杂著,收有《冲道》、《慎本》、《玄问》、《太极释》、《先天图论》、《河图原》、《广原性》、《问神》、《观植》、《读观物篇》、《读董仲舒传》、《书文章正宗后》、《辨荀子》、《辨阴符经》诸文,而宇初学识基本已见其中。永乐中任命编《道藏》,即恃此学识。

《玄问》有一节述道教之传,其言曰:

其传尤著者,汉天师、茅真君、许旌阳、葛仙翁、丘真君也。曰三洞四辅、清微灵宝、神霄酆岳者,洞辅之品,经箓是也。清微始于元始而宗主真元阐之,次而南岳魏君、陵郡祖君、祖宏四派之绪。倡其宗者朱洞元、李少微、南毕道、黄雷渊、李虚极,而张、许、叶、熊而下,派盖衍矣。

灵宝始于玉宸,本之《度人经》法而玄一三真人阐之。次而太极徐君、朱阳郑君、简寂陆君,倡其宗者田紫极、宁洞微、杜真达、项德谦、王清简、金允中、高紫元、杜庭光、寇谦之、镏冲靖,而赵、林、陈而下,派亦衍矣,是有东华、南昌之异焉。

神霄则雷霆诸派,始于玉清真王而火师汪真君阐之。次而侍宸王君虚静真君、西河萨君、伏魔李君、枢相许君,倡其宗者林灵素、徐神翁、刘混康、雷默庵、万五霄、方贫乐、邓铁崖,而上官、徐、谭、杨、陈、唐莫而下,派亦衍矣。

酆岳则朱熙明、郑知微、卢养浩、叶法善,倡其宗者左、郑、潘、李,而派亦衍矣。然究其要也,俱不出三炁五行之妙焉。

此分道派为清微、灵宝、神霄、酆岳四派,虽未必全合道教发展之事实,然以明初所存之道派,宇初能总观之而推其原,仍为治道教史者所不可忽视之事实。且以各派皆归诸三炁五行之象数,能反复论述河图洛书八卦生生之象而反诸身,此实为道教之主旨。惜未闻有创见,皆述前人之说而已。若理学经宋元之发展,于邵子得自陈抟之先天易,仍反归道教,亦自然之理。儒道学说可合,亦有历史根源,以《易》而论,何有儒道之辨。为董仲舒不用于汉武而惜之,固见明初之道教犹同董之理。所不同者明之道教已受佛教影响,董明言天人合一之理,方系我国本有之宗教形式。宇初能见立法以数之理,斯尚可贵云。

以下卷二序,卷三记,卷四说、传、书,卷五铭、箴、赞,卷六青词、斋意,卷七普说、疏,卷八赋,卷九五古,卷十五律、卷十一七律,卷十二七言长歌、词。

间于二至五卷诸文中,可发现元末明初之道教情况。六、七两卷盖见道教内部之特殊文体,然已较杜光庭逊色。卷八以下为韵文集,特录《题自像》一诗,可见其情:

玄胄何才振后芳,早从问学识行藏。两朝宠渥传青琐,八奏

151

威仪俨绿章。松菊云中吟夜雪,鹤猿谷口卧秋霜。幻形底用丹青貌,浩劫终期视大荒。

观结句"视大荒"之象,尚欠圆融。

此书见《道藏》1018 至 1021 册转上下疑上下。

# 145. 天枢院都司须知行遣式

《天枢院都司须知行遣式》一卷,未详集者。为上奏天枢院都司之奏章格式,内无"灵宝净明"字样。或不限于此派,《道藏》编次与《灵宝净明院行遣式》一卷相继。实则此卷属正一,其格式之属,仍为远承陆修静而近继杜光庭。

又有注文曰:"如状小书,若于默奏时,则面北默奏,面前烧化。"则仍取玄武属阴之象。

此书见《道藏》340 册毁下十一。

# 146. 混俗颐生录

《混俗颐生录》二卷,茅山处士刘词集。见《道藏》573 册临下九。首有自序,明颐生之理甚正,确属道教的基本养生。既用药物,又合时令及精神的安静等,过此以往,难免有迷信之说。而此书所谓混俗,尚与世人同。二卷分十章,目曰:"饮食消息"、"饮酒消息"、"春时消息"、"夏时消息"、"秋时消息"、"冬时消息"、"患劳消息"、"患风消息"、"户内消息"、"禁忌消息"。必以"消息"名篇,已见时令之周流。酒食失当,积劳患风,户内明情欲宜节,若时令之变而归诸禁忌,然疾风甚雨对人身有影响,亦未可全非。此外什九可取,故此书可视作古代之医药常识读物。

《通志》著录"《混俗颐生录》二卷,刘词撰",正此书。乃陶弘景所传,属江南之中医。

# 147. 勿斋先生文集

《勿斋先生文集》二卷,敕赐高士右街鉴义主管教门公事阁皂山杨至质撰。见《道藏》788 册同下九、十。

杨至质,宋人,始末待考。此集盖其文集,颇多代人所作酬酢之作。其文对偶骈丽,犹存六朝之风,文胜失实,与道何补。杨居茅山以掌文书,固时代所需。有一文名:"谢句容王宰断刺盗柏贼。"可见非赖执政者之保护,何能成茅山之景色。又有"回茅山白云观林管辖"一书,可见全集之文风。阁皂山与茅山相去不远,当时必互相交往。至质盖往来其间,主管教门公事,或可兼及茅山。此与南北宗文集之文风有异,乃承陶隐居之象。

# 148. 洞渊集九卷

《洞渊集九卷》,宋虔州大中祥符宫道士冲妙先生李思聪集。成此集前先作图与咏。于皇祐元年(1049)十二月成图,翌年上元日成咏,合成十轴同上于朝。于此集前存有《进洞天海岳表》。所上之图凡六,图名及图义如下:

一、《玉清璇极图》,述虚无旋象之神化。

二、《洞天五岳图》,赞五岳仙天之灵境。

三、《蓬壶阆苑图》,颂蓬岛十洲之胜概。

四、《大溟灵渎图》,序龙宫海渎之奥妙。

五、《名山福地图》,吟紫府丹台之秘景。

六、《金液还丹图》,集神仙众真之火候。

冲妙先生于明道元年(1032)相次于道门,及皇祐二年已十八年。朝夕研习而成此六图与咏,当有可观,惜今已不存。幸于图咏外更成此集,即记此六图之象及其所咏。首曰《三界咏序》,凡三界应三才,列八十一章,应九九之数。且谓:"昔希夷先生著《指玄篇》,言修身养炁之妙理。臣今吟《三界咏》,述虚无洞天海岛之奥区。今古异同,各言其志。"盖总括六图以成《玉清咏》、《洞天咏》、《海山咏》当三才,凡八十一章,与《指玄篇》八十一章数同。然陈抟仅言人,此则本古有之说以及三才,故曰"各言其志",故谓"存道教之古义而不同于希夷"。

若此集之内容,卷一记三清之形象。卷二、三记道教之名山。卷四记七十二福地。卷五记水府。卷六记二十八治。卷七记周天十一曜星君及北斗七元星君。卷八记周天二十八宿星君降灵。卷九记上清三十二天帝宫神。究其理乃总结宋前整个道教形象,故此书殊可细读以得其实。然希夷之说将发展成南北宗的三教合一,冲妙之说仅继承道教洞神三皇之理,各有其志未可或忽。

此书于海山之地,已继古而重视上下一维的立体形象,正属道教认识客观世界之可贵处。天由日月五星及罗睺、计都、紫曜、月孛十一炁而及二十八宿,皆有象可睹。及上清三十二天,则全本《度人经》之象。内具《玉清咏》之真人,此为三才之人,即儒、道之辨。

此书见《道藏》732册和上一至四。又《洞渊集》有同名者,然卷数不同,故此集加"九卷"以别之。

# 149. 三才定位图

《三才定位图》一卷,宋张商英进。商英字天觉,蜀州新津人,曾衣道服见章惇,说理屈之。惇荐于王安石,擢监察御史,力攻司马光。继蔡京入相,劝帝节欲戒侈,徽宗颇惮之。后为台臣疏击,出知河南府。宣和三年卒,年七十九(1043—1121),谥文忠。生平兼信佛道,有三教合一的概念。此书收入洞真部灵图类调字下,涵芬楼本第68册。

全书主要用图象表示道教的整个体系。文分二篇,上篇引《灵枢经》说明三清的组织;下篇首引《周易》的纳甲,次及虚皇天、玉清天、上清天、泰清天中的神名。接言八卦降炁,乃有玉京天、玉京山、通明殿,最后为"易有之门"、"紫微垣"、"酆都六宫"中的神名。以下即据二篇的内容绘成五图:其一虚皇十天、其二玉清天、其三上清天、其四泰清天、其五通明殿。

凡此五图,全本《周易》的象数。名虚皇十天者,图象为同心圆者五,中有虚皇天尊、虚皇元者、天真九皇、虚皇元帝、虚皇元君居之。是犹天地十数河图之象,亦即阴阳五行之理。凡五皇各在九圈同心圆中,犹合成大衍之数五十,中称九皇而虚一,数合其用四十有九。如其他四皇亦虚,是当洛书之数四十有五。由阴阳五行大衍河洛的变化,乃生三清天。犹《周易·系辞上》曰:"六爻之动,三极之道也。"凡玉清天上极,上清天中极,泰清天下极。三极之象不外八卦,其炁降而聚成玉京天、玉京山、通明殿,犹太极之象。散成六十四卦,则四方各八天而分阴阳,阴成三十二楼观犹阴仪三十二卦,阳成三十二天真犹阳仪三十二卦。至于六十四卦之卦象,不外天地人三才之道,故此书名《三才定位图》。《周易·系辞下》曰:"《易》之为书也,广大悉备,有天道焉,有人道焉,有地道焉。兼三才而两之故六,六者非它也,三才之道也。道有变动,故曰爻。"及六爻莫不变动,是谓三极,此即玉京天上之三清天。至于变动的原理,莫不本诸阴阳五行大衍图书之类,是即虚皇天。故此五图,犹阴阳五行经著圆卦方而凝成三极之道,合于通明殿太极而散成楼观天真的阴阳仪六十四卦,道教体系之本诸《周易》象数,至此甚显。

总上所述,既明是书的大义,亦可见《周易》与道教在宋代同时兴盛的内在联系。

# 150. 真气还元铭

《真气还元铭》一卷,梁强名子注。自序谓于梁贞明岁(915—921)于泰山顶遇异人,授此入道之门,且戒于二十年内不可传人。乃于二十年后,注此《真气还元铭》以行世。

考此异人之传,不必介意。今读此铭,不可谓非修内丹必经之步骤。二十年之反复有悟,亦为必经之时间考验。梁贞明岁或系事实。作序者经唐之亡,不免有灰心于儒而生求道之志。因序者而考求此铭之著者,暂视为强名子自作自注,亦无不可。全铭为四字句九十八,尚不足四百字,可录之以观五代时导引之法及其思维境界,亦以见承唐启宋的金丹渊源。

《真气还元铭》:

> 一气未分,三才同源,清浊既异,元精各存。天法象我,我法象天,我命在我,不在于天。昧用者夭,善用者延,气和体寂,守一神闲。灵芝在身,不在名山,反一守和,理合重玄。精极乃明,神极乃灵,气极乃清,清气为神,浊气为形。因气而衰,因气而荣,因气而灭,因气而生。喜怒乱气,情性交争,臃隔成病,神形岂宁。炼阳锁阴,其气自行,其神自灵。以正遣邪,其患自平,乾坤澄清。子前午后,闭目平坐,握固瞑然。纳息庐中,吐息天关,入息微微,出息绵绵。以意领气,脏腑回旋,然后呵之,荣卫通玄。但有不和,遣之踵前,呵五六度,无疾不蠲。凡欲胎息,导引为先,经脉不臃,关节不烦。或如射雕,侧身弯环,或举腰背,如蟾半圆。交指脑后,左旋右旋,劲手足气,出于指端。摆擎四肢,捉搦三关,熟摩

尺宅,气海亦然。叩齿集神,合眸固关,冥心放骸,任气往还。觉
气调匀,拥塞喉关,拥塞则咽,三咽相连。转舌漱入,咽下丹田,以
意引气,令声汨然。一咽二咽,再咽如前,三十六咽,胎息成焉。
大道无为,而无不为,若能无为,是名无思。若能无思,万物自归,
法象无二,不假施为。不寒不热,不渴不饥,妙中之妙,微中之微。
恬然无欲,以道自怡,怀道君子,铭之佩之。

细读此铭,可不注而自明,确可因导引而启发胎息,由是真气还
元。"怀道君子,铭之佩之",对身体之健康确有作用。

此书见《道藏》131 册重上五。

# 151. 至真子龙虎大丹诗

《至真子龙虎大丹诗》一卷,至真子著。至真子者,少室山之布衣
隐者,姓周名方,字归一,至真子为其道号。首有宣德郎权发遣提举淮
南西路学事借绯鱼袋卢天造序,作于天圣四年丙寅岁(1026)九月
九日。

全卷凡三十首七律,皆咏其修炼内丹之象。考作序之时尚在伯端
前,亦可见《悟真篇》之所自出。高象先之歌及此诗,似皆为南宗之
先驱。

诗中有言:"吕家曾与我真铅,只向玄里悟得玄。"此吕家有吕岩之
义。若曰:"野鹤孤云宇宙中,一壶灵药一条筇。囊中传写三清箓,袖
里诛妖隐剑龙。十载精穷书卷卷(廷按:前"卷"疑当作"万"字),六时
渴饮酒千钟。自行南北东西路,少有同声向此逢。"其为内丹已确,然
诗风与《悟真篇》后略有不同。又三十首诗中"宇宙"二字数见,可见方
之重视时空。又曰:"十载区区历世机,就中此道少人知。鹏抟溟海非
无日,龙跃丹砂自有时。袖里金锤除五虎,匣藏宝剑杀三尸。雷车一

震乾坤静,夺得明珠在坎离。"此能用《庄子·逍遥游》典尤妙。《参同契》曰:"故推消息,坎离没亡。"于没亡中夺得明珠,十载世机有功可见。凡此之象甚多,研究南宗之源而考其文献,此卷殊未可忽。

此书见《道藏》132 册重下九。

# 152. 真人高象先金丹歌

《真人高象先金丹歌》一卷,宋朐阳人高先著。先字象先,有廓达之志。首有小序,序者谓"于祥符六年(1013)因四明传神僧禹昌,始得识公面于京师"。此歌盖作于七年秋(1014),承醉答诸高员外作。见《道藏》740 册唱上五。《文献通考》载《高象先歌》一卷,引晁氏曰:"高先撰,象先其字也,未详何代人。论《参同契》。"似晁氏未见此序。又歌中曰:"……将应大中天子制。前年攘臂来京辇,曼倩飞书方自荐。酒酣揽镜照客容,遽骇潘安鬓华变。舍鉴抚膺吁自语,倏忽浮云何足慕。"由是舍儒入道,则又与祥符六年之序合。或晁氏所见非此歌,或序者撰此歌而托名象先,书名多"金丹"二字。其时紫阳尚未悟道,故高象先之《金丹歌》,实先于南宗。若歌辞狂放,本系骚客之思,唯其由尾闾而上,求河车子于西华。且有"借问丘轲今何在,空留冢墓高嵯峨"及"甘随石火风灯去,莫有栖心随大罗"等句,故宜以金丹视之。下云:"……莫若先敲戊己门。戊己门中有金子,金子便是黄芽根。黄芽根为万物母,母得子兮为鼎釜。日月魂华交感时,一浮一沉珠自飞。明珠飞到昆仑上,子若求之凭罔象。得之归来归绛宫,绛宫蒸入肌肤红。肌肤红,鬓发黑,北斗由此落死籍……"则见高先者盖早于伯端,已由《参同》《黄庭》而悟此金丹。今依时而序,此歌当在《悟真篇》前,然仅以文学形式,未若《悟真篇》之已具象数。歌中"或阳兮孤栖,或阴兮寡宿"二句,已为南宋初翁注《悟真篇》时所引用。可证此歌确为北宋时已有,然是否晁以道所见本,尚难肯定,或已为后人所增添。

# 153. 还丹众仙论

《还丹众仙论》一卷,宋抱腹山人杨在集,自序于皇祐四年(1052)。其言曰:"余汾阳西河人也。弱冠好道,至三十余年,得遇明师,亲蒙口诀。方晓丹经之理,洞达幽微之文,得见造化之真,明了沉浮之妙。"则集此卷时,年约六十左右。惜未言其师何名,以所集者而观之,即当由外丹趋于内丹之理,实本《周易参同契》之旨。故知有彭晓一派相传,南宋王道注疏《龙虎经》亦承此派。当时对张紫阳可能有直接影响,而南宗之理已与此不同。

所引众仙之名及书名,可录以见其道统之所在:

> 元始天尊、道君、老君、黄帝《九鼎经》、上皇、茅君、龙树、阴真君、马明生《金虎诀》、《金碧析疑论》、《百问论》、《还丹心镜》元阳子注、魏伯阳《五相类》、《金丹秘录》、《抱朴子》、《参同论》、《火经》、《太一三使诀》、《日华子》、《太一丹书》、狐刚子《神乘论》、阴真君《五相类》、《华池经》、《阴符经》注、阴真君《三丹释理论》、《三宫参铅诀》、彭君、尹先生、张天师、陶埴三篇、《金函玉书》、《金碧入药火镜》、郑真人传葛幼川之言、《大道密旨》、《金制乘诀》、元君《肘后诀》、长白山人、孙真人《石壁记》、《华山石壁记》、吕先生《正阳篇》、易玄子、海蟾子。

由是则知由外丹之药物以养其身,然后刺激自身之药物反应以炼内丹。此派之发展,乃产生完全脱离外药而自炼之南北宗。引及正阳、吕先生、海蟾子,乃北宗道统之所出,故此书为重要文献可知。所引众仙诸书之说,完全论及铅汞,或外或内,同名异实。医药由外丹而趋内丹,更有飞跃的进步,然不得不归诸命。以今而言,命者就是先天遗传的体质。道教视下丹田为命宫,即重视生物之遗传。其后内丹发展成南宗,即以修命为主。杨在集成此书时,紫阳尚未悟道(紫阳悟道于熙宁二年,公元 1069 年)。不论紫阳是否见此书,而此派之说,当时已极盛行。且杨在自号抱腹山人,已说明其内炼之法重命宫,确与南宗相合。故此书可视为南宗之来源。

书中有解丹毒之《驭丹散》及《出火毒法》二方,录于下。以清凉为主,可为中医研究之资料。

麦门冬　天门冬(并去心,各四两)　干地黄(五两)　甘草(一两)　人参(三两)　茯苓(二两)　紫菀(二两半,去芦头并)地榆(三两半)　大赭　海藻(各一两半)　山栀子(四两半)

五加皮　地榆　余甘子(已上各一斤)　峭石　甘草(各四两)

此书见《道藏》113 册珠下五。

# 154. 了　明　篇

《了明篇》一卷,宋宋先生述。首有三衢毛日新序于乾道四年(1168)。谓尝遇宋先生,先生曾见钟吕传授口诀,又有和朗然子三十首诗。末尚有词,皆为论道诗,毛为编成此卷。

观宋先生之诗词,与朗然子相似。和诗第二十四首曰:"学道来来二十秋,眼前俗景见如雠。但行七返添精髓,长使黄河水逆流。万卷仙经何必看,一壶仙酒醉方休。有朝拂袖腾空去,物外逍遥有甚愁。"其自得之意可喻。

又如《武陵春》一词曰:"七返阳全阴去尽,精髓满三田,修到无为必自然,论甚后和先。认取五行真水火,须要识根源。自己丹砂著意看,何用外寻丹。"是即万物皆备于我之象。反身明此,得内丹已近。日新以"了明"名之,可云能见宋先生之志。

此书宜与《太玄朗然子进道诗》并读,见《道藏》133 册芥上二。编《道藏》时已合编于一处可取。

# 155. 体 壳 歌

《体壳歌》一卷,烟萝子撰。收入《修真十书》中,当《杂著捷径》之一种。见《道藏》125 册李中四。

首自言:"我今求得长生诀,等闲休与他人说。忽然误慢泄天机,必遭神明暗地折。"盖已自有所得修持内丹之法。

引吕公《缚心猿诗》《养生息命诗》二诗,前者却之,后者受之,修持之法已在其中,可录之。

咄咄心猿听我陈,无端叵耐汝顽嚚。终朝恣纵三尸鬼,作坏流年四大身。数度为财遭耻辱,几回酒色见精神。不如缚取深山去,汝又如何损得人。

捉得金精养命基,日华东畔月华西。壶中自有长生药,返老还童天地齐。劝君勤学守三一,中有长生不死术。能存玄真万事毕,一身精神不妄失。

读此即知其要,乃在去三尸以守三一。下有六图以当三一之内景,足以见道教内修之思想情况。上丹田二,中、下丹田分左右正背而四。原图殊可以今日之人体解剖图正之,若内气之流行,尚多参考价值。下附《朱提点内境论》,有云:"近世刑人于市,剖而见之。乃云喉中有三窍,一水一食一气,其诬甚矣。又云肾一在肝之右下,一在脾之左上,乃以烟萝子《朝真图》为非。岂知足厥阴受病,则舌卷而卵缩,况刀锯之恐耶。"按是即不信不重实测,乃我国医药之缺点。至于内气运行之通途,固充塞于生物体内,此又非解剖尸体所能得。两方面不可混为一谈,而此书等道教著作更重后者。今后宜两方面并重,庶可得人体结构之蕴。若西医之徒知解剖,于生物整体之概念,迄今未能明确。故我国之中医理论有深入研究之必要,决不可以不合解剖而忽之,更不可不以解剖所得以正古医书之失。读道书中有关医理者,尤宜准此原则。

此书有《内观经》、《存守九宫诀》及《五藏总论》等,皆可见道教内修之理。于《三丹三田论》曰:"气中生神,神在上丹;精中生气,气在中丹;真水真气,合而成精,精在下丹。""上田神舍,中田气府,下田精区。"于《外丹内丹论》曰:"气象于天地,变通于阴阳。阳龙阴虎,木液金精,二气交合而成者谓之外丹。含和炼藏,吐故纳新,上入泥丸,下注丹田,中朝绛宫,此乃谓之内丹。内丹可以延年,外丹可以升举,学道者宜勉之。"此二论诚简而要,唐宋起大发展之金丹,烟萝子已能概括于此,殊可精思之。下不得不用三符以镇三尸,不脱宗教之心理作用。故烟萝子者,实已合金丹派与正一派。《通志》著录《内真通明歌》一卷、《内真通元歌》一卷、《养神关锁秘诀图》一卷、《立内真通元诀》一卷,皆烟萝子撰,此卷或录之以上诸书中。

# 156. 证 道 歌

《证道歌》一卷,左掌子撰。仅七绝十五首,诗名为《证道》、《证灵药》、《证九转还丹》、《证火候文武》、《证神运火》、《证金花黄芽》、《证黑铅白汞》、《证赤龙金虎》、《证玄曜金鼎》、《证道用真旨》、《证太阳流珠》、《证母子留神住世》、《证元气修之成真人》、《证缠精化天道为神仙》、《证河车》。

能详其名义,道可证得。前有序,后有跋。序有贯通三教之理,跋

则谓"道在人身之中,不用外求之矣"。至于所谓大道之实,录最后三首,可概其余:

> 元气修身化万神,子自有之莫问邻。呼吸华池流上景,天道开为不死身。
>
> 宝丹九转固精田,径上泥丸使命全。神仙空寂超三界,蜕身解化似蛇蝉。
>
> 坤象车兮寄地方,坎水为河玄武乡。得其道者上为皇,失其道者下为光。

此能一化一切可取,然何必以人身为限。上皇下光之喻已能成象,河车云乎哉!

书见《道藏》746 册妇下六。左掌子未详何人,诗未佳。《通志》已著录《道证》一卷,左掌子撰,似即此书,则当为北宋人。

# 157. 悟真篇叶袁注

《悟真篇》五卷,宋叶士表、袁公辅注。《文献通考》著录《通玄秘要悟真篇》一卷,引晁氏曰:"皇朝张用成撰。用成字平叔,天台人。熙宁中随陆师闵入蜀,受道于隐者,因成律诗八十一首。"按晁氏注有误,与用成自序未合,全书八十一首外,尚有《西江月》十二首及达本明性之作。又晁氏所见尚未加注,故仅一卷。今《道藏》本皆已有注而此卷已佚,然于原书之次,各各不同。何种注本方合用成原稿,今已难肯定。然则晁氏所见本之失传,亦殊可惜。又陈氏曰:"天台张伯端平叔撰,一名用成。熙宁中遇异人于成都,所著五七言诗及《西江月》百篇,末卷为《禅宗歌颂》,以谓'学道之人不通性理独修金丹,则性命之道未全'。有叶士表、袁公辅者各为之注,凡五卷。"此陈氏所见者,今尚存。

然无单行本,已收入《修真十书》当卷二十六至三十,见《道藏》126、127两册李下柰上。

此书于伯端自序下,附有《丹房宝鉴之图》,图示龙虎当乾坤坎离。凡玄门精神龙,牝户气血虎,皆归诸中五真土。继之聚集汞铅之异名,又绘悬胎鼎、铁牛、偃月炉三图,且作《挨排四象生真土》、《炼铅火候》、《火记六百篇》、《沐浴》、《抱一》五诗,凡此对了解《悟真篇》,皆能有所裨益。若于《悟真篇》原文,首列七言四韵十六首当卷一。七绝六十四首又七绝五首及五律一首当卷二、卷三。《西江月》十二首外又一首及《周易参同契》当卷四。《禅宗歌颂》当卷五。

注者以叶士表、袁公辅为主,尚引他人他书,计有李筌、《参同契》、魏师吕、《先天大学书》、真一子、无名子、《大易志图》、《资生经》、象川翁、钟离先生、《契秘图》、道光禅师、王道、《古歌》、高象先、《阴符经》、老子、吕真人等,故此书实为集注。《悟真篇》集者未详,虽以叶袁为主,然所引之象川翁及无名子之注,皆有否定叶氏之注。又分引象川翁及无名子之注,似为二人,后人以无名子、象川翁葆光为一人,可进一步详考。至于否定叶文叔(士表之号)以坤为癸,以肾当偃月炉,皆取象不同所致。《参同契》本法京氏易以坤为癸,此纳甲之法未尝有误。反身而言,肾未尝不可当偃月炉,及气化而炉亦虚,则不仅不可当肾,身内藏府无一可当。故无名子、象川翁之注反自有窒碍,今宜并取之,未可是非于其间。若已引及王道之说,可见集此者在淳熙十二年(1185)之后及理宗端平(1234)时陈振孙之前。

更以《悟真篇》自序核之,多七绝五首、《西江月》一首及《读周易参同契》一文。总其数言,正合陈氏所见百篇之数。更以卷末之《禅宗歌颂》三十二篇言,尚有复杂之变化情况,已发生在聚此集注之前,专文另详。而此本五卷,乃宋代已流传之《悟真篇》,似可作为今日之标准本。

# 158. 紫阳真人悟真篇讲义

《紫阳真人悟真篇讲义》七卷,宋云峰散人夏宗禹著,宗禹永嘉人。书前有三序,真德秀序于宝庆三年(1227),曹叔远、张宓子伏皆序于绍定初元(1228)。成书之时当前此不久,夏年未及五十,略与白玉蟾相若。然白纯为道徒,夏感世事之颠沛而转儒入道,其情盖异。真氏儒者,故其言曰:"君之为人,材智磊落。盖尝入山东幕府,奉檄走燕齐间,功名之志锐甚。年未五十,顾欲捐弃轩冕,从安期羡门为海山汗漫游,其亦太蚤计矣。"然同乡曹氏序曰:"君少有奇抱,谓功名抵掌可致。自其二十年间,遍入应、贾、许三师幕,且与苟梦玉同艰难,由青齐跨太行,深入轵境,极其劳瘁。既而事与愿违,始屏迹绝口不复道,著为《药镜》、《阴符》、《悟真》三书,羽流至有投誓而愿受业者。"则更可见其幡然改志之详情。虽然,济世艰难,内修又岂容易。今读此七卷,难免以引证为事,少反身之精义。于"三五一都三个字"视为三五十五加一以当二八,当然亦可备一说,惜无内心之证,徒成戏论而已。若于《西江月》之论内外药,本《悟真》之义,自当以时反身为准。而此书仍以外物之铅汞当之,其何以见"两般作用"之"相通"。此人与天地参合之妙义,亦南宗之精粹处,其何可仍以古义释内外药耶。更以"近取诸身,远取诸物"论,外丹固亦可炼,然实非《悟真篇》之旨。若曰:"且外药只用铅汞二物,并无杂类,若五金八石草木滓腐皆使不著。以火候抽添,体天法象,久久烹炼,气数周天,可以成宝。仙经曰:四大药既成,鹊饵成凤,鸦食成鸾,犬舐成龙,人服登仙是也。"可见夏氏尚限于道教之古义,未喻南宗之设譬。此外药之大还丹,四祖陈泥丸已明言之。唯有内外丹之争,故泥丸起另有钟吕传道之说,更能有据于古,或以破当时之外丹。又此书仅注正篇而未及附篇,则对紫阳之说犹未全。唯其尚未及性,乃于三才之理不得不取外丹云。

若夏氏注本,陈振孙未及见。以时而言,陈所见叶袁注本当时正行世,而夏氏不取而仅取八十一首本,可见《悟真篇》之传于宋代已多异本,及南宋中叶后更多不同。今《道藏》所传之各注本皆异,于当时或更有不同。《修真十书》取叶袁本而不取夏氏本,盖亦有见。

# 159. 还 源 篇

《还源篇》一卷,宋石泰著。泰字得之,号杏林真人。自序谓:"昔年于驿中遇先师张紫阳先生,以简易之语,不过半句;其证验之效,只在片时。知仙之可学,私自生欢喜。及其金液交结,圣胎圆成,泰故作《还源篇》八十一章五言四句以授晚学。"凡此之言,是否可信,所见不一。宋末俞琰首先疑之,然张紫阳创南宗,泰为第二代似未可疑,疑者疑泰是否著此《还源篇》。至于泰之事迹,可据今是翁于政和乙未(1115)所记之"薛紫贤事迹",谓紫贤于崇宁丙戌(1106)寓郿县青镇听讲佛事,而遇凤翔府扶风县杏林驿人石泰,故泰作《还源篇》以授后学,其时即可以崇宁丙戌论。

读全篇五绝八十一首,与《悟真篇》大旨略同。"永铅归一鼎,日月要同炉",全合既济之象。凡分"采药"、"交接"、"进火"、"沐浴"、"脱胎"五阶段,尤为简明。"出泥丸"而作"玉清仙",必基于"屋中珍",宜序中明言:"早悟真诠,莫待老来,铅虚汞少。"诚要言不烦。始终于铅汞,非上下丹田之性命乎?《周易·乾彖》曰:"各正性命,保合太和,乃利贞。"大义全同。"离坎真龙虎,乾坤正马牛,人人皆具足,因甚不知修。"欲以授后学之心,其有已乎,不愧为紫阳之嫡传。或虽无《还源篇》,不可谓石泰不知此理。

此卷单行本见《道藏》742册妇上四。又收入《修真十书》六十卷中之卷二,见《道藏》122册珍上二。

# 160. 丹 髓 歌

《丹髓歌》三十四章,《修真十书》收入卷七中之一篇,见《道藏》122册珍上六。署名薛道光,然有石泰之后序,故知此三十四章亦杏林所作而传于道光者,大义与《还源篇》近似。首明活子时,所以人定胜天,其义甚重要。又有概论金丹以结合阴阳之象,如曰:"黑中黑,白中白,但能守黑白自现,黑白本来无二色。""金真金,银真银,金银炼作紫金丹,自然无一斧凿痕。"由二而一,由一而无,故又曰:"玄真玄,牝真牝,玄牝都来共一窍,不在口鼻并心肾。"此已得吾丧我之象。最后一章则曰:"真阴阳,真阴阳,阴阳都只两个字,譬喻丹书几万章。"则又得一化一切之象。凡内丹之本,由身及意,此立象所尽之意,乃内丹之至妙处。南宗取禅幾而反诸身,宜能进一步发展《参同》、《黄庭》之象。此歌三十四章,又见于《道藏》742册妇上一《还丹复命篇》之后,亦误为道光著而附之。或不信石泰之后序,则视此为道光所作。二代相传,以实为主,以文为副,以道而言,确可不辨杏林与紫贤,唯须详味其为南宗之传,此不可不知。若玉吾视《还源篇》、《丹髓歌》等皆白玉蟾所作,亦可备一说。

# 161. 还丹复命篇

《还丹复命篇》一卷,紫贤真人薛道光撰。紫贤初遇杏林,时当崇宁丙戌(1106)。成此书而自序,时当靖康丙午(1126),已在二十年后。序中自言:"宣和庚子岁(1120),得至人口诀。"则初遇至人授口诀,亦须十五年,而泰年已百岁云。《文献通考》载《还丹复命篇》一卷,陈氏曰:"毗陵僧道光撰,亦拟《悟真诗》篇,靖康丙午序。"与今《道藏》本同。

观此书全准《悟真篇》之例:成五律十六首以表二八一斤之数;七

绝三十首以应三十日之大功;续添《西江月》九首以应九转之法。

书中于三十首之末,有总结一绝曰:"拂掠廛中碍眼明,休将大道付人情。堪怜自古神仙辈,特故如愚不作声。"此符合修道者向内之情。于九转之末又有一绝曰:"一月一还为一转,一年九转九还同。唯凭二卦推刑德,五六回归戊己中。"又具象数之妙,三十日大功成于一转,即二卦十二爻刑德之消息。传道光之道者为泥丸,特著九转之《翠虚篇》,义盖承此而言。南宗五祖授受之象,确有绵绵相继之道。末首《西江月》下半阕曰:"八卦循回环绕,推排九窍追奔,东西沉静合朝昏,莫与常人议论。"凡未喻内修之河车,其何以论九转。有九转而回归戊己之中,庶之谓"复命"乎! 又篇后尚有《丹髓歌》三十四章,或非紫贤所作,提要另详。

此书见《道藏》742 册妇上一。

# 162. 翠 虚 篇

《翠虚篇》一卷,颍川泥丸陈真人撰,见《道藏》742 册妇三。内有《紫庭经》、《大道歌》、《罗浮翠虚吟》、《丹基归一论》、《水调歌头赠九霞子鞠九思》、《鹊桥仙赠蜍虚子沙道昭》、《真珠帘赠海南子白玉蟾》及《金丹诗诀》七绝百首。又《修真十书》卷十七亦有《翠虚篇》,内容详言九转,提要另详。以后重加编辑,可合成《翠虚篇》二卷。若《修真十书》卷三中有一篇名《庭经》,实录此《翠虚篇》中之《紫庭经》,篇名既脱"紫"字,文句亦有衍脱,以后整理《修真十书》,此篇宜加以校勘。

《紫庭经》为七古长诗,共一百六十句,述炼内丹之始末。凡寻得铅汞入鼎为始,经三关通畅,吞服入腹。由身内而身外,返身外而身内,一粒玄珠,十月火候,采药成丹,宇宙在手。红癹治宇,故一餐而不饥;紫芝制宙,宜一服而童颜。功成行满,其愿无已,金丹之理,可云毕备于此篇矣。若篇名改"黄"为"紫"者,非另有悟于玄黄与玄牝之几乎。《大道歌》大义相似。曾二言九转:"欲知灵药何日成,阳数终须归九转","九转丹成岁欲终,开炉欲见药花红"。此见论九转之《翠虚篇》一卷,极可能出自陈泥丸,《修真十书》中之署名,当亦可信。

《罗浮翠虚吟》作于嘉定壬申(1212),盖将"蜕形归玉阙",欲传道于玉蟾。间多警语,破种种外执,更有至理。归诸九转而十月飞霜,"子生孙兮又孙枝,千百亿化最妙处"。又从吕祖传得丹诀为:"却把太虚为炉鼎,活捉乌兔为药材。山河大地发猛火,于中万象生云雷。昔时混沌今品物,一时结成大圣胎。……何人名曰大还丹,太上老君吞不得。老君留与清闲客,服了飞仙登太极。更将一盏鸿蒙酒,饵此刀圭壮颜色。任从沧海变桑田,我道壶中未一年。"此见南宗之几,较佛教传灯,更有合于理事圆融之华严无碍境界。朱熹理学之要,陈白反能喻之。同本太极先天之象,传者无碍于儒与道,惟有整体概念者,始足以语此。

《丹基归一论》亦以传白玉蟾,要本归一,犹今日整体概念,由大还丹而通贯天地人,方便归一之象。若《真珠帘赠海南子白玉蟾》有曰:"那两个钟吕是吾师友",合上《罗浮翠虚吟》所谓:"夜来撞见吕秀才,有一丹诀犹奇哉。"可见紫阳上承钟吕之说,至泥丸始明言。

至于百首《金丹诗诀》,一首一象,殊非空言。反身而读,始可明其理,与首篇《紫庭经》,有异曲同工之妙。彼依次而言之,此逐点而言之。或散或合,随意而言,理仍一致。如曰:"五行四象外边寻,只在当人一寸心。运用阴阳成妙道,直教瓦砾尽成金。"非大还丹乎。继之曰:"偃月炉中锻坎离,片时自有一刀圭。寄言师祖张平叔,万圣千贤总在西。"盖西方属金,片时结成金丹,铅汞自有一刀圭。诚合内外,庶切大还丹之名,此非《翠虚篇》之精义乎。

# 163. 翠 虚 篇 九 转

《翠虚篇九转》一卷,泥丸先生陈朴传,收入《修真十书》六十卷中当卷之十七,见《道藏》125 册李中三。另有内容不同之《翠虚篇》一卷,提要另详。

考泥丸先生之道,传自薛紫贤,当紫阳之第四代。于金丹之理,确乎一脉相承。以文字言,本紫阳之《悟真篇》,一传而有杏林之《还源篇》及《丹髓歌》等。二传而紫贤,既自作《还丹复命篇》,更有《悟真篇》之注。及三传而泥丸,又有此详言九转之《翠虚篇》,对"三家相见结婴儿"、"一年九转九还同"之理,有明显之说明。实南宗之主要文献,对《悟真篇》有承先启后之功。

全篇明九转,目次如下:

一转降丹　二转交媾　三转养阳　四转养阴　五转换骨
六转换肉　七转换五藏六府　八转育火　九转飞升

凡每转以七绝一首、《望江南》一词,下皆有解,且有加总论之口诀,可云详备。惟第九转仅诗与解,以下无词与解,亦无口诀。盖传本已阙,幸尚有他本可校补,详下。

于前八转所以明成此金丹,犹《悟真篇》之八十一首。紫阳尚有三十二首之附,此书乃以第九转当之。

诗曰:九转逍遥道果全,三千功行作神仙。金书玉简宣皇诏,足蹑祥云谒九天。

解曰:丹成九转,造化成就,道果圆成。更积外行三千,外果圆满,方可飞升。故许旌阳丹成之后,除蛟龙之害,然后上升;孙思邈丹成之后,救万民之疾,然后上升。皆须立功成名,方得上升也。上升之日,天乐来迎,箫韶合奏,以过天关。随功行分职,列为仙班,与天地相为长久也。

此可辨佛道教义之同异。凡道果圆成，是犹小乘极至之罗汉果。然必须外果圆满，方可飞升，此非大乘菩萨之行乎？愿力不同，宜有仙班之随功行分职。惜道教内修者，每忽乎外界，此所以每被佛家斥为小乘。至于道果圆成于九转，可即身当之，又每被佛家斥之为狂。迨密宗继显教而兴，始重视即身成佛之理，且密宗之精岂可忽乎外果乎。故佛道之理，可同可异，全在遵循者之认识。惟外果之不可明言，此书之《望江南》宜无口诀。《望江南》有曰"内外无为常抱朴，纵横海外与人间，功行积丘山"，是其义。

若《修真十书》录此九转，阙九转之《望江南》，又另有单行本见《道藏》743 册妇下六，书名《陈先生内丹诀》。首有序，未知何人所撰，内容与南宗传承未合。序录如下：

> 先生名朴，字冲用，唐末五代初人也。五代离乱，避世入蜀，隐居青城大面山，受道于钟离先生，与吕洞宾同师也。先生才质奇伟，德行高妙，积年累功，今不知其几百岁。或出世间，为性不常，以歌酒为乐。元丰戊午(1078)间游南都，宋城张方平官保，以其年高，传接气之术，延寿一纪。盘桓南都，不啻半载。携一无底土罐游于市，人少有识之者。淮南野叟敬信尊崇或师事之，先生怜其至诚，授以内丹诀，因以记之。先生内丹之诀，直指玄关，九转成道。每一转先述短歌，又托意于《望江南》，欲后来学方外之道者易晓也。

按此序真伪参半，宜加分辨。凡九转丹诀，确可视为陈朴所撰，且可属《翠虚篇》中。《修真十书》中录此而阙九转之《望江南》，宜准此以补之。若其生平事迹，当信其为南宗四祖，受道于道光而授道于玉蟾。当其传于五祖时，有"那两个钟吕是吾师友"及"夜来撞见吕秀才，有一丹诀犹奇哉"诸言，此于悟道后，不妨作此语。然其本未尝忘《悟真篇》,故尚有"寄言师祖张平叔,万圣千贤总在西"之语。惜除玉蟾外,难免执其迹,另假世法以观之,此所以有"今不知其几百岁"之妄言。若南宗至泥丸而有所发展,亦可深信,盖已受西山道派之影响。此九转以及大还丹之说,确宜深究。若受道于道光之时,可以薛注《悟真》之年为准,即乾道五年(1169)左右。

# 164. 金丹四百字、谢张紫阳书、谢仙师寄书词、金丹四百字注

《金丹四百字》及七律五首并前后二序,题曰张紫阳著,合成一卷。《谢张紫阳书》、《谢仙师寄书词》二文,题曰白玉蟾著,亦合成一卷。此二卷收入《修真十书》六十卷中,当五、六两卷,必须合观,方能知其始末。见《道藏》珍上五。

张紫阳著《悟真篇》开创南宗,未闻有《金丹四百字》之作,今本题张紫阳著实未是。然发展变化有其渊源,此四百字及七律五首之精义,确可会归于《悟真篇》。而其关系,已详于白玉蟾之二文。

考南宗之传承,自紫阳至白玉蟾,已经五代。白玉蟾于《谢张紫阳书》述其师承曰:"先师陈泥丸先生翠虚真人,出于祖师毗陵和尚薛君之门。而毗陵一线,实自祖师杏林先生石君所传也。石君承袭紫阳祖师之道。"故由紫阳至于玉蟾,后世尊之曰"南五祖",详示如下:

> 张紫阳(987—1082)——石杏林(1022— ？ )——薛紫贤(1162
> 遇石杏林)——陈泥丸(1212 传道于白)——白玉蟾(丙子,1216)

白于《谢仙师寄书词》末,自署曰:"大宋丙子闰七月二十四日鹤奴白玉蟾。"考南宋丙子闰七月,即宁宗嘉定九年(1216)。白于《谢张紫阳书》又曰:"顷年泥丸师挈至霍童洞天,焚香端拜杏林祖毗陵祖,极荷呼唤抚身持耳以还。"今以时验之,当年薛年百余岁,石年近二百岁,是

否尚在难以肯定,录此以备一说耳。至于张紫阳之复生,早有传说,然白未言曾见张,而间接得自马自然。其言曰:

> 昨到武夷见马自然,口述谆谕,出示宝翰四百字。字字药石,仰认爱育,甘露洒心,毛骨豁然。比因妙道昭著,久居支提,兹来渠以婴儿离母之故,欲到青城山省觐。偶缘道过石燕洞,遂发一念,附此尺书,但述金丹大药之体如此。至于蕉花春风之机,梧枝秋雨之秘,碧潭之夜月,青山之暮云,以此深妙,莫敢显露也。以有天机之故,祖师一点头否。杏林、毗陵、泥丸三师,想参鹤驾,自愧仙凡路隔。何日温养事毕,飞神御气,参陪飞舄上下,以备呼鸾唤鹤之膻。临纸不胜依恋,涕落笔端,恍失所措。敢乞泛紫筏,驾丹梯,储积金砂,垂手群蠢不备。

读此可喻白之心理状态,今名之曰"气功态",未可全以迷信视之。而此《金丹四百字》之来源亦可知,退而视为马自然之作品,更合事实。今依原书论之,如曰:"火候不用时,冬至不在子,及其沐浴法,卯酉时虚比。"即杏林《丹髓歌》第一章"炼丹不用寻冬至"之象。如曰:"混沌包虚空,虚空括三界,及寻其根源,一粒如黍大。"下又曰:"……三界归一身。"是皆属《翠虚篇》之第九转。故此《金丹四百字》,可视为马自然总结南宗之旨而成。惟其深入金丹之门,乃能有应于祖师张紫阳而作此。马与张有易地皆然之志,至于注此《金丹四百字》者,为盱江城西蕴空居士黄自如,时当淳祐改元岁次辛丑(1241)。见《道藏》741 册唱下七《金丹四百字》单行本一卷。

若五首律诗,尤能合附篇三十二首之旨。末首曰:"曹溪教外别流传,悟者何拘后与先。性地混融成一片,心珠圆朗照三田。释迦寂灭非真死,达磨西归亦是仙。但愿世人明此理,同超彼岸不须船。"理犹明了,唯佛须归禅,始可与道教之金丹相合。且佛据般若理而参禅,禅非魏晋之空谈;道有元始宝珠以炼丹,丹非教下之琐论。由是而明佛道之所同,庶为紫阳创南宗之精旨。此四百字与五首七律,实能善继之,序言尤简要。凡究南宗者,殊宜注意马自然传出此书,岂可因托名而忽之。

考此七律五首,黄自如注本无。《修真十书》尚有小序曰:"予注《金丹四百字》后,口占律诗五首,按金木水火土。四首言命基,末一首言性基。性是命之体,命是性之用,盖取其四象五行全藉土也。所谓鼎器药物、符火法度、抽添沐浴、结胎脱体,皆在其中矣。用陈瑕颣句,尚赖琢磨之,是予有望于先达者也。再序。"则似仍为黄注。

# 165. 武 夷 集

《武夷集》八卷,海南白玉蟾著。首篇《武夷重建止止庵记》取"兼山止止"之说,《法华》"止止妙难思"之句,庄子"吉祥止止"之白。最后结句曰:"止止非止之,止止实谓止,其止之止而已矣。"甚合生生之易理。观艮山曰仁,是谓止止,虚室之白,其妙难思。三教其一乎,三乎,止止而已矣,殊合紫阳之旨。内有一卷赞历代天师,由一代张道陵至三十二代张守真。又载有奏天表章,时在嘉定八、九年(1215、1216),盖亦书于武夷云。有咏四仙诗,指韩湘、陈七子、何仙姑、曹国舅,则三仙属于元后所传之八仙,陈七子未详。又韩湘确指韩愈之侄,诗曰:"白云满空庭,黄芽一朵春,蓝关归去后,问甚世间人。"另一诗咏韩湘曰:"汝叔做尽死模样,雪里出来无意况。赖有当年花一篮,至今推与闲和尚。"则可见宋代道教对韩愈之评价。

末有"修职郎新建宁府崇安县尉翠云子赵汝渠"跋语,凡七古一首,有曰:"从来玉诀不传注,莫将故纸徒穷研。"似有禅机。而结曰:"若能夺得天地真,始与天地同长久。"则以佛教视之,仍难免落入仅知守身之小乘,亦可谓汝渠尚未得南宗之精粹处。

# 166. 上 清 集

《上清集》八卷,海南白玉蟾著。玉蟾有三集,《玉隆集》记许真君有关之文集,《上清集》与《武夷集》皆记及有关武夷山之事迹。不知何以于《武夷集》中分出此《上清集》,集名与内容未合,似以文体分。内有《云窝记》一文,作于嘉定乙亥(1215),《驻云堂记》记于嘉定丙子(1216),此二年皆在武夷。故知玉蟾之游,由武夷而玉隆,由玉隆而阁皂,继之又三游玉隆。

读玉蟾之文,甚有风趣,典实亦丰富,乃文士之好道者。如《桔隐记》、《祈雨歌》、《屏睡魔文》诸篇,皆有味。二咏武夷九曲及武夷有感十一首,可作入武夷之导游。然七八百年来,未知武夷已有沧桑之变乎?

十首自述之《水调歌头》,有云:"今已九旬来地,尚且是童颜。"又曰:"不信张平叔,你更问他谁。"不愧为五祖。或因在武夷而作《朱文公像疏》有曰:"嗟文公七十一祀,玉洁冰清。空武夷三十六峰,猿啼鹤唳。管弦之声犹在耳,藻火之像赖何人。"则非邹䜣之知己乎。赞文公遗像曰:"皇极坠地,公归于天,武夷松竹,落日鸣蝉。"今以理学之发展观之,犹得其实。按朱熹卒于庆元庚申(1200),玉蟾正当其时。

# 167. 玉 隆 集

《玉隆集》六卷,海南白玉蟾著。书名"玉隆"者,取《度人经》所述三十二天之"太释玉隆腾胜天"之象。此天天帝名眇眇行元,宋真宗改赐许旌阳之观曰"玉隆",犹以许真君当其天帝。若玉蟾此集,主要记许真君事,乃以玉隆名。内有二卷为《旌阳许真君传》,系综述前人之传说而润色之。宋后许逊之神迹,每以此传为准。首载《玉隆宫会仙阁记》有曰:"内以炼三龙四虎之精华,外以陶七乌九蟾之造化,穷理尽性以至命,积真累炁以成精,则第神仙八百之选为无难矣。苟尚有意当世,用力斯民,下嵩高,上兵书,讲王道,待诏兵马门,追踪柱下史,则固不得而留者也。若但以楼居自娱,玩岁愒日,非特为修仙学道之忧,抑亦为主盟斯道者之羞。诸君盍簪,宜相勉旃。"则可见玉蟾之思,内外兼备,语顺气壮,岂颓堕消沉者可比。另有《涌翠亭记》一文提及"嘉定戊寅(1218)琼山白玉蟾携剑过玉隆",此文中亦曰:"余自戊寅迄今,已三过西山矣。"又有《阁皂山崇真宫昊天殿记》,谓此殿由壬申(1212)冬至乙亥(1215)秋成,而玉蟾于嘉定庚申(1220)来此而作记。凡此略可见嘉定间道教盛行之情况,亦见五祖玉蟾于当时之行迹。元代以紫阳当旌阳谶语中之神仙,玉蟾有以致之。

有一卷记《逍遥山群仙传》,计有吴猛、陈勋、周广、曾亨、时荷、甘战、施岑、彭抗、盱烈、钟离嘉、黄仁览、黄辅。谓宁康二年(374)许真君上升,是年十月十五日上帝命真人周广捧诏召世云(即吴猛),遂乘白鹿车与弟子白昼冲举。此由许旌阳而吴世云,皆属不可究诘之幻想。然政和二年(1112)宋徽宗另封吴猛等十二人为真人,其利用宗教以束缚官吏忠上之心,不已显乎! 又辅为仁览之父,亦求为真君弟子。真君以其懿戚,待以客礼,故不与十一人之数。此见道教所设想之神仙世界,犹准世间儒家之人伦。观佛教地藏王之传法,间有子及父,此理必不容于道教,况儒家乎。此可视为佛道分辨处之一,中印对人伦之不同见界,对具体的社会组织有重要影响。若玉蟾记此仙传,对民间极有影响之逍遥山史迹,可由之而传,距徽宗之封约已百年云。

又一卷为《诸仙传》,记述兰公、谌姆、地主真官传、许大、胡詹、二王、胡天师等,亦皆有与于许旌阳。故于许旌阳之神话及其对宋代之影响,此集中备矣。

# 168. 海琼白真人语录

《海琼白真人语录》四卷,门人记述其师白玉蟾之语录。卷一为紫壶道士谢显道编,卷二为门弟子福州天庆观管辖兼都道正紫光谦等编。卷三、四为门人烟壶叶古熙等录。

卷一中提及与门人鹤林彭耜、紫元留元长之问答,末曰:"凡所有法,无非心法。曰尔且行持,久而知之,知且不知,不知则知。尔虽不知,何异于知。耜与元长,闻斯语已,踊跃悲慨,大有惊悟,海琼君笑而起。"此与禅宗全同。然下又录玉蟾于嘉定十一年(1218)所作之《传度谢恩表文》,同上者除彭、留外尚有林伯谦、潘常吉、周希清、胡士简、罗致大、陈守默、庄致柔等九人。末曰:"愿清海岳之埃,而锁妖魔之洞,庶辟虚无之阃,再扬正一之风……"故知南宗五传而至玉蟾,已与正一相合。若《华阳吟》三十首中有曰:"怪事教人笑几回,男儿今也会怀胎。自家精血自交媾,身里夫妻是妙哉。"则结内丹之事实,已一语道破。容成之术于内丹,何可同日而语。奈词汇既同,且故作隐语,令人莫解,而此诗确可一扫荒忽不测之弊。又曰:"曹溪一路透泥丸,只在丹田上下间。解使金翁媒姹女,朝云暮雨满巫山。"则全以禅机纳入自身之中,自然较口头禅可贵。

卷二主要取鹤林法语,鹤林为度师。有言曰:"度师谓伯谦曰:尔祖师所治碧芝靖,予今所治鹤林诗,尔今所治紫光靖。大凡奉法之士,其所以立香火之地,不可不奏请靖额也。如汉天师二十四治是矣,古三十六靖庐是矣,许旌阳七靖是矣。"此可见治靖之道教组织,至宋犹大盛。南宗别创,至玉蟾又纳入道教之传统。此可见南宗之发展状况。

于南北斗之象有曰:"祖师曰……按周天星图及浑天仪与夫古今推步之书,皆不言南斗在北斗之上,亦无所谓南斗之名。此特道教有所谓南斗六司,恐是天中隐星,亦不可得而稽考也。据法书有《南斗秘讳》云魌魋魁䰢魖魊,以属南极,朱陵火部火铃之司。又有《南斗内讳》云:叱那般曲大黑,则是有所谓南斗也。若欲泯之,其如经籍何。"此答度师鹤林,欲不取南斗,可云谨慎。凡南北相对,有北必有南。奈我国位北半球而不能见南极,然道教重南斗之理实是,故不得不取于二

177

十八宿中。因"南斗"的"斗"字同名,所谓南斗六名,皆因南斗六星,实本《参同契》"始于东北,箕斗之乡"而起,且见及银河之终始。故民间重视南斗配北斗,乃道教之可贵处,鹤林知一而不知二,欲尊一于北斗而不取南斗,殊非,此见执一之难免有误。

卷三记武夷升堂、常州清醮升堂、庐士升堂、平江鹤会升堂、东楼小参(此节为门人赵收夫录)、冬至小参、西林入室、西林架造钟楼普说。间有问答有自言,以明内丹为主,不乏警句。如孤庵问曰:"真铅真汞真龙真虎不知是何物,丁公黄婆婴儿姹女不知作何用?"师答曰:"会得本来三二一,不会依前一二三。"复问曰:"铅本属北,何曰金铅;汞本属南,何曰木汞?"答曰:"女子著青衣,郎君披素练。"又于冬至小参,述一气同流而成丹,语极体切,大可熟读。

又卷四有《泥丸真人罗浮翠虚吟》,即于嘉定壬申(1212)八月泥丸以道传于玉蟾,文亦可贵。《海琼君万法归一歌》乃玉蟾之名作,基本之认识论已在其中。末有与鹤林往返之书札,故知时为其大弟子。尚有《传法明心颂彭鹤林》之作,归诸不疑之信心。末有彭跋,谓于丁丑(1217)暮春起相遇,后为之编此,厘为四卷,时当淳祐辛亥(1251)。更有方从义书于壬寅(1302),谓得福州天庆本,末有彭真人跋语,谓彭乃三山巨族,茅山杨许长史之流也,则时已在元。

# 169. 海琼问道集

《海琼问道集》一卷,海琼白玉蟾作,内收《龙虎赋》、《乌兔经》、《玄关显秘论》、《海琼君隐山文》、《常寂光国记》、《金液大还丹赋》、《金液大还丹诗》、《道阃元枢歌》等八篇。首有门人紫元子留元长序,言及:"不觉壬子(1192)又丁丑(1217)矣。……是年春遭遇真师海琼君姓白讳玉蟾。"其言道统本吕刘而及五祖。

凡此集所收之八篇,言内丹之理仍同,然是否白玉蟾作,略有可疑。于《玄关显秘论》末言敬书以授留紫元。于《海琼君隐山文》言明客即紫元子。于《常寂光国记》末又言："吾即真人也,真人即吾也。吾将逝矣,乃命管城先生、星松使者、令陶泓、白起等记,紫元子书。"今且不论是否玉蟾之言,其为紫元子留元长所集,有意于传玉蟾之道已可肯定。惜史实尚难证明紫元子以当六祖,然紫元子曾问道于海琼而为弟子之一,则为事实。

此书见《道藏》1016 册弁上五。

# 170. 海琼传道集

《海琼传道集》一卷,白玉蟾门人洪知常集其师《金丹捷径》一篇,《钩锁连环经》一卷,《庐山快活歌》一章,总名之《传道集》。首有同门刀圭子陈守默、紫芝子詹继瑞之序以言其始末。谓于乙亥(1215)秋,遇之于武夷山,越戊寅(1218)之春,复于庐山相会。过太平兴国宫,有道士洪知常字明道,自号坎离子。一旦与之因缘契合,半句之下,金蓖刮膜,片晌之间,玄珠成象。洪公将隐迹杜门绝交,坐进火候以圆圣胎。恐此道无传,特刊此集。

若《庐山快活歌》白赠道士陈知白,似即刀圭子守默。陈亦由庐山而至太平兴国宫,则守默与知常之受道于玉蟾盖相似,且同在兴国宫。紫芝子则书中未提及。而此卷《快活歌》极旷达可颂,与高先之歌可先后媲美。《钩锁连环经》托诸太乙元君谓金丹即是汞,汞即是铅。归诸虚无即混沌,混沌即金丹。是即有而无无而有之无穷变化。首篇《金丹捷径》于《修真十书》中已收及,然未及此篇之全。

此书见《道藏》1017 册弁下六。

# 171. 长生指要篇

《长生指要篇》一卷,宋三山回阳子林自然述。书凡七篇,自序于淳祐庚戌(1250)中秋日。谓受道于西蜀陆公真人,其为紫阳之传可无疑。以时核之,已当五祖之后。

读此七篇,见著者之实已有得于身。第一篇以胎息明道。首曰:"窃闻先天大道在混沌之中,不可以识识,不可以知知,以耳听之而眼闻,以眼视之而耳见。"盖已得六根六尘之本。第二篇合全身而一之,"庶能万神朝元,三花聚顶而保合太和。……不然,眉睫之际,分彼我矣"。此大我小我之异趣,吾丧我之实相,非在眉睫之际或分或合乎。第三篇之要明"三家相见结婴儿"之理。第四篇明身外之时。第五篇明火候,间曰:"散之则成炁,聚之则成火,化之则为水,变之则为金,此一炁真元不散,则火候在其中矣。"殊合始凝来复之初爻象。第六篇明以人合天,有曰:"上丹田泥丸府上应玉清青炁,中丹田绛宫府上应上清白炁,下丹田交会府上应太清黄炁。"是其本义。若曰:"命中之命,在父母未生胞胎之前,无本之命也。命中之命,命在玄元。玄元者,道之一炁也。玄中有玄是我命,命中有命是我形,精炁神全则身不衰老。形命永存,合乎自然,与天地相为长久。人之生也,命以为本。命不禀于天,道不能生也。"则已合大还丹之义。第七篇明自修须合天意,重外功阴德,殊得道教之精义。末附《金丹合潮候图》,理可取。有一词录之,见下,是即魏伯阳《参同契》之纳甲。

合上七篇而言,林自然此书,已能说明整个炼内丹之过程,且能用散文而不用诗词,亦较能明了。然读者非本身实践,仍未足以语之。且必由此类著作,始终可喻宋儒理学之实质。盖道教之修内丹,敬义挟持之修身,决非虚语。

《金丹合潮候》:

> 凿开混沌,见钱塘,南空长江银壁。今古词人,图此景,谁解推原端的。岁去年来,日庚月甲,因甚无差忒。如今说破,要知天地来历。道散有一,强名五行,颠倒互列。乾坤历,坎水逆流朝丙

户,随月盈亏消息。气到中秋,金能生水,倍涌千重雪。神仙妙
用,与潮没个差别。

赋此《酹江月》词,默合周天消息。

此见钱塘潮之由来已久,诗词咏之固多。此阕合金丹而言,乃另
有所指。天一生水,以潮候喻之,亦自然相合。

此书见《道藏》743 册妇下九。

# 172. 至 命 篇

《至命篇》二卷,皖州爱清子果斋王庆升吟鹤著。自序于淳祐己酉
孟秋三日壬申(1249)。以干支考之,是年七月初三确为壬申。以时间
核之,已晚于五祖白玉蟾。

宋代道教甚盛,内丹由紫阳创之,能流行民间,于儒家理学之修身
不期而合。此书之作者,盖亦能读儒书之道者,唯其反身有得,乃述此
书,较空论性命之理学家有不同之质。序自谓书分"安炉立鼎"、"火候
法度"、"野战守城"、"沐浴脱胎"四义。内容什九宗《悟真》而上及《参
同》,于排符进火之图,即周流六虚之三画卦消息图,于九转成功之图,
即卦气图中之十二辟卦图。后归诸扫象,引云房曰:"大道安能以语
通,伯阳假《易》作《参同》。后人不识神仙喻,执著筌蹄便下工。"可取,
然已得鱼兔者本宜忘筌蹄,未得者其可乎。此所以有《参同》之喻,学
者详之。于卷下著《入道诗》十九首,义平稳乏精辟语,又注《沁园春》
及北斗真形咒。此首"七返还丹"之词,皆曰吕祖作,或亦有据。内丹
而不忘"三千行满",斯为可贵。此书之注以孝、悌、恕、忠、神、圣、智、
仁、义、信十善业当之,亦是。若北斗真形咒,仅廿四字,末加"急急如
律令"五字。咒曰:"天灵节荣,愿保长生。太玄之一,守其真形。五藏
神君,各保安宁。"注则以天灵为元神,节荣为绛宫之烝即元烝,故咒义

犹以身之元神以合北斗真形。此太玄之一为北斗,指北极之极点,天有此北辰之极(因我国位处北半球,故仅见北极),于人即有元神,神有炁行,犹北辰居其所而众星拱之。此一由元炁而动静即阴阳,由阴阳而五行,于人身即炁血运行于五藏,唯生克适宜,故能各保安宁。道教天人合一之教义,随处可见。此《北斗真形咒》短短二十余字,不知何人所作,而实是此理。此理之实质,今宜视之为生物适应自然环境而生。其于天人合一之理,各归诸一,此所以能合一。然则守太玄真形之一,确为长生之基础云。吟鹤殿以此咒,或亦有见于此。

# 173. 还丹秘诀养赤子神方

《还丹秘诀养赤子神方》一卷,西山许明道述。谓于淳熙年间于随州桐栢山遇师彭梦蘧(字伯玉,鄞州人),授以金液还丹之道。此书见《道藏》112 册珠上四。

自叙修真传派为:

> 张天罡,字子正,蜀人——彭梦蘧,字伯玉,蜀人——萧应叟,字润清,三山人——许子微,字明道,山西人——林元鼎,字正夫,三山人

其间萧应叟于宝庆丙戌(1226)著《度人上品妙经内义》,而淳熙凡十六年,当公元 1174—1189 年,则许之次似当在萧之前。

此书记述神室养神之法,其目为:神室,刻漏,时晷,追二炁,会三性,簇五行,进火,温水,脱胎,神化,共十者。所谓神方,实指脱胎神仙言。末节曰:"圣胎出体未可远离,恐逢尸障。初离一步、十步、一百里、一千里、千万里,然后巡行三界,透石贯金,俱无障碍,去住在我,不在乎天。云房曰:孩儿幼小未成人,须藉爷娘养育恩,三载九年人事尽,纵横天下不由亲。"是实道教之鹄的。若《华严》叙善财之游楼阁,实即巡行三界之象。故此神游,本为宗教思维,能否由微观而宏

观，起作用于现实世界，正宜加以科学之研究。

# 174. 真一金丹诀胎息节要附

《真一金丹诀胎息节要附》一卷，宋王常集。王常事迹失考，以书观之，时已当南宋中叶之后。见《道藏》112 册珠上四。

书中集前人之说，内有钟吕之事迹，可备一说。

> 昔荆湖北路草泽大贤处士钟离权泊游于云水，至鲁国邹城东南崆峒山玉女峰居之。至大唐显庆五年庚申岁(660)正月一日壬寅朔遇之仙贤，引入洞中，授之丹诀，至得内全，后天不老。处士西游渭水，货易而隐。自洛阳后至，改麟德元年三月二十五日，举场选试，有鄂州进士吕洞宾因解名场，访见钟离。问及登科，求之得失，因经数居，不第其名。再谒先生，蒙引道言旨真一金丹炼形之道，付吕青牛受之。因从终南，修炼功成，神形俱妙，点化仙骨，变异神真。凡体变为仙体，凡人换作真人，功成行满，为陆地神仙。得遇吕青牛真人之妙旨，功行周圆上帝，赐号为南岳大司马，号至圣真人施肩吾。不可隐吕先生之机，乃设法留之，图于海中邹山石室，令后人知远者，不可漏泄于天宝，付金丹于下鬼。

按此节语多不甚明，大体尚可知，可视为钟离权吕洞宾施肩吾之一种形象。时当唐高宗，未免太早。

# 175. 还丹金液歌注

《还丹金液歌注》一卷，元阳子修，通玄先生注。见《道藏》113 册珠下九。

首有元阳子序,要明外丹之本非凡物,乃能反身而得其诚。此歌仅五言廿八句,有一录之必要。

> 和气和太初,初气终归一。母子本相生,相生又相失。阴炼玄阴精,月旬嫁于日。日月既相交,还丹艴然出。北方取河车,南方朱雀一,碧水生妙花,白花怀玉质。龙虬入相交,刀圭须谨密。独弄在乾坤,能滋于万物。姹女玄阴精,二种皆归一,河上无水银,乃合著阴律。荡荡赤龙蟠,火候看客质,变作裹蹄金,黄芽无根术。火记三百篇,知之万不失,如骡怀妊驹,自怀其形质。

此歌即明结丹之过程,亦别具一格。唯能"和气和太初",则阴阳本已合一,由是遗传无已,还丹金液已在其中。要在明其理,所以能破六道轮回之妄而显其真。虽然其理玄玄,今更宜以科学实验之事实深入研究之,而古人有此见界,不可不加注意。

若通玄先生之注,亦能注出此理,读者可由注而深入原诗。参阅《还丹歌诀》提要。

# 176. 元阳子金液集

《元阳子金液集》一卷,元阳子著。凡七绝诗三十首,皆有注,未详注者。见《道藏》103册珠下九。

观全卷之旨,乃明内丹,且由外丹全归内丹之象。引阴真君、张果等之言,未及南北宗之说,似当北宋初之作品。

其间述阴阳五行之生克,龙虎甲庚之追逐,理皆平稳。有一诗曰:"含养天然禀至神,冲和之气结成身。富贵人缘怀五彩,心知铅汞共成亲。"可谓得其要。怀五彩而富贵,已识五行之理,而不在五行之中,注文引古诀云"一物有五彩,永作仙人禄"是其义。或得此物犹饮刀圭,河图八卦铅汞龙虎之象悉在其中,可谓至神。

继之有诗曰:"乾天为父坤为母,南方朱雀北玄武,年终岁久俱成土,时人何处寻龙虎。"注曰:"修炼功毕,俱成于土,即是龙虎呼吸之理也。"已能一语道破。外则宇宙之万有引力,内则生物之呼吸,莫非龙虎。更进而通有无曰:"一人本有一人无,金公为妇木为夫。玄冥深奥不可度,志士何曾肯语图。"此图者何? 宋起以天地十数当之河图,始为吾国独有之数学语言。

注者曰:"此诀三十首,句句华秀,字字显理。偶以愚情注解,其文重叠,事同一原。令人不用水银朱砂及五金有质之物修营,至道至药根本不是世间凡物,后来学者切宜细详其事,不出象中。忝为忠臣孝子,不解寻真,实为苦哉。"此注有见,能以破社会组织而达自然规律。非凡物者,当时未能说明,今犹元素之象。得之者以今日言,盖得打破原子核之能量。若干年后,更可指基本粒子之相互作用力以影响于生物界,是之谓名可名非常名。当时由外丹归诸内丹之时,实已喻此概念。此与北魏寇谦之之炼丹可云完全不同,乃道教之一大进步。

末一诗曰:"谁悟灵丹出世尘,三花合会与龙亲。君看前后炼丹者,误煞千人与万人。"由此可见南北宗之价值,而元阳子盖亦有见于此者。参阅《还丹歌诀》提要。

# 177. 还 丹 歌 诀

《还丹歌诀》二卷,元阳子集。卷上集歌诀凡十,目次如下:

一、古神仙身事歌

二、吴真君歌

三、铅汞三五一咏

四、真晓真人

五、魏真人歌

六、逍遥子还丹结集

七、峨嵋窦真人九转诗

八、青城罗真人上明皇白金小还丹歌

九、太白韩蕴中火记歌

十、杨行真人歌

　　首篇《古神仙身事歌》，斥种种修道之流弊极是，乃唐五代发展内丹养生后之言。此所集十诀之原，似皆有所本，非元阳子之言，可见张伯端《悟真篇》前道教炼内丹的情况。于真晓真人，集其四句曰："金水白为银，白水土为金，阴阳与大药，煎在此中心。"亦语简意长，阴阳即生克。由土生金、金生水与土克水为喻，所谓内丹者，即采大药然后生之克之以煎于中心而已。此法自古已然，惟用以说明的术语，每一时代的各种道派每多不同，以致有神秘感。如此位真晓真人，或亦当唐五代的内丹道派。以下《魏真人歌》，实后人据《参同契》而作，其内容确有据于原书。

　　卷下仅一歌，元阳子自著。歌内有小注，犹集各种还丹歌诀而成，亦可视为自注。

　　《通志》著录《元阳子还丹诀》二卷及《元阳九转金丹歌》一卷。今《道藏》中除此书外，尚有《还丹金液歌注》一卷、《元阳子金液集》二书，提要另详。于《金液集》一书，即此书卷下之一歌。然另有注者，其人未详，于三十余诗的编次及文字，亦略有不同。而此组七绝诗能对内修的象数作全面说明。若杏林的《还源篇》、《丹髓歌》，道光的《还丹复命篇》，既有疑其为白玉蟾所作，而此元阳子之歌诀，反在《悟真篇》之前，且有《通志》著录。可见在北宋时，早已风行吟内丹象数的歌诀，此唐五代已然，决非始于伯端，此不可不知。故于元阳子之三书，宜重视之，以见内丹发展之史迹。

# 178. 还丹显妙通幽集

《还丹显妙通幽集》一卷,少室山潜真子述。前有序言,谓三十后便逢至道,即由外丹而归内丹,其得与元阳子同,故亦法《元阳子金液集》之三十诗,而吟此《显妙通幽诗》三十首,"以俟后来君子与余同志者印证耳"。

读此三十诗,与《金液集》三十诗颇相似,而此重九转之次第。元阳子已"能改愚人世与情",详味九转之变,不啻为生物基因之分裂。一既为二,故第二十九首曰:"阴炼铅精九转终,百年耆老却成童,白虎这回休反北,青龙从此不归冬。"二而一之,成终成始于艮,龙虎云乎哉。

末首曰:"庚辛为鼎火为媒,丙午纯阳隐子胎,历历绵绵三十日,不知此道从何来。"何来其能知之乎?犹今曰生命起源。元阳子虽或未知而不以为疑,反身而破外丹之误,改愚人之情,其象确高于潜真子。潜真子能详述所得所见,亦有足多者。皆有物之言,非道听途说者所可比拟。

此书见《道藏》133 册珠下八。

# 179. 丹 经 极 论

《丹经极论》一卷,作者未详,盖能发展足成《悟真篇》与《还丹复命篇》,约当南宋初人,尚在泥丸玉蟾之前。全卷论金丹之理极明白了当,已用"神仙抱一之道"解之,实开翁葆光以《悟真》合于《参同》之嚆矢。且以散文言之,故较《悟真篇》、《还丹复命篇》易于理解。

惟其能辅挟紫阳,故有《悟真遗篇》,凡七绝二、《西江月》二,当录之:

七绝二曰:"氤氲聚散本精魂,知者名为乾与坤,易道范围天地化,莫将万象执言论。""四序花开四点亭,风吹香气喷人馨,劝君采取依时节,莫使娇红取次零。"《西江月》曰:"丹是色身妙宝,法身即是真心,从来无色亦无音,一体不须两认。万法非无非有,有无亦莫搜寻,二边俱遣中心,选佛斯为上品。""一理无今无古,此心何喜何嗔,无相乃为真相,色身即是法身。不消一句半句,活得千人万人,噫,这里便是到头,何须只管翻身。"此四首补得极是。

尚有《还丹复命遗篇》,凡七绝四首,五律一首,亦录于下:

"坛自三层十二楼,八方和合土为尊,丁公全藉黄婆力,黄北相吞制魄魂。""守一坛中已绝尘,一爻看过一爻成,此心却似糠灰心,静坐时闻滴漏声。""须将神水洒坤宫,先举西来后合东,要知大道希夷理,太阳移在月明中。""玄牝之门切要知,几人下手几人稀,君还不信长生理,但去桑间看梅梨。""受得真仙诀,阴中炼至阳,地雷潜动处,星斗共商量。八卦看成母,三才始见昌,不愁生死系,定觉地天长。"

由上之遗篇,可见作者实有功于南宗,惜未留名,亦未列于五祖之间。而其所得,盖能由命及性而性命一,《悟真篇》"便是到头"。"何须只管翻身"犹指佛道之辨,亦指偈语之反复无已,是皆未合性命所致。仅知"口头禅"者,宜深戒之。

此书见《道藏》133册珠下七。

# 180. 渔庄邂逅录

《渔庄邂逅录》一卷,高盖山人自然子述。谓时当乾道八年(1170)会金陵虞仲谋,及邂逅刘先生于渔庄,志有所同,遂三人合作以炼外丹。自然子治药物,虞公运水火,刘先生修火记。此书即记其炼外丹之情况。

首择金液大还丹,谓不可献丹传丹于人。若炼丹法分五转:第一转配合阴阳,名曰太初;第二转混沌胚晖,名曰太极;第三转二仪剖判分别阴阳;第四转攒簇五行变化四神;第五转变化尽由中宫土德。最后记《草衣子火候诀》,五转取冬至一阳生至夬卦,药成当乾体。

计自白霞后一日丁未为首,至十一月十八日开炉得先天铅,又于二月十三日灰池炎灼得混沌胚晖。考此炼外丹之义,犹化学变化,得原子能而归诸物理现象,当时有其幻想而未能成为事实。后误以吞外丹可以长生,遂使吾国多有死于外丹者,且化学之理未能有进一步之发展。至于外丹而内丹,名词全同,而内容截然不侔,南宋时南宗已盛,此实为道教另一向之发展。若此外丹,今仍应了解其当时的铅汞变化以当今日化学反应的情况。若必合时间而炼,对生物肯定有影响,对无生物是否亦有,今后亦宜以实验证明之。

此卷见《道藏》741 册唱下十,尚收入有关内丹的太玄部而不入有关外丹的太清部,宜为正之。且今以内外丹同居洞神太清,方可见其不测之神。

# 181. 海 客 论

《海客论》一卷,记录海客李光元之奇遇。记者或即本人,或如作小说,虚构李光元其人其事。大义略谓:李光元,渤海人。虽巨富,犹涉海以求延生之术。乃遇道人曰:金丹只在身中,更无别药。略语以古歌曰:"气是添年药,津为续命芝。世上谩怪兼,谩走不知求。"旋即于新罗下船,由是略有所得,乃舍岛而游名山。于己巳年至嵩高山遇元寿先生,亦告以古歌曰:"黄芽铅汞造,阴壳合阳花,不得黄芽理,还丹应路赊。"其后既造以黄芽,复间以成药,乃告以大丹。若引陶隐居之《望江南》《菩萨蛮》,其托名可笑。且语涉外丹,"以药投瓢中,木叶盖之,逡巡成酒,红紫色,香味非常。先生自饮一杯,余令光元并饮讫,精神顿爽"。又言及:"此山虽是名岳,且近大都,今值兵革方兴,此山当道,多人窜伏,不可制造神丹。吴越江浙,名山甚多。或罗浮、茅岭、庐岳、天台,目下并安,后亦无事,乃是群贤栖依之地,众圣所游之方,子宜往彼,以制大丹。"自言:"只在峰南,无事却来,言讫遂行,片云瞥然,踪迹已失。"

总观此卷之象,似作于南北宗之际。能泛海而登山,已得道教上下之象。事实全不可信,于理尚有所见,当内外丹相合之时,宜有此类思想。见《道藏》724 册别上五。

# 182. 太上洞真凝神修行经诀

《太上洞真凝神修行经诀》一卷,作者未详,见《道藏》60 册成下七。

全篇为歌诀,共有七字句一百七十二,足与高象先歌诀媲美。且高之歌在《悟真篇》前,乃恍惚言之,尚以文学色彩示其理。此歌似在南宋后作,金丹修炼法已大备,得之者亦甚众。而此歌作者,既已自得于身,乃能畅情吟之,以喻体道之始末。全篇文气贯穿无碍,以见其实有所喻。

若曰:"来往上下无形象,巡环昼夜有时辰。驱回斗柄玄关理,斡旋天关万象通。片晌龙虎频频斗,二物相交顷刻中。带得惺惺归谷窍,混混沌沌自分明。此是木金交并处,真铅真汞天地精。只此火候金丹诀,全凭交结在朱灵。混沌一炁千年药,万劫长存不夜春。"此已具大还丹之象,道教之可贵处即在此,正宜以今日之自然科学理论加以整理研究,始可反身而探求生命之奥秘。

# 183. 金 丹 直 指

《金丹直指》一卷,宋永嘉周无所住述,自序于淳祐庚戌(1250)。全书凡十六颂及或问。或问以说明三教合一为主,十六颂则明炼丹之事,尚从南宗之道。序以通佛玄之说,其言曰:"……玄谓之炼丹,宗谓之牧牛。抑以大朴既散,非炼之则无以返漓还淳;六窗既开,非牧之则无以澡黑露白。曰炼曰牧,殊途同归;曰玄曰宗,一而二二而一者也。"盖亦以修炼为主,非尚空说者。若其金丹之来源,序自言曰:"淳祐壬寅年(1242)遇赤城林君自然,以丹法授予。又拉余拜其师李真人,片言之间,尽得金火返还之要。"其后,"闻宗阳碧虚方先生得紫阳张真人之传","于己酉(1249)仲春"与之"相照,是岁季夏有僧圆灿,自莆田过予","次岁暮春,吴长者葺竹浦白云庵,为余二人地,行之半月,工夫显发"。读上所记,慕道悟道得道之始末,言之已详。僧道同得,斯为可注意者,亦为三教合一之道具体事实。然仍为个别现象,唯有或一或二之变,乃佛玄各有发展。

若十六颂之名为"玄关一窍"、"真土"、"阳晶"、"玄牝"、"龙虎"、"铅汞"、"真炉鼎"、"真药物"、"斤两"、"抽添"、"火候"、"法度"、"口诀"、"沐浴"、"工夫"、"温养"。或能反身理解此十六事,于金丹之道,确已思过半矣。故周无所住之自序,尚可信。若《温养颂》曰:"恬淡无思虑,虚无任自然,胎圆神自化,我命不由天。"理确如是,然无思虑之思虑,即无为而无不为,周自号"无所住"而"生其心"之心,岂可贸然言哉。人定胜天而"我命不由天",即须对自然界认识的进步,若道教之可贵处实在此。而或不于"念中无念始真奇"(《工夫颂》原句)时发展其"真奇",则何贵于任自然。故此书之理已是,然尚为随南宗而已。其后南北宗合一,正一又取南北宗之长而发展道教之事实,若周无所住实未能见。故仅可当继承南宗而未可当发展南宗,仍为道教中小乘之象。

此书见《道藏》739册夫下八。

# 184. 洞元子内丹诀

《洞元子内丹诀》二卷,洞元子著,不详何人。全书凡二十一篇,篇目为"玄元篇"、"坎宫篇"、"离宫篇"、"既济篇"、"未济篇"、"未济既济篇"、"乾宫篇"、"坤宫篇"、"兑艮二宫篇"、"变象篇"(以上卷上);"水火篇"、"焚魔篇"、"交媾篇"、"元火篇"、"沐浴篇"、"母子篇"、"抱元守一篇"、"道数篇"、"神光篇"、"总要篇"、"广玄篇"(以上卷下)。

由上篇名,已见洞元子之善观易象。自序谓龙骨五色,指其蜕期。凡一蜕黑坎,二蜕青震,三蜕赤离,四蜕白兑,五蜕黄坤,六蜕神龙乾,七蜕应龙八卦备,斯亦妙象。或信以为真,斯为愚。凡黄坤可合艮,乾神龙上出,而应于巽,其下入之象。凡出入无疾,庶见消息之理。

首篇明三丹田之炼,其言曰:"且上丹田曰泥丸,中丹田曰绛宫,下丹田曰炁海,亦曰鼎。取水火之炁归之于鼎,故曰炉。寡淫欲、惜精液、实筋骨、荣泥丸者,炼上丹田也。多忠孝恻隐之心,负拯救扶危之道,履仁终日,犹恐不及,博施济众,嫉妒弗恃,抱元守一,精无摇荡者,炼中丹田也。纳水火之炁,归炉鼎之中,弗荡厥精,终固其根者,炼下丹田也。"能得其要。以下各篇皆以诸卦之本义释之。兑艮取损,为道日损之象,变象而取同人、师,已得消息之几。

卷下合诸身而言,结曰"善穷者故曰洞,善了者故曰玄",可视为洞玄之真义。更增第二十一篇"广玄",犹善了其消息。继十二辟卦后,用上变象同人而为无妄益颐,又用履而中孚益,又用小畜而大畜,终成大有。若变象师虽未言,理已在其中。此已有虞氏消息之半,更合以既济未济,时位消息莫外焉。而洞元子能得汉象勿用之时,自知用此而得反身之内景,斯为可贵。于易家中,未可忽乎洞元子。

此书《通志》已著录。见《道藏》743 册妇下七。

# 185. 玉　室　经

《玉室经》一卷,德州羊浑李成之述。全书凡十三章,目次为禁戒章第一,分炉鼎章第二、日月章第三、四象章第四、明坎离章第五、长黄芽章第六、论日月章第七、风雨章第八、戊己章第九、祸福章第十、乾坤章第十一、入室章第十二、通玄章第十五。

观其章名,已知其为炼内丹而作。然仍贵设坛以礼,有九五宫行周天火候,则已属正一派。以三田为三室,三田当天地人而不可离黄芽。盖有以黄芽一贯三才之理,入室所以复性。最后通玄章曰:"性兮深若海,吾不知水之深也。渊兮利万物,吾不知其利之厚也。杳杳默默,吾不知所自也。以黑害白,吾不知所语也。道非道,玄非玄,君子得之,不失乎动容周旋也。"此已有虚以应物之象。故此书虽简,已备外内修炼之要。由外而入内,以黄芽通之,取六月之交为帝之旺,嘉禾在此而生焉,黄极在此而用焉。是盖有取乎子生未,乃贯三田结丹而成玉,虽未明言,而书名玉室之象不已显乎。进而论之,古玉与王同字,则丹之有无亦无以异。虽然,其有异乎,无异乎,唯能起李成之而问之。

此书与《南统大君内丹九章经》同类。然彼书自属于南统,此书作者在北方德州,不期其见甚近。书见《道藏》740册唱上五。

# 186. 悟 玄 篇

《悟玄篇》一卷,宋余洞真著。自序于己丑,谓于古杭得师授。若所引之说有邵子、程子、紫阳、杏林等而未及朱子、白玉蟾,故作此时,约当南宋乾道五年己丑(1169)。见《道藏》725册别下六。

此书以炼精化气为初关,炼气成神为中关,炼神还虚为上关,虚空粉碎为了当。分目为:形化、气化、坐工口诀、火燥水溢、沐浴、玄关一窍、药物、火候、中宫、抱一、出神名曰解胎。

以下重复而言之较详,次第亦不同。其目为:玄关一窍、药物(初下手)、玄牝之门、透关、破境、敌魔、立基、火候、沐浴。

最后结语曰:"夫人者,头乃诸阳取会之所,其中有阴,名曰真汞。

五藏乃诸阴聚会之所,其中有阳,名曰真铅。盖心者,上不属于阳下不属于阴,而得其中以为一身之主宰。视之不见其形,听之不闻其声,叩之者感而遂通,中之者寂然不动。人若向此不动中做工夫,终至纯熟,则天地造化悉备于我矣。"是乃守中丹田之象。而解玄关一窍曰:"玄关一窍者,乃一身总要之关也。此窍者即心中之心也。其心非肉心,乃心中之主宰,一身万事之神也。其神者无形无相,非有非无也。人能无私之时,便是玄关一窍,才有一毫私欲便不是也。"则以性宫当之,其言可取。

# 187. 三极至命筌蹄

《三极至命筌蹄》一卷,宋果斋王庆升述。见《道藏》153 册芥上五。书中自述其道统,盖已当白玉蟾之后,故西山与南宗已合一。果斋初从玉蟾之弟子桃源子桃师几一纪,嘉熙己亥(1239)归宋佑圣观,庚子始受内丹之诀。及淳祐癸卯(1243)浪走台温,邂逅莱隐先生杨师古,授以药物火候,回视丹经,果合符节,由是述成此书。首载十七图,可见全书之象,因象反身,内丹可得。图名录于下:

一、奇耦极象,二、无极之象,三、太极之象,四、两仪之象,五、四象之象,六、八卦之象,七、皇极之象,八、混元三宝之象,九、九宫用中之象,十、十干纳甲之象,十一、生死三徒之象,十二、乾坤直夏(按夏当为翕)之象,十三、艮兑手口之象,十四、震巽足殳(按殳当为股)之象,十五、坎离耳目之象,十六、腹背根蒂之象,十七、金木间隔之象。

其一明奇耦当天地人三极,亦即《周易》卦象参天两地之倚数。二明性情,即阴阳五行之实。阳性为孝悌忠信神,阴情为贪欲嫉妒姤,义指无形为无极。其三有形之太极,则阳德为仁义礼智信,阴德为杀盗淫害憎,由是两仪四象八卦而性情混。于图六以先天卦位合河图五行之数,因水火仅一卦,故不取天一地二之数,理亦可取。以下诸图,尤有特色。图十之卦次,实同今日马王堆中所得者。最后二图之合,庶可得河车而象成,三极至命已在其中。虽然,不得已而图之,可不以筌蹄视之乎。或由之以得鱼兔,其何可忽之。

继之以五车三乘言之,即羊车小乘当民火,鹿车中乘当臣火,牛车大乘当回风。又以虞廷十六字心传当之。又大牛车上乘当证真空迈蹄妙有,既可长生不死,亦可坐脱立亡。大白牛车无上乘者,用雪山白牛外丹修仙之术,所谓乾坤为鼎器,坎离为药物,七返九还金液炼形者是也。

由是而成道教之象,实南宗之极致,其次如下:

老子——黄帝——魏伯阳——钟离权——吕岩——施肩吾(此即西山派)
西华夫人——张紫阳——石杏林——薛紫贤——陈泥丸——白玉蟾——姚极源(菜隐先生杨师古)——王庆升

此以伯端得自西华夫人,实即陈抟之传,亦有其理,足与陆思成谓得自刘海蟾者可并存。元起北宗与南宗合,乃以海蟾为主而不及陈抟一系。故此书"天台怡真先生,谪自紫阳真人,宿德不渝,感西华夫人发枢纽而授之以口诀"的记载,虽表面读之全为迷信神话,而有南宗来源的事实。再者西山派与西华之关系如何,或亦有根源可寻。若果斋之见,实已视之为一。惟西山派未说破,伯端能说破而已。此说破之象,亦可视为南宗之特点。

说明此象后,又注有玉蟾之《金液大还外丹诀》,纯阳之《霜天晓角》。

# 188. 玉溪子丹经指要

《玉溪子丹经指要》三卷,宋李简易纂集,简易宜春人,号玉溪子。自序于景定五年(1264),此书所以合南北宗而一之。见《道藏》115册称下八九十。

卷首有混元仙派之图。可录其略,以见宋末道教之象。

混元仙派之图:

西灵金真万炁祖母元君

混元教主万代宗师太上老君

东华木公上相青童帝君

华阳真人——正阳真人——玉鼎真人(传人略)

　　　　　　　　　　　成都真人

　　　　　　　　　　　纯阳真人

　　　　　　　　　　　王老真人

　　　　　　　　　　　耳珠真人(传人略)

　　　　　　　　　　　陈朴真人(传人略)

刘海蟾——2. 蓝养素——李朝议——(孙)李简易,号玉溪子

　　　　4. 张平叔

　　　　1. 王重阳——丘长春

　　　　3. 马自然

　　　　5. 张虚靖

　　　　6. 陈希夷——鸿蒙君——陈景仙

　　此图与传说基本仍相同,惟由正阳真人分传真人六,较单传纯阳一人为复杂。然所记玉鼎、耳珠、陈朴三真人之门人,皆不可究诘之虚构人物。其下分三传,一为刘海蟾等六人,实仍本纯阳传海蟾之说。再传张平叔等六人,与传说仍同。而于其他五人中有蓝养素者,玉溪子自谓其祖亲遇,由海蟾所度,其祖名朝议。更下一传以王重阳为主亦是,然所及之人尤多,包括麻衣道者传陈希夷,则时代倒置尤为明显。更下则七派,以王重阳始,以丘长春终,其重视北宗可见。若能见及陈希夷传鸿蒙君以及陈景元则于史有据,陈景仙即陈景元,鸿蒙君即张无梦。而希夷之学除《周易》已归于邵康节外,于道教之理即由陈

景元所传。景元之著作存者尚多,提要另详。

若此书杜撰之人名中,于刘海蟾一传中,有曹国舅之名。于王重阳之一传中,有李铁拐。而其祖所亲见之蓝养素,很可能变成蓝采和的形象。故元起逐步形成八仙之传说,此图似有影响。

于正文三卷中,卷上为"《悟真篇》指要",叙述全篇之义。有可取处,归于一诀,诀曰:"日月本是乾坤精,卦象周回甚著明,前三五兮后三五,五六三十复还生。生兮灭兮周十二,十二中分二十四,二十四气互推迁,万象爻铢都在此。水银一味分为二,变化阴阳成既未,既未却合为夫妻,始觉壶中有天地。"且有附注曰:"右歌诀乃太上金口所宣录,尽药物火候细微之旨。诏诸后来学道者,宜加敬重,如或轻慢,殃罚立见。在在处处,有神明焉,不可不慎。纯阳真人跋云:大哉十二句,契合五千言。"观此诀之义,皆取易象以反身。要而言之,不外"纳甲"、"爻辰"之理。更读其注,可见重视之心情。以易理言,自王弼扫象后,易象确归道教所保存。宋易虽已发展先天之说,于"纳甲"、"爻辰"仍未重视,此必待清乾嘉重视汉易后,始为学易者注意。然于道教内,尤其于反身炼丹时,始终注意既未济之之正。故融贯清代所兴起的汉易与宋易之争,必须于道教内部观其究竟。而明确炼丹的基本概念,不认识易象之所指,其何能说明内丹的变化及其成就。此诀视之为玉溪子所作,亦有研究之价值。南宗的命宫成此诀,有总结的意义。

卷中有"长生久视之书"、"辨惑论"、"丹房法语"、"羲皇作用"四文,各有所见。能入元始天尊之宝珠,决非空言。入以改变境界,所谓"变地狱为天堂,化烦恼为菩提",乃端正其精神世界,当然可影响客观环境,此亦宗教的积极方面。

卷下为注释《张紫阳赠白龙洞刘道人歌》、说明《规中图十二字诀》及《解纯阳真人沁园春并序》。前后三文皆为宋末极流传之道教小品文,其一劝人由悟道而修道,是否紫阳自著有可疑,虽是而亦为一般的通信,宜于《悟真篇》外别行之。其末虽非纯阳真人著,亦有确切的金丹形象在内,宋代大行有其根源。主要劝人勤修,玉溪子解此时自序于咸淳丙寅(1266)。末有密语诗五首。其四曰:"光芒焰焰逼人身,骨悚毛寒作么生,果是男儿应不怕,一挥当下见真情。"喻其内景,可云体贴。至于"规中图"者,因《周易参同契》有"真人潜深渊,浮游守规中"之言,故作此十二字诀。十二字者,外圆当十二地支,内方为熙和(当子丑寅)、中和(当卯辰巳)、敛静(当午未申)、敛肃(当酉戌亥),归于"正心诚意"四字,中又一圆为"我"。此图理亦可取,乃后有陈虚白之《规中指南》,则取象更多变化(提要另详)。

于三卷末,有中阳王珏君璋之跋,作于至正十四年(1354)。谓其友岳素蟾尝与彭冲阳、胡古蟾三人同为玉溪先生之门人,王则又受岳之传。且岳不敢为其师,尽以玉溪之手泽付之,乃为寿诸梓,上距玉溪之成书日已九十余年。

# 189. 内丹还元诀

《内丹还元诀》一卷,作者未详,见《道藏》743 册妇下九。此卷虽简短,实已得《黄庭》、《悟真》之要,由《黄庭》之藏府,合诸《悟真》之铅汞。有志于反身者,可由此以究医理。

首作简介曰:"夫修道者,先明五行,次晓四象。辨阴阳颠倒之术,识七宝运用之法。九仙真炁,须凭藏府之中;八卦内属,要知出处之因。彼中细琐,一一具陈;铅汞黄芽,列篇于后。"则此书之要可喻。内七液指津水唾血神炁精,或视为后天而非究竟,然合藏府而知其为七宝,仍未可非。故此卷者犹连《黄庭》、《悟真》而一之,归诸卦象,更属有见。所释诸名摘要录之:

> 金液——肝炁名青龙,入眼化泪,上颚左边流者名金液。
> 还丹——肺炁名白虎,入鼻化涕,上颚右边流者名还丹。

神水——心炁名朱雀,舌下化津,舌下左边流者名神水。

华池——肾炁名玄武,入耳巡还,舌下右边流者名华池。

黄芽——脾炁名腾蛇,入肺化涎,入唇内名曰黄芽。

金翁——肺中之唾。

姹女——心中之穴。

婴儿——肾中之精。

黄婆——脾中之涎,名真土。

以上九名,前五指五行,后四指四象,是当九仙真炁。代入八卦卦象则肝胆当震巽;心小肠当离坤;肺大肠则兑乾;肾膀胱当坎艮。后天一周,亦可备一说。或进而观之,则不可不本十二经以当十二爻言之,始能圆满。

今本此卷而言,主张内丹之象由藏府生,此未可废,乃《黄庭》之旨。然由藏府内景而性宫之景有变,此本佛教归诸禅宗而紫阳取之,乃著《悟真》,于金丹之景已有逾于《黄庭》之景。著此诀者是否知,犹未可知。若能读此而辨《黄庭》、《悟真》之异同,此书之作用已在其中。

# 190. 马自然金丹口诀

《马自然金丹口诀》一卷。作者自谓"吾遇海蟾为弟子",然马自然之名是否自署于书名之上,颇有可疑。全文以第一人称并以诗歌形式叙述寻师访道及得金丹后之情况。间有可取者,因非空言,作者有得乎内炁,似可肯定。所谓"道释本是俗根由,强戴簪冠强出头,人人出来妆外象,个个不望里搜求。铅汞鼎中居,烧成无价珠,都来两个字,了尽万般书。"则讥道释而未通乎内者甚是,虽然,既通乎内而得其象者,仍有种种不同,故仍未可轻言之。由铅汞阴阳而益以五行生克,金丹口诀莫不如是,然当机而能得,不得不视之为"缘",今所谓"偶然性"。然则未知有读此口诀而悟者乎。此文尚有文学价值,全卷极通顺。末节曰:"识得一,万事毕;使得二,去处是;认得三,不索参;认得人,跳出尘。收得赤金方,采得菩提子,运得昆仑风,长寿无生死,九转还丹不计年。"亦简洁可诵。

此书见《道藏》796 册交下九。

# 191. 碧虚子亲传直指

《碧虚子亲传直指》一卷,宋碧虚子著。碧虚子受道于海琼先生(即白玉蟾),后又遇安然居士于朱陵洞天,"作诸章以相贻"。则此卷或即安然居士所作,亦未可知。其时代因白玉蟾而仍可考,其人之事迹已不知。此书见《道藏》144 册称上四。

考自《悟真篇》创金丹之说起,每以诗词言其修炼内丹的方法,且故作隐语,弄文而更造种种术语,乃愈言而愈不明。若既通内丹于身者,则句句可悟,字字论道。而未知者观之,则根本不知所云。由是以意妄测,以知妄解,故文献累累,离道仍远而作用未大。若此卷之文,能不用诗词而以散文论之,且以说明为主,不故作玄虚,此为其特点。是犹觌面之口语,有质之白文。对初炼内丹者,确为不可多得的入门书。虽然,具体事实仍在本身的思想行动,或未知道教的基本教义与目的,则未能如碧虚子之诚,亦未必能知之。至于最后必及神秘处,今正宜以科学加以分析研究,不加简单的结论为是。

# 192. 金液大丹诗

《金液大丹诗》一卷,见《道藏》742 册妇上五。既无序跋,亦未署作者,仅五律诗九十一首,亦属修内丹之隐语诗。此类诗之作者,基本皆已有味乎内炁之周流。惜于反身动静之变,思维旷达之玄,无法以喻于人。故自唐末起,开此类另有所指之诗词,合而观之数量惊人,亦见气功之盛行。内容似有重复,实各有新义,故能层出不穷。

下录其一二首以概其余。如曰:"道本隐玄微,开因五彩基,通天禀灵气,圣地炼光辉。云掩龙生化,风停虎丧威,九秋炉里见,脱体挂仙衣。"此总论玄微之本,因五行而开其隐,五行又本天地之阴阳。《周易·文言》所谓"云从龙,风从虎",凡龙虎于五行当金克木,入炉鼎而九转,木又克土而生金成丹,乃能"脱体挂仙衣"。又如:"真铅在杳冥,恍惚好藏形,南北先交结,东西后合并。三年行火力,九转得丹馨,寒暑阴阳胜,乾坤产药灵。"此述四方辐辏中央以成丹之象。真铅指天一生水,北辰一点藏形于杳冥,交结南方离汞而性命合,方可使东西龙虎合并以炼之。三年九转而产灵药,已有合两仪而成太极之象,故为丹馨。此外各首,大义皆同,故非有得于自身之经验,殊难使人理解。以南宗初祖紫阳之《悟真篇》言,南宋后历代有人加以注解,然愈注愈不明而义愈晦,此无他,各人实践之功固不能相同云。

# 193. 龙 虎 中 丹 诀

《龙虎中丹诀》一卷,作者未详。于象数仍取《周易》之卦气图,重视复姤之二至,六十卦周似本《参同契》朝屯夜蒙之次而当老子之三十辐。于理则有"视形有道,离形得道"二语,致思甚深。分精气神以当一卦之至真灵。辟卦之消,当六年忘声色情欲,远万缘。行之九年,实以复息当之。由是丹成胎化,遂为真仙。

全书有"龙虎作用颂"、"胎室颂"、"胎阳颂"、"胎神颂"、"胎灵颂"、"胎化颂"、"真火咒"、"真水咒"、"周天式"、"行火咒"等。

颂咒之内容,基本明其象。最后《行火咒》中,明九年火候。凡七律九首,每律当一年,以见思维形象之逐年变化。

总观此书,盖属宋元后南北宗与正一结合后之作品,似当南宋王道《龙虎经》一派之传。

# 194. 学仙辨真诀

《学仙辨真诀》一卷,作者未详,当系宋元人所作。提及《金碧》、《参同》,已当南宋王道上《龙虎经》后。

全书分"辨真"、"辨宝"、"辨水银"、"辨汞"、"通辨"及"子母颂"六节,犹从外丹之铅汞以及内丹之非凡铅凡汞。

于"辨真"中明"三一之道"为"金精化一,青龙受符"。盖以金生水而金精化一,水生木而青龙为三,此确能巧合象数,且贵反身有验,决非空言。于"辨宝"即以金为真一。下辨铅汞、明水银曰:"水银者,非今朱砂中所出者也,并是水宫之中修铅白也,亦谓之铅汞。"则今人即以水银为汞者,不同于此书之义。此以外物铅汞合诸身上之内分泌言,唯有此理,乃可由外丹以返成内丹。宋起盛行的金丹学说,全准于此。王道注《龙虎经》特重其义,与伯端超然于铅汞外丹以外者又不同,若此书者,盖从《龙虎经》之象。

末篇"子母歌"言一气之消息,阴阳之互根。理学之理亦属如是,唯所用之名词不同,宜儒道犹未一致。且道教必有宗教仪式及鬼神之迷信,此自然遭儒生之反对。若此书之仅以养生言,则于宋儒之修身已无所异。此三教合一之理所以仅能产生于道教,斯亦道教教义之可贵处。

# 195. 金丹正宗

《金丹正宗》一卷,五陵玄学进士胡混成编,未详何年成书。混成幼习儒书,长慕道法,后渡淮浙,寓广陵,历览山川。夜梦神人语以亟返,遂假道白砂而遇一道人,名无言子,授以丹诀。既有所悟,乃作此书,内容殊能集诸法之要。言次序凡三：一曰立鼎炉;二曰聚药物;三曰行火候。立鼎炉者,即守玄关一窍,以元始宝珠当之,乃聚药物之圣地。聚药物者,存一点先天纯阳祖炁,心以之而灵,耳目以之而聪明,元神以之而运行,五行以之而化生。散之则混融无间,聚之则凝结成药,此即修炼金丹之大药。行火候者,顺元神妙用之炁,自然往来之道。盖元神散则成炁,聚则成火,升降往来,推其先天之情状。真火即元神之运行,元神即真火之妙用。要在以元神发真火,真精结成丹。丹即精炁神三者之妙合,其理甚简要。末有四字四句成一首之短句十二首,题名"鼎器"(即玄关一窍)、"药物"(即先天祖炁)、"火候"(即元神妙用)、立基、聚药、锻炼、抽添、结胎、沐浴、胎圆、温养、脱胎。于以下九首,皆前三首之变化。凡内修之宗旨,亦如《悟真》《还源》已能臻圆通而无滞,惜一语未及度人之理。道书每多此失,此所以蒙有小乘之名。虽然,自度如是,度他亦在其中,而悟此理者殊鲜。故丧我而长生,得身外有身之妙境,今日正宜深入研究。既未可迷信之,亦未可以为迷信而忽之云。

此书见《道藏》742册妇上一。

# 196. 还丹至药篇

《还丹至药篇》一卷,悟玄子贤子膺图述。全卷七律诗十首,有自序。自谓盖辕门一卒,性好修外丹,炼二十载而未成,后悟入内丹,始知炼外丹之非。惟其幡然易辙而有得,乃诚而言之。亦以见唐末五代起,内丹逐步替代外丹之情况。末首曰："须知不易得周圆,实是千难与万难。举世只知微小术,谁人肯学大还丹。金银共说皆闻喜,铅汞才闻似梦间。如此错来经百万,未登五十鬓先斑。"此见外丹之盛行与内丹之乏人问津。略考其时代,或已当北宋。

此书见《道藏》724册妇上四。

# 197. 太上修真玄章

《太上修真玄章》一卷,作者未详。见《道藏》724 册别上一。全书分十节,目为:一炁化生章第一、性命根蒂章第二、先天后天章第三、形神玄用章第四、金丹作为章第五、虚无生化章第六、修炼三治章第七、神气交媾章第八、动静升降章第九、炼炁成神章第十。

全书大旨由目而见,述内丹之理能简而明,从父精母血之气质之性,以及父母未生前之天地之性,乃由形神玄用而三教合一性命双修。具体之法为"慎言语、节饮食、省睡眠",始能内炼而观其一炁升降。其成果述于第十章,其言曰:

> 当此之时,气脉调和,精神爽快,曦然如浴之方起,睡之正醒,夫妇欢合,子母留恋。自神抱其炁,炁抱其神,日积月累,互相交合,打成一片,阴尽阳纯,遂成真人。迨夫脱胎神化,身外有身,聚则成形,散则成炁,去来无碍,隐显自如。造化莫能拘,阴阳莫能制,鬼神莫能测,寒暑不能侵,逍遥乎无何有之乡,与虚无同其体矣。

此于金丹之理,说已圆融,盖已掌握南北宗之要义。初读金丹诸书,正可先读此书以得其概,然后逐层深入。此书以修炼为主,尚少南北宗之禅机,似当正一派结合内丹之作品。

# 198. 修丹妙用至理论

《修丹妙用至理论》一卷,未署名。自序有云:"余忝生际遇,获承师传,安敢独善其身,聊著九篇曰《火候诀略》为一卷,以接来者。"九篇之目为：卦气、火候、药诀、正疑、甲庚、五行、药证、具用、九转。

若全书之旨与杨在《还丹众仙论》同，未知其孰先孰后，能由外丹而趋向内丹，且已合于正一。亦提及海蟾先生，故知作此书之时间相近。更及逍遥子云："七日烧成白马牙。"青霞子云："十个月成丹。"又云："三月药成红紫色，既有火候何异端。"则杨在书中未及，理则仍在。而此书以重内丹而不论外药，且全在说明《参同契》易象之理。"卦气"即十二辟卦，"火候"即配以卦爻之时，"药诀"以二十四气加减，"正疑"以辟卦反身，引太玄真人曰："人之和气，冬至起于涌泉，涌泉者足心下也。十一月至膝，十二月至股，正月至腰，谓之三阳成。二月至膊，三月至项，四月至顶，为纯阳用事。夏至起于涌泉，五月至膝，六月至股，七月至腰，谓之三阴成。八月至膊，九月至项，十月至顶，为纯阴用事。此乃天地阴阳，盖不离人身也。"其说可取。"甲庚"即纳甲，"五行"即五气足而生黄芽，谓之金鼎。"药物"即以外药成内药。惟"具用"更合外设之坛，则通于正一。"九转"引张果曰："白汞生朱砂，黑铅化黄芽，三三有九数，变化有三般。"又见唐代内外丹结合与象数之关系。

此书见《道藏》113 册珠下六。

# 199. 金 晶 论

《金晶论》一卷，作者未详。前有序言明内丹之理，若金丹之修炼法，在可传不可传之间，而此序曰："倘有志士传授此论，明设誓言，跪膝焚香，捧金十两，方可传之。"此则与世事混杂而非金丹之本义。凡得此内丹者，择人而传之，宜有弘道之心。重阳必同丹阳以乞食，所以破人求利之俗见。全真得时而兴，内有可信者。然自南宗创三教合一之理，北宗扩大之，于内丹之法能者日多。既能则仍宜积功自修，以弘法利生为主。而造此《金晶论》者，不可谓不知内丹。知之而依此谋生，则大违南北宗创教之原则。因能出十两金者，未必可传，无金可出者,亦有可传以至道者。而此书之作者,已未能以理辨其可传与否。除诚心外须及十两金,则本人于内修之得亦有限,故创此"金晶"以借以谋生,其书不足观。凡宗教之存在,全本信徒之热忱以及执政者之有意利用。而弘道者本身如以敛财为目的,全失宗教之旨。如南北宗之创教者本身,决不如是。然数代之后,信徒既众,自然有经济问题。其间赖布施或恃内修而强人布施,有不可不辨者。此书约当南宋中叶后之作品,凡上中下三篇,且有歌十一首。言之亦是,奈原则既变,何可与《悟真篇》等并论。

# 200. 道 禅 论

《道禅论》一卷,金坡王真人集。此人始末未详,时约当宋。由南北宗之创导,三教合一之说日盛。方外之佛老合一,实在禅机与金丹。若金丹之理,又具性命之辨。而或舍命而仅论性,又与不打坐之参话头相合。此书之作者,已不以炼金丹为主而以悟金丹为主,自然与参禅者密密相应。全集留颂七十四,亦即七言绝句七十四首,前有引言,末节曰:"颂曰:铁嘴铜声意气刚,唇刀舌剑语如枪。但来相近人头落,不落人头尽带伤。且问道:带伤的是何人?落头的是何物?无头的耳目俱全,带伤的如聋似瞽,虚空共布鼓都敲,那个是宾是主。"道之无头犹愈于禅之带伤,鼓声隆隆,孰为宾主,耳目俱全者,抑如聋似瞽者。下之颂中有曰:"自然宾主两无亏,动静双忘合圣机,道著本来犹是病,那堪更论妙玄微。"又曰:"禅道往来不易求,了明针芥自相投,那堪内外真空现,恰似披云见日头。"则宾主已可明。又曰:"到处虚空一样天,何须向外访幽玄,身中自有仙佛界,照透十方在目前。"此非元始天尊之宝珠而何?又曰:"大悟何须口上夸,道禅识破眼中沙,湛然照透真空界,八极同观是一家。"乃见合一之旨,然落头带伤其能免乎。

# 201. 玉清金笥青华秘文金宝内炼丹诀

《玉清金笥青华秘文金宝内炼丹诀》三卷,托名为紫阳真人张平叔撰。托名者,约当宋元时有得于《悟真篇》者所为。书见《道藏》114 册称上一二三。

卷首有表奏,自述所得云:"受青华真人玉清金笥长生度世金宝内炼丹诀,简而易行,详而不杂。身里分阴阳之主,壶中立四象之枢,三中常守以为机,一定不离而作用。用中无用,静里常存,哲人秀士,一览无余,造化在掌中矣。"则全书之旨已在其中。自谓《悟真篇》尚首尾未明,机关尚隐,故作此《金丹图论》,尽底泄漏,实即总结南宗之发展。故此书确可一读,未可因托名而忽之。

卷上有《心为君论》、《神为主论》、《气为用说》、《精从气说》、《意为媒说》、《坎离说》。似以二论为源、四说为流。识此源流,乃可下手。初步贯通,故次以《精神论》。然须破妄成真,故次以《幻丹说》、《神水华池说》、《百窍说》。其间"口诀中口诀"、"下手工夫"与"捉丹法"三文,确已具炼内丹之基本方法。

卷中有《采取图论》。论曰:"采者采真阳于肾府,取者取真汞于心田。可以采则采,采之必得其用。非其时而采之,则龙不降虎不升,虽见血气奔驰冲冲来往,迷者以为交媾矣。抑不知离坎自离坎,阴中之真阳、阳中之真阴自兀然耳。"此河车转动之大小周天,所以既可贵又不可贵,实须注意采取之时。下又曰:"我以无待已,则真息绵绵,真息绵绵之时,后天之气以定,后天隐则先天之气见,故阳生焉。"结有一首律诗曰:

醺醺和气酿春风,一点阳生恍惚中。无自有生无胜有,色从空里色还空。升于脐上铅情见,产自心源汞性通。定里见真真里定,坎离交会雨蒙蒙。

此即《坎离说》之直升黄庭,亦即《周易》之正成既济定的现象。金丹的理论完全见于身中,由数千年的发展,于宋元乃有此说,惜明后又隐。今宜以科学之理论说明此生理现象,实对研究生命起源有莫大的作用。

继之为《交食图论》、《真泄天机图论》、《炉鼎图论》、《神室图论》,皆本此义。间有关性知识的问题,今更可加以科学研究。内丹诀与容成术不同,而房中之法亦未可忽视。

卷下有《火候图论》、《阴尽图论》、《阳纯图论》。于《阳纯图论》曰:"又无文,看甚,窈窕仙章捧诏来,妙哉。"实即大还丹之象。于《阴尽图论》亦有妙义,犹今日自然科学中生物与物理之辨。末有"总论金丹之要"及"火候秘诀",有志于炼内丹者,皆可依之而行。

# 202. 阴真君还丹歌注

《阴真君还丹歌注》一卷,宋希夷陈抟注汉阴真君之《还丹歌》。此歌仅一百七十八字,可全录于下:

> 北方正气为河车,东方甲乙为金砂。两情含养归一体,朱雀调养生金华。金华出生天地宝,人会此言真正道。子称虎,卯为龙,龙虎相生自合同。龙居震位当其八,虎数元生在一宫。采有日,取有时,世人用之而不知。收取气候若差错,万般功力徒劳施。至神至圣极容易,先向宫中求鼎器。温养火候审阴阳,安排炉室须择地。不得地,莫妄为,切须隐密审护持。保守莫泄天地机,此药变化不思议。阳真砂,阴真汞,时人求之莫妄动。无质生质是还丹,凡汞凡砂不劳弄。

由上歌中"龙居震位当其八"一句,可证作此歌者已本先天图配明堂位。此知其作于宋,决非汉光武时之阴真君。若注者当然亦非陈抟,所谓"凡汞凡砂不劳弄",可肯定在《悟真篇》后,则注者更晚。因提及汉江之水、嘉陵之江中自生金砂,或系四川人。又引有《天丰上经》云:"始青之下月与日,两物相和合成一。出彼玉池入金室,人各有之慎勿失。"此一道经他处不见,当与《抱朴子·微旨》有关。若歌与注之理,皆有可取。依之而炼,亦可有得,不必因托名而忽其价值。

此书见《道藏》59 册成四。

# 203. 亶 甲 集

《亶甲集》一卷,西秦降真子赵民述。全卷凡七律诗三十首,无序跋。读其诗,知属修内丹之隐语诗一类,此类诗张伯端创《悟真篇》前已风行。而或深味其内容,境界亦各有高低。此《亶甲集》似高于《还丹至药篇》,彼当初知,此已能深悟金丹之理。如曰:"阴阳数足成丹饵,便是长生洞里人","频服自然延甲子,任他沧海变成田","见得此中仙境趣,也宜早早度儿孙"等,义皆可取。末首曰:"碌碌寻人未得人,几回沉思可伤神。尽知渐渐变尘土,犹自孜孜恋宝珍。一法包含千万事,数丸能住百余春。诗中早愿同人悟,莫信来生再有因。"尤能悟当下即是之旨。

此书见《道藏》742 册妇上四。

# 204. 太 虚 心 渊 篇

《太虚心渊篇》一卷,未详著者。见《道藏》725 册别下六。全篇皆邃语密旨,意在言表,仅二百数十字,有一录之必要。

我性既肇,禀受无殊。圆圆大慧,明明真灵。是时物不能萌其恶种,尘不能隐于罪芽而其境澄明。莹然内观我心无心,湛然外鉴物形无形。坦坦荡荡,万虑归空,岂不乐乎。泊逐缘殢因,忘前失后,耽尘忧春,贪著其事。日被三餐,其心百变;夜只一眠,魂游万景。驰神于嗜欲之乡,载灵在烦恼之界。魂歌魄舞,引奔死途;意昧识迷,背了生路。如是之际,真可叹惜。莫若灌漱灵泉,先浇善根。般泛法水,次洗诸垢。令我一性,净洁明白,无挂无念。圆圆不缺,若秋月之当空;湛湛无遮,如白云之离顶。遂得空空不住,实实无相;觉入慧内,明见大道,是乃净境之地也。修命之人可至此界,以心观心,以性见性。神亦茫茫,真亦浩浩,得之哉,得之哉。

此书有趣者即本篇之文,于其中加画之字为题作诗,诗凡四十三首五绝,所以咏其象。更录十一、十二两诗以见其转机:"世态与浮荣,惟堪乐七情。此般真性得,欢喜是难名";"最是因缘重,逐缘孽乃深,昏沉天地暗,旁被六尘侵。"若末首曰:"返伪修真就,因真又入空。此名诚乃得,得外更无功。"则难免有陷入小乘之失。

# 205. 紫烟真人解大丹颂附沁园春解

《紫烟真人解大丹颂》一卷,紫烟真人著,约南宋人,全卷仅七绝诗二十首以解大丹。此卷附在潜真子《还丹显妙通幽集》之下,然彼集有自序说明作《显妙通幽诗》三十首。故此紫烟真人之二十首当为另卷,今《道藏》无目,宜补之。又此卷下尚有《沁园春解》,未详解者,暂附于此。

此二十首七绝,皆吟铅汞之相合,合则可认黄芽,即在玄牝之门。门内紫河车动,第十一首诗曰:"青龙白虎合为胎,十月怀耽始满开。

此是铅芽真口诀,世人何处觅三才。"盖有天地而生人,是谓三才,而人之生命起源,实在铅汞合黄芽见紫河车满开。不知此诀,其何以觅三才之人道,亦何以见大丹。进而言之,大丹实易简而人不自知,故末首曰:"铅汞传来几万秋,几人识得几人修,若交俗姓知灵药,地上仙人似水流。"此又归诸俗姓自绝于道而不得不知种姓之遗传,乃几万秋存在之铅汞,仍未能为大众所知。

若解纯阳之《沁园春》,另作十词以解此一词。最后一词解"蓬莱路,仗三千行满,独步云归"曰:"海波间,蓬莱岛,行满功成,去者绝希少。无路无舟空浩渺,鄽市先生要到应难到。养冲和,宜在早,意气男儿,守取幽玄道。沧海变移身未老,玉帝知闻,必有金书诏。"则劝人早修之情,亦颇恳切。

此书见《道藏》113册珠下八。

# 206. 何仙姑颂吕真人沁园春

《何仙姑颂吕真人沁园春》一卷,何仙姑著。吕与何皆当元后传说中之八仙,此首《沁园春》词,宋代起早已传说系纯阳度人所作,详见《纯阳帝君神化妙道纪》,且已脍炙人口,故解者甚多。此卷见《道藏》113册珠下八。原书无目,当为补之。题为何仙姑颂,是否真实,亦难究诘。词既恍惚,何况颂者。时当宋元,何人所作,任之为是,主要宜论其内容。全颂以十一首七绝解此《沁园春》。

如首句"七返还丹",解曰:"反复还丹最有工,须凭南北与西东。五行四象皆归土,还得根元性便通。"对还丹之理,已说到阴阳五行的根本原理。

又如解"温温铅鼎,光透帘帏"曰:"温温铅鼎入中源,放入三宫养瑞莲。莲就自然通圣理,神光步步照神仙。"乃说明三丹田内贯通神光频发,然亦惟神仙始见其神光,光透帘帏,或非虚语。又解"不因师指,此事难知"曰:"长生须是拜师传,决得天机甚不难。口口相传不记字,得遇明师宿有缘。"此又为一重要原则,须因师口传,决不可本诸文字。而《悟真篇》实可自悟,亦为改革传道之法,是之谓私淑,亦谓之上友古人。而必须师传者,虽似有限,实因缘凑合。何处无师,重师承亦未可轻视。故读此颂颇能浅释纯阳之词。

# 207. 吕纯阳真人沁园春丹词注解

《吕纯阳真人沁园春丹词注解》一卷,林屋山人全阳子俞玉吾注解。见《道藏》60 册成下六。

按吕纯阳之《沁园春》丹词,宋代早已盛传。经玉吾加以注解,其炼丹之形象尤明显。又此词之要旨,除详述修炼之法外,结句为"蓬莱路,仗三千行满,独步云归"。此所谓行满,须有觉世之情,是犹佛教所谓由小转大,或讥道教仅属小乘者,实未明此所致。此句玉吾注曰:

> 曾玉游《集仙传》载,陈朝元《戒世》云:"为善事者必享福报,集阴德者子孙荣昌。不殄天物,不肆盗淫,不毁正教,善事也。救死扶伤,急人患难,无纵隐贼,阴德也。不作善事,不积阴德,则恶道无所不入矣。"朝元此言,盖为俗人设也,况学仙者乎。大抵欲修仙道,先修人道,人道不修则仙道远矣。又岂不闻《悟真篇》云:"大药修之有易难,也知由我也由天。若非积行施阴德,动有群魔作障缘。"学者讵可以我命在我之说自诿,而不务功行为急哉。鸣呼,功满三千大罗为仙,行满八百大罗为客。吾党其勉诸。

读此可见儒道之关系。玉吾为儒者,宋亡而入道,其情已在其中。《沁园春》词脍炙人口,不弃人事一点,更与我国人民之思想意识相同。我国无专一的宗教信仰,即与此种思想有关。可见宋后的道教,已与百姓的具体行动相结合。

# 208. 上乘修真三要

《上乘修真三要》二卷,圆明老人述,约宋元间人。三要指性心命三者,首载三法颂:"认得无端辈,这贼唤则心,大呵一声住,三法一齐舍。""把定恰好处,由自两家强,拈来当心斩,三法一齐忘。"卷上载驯马图,犹今之连环画,图凡十,由野性之意马成,随主人不加系缚而同睡。继之三图则无马无人而婴儿老仙。是皆善喻之象,唯知象者始可与语,亦即达另一世界之另一种思维。

卷下分十二节,录其目已见其要:一、《周易》《参同》大道。二、乾坤体用正道。三、乾坤丹鼎正道。四、丹药偃月正道。五、火候升降正道。六、三昧正道。七、三元七返正道。八、七返真药正道。九、九还大丹正道。十、乾坤日月正道。十一、真元超脱正道。十二、无为大道。每节各有图,且各有词二三首并加诀以明是节之义,亦反身有得者之言。于十一节,绘乾卦而曰全真,上又有大道出神而脱胎,名曰《乾体双忘真元超脱之图》。至末节之诀曰:"妙相通玄谷,真空体自然,字之曰大道,不许世情传。"虽然"不许世情传"正是宗教之神秘性,乃其间实有出于世情之外者。孰能跳出时代而能深入了解历史长河,或能略窥大道乎。无我而吾丧我,庶能体通于客观之事实。唯心者,实不能知宗教之蕴。圆明老人或即有见于此,凡有得于道教真谛者,皆宜见及此。此类著作宋后始出。

此书见《道藏》132 册重下八。

# 209. 修 真 指 南

《修真指南》一卷,西岳窦先生著。收入《修真十书》中属卷之二十一,见《道藏》125 册李中五。

西岳窦先生,或即述八段锦之窦银青,确否待考。此卷借无知子与林屋逸人之问答,由林屋逸人引太上之言以明之,要在求虚无者当内观。以客观之事实言,道教早有养生法,然极重以天象地形及阴阳五行为喻。且皆同名异实,或指天地之间之事物,或指身体内部之结构。由是道教养生法之言,每不能理解。且体内体外,交互而用。视之为二十八宿之四陆,竟指肝心肺肾。视之为日月运行,实当周天火候。而此卷则纯以内观论。一般道经中常用之名词,皆指人体内部,不啻为人体之解剖。虽名之于实,各道经仍有不同,而此卷能彻底说明之。对初读道经者,能知其所指,方可深入研究其是非。故此卷可作为名词解释读,是之谓指南。于其名词暂可不论是非,因对体内所指,固多不同于西医之解剖。然气行于经络之理,今仍宜加以研究,且全本整体观而言,理极可贵。当以解剖学所得之事实加以纠正,而不可忽视其无极自然之图。由胎息而得其理,直贯生命起源之道,非仅指一己之小我言,此为道教修真之可贵处。

# 210. 养 生 篇

《养生篇》一卷,作者未详。收入《修真十书》中属卷之二十,见《道藏》125 册李中五。

全篇八十一章,每章六字四句,叙述修炼内丹之要。道承钟吕,以三教合一为目的,以《西山群仙会真记》为妙诀,故作者或与编《会真记》之李竦全美有关。每章皆步步深入,略录有原则之数章如下:

第五章:"高尚千口水法,吕公八段锦文,更有六字诀法,尽是安乐法门。"按此见由八段锦加六字诀入门,又以八段锦属之吕公而不言钟离,则与曾慥之说不同。

第九章:"正尦须盈腔里,何妨燕处超然,达磨得胎息法,故能面壁九年。"按此以胎息法合诸禅,确为佛道相通之关键处。

第十七章:"按月遵行易卦,阴阳消长六爻,此法未为简易,天真别有逍遥。"按此系发展《参同契》之说,实即须悟活子时。

第十九章:"佛之所以为佛,仙之所以为仙,无非立诚而致,请读《中庸》一篇。"按此见三教合一之说,即活子时之所在。

第二十章:"寅至申为七返,卯至亥为九还,小而论之一日,大而论之一年。"按此须知七返九还,实即活子时。

第二十六章:"至道不拘子午,无为岂问朝昏,若要三花聚顶,须令五气朝元。"按至此始说明活子时,而另成五气朝元之象。

第三十章:"妙用循环不绝,搬运岂假河车,一点灵知常在,自然金鼎丹砂。"按此为五气朝元之基,即由用而体、由动而静之象。

第三十三章:"众生如未成佛,终不取此泥团,此道殊途一致,老子即是瞿昙。"按以胎息合达磨由动而言,以泥团同佛老由静而言。

第三十五章:"足忘腰忘心忘,一性湛然常寂,颜回能忘所忘,所以能适其适。"按以颜回之坐忘当之,所以通三教。然此说出于庄子,不得不作下章以圆其说。

第三十六章:"短命死非不幸,定是脱窍神游,故虽天纵将圣,须让他出一头。"按孟子以禹与颜回易地皆然,已具脱窍神游之象。

第三十七章:"钟离《灵宝毕法》,修真直至超升,谆谆明告学者,只患人不能行。"

第三十八章:"陈抟神超形悴,于世功行未圆,蓬莱云归独步,直须行满三千。"

第四十三章:"纯阴无阳曰鬼,纯阳无阴曰仙,吕公号纯阳子,所以得成其天。"按由上三章,可见其学承钟吕,陈抟不得不见形悴,故曰功行未圆。

第五十二章:"通天地人曰儒,固要贯通佛老,吕公亦是同人,读《金刚经》悟道。"按此已及体用而贯通三教之象。

第五十六章："形炼气气炼神,道集虚虚集白,上下天地同流,妙用六通四辟。"按此之谓大还丹。

第六十六章："西山有《会真记》,分别龙虎阴阳,五识五补妙诀,学者请细消详。"按《西山群仙会真记》以识、养、补、真、炼五者各分为五,有五气朝元之象,亦以见钟吕之道由施肩吾传出而此卷又承之。

第七十九章："上下三宫升降,收敛五炁同归,金乌搦得玉兔,龟儿变化蛇儿。"

第八十章："乾以健而左旋,坤以顺而右转,八卦九九循环,志满神光自现。"按由此二章庶见三教合一之理仍归诸数,此见吾国早知用数学语言以言不可言之言,惜每为学者所忽。

第八十一章："尝闻知者不言,吾今岂曰真知,多言哓哓不已,姑为学者指迷。"按结以此章可云善于自处。

凡上所录略见其理,具体养生者,句句可参。有志于此者,宜详读全篇。

# 211. 杂著指玄篇

《杂著指玄篇》八卷,未详何人所著,今收入为《修真十书》中之一书。见《道藏》122 册珍上。其内容丛杂,次序颠乱,然皆为金丹要语。能指"玄"之所在,书名非虚言云。

卷一为白先生《金丹火候图》,叶和叔《金丹捷径》。又《金丹论》、《修真论》二文皆为白图之绪言。

按白先生指白玉蟾,《修真十书》中白著甚多。此图总名为《修真养命之图》,实具各种图诀。曰《金丹火候图》,其要诀为"真火本无候,大药不计斤",甚是,庶得无体之体。曰《金丹大药诀》,要语为"金得土则生,木得土则旺,水得土则止,火得土则息",即以土为主而观阴阳生克。于内五藏以心为主相应于眼鼻口耳,而心及虚空一圈,此实有大还丹之象。曰《金丹图》指心。曰《金鼎图》指心有九窍当九鼎,实通九畴之数。曰《神室图》为壶中有天,已结胎之象。曰《婴儿图》象已出窍。曰《刀圭图》指三花聚顶,五气朝元。曰《玄牝图》指心分天地。曰《偃月炉图》炉中为精炁神,是犹三花。曰《攒簇五行图》指精神魂魄意,犹五气朝元。曰《和合四象图》乃以眼色青龙,耳声玄武,口语朱雀,鼻息白虎而归诸中央无念。是即金丹大药,神室无念,火候云何哉。可见玉蟾此图,已受泥丸之道而作,所谓"万象光中玉清境"是其义。又《金丹火候诀》中有一卦象图,一周为十二个三画卦,明刻本已不清,亦无书可校。幸图中画北斗星象而注明汞铅,又同侧有兑震二卦名,乃知此十二个三画卦,即先天八卦之次合以后天四正,方能既合兑东南、震东北、汞离南、铅坎北之象。且此先后天两种方位,皆可旋转,一如斗柄之指。今准其理,依固定之方位,重绘此图如下示。

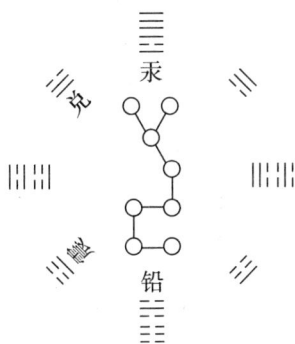

其下为《丹法参同》三十对偶,以之明确阴阳之象,犹六十灵飞中甲子甲午之辨。曰《丹法参同七鉴》指华池、神水、白云、河车、巽风、金丹七者,又曰《丹法参同十九诀》,目为采药、结丹、烹炼、固济、武火、文火、沐浴、丹砂、过关、分胎、温养、防危、工夫、交媾、大还、圣胎、九转、换鼎、太极。此十九诀可谓炼丹之必经阶段,而七鉴又为每阶段所必须之原料。最后成太极金丹,犹无体之体。

末曰《金丹捷径指玄图》,包括《三关图》、《性命图》、《产药川源图》、《药物火候》、《真土图》、《四象图》、《龙虎图》、《金液还丹》诸图,大义相似。唯文字不足以言,不可不以图示之,吾国早有《周易》之卦象及方位次序诸图,此所以善于成象,金丹亦有得一之象。

玩上诸图,可知玉蟾当五祖而无愧。然白氏之传未闻嫡子,此所以成将与北宗相合之象。

《金丹捷径》,叶和叔为胡胎仙而作。文述胡胎仙修炼之法,末曰:"胡胎仙何如人,弃儒拔俗之夫,未问其仙与否也。其命意如此,亦古人也。"然则胡胎仙亦系好道之伦,当时似属闻道阶段,后即受道于玉蟾者。

《金丹论》作者未详,于论金丹之末曰:"仆兹见白先生纂集丹书,以内象造化,分别五行,推排八卦,指陈丹灶,明其火候,阴阳升降,龙虎交驰,物象敷陈,尽为图象,以示好道者流,庶几一见而昭著无疑,得以坦途而入,若按图而行,何惑之有。"其言能得其实。

《修真论》为廖正作于淳祐甲辰(1244),有曰:"海南白先生所著《修真养命之图》,设象以明大道之奥,庶几同志之士,依图而行之,则诚为捷径,幸毋忽诸。"以玉蟾诸集考之,此图之成,约在甲辰前二十年左右。书总名为《修真养命之图》,今已佚刻,当据此补入。

卷二为石杏林之《还源篇》,提要另详。

卷三为陈翠虚之《紫庭经》,此本漏刻"紫"字,内容亦有阙,提要另详。又有《阴符髓》与《内三要》、《外三要》三文,皆以明《阴符经》。由《阴符经》之三要,合诸人之三丹田。若配合《悟真篇》之金丹有翁渊明之注,此文之大义同,可视为《阴符经》于宋代之发展。又引太上言"二十四动为一刀,二百四十动为一圭",乃指绛宫之心,故知"饮刀圭"者,犹指心脏跳动之数,所以为收心之法。

卷四为《修仙辨惑论》,玉蟾记其与师泥丸之问答语。间曰:"此法与禅法稍同,殊不知终日演谈问答,乃是乾慧,长年枯兀昏沉,乃是顽空。然天仙之学,如水精盘中之珠,转渌渌地,活泼泼地,自然圆陀陀、光烁烁,所谓天仙者,此乃金仙也。"其理甚精。白曰:"今将师传口诀锓木以传于世,惟此漏泄天机甚矣。得无谴乎?"泥丸云:"吾将点化天下神仙,苟获罪者,天其不天乎? 经云:'我命在我不在于天',何谴之有。"玉蟾曰:"祖师张平叔三传非人,三遭祸患何也?"泥丸曰:"彼一时自无眼力,又况运心不普乎?"读此可证南宗至泥丸而变,当道光自序《悟真篇》,尚恐误传非人,泥丸则已无此顾虑。又曰:"指日可与钟吕并驾矣。"尤见已能上出于宋而及汉唐之象。

卷五、六《金丹四百字》等提要另详。

卷七《垂世八宝》,西山许真君述。当与《金丹四百字》同一来源,八宝指忠、孝、廉、谨、宽、裕、容、忍。前四以修身,后四以接人,理则可取,然不可不知时。曰《醉思仙歌》,所以成道教之象。《丹诀歌》题曰钟离与吕公,义与《醉思仙歌》相似,其思旷达。《丹髓歌》提要另详。

卷八《修真十戒》,犹入世之准则。《卫生歌》,西山先生著。原文歌体,间有自注。所言养生之法,简要易行。

合而观之,此八卷《指玄篇》,大部分与白玉蟾有关,视之为玉蟾或胡胎仙编,甚有可能。

# 212. 杂 著 捷 径

《修真十书》中收杂著二,其一《杂著指玄篇》,盖取各家有关指明玄要者杂成一书。其二《杂著捷径》,盖取各家简易之修炼法杂成一书。是二书犹彼以穷理,此以尽性。见知既杂,见仁自然亦杂。此或系集此二部杂著者之志。

《杂著捷径》九卷,当《修真十书》中卷十七至二十五。见《道藏》125、126 两册李中下。所杂取修炼法有二十余种之多。

卷十七《翠虚篇》,泥丸陈朴著。此仅取《翠虚篇》中之九转金丹秘诀。于第九转有阙文,另详《翠虚篇》提要。

卷十八《体壳歌》,烟萝子撰,提要另详。

卷十九《钟离八段锦法》等,提要另详。

卷二十《养生篇》八十一章,每章六字句四,未详著者。述内炼金丹,提要另详。

卷二十一收二篇。其一《修真指南》,西岳窦先生著。其二《天元入药镜》,崔真人希范述。提要另详。

卷二十二收七篇《劝道歌》。曾慥与王承绪三唱三和,末篇为郭邙次韵。提要另详。

卷二十三收曾慥《临江仙》,本八段锦言,详见《八段锦》提要。又收何钿翁之《满庭芳》,词旨旷达。《永遇乐》四首以斥容成之术。《渔家傲》四首、《促拍满路花》三首皆能确立玄境。

卷二十四收有九篇《太上传西王母握固法》、《存想咽气》、《纳津法》三篇,皆用存想法通气。《吕真人小成导引法》、《明耳目诀》、《养生延寿论》三篇,皆明养生导引之法。《抱一说》、《保精神》、《三茅真君诀》三篇,则言养生修真之理。如《抱一说》谓与精合;《三茅真君诀》谓神气不散子母共守;《保精神》谓精者神之本,气者神之主,形者神之宅;皆反复论其相应之关系。养生修真之理,确在其中。其他六篇皆属方法论。

卷二十五中以《天地交神论》一篇为主。本诸与四时八节相应,须有逐日戒忌之辰,是尚未得活子时之象。虽然身得活子时,仍未可忽乎日月运行之时,故此论仍未可忽。况当大还丹之时,尤宜注意。下有《六字气歌诀》,可归入《八段锦》。《至游居士座右铭》曰:"即心是道,以下为基。如人饮水,冷暖自知。不愁念起,只怕觉迟。惩忿窒欲,铭诸肝脾。"可谓简而要。末有《咏道诗》曰:"九转神精返上元,河车搬载运周天,大道不离方寸地,一条径路过三田。"亦合金丹之旨。

总上所述,可见此书盖杂录诸家之要诀而成,惜多未知名。虽大同小异,尚各有特色。即此以往,径已捷焉,奈不往何? 读者勉之。

# 213. 重阳全真集

《重阳全真集》十三卷,终南山重阳子王嚞撰。见《道藏》793—795
册柀上下柀上一二三。嚞生于辽天庆二年,卒于金大定十年,当宋徽
宗政和二年至宋孝宗乾道六年(1112—1170),年五十九。此集系羽化
后门人裒集而成,刘长生复为开板印行。首有大定戊申(1188)清明一
日宁海州学正范怿德裕序,距重阳之卒已近二十年。然序作九卷,今
本十三卷,未详何时所分。所收之诗词,当为嚞所自作。于前二卷为
诗,后十一卷为词。首宜录其卷九之《悟真歌》,方见嚞之具体事实:

> 余当九岁方省事,祖父享年八十二。二十三上荣华日,伯父
> 享年七十七。三十三上觉婪耽,慈父享年七十三。古今百岁七旬
> 少,观此递减怎当甘。三十六上寐中寐,便要分他兄活计。豪气
> 冲天恣意情,朝朝日日长波醉。压幼欺人度岁时,诬兄骂嫂慢天
> 地。不修家业不修身,只恁望他空富贵。浮云之财随手过,妻男
> 怨恨天来大。产业卖得三分钱,二分吃着一酒课。他每衣饮全不
> 知,余还酒钱说灾祸。四十八上尚争强,争奈浑身做察详。忽尔
> 一朝便心破,便成风害任风狂。不惧人人长耻笑,一心恐昧三光
> 照。静虑澄思省己身,悟来便把妻儿掉。好洗面兮好理头,从人
> 尚道骋风流。家财荡尽愈无愁,怕与儿孙作马牛。五十二上光阴
> 急,活到七十有几日。前头路险是轮回,旧业难消等闲失。一失
> 人身万劫休,如何能得此中修。须知未老闻强健,弃穴趄坟云水
> 游。云水游兮别有乐,无虑无思无做作。一枕清风宿世因,一轮
> 明月前生约。

读此而知嚞之修身,始自四十八岁(1157)。于修法时,曾掘地而

221

居,有诗曰:"活死人兮号王嚞,乖水云别是一欢。谐道名唤重阳子,谑号称为没地埋。"弟子编此集时加案语曰:"先生初离俗,忽一日自穿一墓,筑冢高数尺,上挂一方牌,写王公灵位,字下深丈余,独居止二年余,忽然都填了。"填后即作云水游,乃有"别坟"之作。其诗曰:"凡修道本如然,灭烟消占得先,兀腾腾慵谑戏,虚寂寂懒狂颠。心故别坟前土,性须成物外仙。上不唯余显迹,令七祖尽生天。"惟其尚存七祖升天之旨,故虽佛道相通而仍为道教。然则遇纯阳、饮甘水之事已在五十二岁之后。其后化门人以马钰为主,自序一诗曰:"化马钰未肯从。欲锁庵门坐百日,示家风以化之。钰问:'先生寒否?'遂以此赠之。"诗曰:"莫虑王风冷,王风自不寒。百朝飙地过,出路你咱看。"编者于"感皇恩"一词下加注曰:"丁亥年十月初一日,先生要化马钰,故锁门百日,欲令钰见家风而肯从。"按丁亥年嚞已五十六岁。至于重阳悟后形象,可由"了了歌"以见其概。此歌曰:

汉正阳兮为的祖,唐纯阳兮做师父,燕国海蟾兮是叔主,终南重阳兮弟子聚。为弟子,便归依,侍奉三师合圣机,动则四灵神彩结,静来万道玉光辉。得逍遥,真自在,清虚消息常交泰,元初此处有因缘,无始劫来无挂碍。将这个,唤神仙,窈窈冥冥默默前,不把此般为妙妙,却凭甚么做玄玄。禀精通,成了彻,非修非炼非谈说,惺惺何用论幽科,达达宁须搜秘诀。也无减,也无增,不生不灭没升腾,长作风邻并月伴,永随霞友与云朋。

更考其具体修炼法,一诗名"问龙虎交媾"曰:"莫问龙儿与虎儿,心头一点是明师。㤼调神定呼交媾,心正精虔做煦煦。平等常施为大道,净清不退得真慈。般般显现圆光就,引领金丹采玉芝。"则所谓北宗先性,南宗先命,亦有所指。然进而观性命之理,则何尝有异。"孙公问三教"一诗亦妙,诗曰:"儒门释户道相通,三教从来一祖风。悟彻便令知出入,晓明应许觉宽洪。精神氤候谁能比,日月星辰自可同。达理识文清静得,晴空上面观虚空。"确能有三教合一之象。观其由败子回头而悟此理,决非偶然。既受理学影响于内,亦受时代冲击于外,开创全真教以传世,对我国民族的思想,八百余年来有较大影响。故此集宜加重视,治哲学史者尤不可不知其本人之思想情况。

# 214. 重 阳 教 化 集

《重阳教化集》三卷,编次重阳与丹阳之唱和诗,凡三帙。此当上帙,曰:"教化下手迟",有丹阳门人灵真子朱抱一主其事。书前有五序,序者为营丘府学正国师尹,宁海州学正范怿、宁海州学录赵抗、宁海州东牟乡贡进士梁栋及刘愚之,皆序于大定癸卯(1183)。末尚有登州黄山王滋德务之后序,大义略同。叙重阳初遇丹阳于大定丁亥(1167),一见如故,又多方警化而悟。故于己丑(1169)岁,丹阳从重阳西返,入梁汴间,栖泊期月,重阳谓"吾道之玄微,授丹阳者已竟",乃蝉蜕而去,时当庚寅(1170)。丹阳复携徒西上,之终南访重阳旧庵以阐教。壬寅(1182)仲夏,丹阳有化乡人之想,故以此集刊于家乡。愿既行,丹阳亦于癸卯年羽化,然诸序中皆未提及,盖尚未知。

此集所载第一首唱和诗为:"一别终南水竹枯,家无儿女亦无孙,三千里外寻知友,引入长生不死门。"(遗丹阳)"得遇当归刘蒋村,黜妻弃妾屏儿孙,攀缘割断云游去,誓不回眸望旧门。"可见师生相应之情。

又有一次唱和曰:"四般假合终归土,一个真灵直上天,不灭不生超达去,无为无漏大罗仙。"(赠丹阳)"传得无为无漏果,何愁无分不升天。三田清静三丹结,出自风仙决做仙。"(丹阳继韵)则信道已坚。

其下有一次唱和更为深入。有小序曰:"见丹阳每和诗词,篇篇猛烈,有凌云之志。然未识心见性难以为准,故引古诗云:'一种灵禽舌软柔,高枝独坐叫无休,声声只道烧香火,未必心头似口头。'"丹阳继韵曰:"口善心慈性亦柔,万种尘缘一旦休,若是心口不相应,愿受铁钳拔舌头。"由此则已穷理而尽性。

又有四果颂之唱和曰:"果来海角天涯,果应师旨希夷,果得前生知友,果然合我心机。""因遇决离海涯,因悟怨事用希,因得风仙至理,因晓天发杀机。"至此相应已密。

于《忆王孙》诚丹阳语言之唱和曰:"人云口是祸之门,我道舌为祸本根,不语无言绝讨论,性难昏,便是长生保命存。""方知口是是非门,紧闭牢藏舌祸根。训我无言更不论,削迷昏,性命从今永永存。"盖已及命之学。此后丹阳居昆仑山烟霞洞而患偏头痛,重阳腰间生疖,皆情过于命所致,唱和之诗皆有妙谛。由是合烧誓状上街求乞等唱和,莫非论命。合而观之,与理学之敬义夹持,实有所同。今正可舍其迹,而以生理与心理原理加以研究,于此集之唱和,大可重视。

此书见《道藏》795—796 两册交上下四五六。

# 215. 重阳分梨十化集

《重阳分梨十化集》二卷,为重阳与丹阳之唱和诗,于三峡中当中峡,曰"分梨十化"。首有东牟乡贡进士马大辨序,亦时在大定癸卯(1183)。此集盖化及丹阳夫妇。

因丹阳系牟乡巨富,妻儿满堂,欲诱其夫妇入道,非有实事指点,何由而入。故重阳即于丁亥冬锁庵百日以悟之,此集兼化两人之唱和,理更圆融。

赠丹阳夫妇芋栗曰:"栗子前来看芋头,二人共食过重楼。三三便得三三味,六六须知六六由。用剑能挥身外影,将针会捉水中沤。饶君做尽千般计,怎免荒郊一土丘。""从今垢面更蓬头,不忆歌欢旧酒楼。趑避家中冤业债,追陪物外好因由。嗟身有似风前烛,叹命还如水上沤。得遇修真生正觉,免教一性卧荒丘。"然此尚属初步。继之有曰:"栗与芋,芋与栗,两般滋味休教失。性与命,命与性,两般出入通贤圣。都要知,都要知,便是长生固蒂时。休想瑶台并阆苑,六家珍宝出天池。""重阳仙,设芋栗,赠我夫妻莫前失。要知命,要知性,从此超凡要入圣。妙玄知,妙玄知,身中子午倒颠时。水乡无漏金丹结,自然云步赴瑶池。"则渐趣真境。

《黄鹤洞中仙》曰:"你待坚心走,我待坚心守。栗子甘甜美芋头,翁母同张口。开取四时花,绽取三春柳。一性昭然,全得他玉液琼浆酒。""不敢心狂走,极谢师真守。芋栗今番六次餐,美味常甘口。不作东牟叟,不恋东风柳。参从风仙物外游,共饮长生酒。"以六次餐而守,犹乾坤各六爻之爻辰,能分能合,方见阴阳之真谛。当生物之初起,实雌雄同体,由同体而异体,乃生物之进化。然异体之中,仍各具足阴阳,或有见得本身具足之阴阳,则庶悟"翁母同张口"之象。芋与栗,性与命,其何以异。此确能有见于雌雄同体之生物现象,各种宗教对此皆极重视,而道教尤其注意。全真宗风,必须化及丹阳与孙不二,方能包容佛教,而与佛教之密宗有近似之象。下更录其分梨之喻。

《感皇恩》:"百日锁庵门,分梨十化,闲闲澄中静养真假。个人叹问,直受如斯潇洒。我咱知得也诚清雅,别有一般分明好画。频频亲擎出,暂悬挂。那懑要看万斛珍珠酬价。恁时传说下些儿话。""钟吕遣风仙,专行教化,故锁庵门即非假。用机诱我,暗剔灵明惺洒。脱家风狂,做弃儒雅,真个内容难描难画。六铢衣光彩,体披挂。手擎丹颗,莹莹光明无价。盖因传得些非常话。"如此难描难画的好画,当然是不可道不可名的非常话。有志于全真教者,全书皆有研读之必要。

此书见《道藏》796册交下七八。

# 216. 重阳真人金关玉锁诀

《重阳真人金关玉锁诀》一卷,终南山重阳子王嚞撰。见《道藏》

796册交下九。全卷作问答体,大义殊完备,有全真教独特的意义。大旨观整个佛教之象于身,又合《阴符经》之三步,即神仙抱一、富国安民、强兵战胜。入手又从佛教之戒及阴阳五行之象数会归于身,实有其内视返听之验。若其根本,全在象数,其要点有曰:"前行三里见三条大涧,亦无底,怎生过去? 诀曰: 三条大涧者,是三教三乘,起三尸,定三宝,超三界。向前又行三里,见六条深沟,不能前进,是何门? 诀曰: 是六度万行、六根清静,斩六贼、戒六欲、树六梯。"此后反身之境不一而足,须由三阳而越小乘之四果,经十二重楼而见九宫十国,收神定性以看定药炉而自服妙药,方能散邪气生真气而永得长生,平时尚可以梦验之。凡此之道今皆属心理现象,且于心理学中已占重要地位。究其物质基础,全属神经细胞及其储存的信息。及时而信息交流,自然有微观世界之情况,以及出现于宏观世界之可能性。由可能性而求其概率,由概率而求其必然性。能利用其必然性,则可改变宏观世界,而科学之作用乃显。考全真教之兴,决非偶然,重阳非有得于此,绝难理解当时之史迹。今则对人身之研究,包括生理心理两方面,大有对全真教的教义加以研究的必要,而此书可作为其主要文献之一。

# 217. 重阳真人授丹阳二十四诀

《重阳真人授丹阳二十四诀》一卷,为重阳与丹阳之问答语,确可以诀视之,惜已未全,宜简述如下:

1. 祖宗　宗是性,祖是命。
2. 见性命　性是元神,命是元气。
3. 根蒂　根是性,蒂是命。
4. 龙虎　龙是神,虎是气。
5. 铅汞　铅是元神,汞是元气。

6. 金公黄婆　金公是心,黄婆是脾。

7. 婴儿姹女　婴儿是肝,姹女是肺。

8. 心猿意马　心是猿,意是马。

9. 宾主觉照　宾是命,主是性。悟识真假为觉,照者是自己;伶俐聪明为觉照。

10. 龙蛇　龙是性,肾也;蛇者是心中嘉炁,不离性。

11. 三宝　外三宝道经师,内三宝精炁神。

12. 太上　太者大之极;上者至重,高之极。

13. 出家　万缘不挂,自己灵明。

14. 修行　修者真身之道,行者是性命。

15. 长生不死　真性不乱,万缘不挂,不去不来。

16. 道　性命本宗,元无得失,巍不可测,妙不可言。

17. 清静　内清静心不起杂念,外清静诸尘不染著。

18. 三命　存精是元始天尊,存神是太上道君,存炁是太上老君。神气相同太上,再留方便之门,转化人道常有,东华帝君是心,化十方诸灵大帝是肾。

19. 九星　北斗七星,左辅右弼二星。

20. 五刚　地恒衡岱华嵩,人肝胆脾肺肾。

21. 四时　天春夏秋冬,人四肢四大。

22. 三才　天日月星,地乙丙丁,人精炁神。

23. 抽添火候　除一切尘垢、一切杂念,神气常存,本性不昧。

24. 七返　一少言语养内炁,二戒心性养精炁,三薄滋味养血炁,四戒嗔怒养肺炁,五美饮食养胃炁,六少思虑养肝炁,七寡嗜欲养心炁。

按此书自第十八问三命下,文有颠倒错乱,文气亦不同,如出家等重复,故二十四诀已有错杂。且下引徐神翁注等更属笑话,因宋徽宗时在重阳之前。若引文有刀圭、金丹、出离三界、行住坐卧等后文问答时未见,故诀已不全。原作可信者半,约有十余问答,理通内修,有可取处。

此书见《道藏》796 册交下九。

# 218. 重阳立教十五论

《重阳立教十五论》一卷,未详论者。此十五事确系全真教所重视者,其目如下:

住庵　云游　学书　合药　盖造　合道伴　打坐　降心
炼性　匹配五气　混性命　论圣道　超三界　养身之法　离
凡世

全真须出家住庵,所以为离凡世之初步。主张动静得中守常安分之住庵法,尚指外形而言。由是云游而分虚真,谓于云游时莫为外境以乱求真之志,始能遇明师而成真云游,学书贵得书意而深藏之。此即吾国固有之行万里路读万卷书之教育方法。继之须知有关修身之合药,此尚指外丹,以今而言注意药物以治病。盖造指结庵山居,已及身中之宝殿。合道伴贵能相扶,有此条件,始可进修。由打坐降心以炼性,炼性设铜弦铸剑,为喻甚切。得其恰到好处之性,自然"五气聚于中宫,三元攒于顶上",所谓"身且寄向人间,神已游于天上",成象之义,当与幻想区别为是。故论"混性命"曰:"性者神也,命者气也";"论圣道"曰:"形且寄于尘中,心已明于物外矣。"识此性命神气,无碍于形心之异,超三界依此,养身亦依此。最后结语曰:"今之人欲永不死而离凡世者大愚,不达道理也。"实重阳立教全真之旨。作此者虽非重阳本人,当系七真或掌教门人。

此书见《道藏》989册楹下七。

# 219. 渐 悟 集

《渐悟集》二卷,昆仑山马丹阳撰。见《道藏》286册第下六。书无序跋。按丹阳之集有三,与师之唱和集亦有三而佚其一。而此集尚多早期悟道之作,且有和重阳者,正可略补"好离乡"之佚。内有《卜算子》,序曰:"重阳师父百端诱化,予终有攀缘爱念。忽一夜,梦立于中庭,自叹曰:'我性命有如一只细磁碗,失手百碎。'言未讫,从空碗坠,惊哭觉来。师翌日乃曰:'汝昨晚惊惧。'才方省悟。"词曰:"吕公大悟黄粱梦,舍弃华轩,返本还源,出自钟离作大仙。山侗猛悟细磁梦,割断攀缘,炼汞烹铅,出自风仙性月圆。"此见丹阳悟道之几。间有赠孙姑及赠清静散人各一首,夫以度妻,自然有诚。前首曰:"奉劝孙姑修大道,时时只把性田扫,杀了三尸并六耗,无烦恼,常清常静知玄奥。休问异名炉与灶,冲和上下通颠倒,铅汞自然成至宝。非常好,霞光簇捧归蓬岛。"后首曰:"一则降心灭意,二当绝虑忘机,三须戒说是和非,四莫尘情暂起。五便完全神气,六持无作无为,七教功行两无亏,八得超凡出世。"此二首可作劝人信道的入门法,简洁明白,乃一片诚意的心声,未可以等闲视之。

又记述丘刘谭马之出处,调寄《四仙韵》,词曰:"丘仙通密,隐迹磻溪人不识。通妙刘仙,永住终南屏万缘。谭仙通正,志在清贫修大定。三髻山侗,愿蟇环墙也放慵。"则四真之情况已尽在其中。通密、通妙、通正犹用、相、体,丹阳知之而放慵,不愧为重阳之大弟子。又有《赠刘处玄》曰:"无作无为道庶几,不须把钓坐渔矶,常清常静好根基。玉液通传心绝虑,金光溉济性忘机,处玄通妙合三机。"又见通妙之称,然则丘刘谭三通,生时已有定象,研究全真之理者,大可注意之。若有《卜算子》曰:"人识山侗字,谁晓山侗意,大貌山侗人依山,故作山侗谜。财色山侗弃,玄妙山侗秘,一日山侗乐道成,永占山侗住。"则显系早期初见时所作。

又赠零口权先生曰:"朝清清,暮清清,清静清闲清静清,清清清更清。抱灵灵,固灵灵,灵显灵明灵显灵,灵灵灵更灵。"赠安静散人俱守极曰:"是是非非远远,尘尘冗冗捐捐。人人肯肯解宽宽,步步湾湾浅浅。善善常常恋恋,玄玄永永绵绵。明明了了这圆圆,杳杳冥冥显显。"则亦见其情之深。清灵与圆,固为道教所必具之思想基础。此外如《寄楚居士》之叠字诗等,亦有加深思维之意义。道教之文集中每多此类之文,亦为文体之一种变化。李清照之《声声慢》固佳,而发展于此类文集中,尚未为研究文学史者所注意。

# 220. 丹 阳 神 光 灿

《丹阳神光灿》一卷,昆仑马钰撰。前有筠溪野叟宁师常序于大定乙未(1175),是时丹阳尚在世。此书惟《神光灿》百首,此词牌亦作《满庭芳》。第一首"立门户内持",可总概全真教之一切。词曰:

> 全真门户,清静根源。住行坐卧,归元日用。时时擒捉,意马心猿。常行无憎无爱,便施恩先复仇冤。下手处炼冲和,修补有漏之园。瑞气祥光,深处放神水,徐徐自没潺湲。红锦蛇儿虽小,闲视灵鼋两般,混成一物,现元初性月团圆。恁时节,礼重阳师父太原。

按此词实妙,因北方玄武当天一生水,然有鼋蛇二物,虽小之红锦蛇儿,实地二生火之原。水火既济,方能混成一物现元初性,是即全真门户之归元。无憎爱以补有漏之园,是悟两仪归太极、太极归无极无体之原。大愿即圆,乃能达太原以礼重阳师父。是即丹阳悟道后之大愿,以之为此书之首,全书之旨可喻。其后什之七八为赠予之作,莫非以此理当机以觉人,诚能时时不离这个。又自咏十一阕,以见其悟道之前后,现身说法,在当时定能感人。全真教之发展,丹阳之功未可没。

此书见《道藏》791册连上一。

# 221. 洞玄金玉集

《洞玄金玉集》十卷,昆仑无为清静丹阳马真人述。见《道藏》789、790两册气上下。马从义字宜甫,后名钰,字山侗,号丹阳,宁海州牟乡人。为当地巨富,生于辽保大三年,卒于金大定二十三年(1123—1183)。于大定丁亥(1167)初遇重阳而受化,年已四十五岁。由是出家而于己丑(1169)随重阳西行,且重阳即于翌年蝉蜕于大梁,丹阳乃更西行以守服传道。此集皆其诗词,以记历年来种种之内心思想及赠予之作。其间有"史公求诗,遂成十绝句以赠之",前有序言,不啻此集之序,可录其要,以见其信道之始末:

> 重阳真人欲往宁海,亲笔画一画图,与醴泉县弟子史公密收之。钰预梦南园一仙鹤,从地涌出,经月有重阳师父到来,指鹤起处要修庵居。钰又梦参从师父入一山,翌日师父训钰小字山侗。钰随师父到南京,至年终师父要归逝,钰求辞书世颂,师父言:"我在关中吕道人庵壁上,预前写下。"钰复知师父,钰有三愿:一愿欲将师父全真集印行,师父曰:"长安决了。"二愿欲与师父守服三年,师父曰:"刘蒋村有我旧庵基址可住。"三愿劝十方父母舍俗修仙。师父言罢升霞。余别大梁经洛阳入潼关过化岳访京兆,有道友相留,在孔先生庵内盘桓数日,有醴泉史公相寻来,在东门里茶坊相见。问

及姓名,渠云醴泉史风子亦是重阳真人门弟子。余闻之甚喜。

　　读此可喻全真教始创之具体事迹。全真者即丹阳为重阳所修之庵名。当师生相遇四年中唱和诗词(丁亥至庚寅),已收入《重阳教化集》,然内分三帙,一曰"教化下手迟",二曰"分梨十化",三曰"好离乡"。今仅存前二帙,下帙已佚。若此集所收者,已当重阳蜕化后之诗词。书中有年份之作,有"大定癸卯六月三日黄县道友邀予居金玉庵,环堵于内新栽小松六株,因作三绝"。其一曰:"六月庵前种六松,故然反倒马风风。三番布气无多力,六愿还生有大功。"而是年丹阳亦将蜕化,"无多力"非其谶语乎。

　　若此集首载赞重阳之诗,有精义。序曰:"重阳悯化妙行真人,时在昆仑山居庵,用三尺半青布造成一巾,顶排九叠九缝,言梦中曾见,名'九转华阳巾'。师父风貌堂堂,有若钟离之状,加之顶起此中,愈增华润,诚为物外人也,故作是诗以赞之。"诗曰:"貌似钟离宝在身,自然惺洒好精神。怎知不是红尘客,九转华阳青布巾。"考此九转华阳之象,即洛书九畴,飞宫而八十一,故排九叠九缝。九转不穷,青色主生,实以示长生不死之象。且以此同三教,有"咏三教门人"曰:"九阳数,尽通彻,三教门人,乍离巢穴。探春时幸得相逢,别是般欢悦。也无言,也无说,执手大笑,无休无歇。觉身心不似寒山,这性命拾得。"由是而"劝僧道和同"曰:"道毁僧,僧毁道,奉劝僧道,各休返倒。出家儿本合,何如了性命事早。好《参同》,搜秘奥,炼气精神,结为三宝。真如上兜率天宫,灵明赴蓬岛。"惜难得探春时相逢,此所以僧道不能和同。南北宗之可贵,就在此春意。实则陈抟传出先天图,邵雍发挥而得"三十六宫都是春",亦同此义。

　　又寄与同门之咏,颇有精义。寄长真子曰:"清中悟彻祥中瑞,堪作风仙端的裔。广收白云与黄芽,锻炼神丹烹鼎沸。灵童营养如琼腻,通晓玄玄真仔细。明知天上二三年,暗换人间千万岁。"寄长春子

232

曰:"何须求富并求贵,不必文章如白侍。研穷性命好生涯,保惜根源真活计。藏机隐密玄中罪,肯向人前夸提对。琼浆玉液饮千钟,霞友云朋酬一醉。"可见长真长春之不同因缘。又寄谭刘郝三师友曰:"谭风刘郝云霞友,自在逍遥闲走,兴尽好归陕右,共话无中有。常清常静常无漏,便觉龙虎交媾。个内不钟神秀,得饮长生酒。"尤见无中有之妙。至于辞及神秀,及上引有寒山拾得,皆语旨双关,意在言外。其他诗词中亦多有之,读时宜加注意。

# 222. 丹阳真人语录

《丹阳真人语录》一卷,金灵隐子王颐中集,述其师马丹阳之语。见《道藏》728 册卑上二。

首言:"大定癸卯(1183)三月间,始拜师于牟平范明叔庵之南。勉以学道者必在自悟。"是犹孟子所谓欲其自得之。又记师言:"家风谁是祖,钟吕自亲传。"则知北宗初创,即视重阳出自钟吕,此与南宗不同。又记师言:"海蟾公本燕国相,一旦悟道,乃绝家累,其诗有'抛离火宅三千口,屏弃门兵百万家'之语。后但乞食自资,逢场作戏,至与娼妓家担酒携榼,不以为耻。"则刘海蟾亦为北宗所尊者。南宗以紫阳传自海蟾,或亦后人之说。

记师曰:"学道者不须广看经书,乱人心思,妨人道业。若河上公注《道德经》、金陵子注《阴符经》二者,时看亦不妨。"可见当时全真教全似禅宗,然重此二书,以见对内丹未尝有忽,此与禅宗自六祖后单传《金刚经》者不同。

末节曰:

神炁是性命,性命是龙虎,龙虎是铅汞,铅汞是水火,水火是婴姹,婴姹是真阴真阳,真阴真阳即是神炁。种种名相,皆不可着,止是神炁二字而已。欲要养炁全神,须当屏尽万缘,表里清静。久久精专神凝气冲,三年不漏下丹结,六年不漏中丹结,九年不漏上丹结。是名三丹圆备,九转功成,骨髓凝化,血脉成真。内完外溢,光影彻明,寂然不动,应感无穷,千变万化,坐在立亡。三万六千,神灵踊跃,游行天下,三界司迎,八难之中,千凶万毒,莫能消亡。至于大劫变化,洪灾四冲,神满太虚,亦无所碍。故天有时而崩,地有时而陷,山有时而摧,海有时而竭,凡有相者,终归于坏,惟学道者,到神与道合处,则永劫无坏,兼功及九祖,升上清真。

全真教之基本目的,悉在其中。佛尚视之为未出三界,殊未得其实。末言兼功及九祖,则或言业,或言愿,亦其大无外,可与普贤行愿相比。善财仅以一身为主,焉知九祖之变化,此可谓佛道之分辨处。

据《七真年谱》,丹阳卒于大定癸卯,然则王颐中拜师仅数月。能及门而为之集此《语录》,可云有缘。

# 223.  丹阳真人直言

《丹阳真人直言》一卷,记录丹阳真人在龙门山重阳会上示众之言,记录者未详何人。见《道藏》989册楹下七。

全卷之言,极精深了达,义与《重阳立教十五论》每能相应。其释神气曰:"神气是性命,性命是龙虎,龙虎是铅汞,铅汞是水火,水火是婴姹,婴姹是阴阳,真阴真阳即是神气。"是犹连环,阴阳五行之理,悉在其中。然非经九转大功,三千功满,何能得此无形无象的"先天之物"。虽然全真之理已达此境界,此九转神丹之心理现象,今正宜加以科学研究,与人体科学有密切联系。当时盛行,可见其时人民之思维水平。此书能简要说明,如见丹阳示众时之事实。再三强调不可不信,即宗教之宣传方法。然信之为德,非徒属于宗教,故不可不因其重信仰而忽乎其科学价值。

此书《道藏》本与《重阳立教十五论》属同一卷,或明初时已合。此二书确可同时并读,短小精炼之作,宣传全真教之珍品云。

# 224. 晋真人语录

《晋真人语录》一卷,未详晋真人为何人,内录有《重阳祖师修仙了性秘诀》等,知其为全真教;又有《答马师父十四问》,知其为马丹阳之门人。首篇犹《发愿文》,文内每有"先生曰",或是晋真人弟子所记。篇末颂曰:"学道须凭铁汉,便把身心割判。一口咬断无明,更不前思后算。"可云能得当下之几。《重阳修仙了性秘诀》非常平易近人,全真教之兴,必以破当时道流之弊,故此诀在当年定起重要作用,今仍为道教史之重要资料。

《答马师父十四问》,如问玄牝之门、复命归根、见性、调息、铅汞等等,一如禅之参话头,然能实有所指而归诸虚寂,乃与佛教有辨。又载《玄门杂宝十八问答》,十八指全真、稽首珍重、先生、道童、髻头、髯髻、冠、袍、四褉、笠、絛、遮袋、拐、钵、鞋、来去、出家修行、日用。此犹述全真之生活情况,道以法僧之乞食苦行,于此可见。其释"先生"曰:"无法先有我,辉辉不露形。古今无改变,岂不是先生。"已有超越时间之概念。下有《水龙吟》、《解红》、《绿头鸭》诸词,皆能见其专一之志。最后一颂曰:"玉京山上一池水,四面八方不得底,若还认得把舟人,自然运入天宫里。"识得幕后牵线,有大还丹之象。

此书见《道藏》718册卑上一。

# 225. 水 云 集

《水云集》三卷,金昆仑山长真子谭处端(1123—1185)述。首有东牟州学正范怿德裕序于大定丁未岁(1187),其言曰:"东牟,古牟子之国,齐之大都也。……大定丁亥岁(1167),重阳悯化妙行真人飞锡东来,……于吾乡得丹阳子马公、长真子谭公,于东莱掖水得长生子刘公,又于登州栖霞得长春子丘公,结为方外眷属,所谓谭马丘刘是也。……自是厥后各从所之,长真先生往来于洛川之上,行化度人,从其教者所至云集。"又自言:"长真先生与余同乡里,年相若而志颇同,幼为儿童之戏,长为朋友之游。而先生中年遇师,学道蝉蜕登真。余苍颜华发,尚区区于名利之场,甘分待终,随物衰谢,何其愚也。余将掣肘,捐老牛舐犊之爱,去硕鼠畏人之贪,逍遥于自得之乡,笑傲于真闲之境,学先生之道,诵先生之文,高养天和,以寄余生。未审先生异日有旧游之念,肯乞飞霞佩乎。"文有奇趣,足为此集生色。有范学正在,对全真亦起助缘之作用。

若此集有全真庵主王琉辉等所刊之初板,已于丙午岁(1186)为大水所漂没。此序已为长真门人徐守道、李道微、于悟仙等重刊时所作,其后板又毁而重刊,乃有范怿之子跋之,另一跋作于己丑(1229)。然则成此三卷诗文,亦非易事。

读此二卷诗文,贵能成象。"述怀"十一首中有真意,宜录数首以示之:

　　瑟瑟飘飘风入松,遨游物外与仙同。性如朗月流青汉,心似闲云任碧空。猛虎抢来囚坎户,蛟龙降在锁离宫。周天频起金刚焰,锻炼炉中一粒红。

　　青蛇三尺袖中携,一粒丹砂结正时。雾罩清溟囚马子,烟笼碧嶂锁猿儿。千朝行满龙投火,九转功成虎入池。夺得虚空真造化,天机深远少人知。

以下两首曰"寂寥孤淡任残年"及"欲穷造化炼心灰",内有无穷法门。

"示门人"七首皆善,末首曰:"修行休向法中求,著法寻求不自由。认取自家心是佛,何须向外苦周游。灵源慧照尘休昧,应物般般意莫留。两道清风开玉户,一条银艳出山头。"则佛道何异。

"三教"一绝曰:"三教由来是一家,道禅清静不相差。仲尼百行通幽理,悟者人人跨彩霞。"可喻三教合一之旨。

又七绝"述怀"九首,其八曰:"古佛灵岩是我家,清凉境界绝忧嗟。道人活计无他做,唯采三光炼碧霞。"可喻佛老同异。

"劝众修持"七首,其一曰:"学道假除假,修真空炼空。本源归一处,明月与清风。"

又如"无相歌"、"骷髅歌"、"落魄歌"等,皆有其妙境。于词有"酹江月"一阕殊可贵:"吾门三祖是钟吕,海蟾相传玄奥。师父重阳传妙语,提携同超三岛。慢慢搜真,灵根固养,渐吐黄芽草。无中还有慧风,时送嘉耗。一点莹彻无穷,周游沙界,物物圆明好。种种皆空,归本有内外,般般颠倒。此理幽深,清虚缥缈,行者人须到。昏昏默默,暗中圣贤知道。"然则钟吕、海蟾之盛传于北宗,与西山道派之钟吕尚颜色不同,此不可不辨。

又于"瑞鹧鸪"曰:"修行休觅虎龙儿,只要灵明识本机。昏则弥陀成外道,悟则烦恼是菩提。常搜己过心明显,唯见他非性转迷。打破般般休歇去,虚堂深处伴牟尼。"

于"登蓬莱"曰:"行大道认取坎和离,一点来时颠倒处,两般消息与搜披,玄妙不难知。休外觅,识取菩提,有相身中成锻炼,无为路上证牟尼,指日跨云霓。"

能识此"休觅"与"认取",释老之辨庶可见其所通,而全真之理尽在其中,此之谓文以载道。凡读道教南北宗之文集,皆宜作如是观。

此书见《道藏》798册友下七至九。

# 226. 太 古 集

《太古集》四卷,金郝大通著。大通为北七真之一,事迹详《七真年谱》。生于金天眷三年,当南宋高宗绍兴十年(1140),然未详卒年。今本此集,知卒年七十三岁,则当金崇庆元年(1212)。年少于朱熹十岁,虽未尝往来,学本于《周易》则有所同。《太古集》本十五卷,成而自序于大定十八年(1178)。

此序为重要文献,序文上半言《易》,皆准于卦爻辞。由观象而玩辞,非空言可比,与了斋之《易》相似(宋陈瓘[1060—1124]著《了斋易说》)。若亲体诸身,又非陈瓘所能及。文于"刚进待需"句,"刚"下似脱"以"字。下半言道,皆准于阴阳生生而及五行,则通于《灵宝度人经》之旨。末句曰:"然而然,然于不然而然也",犹太极乾元之象,坤元已在其中。

若此《太古集》十五卷,经门人范圆曦补缀阙遗、改正差缪而编为四卷本,今原书已佚。圆曦时称普照大师,为范仲淹之后裔,编成而重刊于丙申(1236),其师已亡二十余年。前有前翰林学士冯璧、浑水刘祁及圆曦三序,述其始末甚详。若此四卷皆宜精读,卷一为"《周易参同契》简要释义",自序有妙义。序末曰:"非夫至极玄妙,其孰能与于此乎!"实已成象,所谓悟后之言。"《参同契》简要"凡四字句四十,仅一百六十字,诚简要之至。全文见下:

> 天体道广,乾用德普。善始嘉通,义和贞固。大妙至哉,玄元圣祖。资乎万物,统御云雨。克明初末,时乘六户。伏虎飞龙,式宙控宇。变力化功,性端命辅。保合太和,利贞廼甫。刚专柔直,匠贞规矩。君子自强,教令可取。地体道大,坤用德隆。长益群品,事备曲通。攸攸君子,雌极化雄。西南不利,东北立功。乘此

达彼,黄委宗风。资生万有,承顺无聪。厚能载物,至理无穷。含弘光炽,品类熙冲。实相非相,真空不空。全其众妙,器与玄同。

能以人心神勘破宇宙妙合乾坤,庶能《易》老一致,则与王弼之《易》,一乎二乎?清焦理堂之复取王弼说,亦此意。

卷二收易图十七,卷三收易图十六,共三十有三,各有所指。且尚以"河图"当九宫,用刘牧之说。可贵处在能兼及《内经》之"五运六气"、天文之"北斗加临月将"、"二十四气日行躔度加临九道",而归诸"三才象三坛",则为有得于"近取诸身、远取诸物"之言。

卷四为金丹诗三十首。首有序言曰:"虚无之神,统御乃灵。先天地祖,运日月精。列光垂象,造物变形。推迁岁纪,应用生成。旁通恍惚,鼓荡杳冥。乾坤布化,导引群情。幽玄契妙,贤劫圣因。"确已说明金丹大义。下录二首以概其余。

第十四首:

> 铅汞须分阳与阴,半斤银合半斤金。火龙飞入牛郎鼻,霜月穿开织女心。神水贮藏金井满,道源澄照玉泉深。升沉颠倒明离坎,未悟之人何处寻。

第二十九首:

> 元气混成清静体,彩云突出五方霞。金丹结就纯阳子,玉液浇开不夜花。无相门中堆白雪,虚空藏里产黄芽。长生路上行人少,只是仙家与道家。

考郝真既得重阳之道,复至涞城南,得神人(实当时通易理者)以陈抟先天图授之,始能易道一致,开北七真中易象之一派,而上接《灵宝度人经》之旨。惜先天图传入儒家后,朱子晚年虽注意于《参同契》之实质,而于当时道教之南北宗尚有一间。此自为理学所限,亦有不得不然之势,然《周易启蒙》之象数实已相通。唯于卦爻对偶之理,当时之理学似尚未悟,此所以郝真之易较南宋理学之易为圆融云。

# 227. 云 光 集

《云光集》四卷,圣水玉阳王处一撰。书无序跋,凡三卷诗一卷词,见《道藏》792 册速下。

先录《沁园春》一词并序,以见其从道之始末:

> 予自七岁遇东华帝君于空中,警唤不令昏昧。至大定戊子复遇重阳师父,因作此词,用纪其实云。

> 元禀仙胎,隐七岁玄,光混太阳。感东华真迹,飘空垂顾,悟人间世梦,复遇重阳。密叩玄关,潜施高论,皓月清风炼一阳。神丹结,继璇玑斡运,羽化清阳。欣欣舞,拜纯阳,又虚妙天师同正阳。命海蟾,引进旌阳,元妙古任安,尹喜关令丹阳。大道横施,驱云天下,绝荡冤魔显玉阳。诸仙会讲,无生天理,空外真阳。

按玉阳生于金皇统二年壬戌(1142),于七岁戊辰(1148)遇东华帝君于空中,可以幻觉当之。大定戊子(1168)遇重阳乃为事实,是时重阳五十七岁,玉阳二十七岁。然因有幼年之幻觉,宜此词之象,须攀附诸仙,则与马、刘、谭、丘虽同门而略有不同,此不可不辨。

诗有"大定癸卯季冬二十二日丹阳蜕质升霞故题":"走电飞雷击太空,先天火器恣威雄。妖魔精怪随风散,独显圆成道德功。"则见丹阳升霞之具体时日,是年玉阳为四十二岁。又有"太古郝公升霞,门人送道袍不受,以此赠之":"彼物回将去,分文没往还。一灵真性在,脱

240

尽死生关。"据《太古集》记载,郝羽化于金崇庆元年(1212),则玉阳已七十一岁。录此可见全真教对死生之见界。

若长春有"赞玉阳先生":"故国真仙子,东方大远人。清高何异俗,爽迈不同尘。表里天俱赐,行藏世绝伦。时时期祸福,征验默通神。"则正合玉阳从群仙以通神之象。而玉阳有"寄长春丘公":"身心内外结真祥,杳杳玄科透骨凉。凡圣同源真喜庆,人天宽布降仙方。"亦正合长春通密之象。同门赠予,贵能见知心之言,今于七真之集中常见,特为指出。

"霍会首问三教合一"曰:"无生真妙道,达本体同然。吾教冥归一,通融理自全。"此诗之"达本"与"冥",有全真之真谛在。不知通融者,三教永远是三教,决不能归一。故南北宗开创之道教,与《云笈七签》所总结宋前之道教,实有完全不同之形象,其不同点就是三教问题。又此集之"述怀"十三首七绝,步步深入,释道何以异,录其第十二首以见一斑:"悟真达本慧根通,应化丹成演苦空。般若波罗无挂碍,希夷大道悉圆融。"

又"于志常问清闲"曰:"平等元神定,逍遥玉性闲。心空观自在,一脱万重关。"殊合日常之精神状况,亦道教养生之基本形态。由是而永脱万重关,于道乃几。

若玉阳亦承金帝之召,时在承安,首一诗记其事。前序有弟子所记,录一节可考见其史迹:

"承安丁巳(1197)受第三宣,于六月二十五日到都下天长观。七月初三日宣见赐坐。帝问《清静经》,师解之。次问北征事,师答云戊午年(1198)即止,后果应。次问全真门户,师一一对答,帝深嘉叹。留连至暮方出,翌日赐紫衣,号体玄大师,仍差近侍传旨,赐崇福、修真二观任便住坐,每月给斋厨钱二百镪。"此见当时金帝信道之情况。

此集之"得道吟"、"妙化吟"、"显道吟"诸作,皆有至理可诵。末篇"述怀"曰:"天之道,妙用不虚传,一点生成真法性,二仪炼就出尘仙,随步结金莲。明了了,颠倒显根源。四大扶持真水火,五光照彻九重天,七祖尽朝元。"能得道教之基本教理,屡用数字,方能喻其妙,即今日之数学语言。若曾见海市,视之为真有仙境,在当时必有因之笃信道教者,玉阳且然,遑论他人。

# 228. 仙 乐 集

《仙乐集》五卷,神仙无为应缘长生子刘处玄造。无序跋,见《道藏》785 册第上。

按刘处玄生于金皇统七年(1147),卒于金泰和三年(1203)。此集中提及年份者为辛酉壬戌(1201—1202),时已将羽化,有望年及七十七之记载,盖未能成事实。不及见成吉思汗立国,遑论召长春之事。其于七真有关之诗篇,每用"丘刘谭马"连称,如曰:"丘刘谭马敬,忘形修性命,清志有始终,寸尽万愆病。""丘刘谭马善,降火明修炼,结成汞和铅,劝人依教典。""丘刘谭马悟,别有祖师度,忘世洞天游,云霞为伴侣。""丘刘谭马觉,了道脱凡壳,升入太无中,亘灵居杳冥。"

即此敬善悟觉四象,略可概全真之旨。而知刘之说法每合全真而言,丹阳以"通妙"评之,或即此象。

又孙不二曾至东莱州相见,分手时有数首四言诗,甚恳切。前有小序曰:"马姑到东莱州近二载,满郡奉道之家多见敬爱,却要去都下,所言有些小事未了。中秋旦后相辞,信笔数言,自知未达。"诗曰:

> 大道无为,真应有为。无形有相,福行施为。不造万愆,顿觉真为。不贪万有,物外清为。不生万恶,应化善为。不起万憎,应化德为。道阐万理,应化贤为。世明万性,应化经为。金刚四句,应化禅为。《周易》道化,应化卦为。《道德》五千,应化修为。十方三界,三教度为。万法无分,天下敬为。上报四恩,无为不为。

此篇由无而有,由有而无,诚能显出真空妙有之旨。三教万法,敬为而已,仍通理学之旨。以下数篇之结句曰:"既超彼岸,丹阳是依。""他年归去,重礼重阳。"尤见全真教之教义。既能视死如归,于内丹之有得于身不言而喻。考重阳创教而大兴,既因民众在异族统治下容易产生宗教信仰,以为精神安慰,然修身有得之七真到处弘扬,亦为主观努力。数年后,成吉思汗见长春而以元灭金,全真之盛,决非偶然。故读《仙乐集》,可见谭马死后全真教之情况。

若首篇为"天道罪福论",即行为之标准。又深信轮回而似落小乘,实为宣道所必须之步骤。如曰:"轮回几万遭,达理死生逃,养就真铅汞,珠光钓巨鳌。"又曰:"轮回万万遭,见道死生逃,出了阴阳窍,冲和离坎交。"此有既济之定,方能出入无疾,故全真教之教义,决非佛教中之小乘。而历代佛老争胜不已,理则自南北宗起,已无此必要。奈俗见深入人心,凡信宗教者必有释老之分,而一般不知究竟之信仰者,乃无辨于其间,是反受全真教教义之影响。

# 229. 无为清静长生真人至真语录

《无为清静长生真人至真语录》一卷,金刘长生言。首有澧泽端城双溪虚白道人韩士情产广序,作于泰和壬戌岁(1202)上元日。考刘生于皇统七年(1147),是年五十五岁,当尚健在。序中述刘有被宣诏诗曰:"昔年陕右生皇诏,今日东莱圣帝宣",又以宋君召陈希夷相比。且曰:"盖道同耳,易地皆然",已忽乎民族而言。可见全真教之发展,时本金元之历史条件。于统治者乃借全真教以便于统治人民;于北七真正利用统治者之信心,有以道教略抒宋遗民亡国之痛。然则刘之与陈抟,其然乎不然乎?或全真教徒者,各有不同之思,是皆时代使然。

至于此卷语录,整理成八十问。每目仅一字,下录此八十字,可见当时道众所关心的问题。

| 法 | 空 | 知 | 见 | 善 | 恶 | 贤 | 愚 | 生 | 死 | 贵 | 贱 | 高 |
| 下 | 乐 | 苦 | 清 | 浊 | 显 | 隐 | 大 | 小 | 虚 | 实 | 闲 | 忙 | 去 |
| 来 | 平 | 常 | 喜 | 爱 | 得 | 失 | 福 | 祸 | 舍 | 取 | 中 | 边 | 著 |
| 离 | 人 | 我 | 辩 | 讪 | 损 | 益 | 长 | 短 | 巧 | 拙 | 毁 | 赞 | 忘 |
| 贪 | 道 | 俗 | 非 | 是 | 思 | 世 | 妙 | 微 | 方 | 圆 | 应 | 变 | 情 |
| 物 | 机 | 虑 | 亲 | 疏 | 远 | 近 | 行 | 住 | 唯 | 众 |

更择数问,以录刘长生答语之要,尤可见当时全真教之思维形象。

如答"法"曰:"通其道而达真空。"答"空"曰:"道住非空也,愚者守其顽空也,贤者守其真空也,世者思其色空也,道者忘其世空也。"答"善"曰:"善者方圆曲直应物而顺其人也。"答"生"曰:"生者抱道则真生也;保命则祸生也;养气则神生也;通微则妙生也;无妄则慧生也;应物则德生也;常善则救生也;夏至则阴生也;冬至则阳生也;交通则物生也。"答"人"曰:"人之不通天意,所执于我也。"答"我"曰:"真我者,人之性也。"答"道"曰:"道者通物,无物则道也。"答"变"曰:"无为真变,则如水中鉴月也;有为伪变,则似镜里观形也。"答"情"曰:"曲性无于情,则无漏也;执性有于情,则有漏也。"

每引《道德经》以引其义,其间答"空"、"善"可云圆通,答"生"全用"生生之谓易"之理。"人"贵"真我",本"吾丧我"之理,辨水月与镜形,有打破"大圆镜智"义。无"情"而不可不曲性,殊合《周易·文言》"利贞者性情也",《参同契》"推情合性",性以合诸情,安得不曲。曲成万物而不遗,庶能出其物壳,是即《周易·乾彖》"首出庶物,万国咸宁"之象。

长生能有此终始若环之道,不愧重阳门人而为七真之一。

此书见《道藏》728册卑上三。

244

# 230. 长春子磻溪集

《长春子磻溪集》六卷,栖霞长春子丘处机撰。前有中条山玉峰老人胡光谦序于大定丙午岁(1186)五月,自谓讲经四十年,是年春尚演羲《易》于条阴之北郊。时当南宋淳熙十三年,易学正盛,北方之易学情况则不甚详,读《太古集》知郝大通善《易》,而玉峰老人乃其前辈。惜演羲《易》之具体文献已失传,赖此序之言,聊能见当时此地易学仍有传人。按长春子生于金皇统八年,卒于金正大四年(1148—1227)。故作此序言时,处机年仅三十九岁。而集中之诗词颇多丙午后之作品,则光谦所见者,尚是早年所集。又有文林郎前太常博士兼校书郎云骑尉致仕平阳毛麾序于大定丁未(1187)长至日,则仅后于胡序一年。因胡毛二老系当时较有地位之信道者,有长者之序,对全真教之发展能有助缘。此亦处机弘道之苦心,后得成吉思汗之邀,自有其感之之道,早有文集问世,亦为其愿。又作品既加,成此六卷本后,又有移剌霖序于泰和丙寅(1206),陈大任序于泰和戊辰(1208),而序者皆当时之显宦,此尤可见长春之愿。陈序中有一节述长春之事迹甚简要,可录之:

> 东州高士长春子丘公,世居登之栖霞。未冠一年,游昆仑山遇重阳子王害风,一语而道合,遂师事之。王遗以诗,有"被余缓缓收纶线,拽入蓬莱永自由",其深入理窟可知已。久之与同志马公谭公刘公陪从重阳子游南京,识者目丘刘谭马为林下四友。居无几,重阳子捐馆,四人护丧归殡终南,庐于墓次,服除,各议所之适,惟公乐秦陇之风。居磻溪庙六年,龙门山七年,声名藉甚。大定戊申(1188)世宗皇帝闻之,驿召至京师,赐以冠巾絛服,见于便殿,后凡四进长短句以述修真之志,上嘉叹焉。及还山之后,接物

应俗,随宜答问,有诗颂歌词无虑若干首,文直而理到,信乎无欲观妙深造自得者欤。

读此已知泰和戊辰年前之长春事迹,是年已六十一岁。若重阳赠长春之诗,《全真集》中尚有,可录于此:

"赠丘处机":"细密金鳞戏碧流,能寻香饵会吞钩。被余缓缓收纶线,拽入蓬莱永自由。"是即循循善诱之象。

至于具体之山居生活,有"磻溪凿长春洞"一诗曰:"峨峨峻岭接云衢,古柏参差一万株。瑞草不容凡客见,灵禽唯只道人呼。凿开洞府群仙降,炼就丹砂百怪诛。福地名山何处有,长春即是小蓬壶。"又"山居"三首之二曰:"不怨深山自采樵,山中自有好清标。幽居石室仙乡近,不假环墙世事遥。饮食高呼天外鹤,摩云仰看峡中雕。时时皂白浮沉境,显贯真空慰寂寥。"非有此确然之乐,他年何以服成吉思汗?读《玄风庆会录》一朝之谈,不可不知长春洞中之修,实与陶隐居先后映照。小蓬壶其犹元始天尊之宝珠,丹阳以"通密"称长春,有以也。又于"世宗挽词"之引曰:"臣处机以大定戊申春二月自终南召赴阙下,蒙赐以巾冠衫系,待诏于天长观。越十有一日,旨令处机作高功法师,主万春节醮事。夏四月朔,徙居城北官庵。越二日己巳,奉圣旨塑纯阳、重阳、丹阳三师象于官庵,彩绘供具,靡不精备。后五月十八日召见于长松岛,秋七月十日再召见,剖析天人之理,颇惬宸衷。"按大定戊申时,丹阳已于五年前羽化,故为之塑像。又丹阳年与谭长真相同,且是时长真亦已羽化,然未塑谭像,可见丹阳于七真中有其特殊地位,亦为长春所钦佩者。教化丹阳之事迹,必盛传于世,乃有奉旨塑像之事。

又有"青莲池上客入关"一词曰:"重阳羽化登仙路,兄弟如何措,各各勤修生觉悟。通无入有,静思忘念,密考丹经祖。一时浩劫真容露,放荡情怀任诗句,直待人间巧行具。云朋霞友,爽邀风月,笑指蓬瀛去。"此词似当作于重阳羽化后不久,而长春之志已决,露真容以具人间之功行。然则西游之行,亦早有安排。儒家所谓"壹是皆以修身为本",全真乃另开宗教形式之修身,亦有客观之事实。正宜深入研究其"通无入有"之"丹经祖",庶可得三教合一之旨。

答丹阳之"桃源忆故人"曰:"故人别后闲吟罢,寂寞云溪潇洒。百尺孤松影下,独弄周天卦。清风皓月虽无价,妙手奇工难画。欲向世间夸诧,谁是分真假。"境极深邃,是时重阳已羽化,或仅可与丹阳言,即"兄弟如何措"之形象。

他如"青天歌"八首,早已脍炙人口,实能雅俗共赏。由"入地上天超古今"而"昼夜清音满洞天",则无弦之天乐乃奏,全真之象可成。长春之密,或可由此而通,读其集者,宜细味之。

此书见《道藏》797 册友上。

# 231. 长春真人西游记

《长春真人西游记》二卷,真常子李志常述其师丘处机西游及归后之情形,直至羽化为止。首有西溪居士孙锡序于戊子(1228)秋后二日,则长春已于一年前羽化。

此书记述长春西游之始末甚详。接受蒙古成吉思汗之召,时在蒙古太祖十四年,即金兴定三年,南宋嘉定十二年(1219)。于五月诏刘仲禄来求访长春,于十二月得见尹志平,翌春长春启程。考是时由重阳传下七真之全真教,已遍及北方,然七真中仅长春尚在,启程于庚辰,年已七十有三。在当时情况下,晚年有此精神,确不可多得。途中暂止于北山,于辛巳发自抚州,直至壬午(1222)九月十九日初见帝。若问答之言,可参阅《玄风庆会录》。旋还,于甲申春二月入京。是书所记,虽不足与玄奘之《大唐西域记》比,亦足见当时之塞外风光。此书已于《道藏》中提出,今则更宜加以详注。下附诏书等,亦为重要之文献。

若侍行之门人十八人，姓名录于下：

虚静先生赵道坚、冲虚大师宋道安、清和大师尹志平、虚寂大师孙志坚、清贫道人夏志诚、清虚大师宋德方、葆光大师王志明、冲虚大师于志可、崇道大师张志素、通真大师鞠志圆、通玄大师李志常、颐真大师郑志修、玄真大师张志远、悟真大师孟志稳、清真大师綦志清、保真大师何志清、通玄大师杨志静、冲和大师潘德冲。

所不幸者赵道坚九古，于往行时已病逝于途中，故归时仅十七人。

于长春归后之全真教，自然兴盛无比，兴建道观，作醮祈福，不一而足。迄今道教而仍有全真之裔，全在长春西行之德。当时轰动北国之情，足与玄奘媲美。唐则已盛，元待开国，长春之密，于焉可见。

此书记长春归后之言曰："'我昔居于磻溪，茂林修竹，真天下之奇观也，思之如梦。今老矣，归期将至，当分我数十竿，植宝玄之北轩，聊以遮眼。'宣舍曰：'天下兵革未息，民其倒悬，主上方尊师重道，赖师真力保护生灵，何遽出此言邪！愿垂大慈，以救世为念。'师以杖叩地，笑而言曰：'天命已定，由人乎哉！'众莫测其意。"

若长春子示寂于丁亥七月九日，留颂云："生死朝昏事一般，幻泡出没水长闲。微光见处跳乌兔，玄量开时纳海山。挥斥八纮如咫尺，吹嘘万有似机关。狂辞落笔成尘垢，寄在时人妄听间。"亦自潇洒。戊子春清和建议构堂曰白云观，四旬成。七月九日大葬于白云观处顺堂。

# 232. 大 丹 直 指

《大丹直指》二卷，长春演道主教丘处机述。见《道藏》115 册称下六七。

考此书作者,决非长春,因北宗重性,此书主命。然以内容言,甚有价值。尤其对人身之生理现象,说得极明白。以南宗言,发展至陈泥丸及白玉蟾时,另有西山施肩吾一派。此派或是有道士施肩吾者创之,而后人神其说,乃谓即唐代之施肩吾。由是与吕纯阳相合,而谓同受于正阳真人钟离权。今《道藏》中此派的文献尚多,旋即与南宗合一。而钟离纯阳正系北宗王重阳之道原。故元代中叶后,南北宗即西山施肩吾派之文献,托名于长春,以西山派能包括全真教。实则或性或命,本可相通。然发生之历史事迹及对身心之修养,殊不可不详加考证。

至于其价值,全在命宫之修炼法。托名为长春之序文,对天地人三才之关系,及气到命府与元气真气相接之情状,皆能指出其原。书名《大丹直指》,殊能相称。

全书绘有十余图,皆属黄庭内景,图名《五行颠倒龙虎交媾图》、《五行颠倒周天火候图》、《三田反复肘后飞金精图》、《三田反复金液还丹图》、《五气朝元太阳炼形图》、《神气交合三田既济图》、《五气朝元炼神入顶图》、《内观起火炼神合道图》、《弃壳升仙超凡入圣图》,而全书即释此九图之义。此任督周天,实为大丹之基础。九图后说明金丹之秘,亦言简意长,更有一录之必要:

> 金丹之秘,在于一性一命而已。性者天也,常潜于顶;命者地也,常潜于脐。顶者性根也,脐者命蒂也。一根一蒂,天地之元也,祖也。脐下黄庭也,庭常守乎顶及脐,是谓三叠黄庭,曰"琴心三叠舞胎仙"是也,琴取其和。且人之生其胞胎结于我之脐,缀接在母之心宫,自脐剪落,所谓之蒂也。蒂者,命蒂也;根者,性根也。但恐泄漏,是所千千名、万万状,多方此论。顶中之性者,铅也,虎也,水也,金也,日也,意也,坎也,坤也,戊也,姹女也,玉关

也。脐中之命者,汞也,龙也,火也,根也,月也,魄也,离也,乾也,己也,婴儿也,金台也。顶为戊土,脐为己土,二土为圭字,所以吕仙翁号刀圭也。只是性命二物,千经万论只此是也。

最后更有《周易》先后天卦位图,"元气气中神,积精精中气"之精气神三田图,北斗星图等。欲使人合天地而三才一致,皆属我国先秦时早已具备之认识论。而对自身之结构,则道教有其具体心得。今正宜弃其神秘外衣而研究其合理部分,故此书殊有详读之价值。凡西山派之精华,所谓西山十二真人,实即深入悟气而有以制之,然确非一日之功所能致。

# 233. 玄风庆会录

《玄风庆会录》一卷,元侍臣昭武大将军尚书礼部侍郎移剌楚才(1190—1244)奉敕编录,自序于壬辰(1232)长至日。盖记成吉思汗召丘长春西游之事,其迹则《西游记》中已详,而此书记对上传道之玄言奥旨,初乃秘之,十余年后始可刊此。

于己卯(1219)正元后一日敕朝官刘仲禄礼邀而西行,直至壬午(1222)之冬十月既望皇帝畋于西域雪山之阳。是夕相见,以问长生之道,长春劝以"去奢屏欲,固精守神,唯炼乎阳,以致阴消而阳全,则升天而为仙"。又曰:"陛下本天人耳,皇天眷命,假手我家,除残去暴,为元元父母,恭行天罚,如代大匠斫,克艰克难,功成限毕即升天复位。在世之间,切宜减声色省嗜欲,得圣体康宁睿算遐远耳。"

述前代之仙有:"于吉受《太平经》一百五十卷,皆修真治国之方";"桓帝永寿元年正月七日,太上降蜀临邛授天师张道陵南斗、北斗经及二十四阶法箓、诸经籍千余卷。晋王纂遇太上道君法驾乘空赐经数十卷。元魏时天师寇谦之……受道经六十余卷";"宋上皇本天人也,有神仙林灵素者携之神游上天";"同时学道四人,曰丘曰刘曰谭曰马。彼三人功满道成,今已升化如蝉蜕。然委此凡骨而化,能化身千万,无不可者。余辛苦之限未终,亦因缘之故也。"考全真之兴,全赖丘长春之一席妙语,功在百姓,未可以迷信否定之。

此书见《道藏》76 册致下十一。

# 234. 洞 渊 集 五 卷

《洞渊集五卷》,金龟山长筌子撰。按《道藏》所收之书,每多同名异书,《洞渊集》即有二种。此种外,尚有宋李思聪《洞渊集》,惟多寡不同,故加卷数以辨之。此书无序跋,然卷四中有《幽居》一篇曰:"正大辛卯岁(1231)孟春望日时有龟山长筌子逃干戈于古唐之境,避地于泌阳畎亩之中。"故知其为南宋理宗时之金民,而全真教即兴于金,长筌子亦为崇道者。此书首二卷为《至一书》七十二篇,大义盖能有所悟而言之,是即全真教之道。如《冥真篇》第九曰:"冥真神游渺邈大明之墟,以道观之则无远近洪纤清浊贵贱之差也。恒于是则无出而阳,无入而藏,果而勿敢而无自伐,以实致虚,立乎不测,纯粹洞彻,物无所阂,入乎无间,然矣而无求其故。"即此一篇,略可见全书之旨。

卷三有《和朗然子诗并序》,序有曰:"昨因闲玩唐朗然子《唱道诗》三十一篇,乃文辞简略旨趣幽深,外明恍惚杳冥之理,内达溯沿胎息之源,观此真功,安可忘矣。"则知唐有朗然子者,已达胎息之源,虽其诗未传,今读和诗,亦能略窥唐代之内丹。其一曰:"梦断黄粱正少年,便归林下枕云眠。不因跳出尘劳窟,又更深通微妙权。慧剑剔开千圣路,灵光射透九重天。从兹放荡游寰海,谁识逍遥陆地仙。"则与盛传之吕岩形象相似。又其二十七曰:"悟却《黄庭》二卷书,返观身命妙资于。空中卓立擎天柱,壶内明安偃月炉。醉饮流霞眠绛阙,闲持慧炬玩灵虚。上天捷径人皆有,不信因他识见愚。"又见《黄庭》与金丹之联系处。末首曰:"朗然昔日达重玄,功满飞升入洞天。秘语数篇谁悟得,佳名千古谩相传。乘风白昼非为道,玩月青霄未是仙。了彻希夷无相理,混成一段好因缘。"则最后点出全真之"性宫"。三教合一之道,唐代尚无,而长筌子能上友古人,亦殊可贵。卷四《升堂示众》、《庆州长春观金莲会》、《全真赋》诸篇,皆有"琴操无弦"、"宴息玄关"、"全真顿了"之致。卷五词、词品亦幽静。如《长思仙》小词曰:"醉中醒,梦中醒,月浸松窗枕簟清,谁家捣练声。诉真情,乐真情,竹外流泉漱石鸣,云山叠翠屏。"身处如是之境,心达如是之静,自身之修养可见,亦见全真教之作用。

此书见《道藏》732、733 两册和上下五至九。

# 235. 玄虚子鸣真集

《玄虚子鸣真集》一卷,金玄冲真人著,杨寂子刘先生为之编集。首有弟子汾阴张志明序于辛亥(1251),谓其师卒于承安间(承安凡五年,1196—1200)。然则此集刊版,玄虚子已亡五十余年。

全卷凡诗近五十首,量虽未多,理颇可观。首有"慧剑"五首七律,其末首曰:"吾获宝剑已多年,入地穿山得自然。瑞气铸成群怪匿,清光磨就万邪迁。辉辉光焰射星斗,灿灿锋芒复地天。闲挂碧霄宫殿侧,不须重举伴神仙。"此见成丹后之作用,盛传吕岩之剑,实亦此义。

"述怀"三首七律,第一首往,第二首来,第三首曰:"道人活计本无忧,性月辉辉得自由。养素不须身外觅,修真何用意中求。灵珠朗朗通天地,素月辉辉射斗牛。妙道从来常洁净,清都隐隐恣优游。"则已得洁净清都之象。多用叠字,且重见辉辉,此未可以文章论其得失,乃欲喻其恍惚之光,即宝剑之瑞气。

若有"命汾阳张先生"一律云:"稽首知音张道人,别来无恙乐天真。征鸿不寄蓬壶信,辽鹤空传阆苑春。道院寥寥风作伴,禅堂悄悄竹为邻。先生莫失诗中约,同赏琼台月一轮。"此诗即命作序之张志明,因张系早年之门人,且一年后即分手,而是时张或自有发展,故以此诗勉之且戒之。张后任职河中道录,对道教当有助缘,序文得体,则亦未负乃师之约。

"答王先生问道在何处"七绝曰:"忘非泯欲要坚心,道在虚无何处寻。认取本来真面目,拈来放下是知音。"此虽常谈,然实不外拈来放下。此象名阴阳,仍非在虚空之本来面目。下更有"神珠"一绝,则所以一显其体,其文曰:"团团无相亦无碍,万道霞光射碧空。照耀大千含法界,参天两地岂能笼。"此犹玄虚子所谓道,有其慧剑在,读者详之。

# 236. 草 堂 集

《草堂集》一卷,五峰白云子王先生撰,无序跋。见《道藏》786 册第下八。

白云子为丹阳弟子,卷首为《满庭芳》词并小引,录之可概见其思维形象:

> 因腊月二十二日乃重阳祖师悯化妙行真人降迹,丹阳师父顺化慈愿真人升霞,众道友修斋毕,以词赠之。
>
> 雪霁郊园,冰凝池沼,时当深入穷冬。重阳此日降迹阐真风,还是丹阳师父辞尘世飞上天宫,玄元理一升一降,显现至神功。无穷真匠手,京南陕右,河北山东。但儿童耆老,谁不钦崇。应物随机,顺化垂方便,三教通同。诸公等,从今以往,何日再相逢。

由此可明全真教所解决的生死问题,与道教"白日飞升"之象,已成另一种完全不同的内容,南北宗基本相同。又有"咏三教"一词,叙述原委颇清晰,亦录于下:

释演空寂,道谈清静,儒宗百行周全。三枝既立,递互阐良缘。尼父名扬至圣,如来证大觉,金仙吾门,祖老君睿号,今古自相传。玄玄同一体,谁高谁下,谁后谁先。共扶持邦国,普化人天。浑似沧溟大海,分异派,流泛诸川。然如是周游去处,终久尽归源。

惟全真教能见三教之源,故此集中又有"诫释道相辩"之《临江仙》一词曰:"禅道本来无辩证,皆因古圣强名,不须方外谩劳形。人人俱有分,个个总圆成。但把万缘齐放下,切须戒断无明,给孤园内任纵横。泥牛哮吼处,日午打三更。"实可视作有高度境界之禅机。当佛教之初传入吾国,始借吾国道家之名词以喻彼教,继则佛教本身之教义显,乃自然驾由道家转化而成的道教而上之。而道教又大力吸收佛教之境界,合以吾国本有之各种哲学概念,方可与佛教分庭抗礼。及南北宗出,道教又另创三教合一之说,每用佛教之概念说明道教之境界,实因佛教已归结于禅机,则正可为道教所利用。此词所谓"断无明"的无明,指释道相辩乃大妙,辩者皆纵横于给孤独园内,能日午即三更之阴阳消息,何必如泥牛之哮吼,主要处未能悟得人人有分之圆成所致。略述一词之旨,聊见全真所主张三教合一的意义。至于修持之事实,可录《好离乡》一词,小引曰:"余隐居昆仑山清神洞,常习不睡,因久坐,不觉雪降。其夜稍暖,岩溜半溶,似乎有声。俄然而起,出户视之,四围山色,尽为更变,因倚松而作是词。"词曰:"坐久欲笼晴,不觉天公祥瑞呈。夜暖忽闻岩溜滴,声声唤觉,游仙梦不成。跋履起开扃,四望遥峰尽变更。惟有长松天性异,坚贞独倚幽岩显道情。"此一境界,即道教斥佛教枯坐之失。虽然,枯坐与否,仍属日午三更之象。

又有"忆师父训,号白云子,名丹桂,字昌龄"之自咏,调寄《行香子》,亦能有自述其一生之深义,其词曰:"幼悟离尘,炼汞烹银,把壶中造化区分。虎龙调处,滋助阳初,现亘来容,元来面,本来身。云水为邻,风月常亲,妙玄通方称全真。忆师慈训,稍异常人,便字昌龄,名丹桂,号白云。"惟略有自誉之嫌。

"赵舍人又写日本国人词,索和其韵",调寄《水调歌头》:"年华若飞矢,贪爱竞无休。西城始逢春色,转眼又惊秋。日月递相昏晓,暗里消磨人老,甘逐逝波流。争似闻强健,拂袖觅抽头。放心闲,从体便,胜封侯。优游到处,无系浑似一孤舟。但得自家合道,任使旁人笑错,忘耻亦忘忧。高卧晴岚表,吟啸对石楼。"则虽无新义,亦自飘然。日本国人之词未见,亦可见当时文学交流情况之一斑。

# 237. 葆 光 集

《葆光集》三卷,清和真人尹志平撰。见《道藏》787 册同上三四五。前有弟子烟霞逸人序,作于己亥(1239)。按尹志平生于金大定九年,卒于蒙古宪宗元年(1169—1251),年八十三岁。当志平生仅二岁而重阳卒,故不得为其弟子。然丱岁即出家从道,后为长春之大弟子。当长春西行,弟子十八人相随,即以志平为首。返归后仍不离长春左右,长春蜕化后承教事,常坐于大长春宫宝玄堂之重葆光轩,此所以以"葆光"名其集。己亥作序时,志平七十一岁,掌教已十三年。

若集中所收者,有随师西游时之记事诗,今可本之以考察当时西域之情况。且有唱和诗,可与《长春真人西游记》并读。于具体修行法,有"修行五更颂"可诵,特录于下:

"晚参罢后一更初,收拾灵光入太虚。耳内不闻尘事乱,性中寂寂乐无余。二更寂寂乐真闲,一气绵绵任往还。行满三田阴鬼灭,功成九转列仙班。三更三点一阳生,六甲三元五气清。不是性根超造化,如何命宝得圆成。四更魔退罢驱兵,稳睡安眠贺太平。梦里分明无所著,觉来依旧有余情。五更五点五更残,一志坚刚静若山。休道神仙无处觅,长生只在寸心间。"即此五首,可喻北宗重性之理。

"咏今古"一绝曰:"太古玄风事若何,无为无作自清和。嗟嗟衰世人情厚,种下无边业障魔。"此诗喻人情下一"厚"字,与常言"薄"字相反,方见世之出入。惟有识《参同契》"推情合性"之旨者,乃足以见全真之道。

又有《凤栖梧》一词,有引:"先师昔日屡言燕山天下最胜之地,当是时果葬于斯,以小词记其意耳。天下风光何处好,山海潜通,无比燕中道。四海云朋来往绕,先师默悟知还到。既入玄门须悟早,谁解修真,此事非草草。天意分明容起庙,燕山千里来怀抱。"迄今长春墓仍安然无恙,位当四方辐辏之都,此亦有见之言。

又有二绝可见其志。其一有小序:"潍阳住时有清逸庵,数与闲上寻闲,三十年后领众兴缘,至今七十却返本矣。昔在潍阳三十年,今年七十罢玄谈,静中记得真闲处,却似当初清逸庵。"另一曰"闲中":"默地悟时识祖宗,丘刘谭马好家风,门中志士听予劝,努力勤修要始终。"则志平一生之志,可见其什九。

# 238. 盘山栖云王真人语录

《盘山栖云王真人语录》一卷,金栖云王真人居于盘山以说教,门人刘公先生记其百余则以成此《语录》,又有门人论志焕为之编次而序于丁未(1307)。见《道藏》728 册卑上四。又《修真十书》中,已收有《盘山语录》,见《道藏》130 册叶下九。

此二本内容略同,然《修真十书》本无序,且编次语句有小异,或系刘公先生之原本。此本则经论志焕整理而重编,故有序言。王栖云(1188—1263)是马丹阳之门人,与南宗相比略迟于白玉蟾,系全真之嫡传。其释全真之义谓:"返常合道,顺理合人,正道宜行,邪门莫入,通道明德,体用圆成,是谓全真也。"可参考,归诸返常顺理,深合和光同尘之象。

又曰:"灭动不灭照,更要会得这个灭动底是谁? 得则权柄在手,灭也由你,不灭也由你。"论金丹则曰:"本来真性是也。以其快利刚明,变化融液,故名金。曾经锻炼,圆成具足,万劫不坏,是名丹。体若虚空,表里莹彻,一毫不挂,一尘不染,辉辉晃晃,照应无方。故祖师云:本来真性号金丹,四假为炉炼作团,不染不思除妄想,自然衮出赴仙坛。世之人有言,金丹于有形象处作造及关情欲,此地狱之见,乃邪淫之所为,见乖人道,入旁生之趣矣。"又有一事为:"或问:某老迈不能多学,乞师向上极玄极妙处说一句。师云:把你这个求无上极玄极妙底去了,则便是也。"本上录三段语录,可云已说明"真性"。化金丹为无(去无上极玄极妙底),即无思无为无方无体之无极,照体可灭可不灭,犹禅宗于"大圆镜智"任之既可,打破亦不妨,非返常顺理之全真欤? 全真合禅几而一之,此书中亦可见一斑。

# 239. 清和真人北游语录

《清和真人北游语录》四卷,金清和尹真人(1169—1251)北游语录,弟子段志坚编。据首载李进及张天祚两序,皆作两卷,今《道藏》本已分为四卷,内容当同。见《道藏》1017 册弁下七至十。

自谓说此《语录》年几七旬,其时癸巳(1233)秋冬,应邀赴北京运使侯进道等醮事。故记此《北游语录》,年实六十四。盖十余年前曾随其师长春西游,清和承其教,乃著以"北游"之名。

全记本全真三教合一之理,准实修之法以进道。且自述幼年一心出家之事,其言曰:"七岁遇关西王大师,一语相契。十四遇丹阳师父出家,父严不许。至于十九复驱入俗中,锁于家。尝默祷于北辰之下,每至千拜。一日武官者刘先生与客谈道于中门之外,吾潜心跪听,沙石隐入膝中不自觉。后竟逃出,复驱入,反复者三,始得出尘离俗。"此可确信其事,亦可证当时全真教之盛行,足以动人。

至于所说之理,已信及转世而非致思于本身肉体之长生,此已有取于佛教之说。若述重阳因材以教丹阳长春,马已能耐其热而得,丘当时尚不能忍其寒而不得,理殊圆融。

论性命曰:"初学之人不知性命,只认每日语言动作者是性,口鼻出入之气为命,非也。性命岂为二端,先须尽心,认得父母未生前真性,则识天之所赋之命。《易》曰:'穷理尽性以至于命。'"按此说极是,可谓儒道相合之几。或以性命分南北宗,皆浅说。

又有言曰:"尝记孟先生平峪庵中养病,一日出门,见娠妇汲水。孟揖之曰:吾将死矣,当托生于伊,伊即我母也。妇闻之惊走。不数日,果亡。其妇生一女子,顶上隐隐有冠痕,即名之曰孟仙,今方五岁矣。"是已相似于佛教之密宗。

且述其师之言曰:"忽一日境中有祖师膝上坐一婴儿,约百日许,觉则有悟于心,知吾之道性尚浅也。半年复见如前境,其儿已及二岁许,觉则悟吾道性渐长,在后自觉无恶念。一年只如前境,其儿三四岁许,自能行立,后不复见,乃知提携直至自有所立而后已。凡人能恳心学道,必遇至人开发。"

北宗之理,实尽于此。既于密宗相结合,乃化于日用之积福累行。三教合一之几在儒教人伦之原化于自身之修持,修持之理又合道释为一而不忘于世。七真而及尹真人教义尚同,此书亦可视为北宗教义之代表作品。

# 240. 云 山 集

《云山集》八卷,知常真人姬志真撰。志真系盘山栖云之弟子,亦即郝大通之再传弟子。此书见《道藏》783、784 两册兄上下。书前有长安裴宪子法序于庚戌(1310),谓知常由儒,因大变而入玄教。又有慎独老人东明王鹗百一序于旃蒙赤奋若(1325),谓于《易》老庄列皆有解释。盖已有儒学之基础,宜其知文。此集首载"性赋""心赋"二,文义俱臻上乘。有"赞道"一律曰:"浩荡神光彻太虚,主张高厚定元初。大包宇宙极无外,细入毫芒光有余。万象斡旋通造化,群生出没赖吹嘘。物情不许通消息,动植飞潜各自如。"能说明当时全真教之认识境界。然全真教之兴起颇突然,且主张三教合一,实有驾三教而上之之象,难免为佛教所忌。其师栖云卒于中统四年(1263),忽必烈已掌权,翌年即改元至元。数年后灭宋,元即开国,于佛教深信密宗,乃与道教又兴起正面冲突,志真恰遇其时。且于至元十八年(1281)有焚道经之事,志真见之,自然有感慨。凡此之情,集中皆有所及。

"趋时"一律曰:"侯门似海我如鱼,悬箔高门一一趋。口自嗫嚅心局促,身恃擎跽足趑趄。道尊德贵斯为妄,俗调尘情自是拘。元本弃家图个甚,思量浑错用工夫。"

"妄作"一律曰:"凿破天真事事讹,日增人伪不知多。闲神野鬼争呈幻,走骨行尸自作魔。利己害他常设险,贪生竞物谩张罗。随身恶孽空担负,果报临身奈若何。"

当日争论《化胡经》真伪之情状,如在目前。对《道藏》之编集,反造一业。故又有"看经书"一律曰:"通书也胜不通书,及至通书可笑渠。只向口头闲咀嚼,几曾心上自踌躇。是非人我旋增长,利欲私邪肯破除。向上一机明不得,之乎者也竟何如。"此类作品甚多,唯有此具体逆境之经历,故此集另具风格。回忆诸作情更深切,"悼郝讲师"曰:"忆昔漳州对语辰,伟哉今已返其真。羽衣掷地先除故,凫舄飞空别换新。步斗梦回尘境暮,蹑空归去帝乡春。玉炉黄串融灰烬,留著清香何后人。""忆三山时在燕京长春宫"曰:"昔在梁园载笑歌,采芝风韵气峨峨。方池田沼景如许,瘦竹疏梅清更多。玄圃鳌头心自解,草堂龟背意如何。惟余夜夜三山月,依旧金花蘸碧波。"当事过境迁,有长短句一十八事以答廉先生问,目曰"日用"、"性命"、"全真"、"玄妙"、"真空"、"冲和"、"精神"、"无为"、"识心"、"见性"、"魂魄"、"觉照"、"藏天下于天下"、"体用"、"无人无我"、"孤峰"、"生死"、"主宾",可视为重振全真教之思维纲领。又作"机密"曰:"第糜波流未出宗,巫咸自失想无功。长于上古先天地,大振玄风处处同。"乃见世事之消息。仍收有"三教"六字句曰:"为儒为道为释,水月镜中三影。皆从此处传来,选甚黄冠圆顶。"而此一思想体系,元代起反更深入民心。故吾国有志于信仰宗教者主释主道争论不休,广大群众遇生死变故水旱灾疾而须寄情于宗教之时,根本不辨信佛信道,早有佛道无辨之想,是即受南北宗之影响。元后南北宗之继承者已渐趋合一,全真教受此考验反更兴盛,流传迄今亦非偶然。而志真之受其业报,宜此集反多警句。进而观之,凡内炼者皆有反复之变迁,外境与内情,亦可合而观之。故此集之诗文,对反身内观者尤多作用,读者详之。

若此集八卷,首四卷除二赋外皆为诗,五六两卷为词,叙情更婉约。七八两卷为碑记,首有《重阳祖师开道碑》、《终南山栖云观碑》、《洛阳栖云观碑》、《盘山栖云观碑》四文,实有直承道统之义。由重阳至志真已四代,可示如下:

重阳(1112—1170)——大通(1140-1212)——盘山(1188—1263)——志真

此外有《长春真人成道碑》一文,亦为重要文献之一。

# 241. 全 真 清 规

《全真清规》一卷,姚江春庵通玄子陆道和编集。见《道藏》989 册橙下八。道和所编集之清规,可谓已备全真教徒之具体行为。当系全真教徒继承以前之道教仪轨,并酌取儒家之礼制、佛教之戒律而成。全卷目次如下:

指蒙规式　籍披次序　游方礼师　堂门戒腊　坐钵规式

三不起身　全真体用　钵式赋　教主重阳帝君责罚榜　了真子升堂文　长春真人规榜　朗然子家书

读之可喻当年全真教徒之修炼情况及其思维形象。当年重阳之度丹阳夫妇,实立规之原则。此所录《教主重阳真人责罚榜》已属形式,合以《长春真人规榜》,全真之清规已在其中。由《全真体用》以明其理,《钵室赋》之象以诱其志,《升堂文》、《家书》以导其行,则确可由束身之清规,深入而成束思想之清规,迫由有形之清规成无形之清规,斯为道教取老子"道法自然"之旨。了真子曰:"在上者当处宽慈,在下者常存敬顺。尘心争辩,不显体玄之家风;道眼相从,依旧丹阳之活计。宿为物外之仙属,今作门中之法眷。住世同修道果,超凡共列仙班。出家仙子,青眼研穷,离尘烈士,赤心照察。欲待广谈秘奥,何妨久立仙班。稽首云朋,伏惟珍重。"则禅机非限于佛教,三教合一,仙凡有衢相通,可云妙绝。

# 242.　全真坐钵捷法

《全真坐钵捷法》一卷,未详著者。坐钵法或道教早已具有,书名冠以全真,乃见全真仍用之。此卷述制钵法,犹造铜壶滴漏,然理同而法改。凡造一大一小之两盂,大小之比,大盂足容小盂。继于小盂底微钻一小窍如针眼,且盛水于大盂而使小盂浮于大盂之水面上,唯底有微孔而下漏,积时而小盂沉于大盂水中而为一钵。以时核之,二钵水当一昼夜。一钵水即今日之十二小时,下漏水尚可计以时刻,故实即吾国古代之计时器。全真教于内修打坐时即以此计时,是名坐钵。

又昼夜之时不同,故曰:"凡一年十二月,止用太平钱二十文,随月增减,镇压小盂。"尚记有"加减之法",且用《周易》之纳甲以"定太阳出没法",其法亦善,宜观全图。此又为纳甲与爻辰之配合,与彭晓《参同契明镜图》及王道注疏《龙虎经》所引彭晓《金钥匙》有关。故此书之成当在王道后,约当宋元之际。

此书见《道藏》988 册楹上一。今附刊于《正一论》未是,当自为一书,从类于北宗。

# 243. 终南山祖庭仙真内传

《终南山祖庭仙真内传》三卷,夷山仙乐道人李道谦编,前有知常成德大师提点终南甘河镇遇仙宫事王道明序于至元甲申岁(1284)。全书辑终南山修炼者之传,因重阳出于终南,乃以祖庭目之。原书无目,特为编之。

卷上　玉蟾真人　灵阳真人　刘通微　史处厚　严处常　姚玹　曹瑱　来灵玉　雷大通　刘真一　李大乘　赵九渊　苏铉　于通清　赵悟玄　段明源

卷中　柳开悟　任守一　杨明真　周全道　乔潜道　李冲道　赵九古　陶彦明　王志达　薛知微　陈知命　宋明一　吕道安　毕知常

卷下　清和真人　真常真人　洞真真人　披云真人　白云真人　无欲真人　圆明真人

全书凡三十七人之内传,始于与重阳于大定三年(1163)共同结茅于刘蒋村之和玉蟾与李灵阳,终于丘长春之再传弟子圆明真人高道宽(1195—1277),高从丘长春弟子于洞真为师。故凡百年间于终南山之修真者,基本已在其中。且离辑书之时未久,客观时间皆可信,与一般神仙传记述不可究诘之神仙事迹完全不同。故此书乃研究全真教所必读之文献之一。

此书见《道藏》604 册川上二三四。

# 244. 甘水仙源录

《甘水仙源录》十卷,元夷门天乐道人李道谦集,自序于至元戊子(1288)。见《道藏》611—613 三册息上中下。

全书编集诏书碑文。诏书仅一,即至元六年时对五祖七真之封赠。其诏有曰:"虽前代累承于褒赠,在朕心犹慊于追崇,乃命儒臣进加徽号。惟东华已称帝君,但增紫府少阳之字,其正阳、纯阳、海蟾、重阳宜锡真君之名,丹阳以下七真,俱号真人。"其分"帝君"、"真君"、"真人"三级,尤见道教之世俗化、政治化。凡所赠之名号及七真之次,历代从之,亦可录于下。

> 东华教主可赠东华紫府少阳帝君
>
> 正阳钟离真人可赠正阳开悟传道真君
>
> 纯阳吕真人可赠纯阳演正警化真君
>
> 海蟾刘真人可赠海蟾明悟弘道真君
>
> 重阳王真人可赠重阳全真开化真君
>
> 丹阳马先生可赠丹阳抱一无为真人
>
> 长真谭先生可赠长真云水蕴德真人
>
> 长生刘先生可赠长生辅化明德真人
>
> 长春丘先生可赠长春演道主教真人
>
> 玉阳王先生可赠玉阳体玄广度真人
>
> 广宁先生郝大通可赠广宁通玄太古真人
>
> 清静散人孙不二可赠清静渊真顺德真人

又诏书下于当时之掌教者,亦即七真之继承者,故末曰"宜令掌教光先体道诚明真人张志敬执行准此"。则可见全真教所以能盛行的根源,自成吉思汗起至此为一总结。且各地道观林立,碑铭众多,而此书能基本收集之。因时代接近,故全真教之教史,什九能保存。计所收碑文,共有七十八篇。道谦当时所亲见者,原文录之,实大有功于后世研究全真教之史迹者。

若此书所以名《甘水仙源录》者,道谦自序曰:"我重阳祖师挺天人之姿,奋乎百世之下,乃于金正隆己卯(1159)更遇真仙于终南山甘河镇,饮之神水,付之真诀。自是断诸缘,同尘万有,即养浩于刘蒋、南时等处三年,故得心符至道。东游海滨,度高第弟子丹阳、长真、长生、长春、玉阳、太古诸君,递相阐化。于是高人达士应运而出,大则京都,小则郡邑。建立名宫杰观,比比皆是。遂使真风遐布于世间,圣泽丕敷于海内。开辟以来而道门弘阐,未有如斯之盛。"则知全真之源,盖在甘水。

又道谦自述成此书之原委曰:"道谦爰从弱冠,寓迹于终南刘蒋之祖庭,迄今甫五十载。每因教事,历览多方,所在福地名山、仙宫道观,竖立各师真之道行及建作胜缘之碑铭者,往往多鸿儒巨笔,所作之文,虽荆金赵璧未易轻此。道谦既经所见,随即记录,集为一书,目之为《甘水仙源录》。"读之可知道谦一生为全真教事奔走,五十载之收集,可云有恒,此录为研究全真教义所必读之重要文献。虽然,凡此文献,皆属宣扬全真教之作,其与历史上的客观事实尚有距离,写道教史时不可不慎取之。

# 245. 金莲正宗记

《金莲正宗记》五卷,元平水长春壶天述,长春壶天即毛收达,自序于元太宗辛丑年(1241)。另有林间羽客樗栎道人即秦志安编。见《道藏》75、76 册。全书记全真教之始末。

于五卷中,卷一记东华帝君、正阳钟离真人、纯阳吕真人、海蟾刘真人。盖全真教之道所自出。

卷二记重阳王道人为全真教之创始人,又间及玉蟾和真人、灵阳李真人。和公、李公乃共传秘诀而为全真之三祖。

卷三记丹阳马真人,当重阳初传之大弟子。

卷四记长真谭真人、长生刘真人、长春丘真人。

卷五记玉阳王真人、广宁郝真人、清静孙散人。

合三、四、五三卷中所记者,即重阳之七大弟子,后世以北七真称之。凡此十四位之事迹,自王重阳起皆完全可信。其创全真教,对道教影响固大,对吾国之哲学思想,亦有较大之影响,故未可忽视。至于其上代及和、李六真人之事迹,亦非完全虚构。唯东华帝君不可究诘,且亦非王重阳本人所塑造,此点不可不注意。

# 246. 金莲正宗仙源像传

《金莲正宗仙源像传》一卷,元刘天素与谢西蟾辑。首有嗣天师太玄子序,作于泰定丁卯春(1327)。首有一赞录于下:

> 天赞玄风,青牛西度,微言五千,无极道祖。传之东华,爰及钟吕,既投一钱,复遇二士。奇哉七莲,景星甘露,礼重雪山,化被中土。世远言存,道无古今,像而传之,若闻若睹。黄鹤悠悠,白云何许,素书一编,沈烟一缕。天上人间,桃花流水。

此赞亦可概见全真教之始末。又有刘志玄序于泰定丙寅,则又及成此书之始末。志玄欲有书以纪全真之事,故与西蟾博搜传记,旁及碑碣,编录数年,始得详悉。乃图像于前,附传于后。又书前收集元历代封赠之诏书,计有《元太祖成吉思汗召丘神仙手诏》、《元世祖皇帝褒封制词》、《武宗皇帝加封制词》。于世祖封五祖七真,于武宗屡屡加封,于至大三年已及尹清和、宋披云、李真常、赵道坚、宋道安、夏志诚、王志明、孙志坚、于志可、张志素、郑志修、鞠志圆、孟志稳、张志远、何志清、杨志静、潘德冲等,亦有刘志玄收集而书于泰定元年(1324),可见当时全真教之盛行。至于此书之像传凡十三人,即"混元老子"、"东华帝君"、"正阳子"、"纯阳子"、"海蟾子"、"重阳子"、"丹阳子"、"长真子"、"长生子"、"长春子"、"玉阳子"、"广宁子"、"清静散人",亦即五祖七真而冠以老子。其传亦简要,与《金莲正宗记》相比,乃去"玉蟾和真人"、"灵阳李真人"而添老子,则源流尤简静。且有画像十三,尤可宝贵。若重阳与七真之事迹,早有《七真年谱》等记录,且文集具在,故基本可视为信史。至于不可避免之神迹,则既创宗教,势所难免。况有当时视为神奇处,今更可以另一观点研究其原因。如当时在民族主义的思想支配下,汉民族正可自然结合宗教深入金民族以感化之同化之。且有"金丹"以养生,确有一般人视为不可思议的作用,实则仍有理可喻。故迄今之道教中,惟全真派尚略有传人,盖事迹显然,犹有所据。则此书等所起之作用已见,今仍有一读之价值。

此书见《道藏》76 册致下九。

# 247. 七 真 年 谱

《七真年谱》一卷,李道谦编于至元八年(1291),见《道藏》76 册致下十。李于金亡后入道,为于志道弟子,号天乐道人,卒于元臻二年,年七十八(1219—1296)。著作除此书外,尚有《祖庭内传》、《甘水仙源录》等,皆记述全真教的史实。此书详记七真的年谱,为研究全真教所必读。特录出七真的生卒年,依次合以公元,示如下:

王嘉,字知明,号重阳子　辽天庆二年——金大定十年
　　　　　　　　　　　　(1112—1170)

孙仙姑,号不二　　　　　金天辅三年——金大定二十二年
　　　　　　　　　　　　(1119—1182)

马从义,字宜甫,号丹阳　辽保大三年——金大定二十三年
　　　　　　　　　　　　(1123—1183)

谭玉,字伯玉,号长真　　辽保大三年——金大定二十五年
　　　　　　　　　　　　(1123—1185)

郝升,字大通,号广宁　　金天眷三年——金崇庆元年
　　　　　　　　　　　　(1140—1212)

王玉阳,号处一　　　　　金皇统二年——金贞祐五年
　　　　　　　　　　　　(1142—1217)

刘长生,号处玄　　　　　金皇统七年——金泰和三年
　　　　　　　　　　　　(1147—1203)

丘处机,号长春　　　　　金皇统八年——金正大四年
　　　　　　　　　　　　(1148—1227)

此书始于重阳子生,终于长春卒(1112—1227),前后凡百有十六年。当长春卒年,道谦已九岁。后从于志道入全真教,故记述全真史迹,定有所据。

# 248. 纸舟先生全真直指

《纸舟先生全真直指》一卷,元纸舟先生著,嗣全真正宗金月岩编,嗣全真大痴黄公望传。见《道藏》114 册称上四。

全卷明全真之旨,其言曰:"全真把柄于父母未生前,真已全矣。生亦不增,死亦不减,若人以心印空,觉悟本真,则真自全,金丹之道具而大药之基立矣。"又否定口授密语,且不以单修性宗不达命宗不得成仙道之说为是,其言曰:"若能悟全真之妙,念念相续,专炁致柔,照一

灵而不昧,返六用而无衣(廷按当作依),守一忘一,至虚而静极,静极则性停,性停则命住,命住则丹成,丹成则神变无方矣。"此确能通三教合一之处。全真教之七真亦未必皆同,盖纸舟先生已发展其理。此诚与今日研究物理理论与生物理论之同异可并言。凡性宫属物理理论为宇宙之象,命宫属生物理论,以言生物不同于无生物,至于父母未生前之生命起源问题。则性命之一二二一问题,由全真而有生物,所谓丹成则神变无方,即生物之进化问题。是实能格物而致知,归诸石女飞行、木人称唤的禅几,则知宇宙中本有生物,又何有生命起源问题。可见全真所发展之思维境界,尚多可取者,则此书之价值已在其中。

至于以种种图象示其理,仍不外黑白阴阳二炁之分合。以"纸舟"普度后学,以真觉真,其诗曰:"鼓棹迎棹往复回,有缘即上此舟来。真超彼岸成真觉,自利须教更利他。"则犹大乘之象。此舟者何,就是坎离既济之象。

末有"入室节目筑室阔狭多有定例"凡十则,皆可取。其一曰:"入室大抵要神凝气聚,真炁足而神自灵,灵则变化矣。"以下曰:"虚心则神清静","调息归根,息归则气生,气生神居,神居则日久睡魔自退。"又否定种种静中所见之境,则确乎有得之过来人,当重视之。

最后一则归结为一诗曰:"一真绝点七真非,东海泥龙吼紫龟。透得元和关捩子,满天霜月夜乌啼。"未尝不是口授之秘诀。其为密语与否,仍在读者本人之识见。知之则虽密而未尝密,不知则未尝密而仍视之为密。凡研究内丹者不可不先明此。此书首破密语,而不得不仍以此诗作结,实有不得不然之势,特为读是书者说明之。

# 249. 自 然 集

《自然集》一卷,著者待考。盖以一组曲调,唱出金丹之理,题名为"道词"。内容准全真教,有一曲名"呆骨朵",可见其道统所在。曲曰:

"休言道尧舜和桀纣,则不如郝王孙谭马丘刘。他每是文中子门徒,亢仓子志友。休言为吏道张平叔,偃月的刘行首,则不如阐全真王祖师,道不如打回头马半州。"可见元初时张平叔所创的南宗,在北方尚未以为是。刘行首当指大道教初祖刘德仁(1122—1180),亦与全真不同。

有二曲以顺逆一至十之数字说明"金丹",殊饶趣味,可录之。"赏时花"曰:"暂选一片白雪满地堆,运二气相交饮玉杯,三田内温习,四相和合体,五明宫守真实。[么]:炼六尺身躯修自己,变七朵金莲到处随,配八卦跨鸾归,至于九霄云外,十分的显雄威。""煞尾"曰:"十载苦修行,九陌为活计,八百行修成玉体,七星剑从来除下鬼,六合内参透希夷唱道,习五祖无为,四圍内功夫谁得知,养三田聚美,有二天神相济,现一轮明月照玄机。"由知而行,由行而行,一与一,十与十,相互连接而出入无疾,金丹之理或可思已过半。主要之步骤,有三曲可尽。其一"点绛唇"曰:"道妙玄微,先须要悟明心地。非容易,见放着古圣文书,内隐着,真消息。"其二"二煞"曰:"也不索看三教书,也不索学七步才,只要昏昏默默将功程捱。炼成玉体乘风去,一道寒光入圣阶。做一个蓬莱客,全凭三千功行满。便要离俗骨,得仙胎。"其三"煞尾"曰:"有静功,有定功。无挂碍,无挂碍。这回还了人伦债,跳出迷魂是非海。"

由是以劝人信道之数曲,亦有动人处。提及全真以前之仙人有八,即迄今仍流传之八仙,然有二仙之不同。用曲名"醉太平"以叙述之,曲曰:"汉钟离本是个帅首,蓝采和本是个俳优,悬壶子本不曾去沽酒,铁拐李火焚了尸首,贺兰仙引定个曹国舅,韩湘子会造逡巡酒,吕洞宾三醉岳阳楼,度了一株绿柳。"今以张果老、何仙姑代悬壶子、贺兰仙,亦始见于元曲中。

总观此集,凡曲四十二首,皆为宣传全真教而作。因元代信其教者既多,势亦有善于作曲者信之,乃乘时而改诗词成曲的形式以宣扬之,更能为当时一般群众所接受。

此书见《道藏》787 册同上一。

# 250. 修 真 十 书

《修真十书》六十卷,集者待考,时约在元。全书内容丰富,以南宗为主而已合北宗,殊能集内丹之大成,主要以白玉蟾之著作为重点,名十书者,书目见下:

一、《杂著指玄篇》八卷

二、《金丹大成集》五卷

三、《钟吕传道集》三卷

四、《杂著捷径》九卷

五、《悟真篇》五卷

六、《玉隆集》六卷

七、《上清集》八卷

八、《武夷集》八卷

九、《盘山语录》一卷

十、《黄庭经》七卷

凡此十书,宜分作提要,此合而言之。《黄庭经》为早期道教的内丹文献,南北宗仍可用之。《钟吕传道集》为唐末五代新兴的内丹文献,南宗自四祖陈泥丸起重视之,北宗则王重阳创教即尊之。然南北宗所推尊之钟吕形象,仍有不同。《悟真篇》为南宗初祖张伯端之惟一著作,此书收叶袁本,亦为《悟真篇》之最先注本。以南宗言,理本《周易参同契》,然此书收《黄庭》而不收《参同》,实集者之疏忽。《杂著》二书,内容庞杂,当集此十书时,或已成书。凡南宗相传之主要文献,如《还源篇》、《丹髓歌》、《紫庭经》、《翠虚篇》、《金丹四百字》等,皆在其中,且尚多内修之要诀。《玉隆集》、《上清集》、《武夷集》为南宗五祖白玉蟾之文学作品,文以载道,语皆有关于内修与道教史迹。《金丹大成集》萧廷芝著,道传南宗。惟《盘山语录》一书,为北宗马丹阳门人王栖云之说,时略后于白玉蟾。若编此十书时,南北宗已有相合之势,或即北宗盘山之传人与南宗玉蟾之传人所合编。

此书见《道藏》122 至 131 凡十册。

# 251. 会 真 集

《会真集》五卷,宋末超然子王吉昌撰。首有魏南云溪闲老杨志朴序。序言及易理多可取,又言:"以《易》为真玄,以老子为虚玄,以庄子为谈玄。其说则异,至于玄则同归,非常人所通晓,惟神仙能之。"亦已见及道教之理,以《易》与老庄相合而成。然所谓"真玄"者,必合汉易的象数,而非王弼的扫象。因王吉昌之论修炼,已用《周易》象数,且本京氏易,而益以陈抟的天地数。以天地十数配后天八卦,周行当呼聚吸散,皆本自然。又明五行颠倒曰:"谓坎为水,水生金,是生乾金,藏甲乙飞伏木,长生在亥。兑为金,金生土,是生坤土,藏壬癸飞伏水,长生在申。离为火,火生木,是生巽木,藏庚辛飞伏金,长生在巳。震为木,木生土,是生艮土,藏丙丁飞伏火,长生在寅。其有戊己独据中央,兼旺四季,寄于西南坤地,是土正旺之处,长生在于申也。谓呼而阳于顺行,吸而阴于逆转,阴阳逆顺聚散隐于成数,成数者天元之动气也。"又视甲己化土等为真五行,木金间隔以成既济等,皆能说明炼内丹时所以取卦象的理由。或未究《周易》象数者,自然视之为神秘。因身内气流,固捉摸不定,借以为喻的易象,又未明所指,则自然将茫然不知所以。而此书能确切说明五行生克与卦象的关系,于反身内观者,当然有帮助。卷二以下,皆以词明其象,不乏可取者。其词以象数为主,基本有题,如八卦配九宫,调寄"醉落魄",曰:"阴阳气结,乾坤派六爻交设,四分九数明罗列。两遍推移,周岁用相迭。殷勤进取功无缺,抽添加减应时节,烹成二八丹威烈。吸海吞山,方寸道明微。"当既明《周易》象数,又于内气有得者,读之自然有味。二者缺一则其旨难喻,其他各词每同此义。又有乾坤卦象明道,即十二辟卦之消息,于息卦六调寄"墙头花",消卦六调寄"墙头花衮"。姤卦有"全露祖师西来意",以对复卦之"铅升汞伏",其象特妙,惜遘否二首"墙头花衮"阙。又吟三界,继之"顽空"、"断空"、"真空",以下由"三千功"、"八百行"而"返老还童",且以"火候不正"为戒而"全真",超然子之旨在矣。其他诸词,实亦错杂以明此意,大义皆是。惜此类诗文尚少注者,虽然,虽有注而不悟其所指,则愈注愈混乱,反不如任之为是。

此书见《道藏》116、117 两册夜上下六至十。

# 252. 启　真　集

《启真集》三卷,元金峰山通玄子刘志渊撰。志渊西慈高楼里人,超然子之弟子,从之二十余年,乃继《会真集》成此《启真集》,享年五十有九。有门人平水李志全掇遗而鸠集,首有同羊尽忠里凤原老人董师言序,时当太岁甲辰。序文已提及北七真之文集,故甲辰约当元成宗铁穆耳大德八年(1304)。见《道藏》117 册夜下十至十二。

此集卷上为诗,卷中为词,颇多赠答之作。如:"东溪赵大师献茶有作":"玉瓯神水点灵砂,妙手烹成瑞雪花,昔日卢仝曾得味,我今全省是黄芽。"又有"南柯子,张道一问黄芽",词曰:"阳动阴随,变黄芽渐长成。参差五叶发黄庭,珠蕊苞开,放出紫金英。始结神丹粒,清光宇泰生。从容透体缕霞明,内外辉辉,法界混惺惺。"皆有情趣。"述怀"一诗曰:"酿就逡巡不死浆,陶陶醉饮入仙乡,醒来似沐无生体,顿觉金波满腹香。"实能有得于"得之者常似醉"之境界,决非空文者可比。他如"警学琴"曰:"学道忙忙惜寸阴,丝桐调弄谩劳心。自家备有无弦曲,何必强求指上音。""警围棋"曰:"手谈一着役闲情,觑面生机黑白争。黑白若知无二色,死生路上不须惊。"亦妙喻,然须善琴善棋者观之,庶见扫象之理。

卷下为文十三章,章名曰"真心"、"天中天"、"真土"、"心息相依"、"死阴生阳"、"气神邪"、"证明道用"、"叠用五教"、"忘形养气"、"忘气养神"、"忘神养虚"、"融摄不滞"、"无修无证"。此十三章渐见思维之进,归诸"无修无证"。禅宗亦有其理,可见佛老之渗透,每因时代而有不同之内容。此书作者志渊之道,受自王吉昌,更观其所承,乃时已及元,正当南北宗渐趋合一之时,则或性或命之辨,自然可用。既已还虚而融摄不滞,尚何修证之有。故其遗颂曰:"行尸地上逐风尘,养就如如证本真。掬地包天无状貌,十方三界露全身。"以今日自然科学之语言言之,能知物理理论即生物理论,亦即无生命起源之问题。宇宙中本有生物,即此生物或视之为神,即为宗教。或须加以认识和研究,即与迷信之宗教不同,而可属诸哲学甚至科学之范畴。若道教而产生南北宗,早已加深此类思维,乃能理合三教而一之。惜宋初迄今已近千年,尚未得正确之评价。王刘辈已当南北宗合一之时,其理又有新发展,特此郑重说明。

# 253. 悟 真 集

《悟真集》二卷,锦屏山通玄子李先生集。见《道藏》791册连上二三。通玄子系披云(1183—1247)弟子辈,集中有"宋真人垂训河中"诗曰:"披云大阐历人间,一载河中两复还。拔度德光开九岳,慈悲威力震三山。吸呼离坎阴阳变,舒卷风云天地闲。为报世人从此后,不回向善太愚顽。"末句之愿,不下于普贤。最后载"遗世颂"曰:"人听清角,不闻雷震。我今归去,大限有尽。好事拟说,说也难信。余弟余兄,道之可尽。"有境可喻,佛之大乘,无以逾此。"壶中境"曰:"天内一天少人知,无生真境此为基。道人个里曾游历,休问修行无有为。"此即元始天尊之宝珠。无为而无不为,何来无为与有为之辨。全真之可贵处在此,宜能创三教合一之理,"叹不识性命歌"所谓"性命两全玄又玄,一超远离轮回径"是其义。奈是时正遇释老之正面争论,下录二诗以见其情。其一"警仗势难久":"数闻人事有废兴,冬去春来无古今。骇浪成纹空聚散,闲云藏雨谩晴阴。前程倒指克期尽,往事回头何处寻。试卧东风成午梦,觉来红日早西沉。"其二"诫僧恃强":"冷笑缁衣话太过,直饶独擅待如何。几般口里剜坑堑,三寸舌头结网罗。鉴垢尚存仍点污,囊锥已利更揩磨。饶君深抱荆山玉,愁甚人间没卞和。"

通玄子既已诫僧,贵能同时诫道。于"警妄"曰:"也曾求道也参禅,遍历云山不记年。和尚发言夸佛种,道人开口骋神仙。六经十论文徒昧,七返九还功妄传。已受皮囊囚禁苦,犹言父母未生前。"此理反能影响明清之儒家,由是以反宗教之观点基本不信宗教,而于僧道之间绝不加以分辨,而僧道本身乃能并容而无碍。

更以全真教本身而言,由重阳度七真而兴,上及钟离纯阳乃其思想基础。后由长春而德方,方注意《道藏》文献,亦即寻重阳之道源。故德方刊成《道藏》于纯阳宫,实发展全真教以上通汉唐。惜释道之争端,即由《化胡经》而起。由是全真教徒之浅见者,即不以上及纯阳为是,此集中有"警亲终南疏永乐"一诗是其义。诗曰:"黄粱梦断教为基,云指重阳作祖师。千里终南心喜去,一程永乐脚慵移。实从花后本来见,根在苗先自古推。曩日人谣今可信,始知皮较一皮皮。"按此诗末句犹待详考,基本与焚道经有关。

# 254. 西 云 集

《西云集》三卷,元洞明子撰。见《道藏》788 册同下六至八。洞明子系宋披云(1183—1247)之弟子。然披云亡后数年,于宪宗朝(凡九年,1251—1259)即有佛道辩《化胡经》之争,继之更有忽必烈于至元十八年(1281)焚道经,而洞明子正遇其事。故集中有自述曰:"渴饮醍醐天地髓,饥餐肴馔虎龙肌。这些受用闲人事,不是闲人未易知。"实有否定释老争辩之意。又有记其师,前有小引曰:"余畴昔甚爱河中永乐纯阳宫之西,地势极佳,尝拟改葬先师披云真人,未决。忽一日静中见先师过门,急从之,已失所在,遂得一绝云:'不觉不知可便归,明明白白也宜时。两端事理从君用,远近无为无不为。'"则与其师披云整理《道藏》事不无相关。四十余岁所作之"述怀",亦有此义,如曰:"岂倦人来到我斋,恐人带入是非来。不争谈是谈非理,误却真闲真乐哉。""昨夜骑龙狂道士,专来共我话玄风。丹成九转光明暗,犹欠人间清静功。"又"示众"之二十首,有曰:"是非总付无争里,人我都归忍辱中。若更身心全放下,灵光照耀满苍穹。""前程仔细话丁宁,荆棘丛中着意行。精进十年方事了,自然九转大丹成。"则确乎内外双关。此外诸诗皆可观其对境之义,其时又在姬志真之后,故较《云山集》尤可贵。其事过境迁,道教在元代仍极盛行。故有一诗作于至元癸巳(1293),则洞明子确已老迈,亦有小引曰:"至元癸巳夏四月,秘书监丞张君玉被旨论山野作祠事,以老拙危病不果,故作是诗以谢。喜遇知音话本音,门风敢不尽心陈。自惭济世无才略,只与青山作主人。"是即洞明子所谓闲。最后有"遗世"二首曰:"万事从今总不干,十年潇洒隐林峦。三千功满朝元去,半夜骑龙到广寒。""和气周流正性开,炼神合道出尘埃。腾空撒手乘风去,回首人间不再来。"读之可谅其心,惜境仍未高,与全真似未合。佛之笑道尚属小乘,洞明子难辞其咎。虽然,忍波罗蜜之象未可谓非,唯于三千功满之言,殊未相称云。

# 255. 上阳子金丹大要仙派

《上阳子金丹大要仙派》一卷,详记此一仙派自古及今之列仙名号。盖仙派分老子为二,一曰太极先天老子,一曰后圣玄元太上老子。

其言曰:"妙无天帝,太极之初,出生三炁为玄元始。始炁化生先天老子。自尔以来先天老子乃以玄炁时时而下生。"说明时时而下生者之名号。全录如下:

万法天师　有古大先生　郁华子　大成子　广成子　随应子　赤精子　篆图子　务成子　夕寿子　真行子　锡则子　古邑先生　筏铿　商容

又曰:

先天老子虽世世化度而未显诞生之迹,乃于商十八世阳甲时寄胎于玄妙玉女身中,八十一年方生,武丁庚辰岁二月十五日卯时降诞,指李为姓也。

按此为全真派之"道统",逐步形成,至上阳子而大备。所谓先天炁之"一炁化三清",本为道教古义,今分始与玄当先后天。太极先天犹元始天尊,视之为先天老子。后圣则玄元太上老子,即有时空概念的老子形象。时起于阳甲至武定庚辰,可见元时已认为武丁后有较正确的时间标准。故其后的授受即列仙之次,可由东华帝君直至上阳子本人。若先天老子的形象,实指象数而言,所谓"玄元始"三炁,全本吾国早已成论的"天地人"三才,亦即太极与阴阳。《老子》曰:"道生一,一生二,二生三,三生万物。"《庄子·齐物论》曰:"自此以往,巧历不能得。"盖三为基本的象数概念,商周之际或更早定已成立,故卦象取三画倍之而六画。推而言之,就成为立体的三维空间,吾国"六合"的名词,就是实指"立方体"而言,决非泛泛的哲学概念,亦即哲学名词取于数学形象的具体事实。因有三数的重要意义,乃《大戴礼记·明堂位》取"九宫洛书图",《易纬乾凿度》亦有太乙下行九宫以当四正四维之说。而此一"洛书"的象数,推原于洪范九畴,亦有可能。一言以蔽之,因有三数而成九。取一至九九数,列于纵横而成三数之和皆为十五的"洛书",在周代早具有,在象数中为重要的基本概念之一,由是三与十五就有明显的联系。而此明先天老子所下生者,皆为全真派道士头脑中的幻想。然必取十五人者,决非偶然,就是取"洛书"的象数,亦为先秦时早已确立的象数概念,亦即属于《周易》范畴的象数。然则宋代南北宗的形成,可视为老子与《周易》象数的进一步结合,亦可视为恢复汉代《周易参同契》的基本象数。

此书见《道藏》738 册夫上五。

# 256. 上阳子金丹大要列仙志

《上阳子金丹大要列仙志》一卷,叙述金丹派列仙之简迹。世系于七真下,宜录之,以见上阳子之"道统"。

马丹阳——黄房公(姓宋名有道,字德方,沔阳府人。能兴云披云,号披云真人。辅长春西行十八人之首,封通玄弘教披云真人。武宗加封玄通至道崇文明化大真人。后以至道授太虚李真人而莫知所终。或云在燕之长春坐逝)——太虚真人(姓李名珏字双玉,蜀之崇庆府人。得道后改名栖真,号太虚。于武夷修七月而成。至真州玉虚庵结圜,出圜后以道授张紫琼,入青城莫知所终)——紫琼真人(姓张名模字君范,饶州德兴人,后改名道心。以至道授于缘督赵公,即隐去)——缘督真人(姓赵名友钦字缘督,饶郡人。得道后作《仙佛同源》、《金丹难问》等书。于己巳(1329)之秋寓衡阳,以金丹妙道悉付上阳子)

由马丹阳经黄房公、太虚真人、紫琼真人、缘督真人而至上阳子陈观吾著此《金丹大要》,殊能总结三教一家之理,故此支"道统",有其独见。

此卷见《道藏》738 册夫上四。

# 257. 上阳子金丹大要图

《上阳子金丹大要图》一卷,实为《上阳子金丹大要》之卷八,今分成另卷。见《道藏》738 册夫上三。

据上阳子自序,此卷名为修真图象,示可印证。谓以图示其旨,观象以修真。共收图象十九幅,首曰(一)"太极图",尚取白圆外围一黑圈。继之(二)"太极分判图"则为上下一黑一白二圆。又为(三)"先天太极图"、(四)"后天太极图",盖黑白相反之三圆。凡上圆黑、中下二圆上半黑下半白为先天;上圆白、中下二圆上半白下半黑为后天。又作连环二图名金丹(五)九还(六)七返。以上皆属阴阳。以下为(七)金丹五行之图。合则准周濂溪之(八)《太极图》以分顺逆。又有(九)《元气体象图》,而(十)《金丹三五一图》本《悟真篇》而作。又(十一)《清浊动静之图》、(十二)《宝珠之图》指合于一之象。(十三)《金丹四象之图》、(十四)《金丹八卦之图》则又由一而生。(十五)《形物相感之图》明身内精气之变化。(十六)《明镜丹道图》取诸彭晓。(十七)《紫阳丹道宝鉴之图》包括数图,则取诸玉蟾。然(十八)《紫清金丹火候诀》亦见于《修真十书》中,据此知为紫清所作。末有(十九)《投壶图》,乃取林神凤《金丹法象》,他处未见。知林之所重在金液还丹,而金丹之种种内容分以十二类,可备一说。诸图尤以七、八、十五、十九四图为要,颇能为修真之助。

# 258. 上阳子金丹大要

《上阳子金丹大要》十六卷,元紫霄绛宫上阳子观吾陈致虚撰。首有弟子明素蟾天琮、庐山紫元欧阳天琦两序。前序谓遇上阳子于乙亥(1275)夏五,后序则序于元至元改元旃蒙大渊献(335)。然两序皆作十卷,今本十六卷,见《道藏》736 至 738 睦上下及夫上一二,实未全,详下。

卷一犹自序,首节曰:

> 上阳子曰:金丹之道,黄帝修之而登云天,老君修之是为道祖,巢由高蹈,篯铿长生。尔来迄今历数何限,求于册者,当以《阴符》《道德》为祖,《金碧》《参同》次之。自河上公五传而至伯阳真人,祖天师得伯阳之旨,丹成道备,降魔流教,仙翁济幽,旌阳斩蛟,是皆逢时匡世救劫,斯乃真仙之余事耳。华阳、玄甫、云房、洞宾授受以来,深山妙窟,代不乏人。其间道成而隐,但为身谋不肯遗名于世间者,可胜道哉。复有传世存道序传诗歌,或隐或显,宁具知乎。至于功高德重,尊居帝境,宰制劫运者,又难备知。燕相海蟾,受于纯阳而得紫阳以传杏林、紫贤、泥丸、海琼,接踵者多。我重阳翁受于纯阳而得丹阳,全真教立,长春、长真、长生、玉阳、广宁、清静诸老仙辈,枝分接济,丹经妙诀,散满人间。唯紫阳《悟真篇》颇详,又得无名子诸公引而明之。我黄房公得于丹阳,乃授太虚以传紫琼,详见《太虚真人传》。缘督子间气聪明,博物精通,挹尽群书,或注或释,总三教为一家,作《仙佛同源》《金丹难问》等书,到此而丹经大备。其意悯怜修道之人,率多旁门,以伪乱真,故于卷中指出先天一气。

由上所述,可喻元代所谓"道统"概念,或与唐李渤《真系传》并观,可知唐宋道教之变化情状。

又叙此书十卷之要曰:"上阳子曰:是此《金丹大要》十卷,首卷'虚无'三章以象三才。二卷'上药'一章以体法身。三卷'妙用'九章以证九还。四卷'须知'七章以验七返。五卷'积功'诗歌以分邪正。六卷'累行'序说使无著象。七卷'发真'问答接引众生。八卷'修真'

图象示可印证。九卷'越格'拟古最上一乘。十卷'超宗'酌古见性成佛。卷卷皆备铅汞火候,学道之士,首卷不悟,须寻二卷,三卷不达,四卷须知,次第熟览,无一不备。"

今以序考之,此十六卷本,实仅九卷,且卷内已有阙佚,详核如下:

十六卷本分九目,目曰:虚无(卷一、二),上药(卷三、四),妙用(卷五、六),须知(卷七、八),积功(卷九、十),累行(卷十一、十二),发真(卷十三、十四),越格(卷十五),超宗(卷十六)。内阙"修真"一目为卷八,在"发真"下。此卷今另成一书,名《上阳子金丹大要图》,见《道藏》738 册夫上三,再版时宜加复原。

下述每目之旨。一、"虚无"凡三章,明《道德经》。有《道德经》序作于元至顺辛未中秋后三日,谓年四十时,于南岳受缘督真人之传。然今本仅"道可道章解",已未全。且序中自云"今遵师训,因并释之,每章就下转语"。此目中未见,且于"积功"中有"道德经转语"(当今本卷十),凡八十一首七绝。又此章解三教曰:"三教大圣殊途同归,初无差别。如孟子集义所生之道,即孔子一贯之道也。释迦拈花以传涅槃妙心之旨,即达磨直指人心见性成佛也。老子有无玄牝物母之道,即玄关一窍大道金丹也。"盖道以合禅宗与理学,而金丹大道又与佛教之密宗有关。即此玄关一窍,是之谓虚无。一气化三清而成三章象三才,惜三章未全。

二、"上药"一章,名"精气神说",由三一互含而上药归虚无即金丹大道。最后引吕祖曰:"九年火候真经过,忽尔天门顶中破。真人出现大神通,从此神仙可相贺。"故曰:"后天地之神及先天地之神,亿乘万骑随逐,已成真人,同驾云骈,径诣三清,均受仙秩,是之谓白日升天也,是云大丈夫之事毕也。"盖道教所谓药,视身中之细胞合成,由精气而神,出入自身而生灭无已,且生命不绝于天地间,故能长生不死,白日升天。然在古代而能如是理解者,何能不视为迷信。故金丹之理,始终神秘,今必须以生物学之观点,重新加以考察。合精气神而一之,想象力可谓惊人。

三、"妙用"九章,今本仅存七章。曰"金丹妙用章"、"药物妙用章"、"鼎器妙用章"、"采取妙用章"、"真土妙用章"、"火候妙用章"、"神化妙用章"。盖由阴阳呼吸而归于中央真土,因火候炼之而神化。所阙二似当为"河车"、"黄庭"。

四、"须知"凡七。"运火行符须知"、"朔望弦晦须知"、"防危护失须知"、"卯酉刑德须知"、"沐浴心虑须知"、"生杀爻铢须知"、"脱胎换鼎须知",此皆实修之事,更非语言可达。间论"三去"曰:"上阳子曰:道有三去焉。一者虽智人材士而好论状古人,是谓无德,宜去之也。二者虽善人胜士而好诋排是非,妄议古今,是谓不广,宜去之也。三者虽好道向佛而口谈心非,背真就伪,是谓无实,宜去之也。"是三者确为炼丹之大戒,比下曰"酒色财气"四异尤重要,视之为"须知"之本亦可。

五、"积功"。除"道德经转语诗"八十一首外,尚有"醒眼诗"五十首七绝,及"金丹诗"、"判惑歌"、"咏剑"等。如"谷神不死"章曰:"谷神参始立天根,上圣强名玄牝门,点破世人生死窟,神仙只此定乾坤。"于二而一、一而二之理颇有所悟,此转语诗,亦可谓解老之又一法门。

六、"累行",所记皆为与友人弟子之序说。计有田玉斋号玉阳子,王冰天田舜民号初阳子,庐山太平宫主人潘太初号一阳子,九宫山为玄门栋梁四十余年之车兰谷号碧阳子,为此书作序之九宫山明素蟾号宗阳子,庐山欧阳玉渊号玄阳子,欧阳玉田号复阳子。又周草窗号全阳子,谓相逢于溢江,一笑适契,方知性理之学程朱未尝不究。盖即周密,晚年国亡家破,自然易悟此道。余观古号心阳子,与上阳子同生于上章摄提,则上阳子之年可准此而知。

七、"发真"有"生死事大"、"圣人之德"、"天地之大"、"道本阴阳"、"金液还丹"、"仙佛长生"、"道非言显"、"脱胎去留"、"三教一家"、"世人皆得"、"观水得道"、"见性成佛"。即此十二节以接引群生,实本三教合一之理。末节曰:"不明大事是为最苦,世人岂认蠢动含灵之性

281

即真佛性。悟此真佛则知屋里自有，却非木雕泥塑，故云'真佛屋里坐'。到此方为见性成佛，所以道'即心是佛'。若不悟屋里真佛即我之真性，却认见解知识之性为佛性，犹认他姓为我子，差了多也，所以道'心不是佛'。既悟我之真性即屋里之真佛，则此性此佛，犹是四大假合底，未及长芦四会之功，所以道'非心非佛'。若悟我性是我真佛，分明了也，假之而修，假之而成，所以道'见性成佛'。故雪山四十二年，少林九年冷坐，实皆为此一段公案者也。"此节可谓三教一家之精髓处。

八、"修真"，此书中阙，另详《上阳子金丹大要图》提要。

九、"越格"，即以悟我性无生死，见我性无地狱，修我性超乎造化之外也。共有二节，一、"与王祥翁"，二、"普说"。其言曰："乃为普说保保洒洒之真谛。使祥翁权以金刚为体，实以涅槃为用。净保保作大狮子吼，赤洒洒奋雄虎势，得了便住，遇缘即宗。然后悬崖撒手大休歇去，岂不是少林冷坐底工夫也。"此亦即佛老之交点。

十、"超宗"唯"见性成佛"一节。结曰："达磨始则见性得法而来。终则得丹成佛而西归，是之谓'直指人心见性成佛'者。"理实圆融。

合而观之，由南北宗而至上阳子，三教合一之理更趋圆融，是亦时使之然。乃道教之理又止于此，继之正一取之而充实其说。惜明代之正一派亦未能因时而发展，观《道藏》编辑之混乱，可见其将成尾声。此以数百年之大势言，况迄今已四百年，于《道藏》一书绝无一人加以整理，不亦可怪乎。若上阳子者，可谓南北宗之总结者。

# 259. 修 炼 须 知

《修炼须知》一卷，盖集前人之说以明修内丹之理，然未注集者名。总观全书，取上阳子之说最多，或系其门人所集。此书见《道藏》740册唱上四。

全书分七节,曰"运火行持"、"朔望弦晦"、"防危护失"、"卯酉刑德"、"沐浴心虑"、"生杀爻铢"、"修真七事",确可视为修炼者之须知。前六节贵于行,末节七事贵于思。所谓七事者,皆引上阳子之言。一曰:道必日学必日精。二曰:道有立谈道有心授。三曰:道有三悟。四曰:道有三传。五曰:道有三戒。六曰:道有三去。七曰:道有四异。凡此七事,皆非空言,有志于养生者,殊可详读。此当元代上阳子所传马丹阳的全真教,与丘长春之龙门派尚有所不同。

# 260. 玄元十子图

《玄元十子图》一卷,见《道藏》72 册云下十一。成书始末,宜录赵孟頫、杜道坚二文已足:

> 南谷先生杜尊师,予自儿时识之,居升元观来十年。升元盖文子旧隐,其地常有光怪,亦仙灵所栖胜处也。师属予作老子及十子像,并采诸家之言为列传十一传见之,所以明老子之道如此,将藏诸名山以贻后人。子谓斯事不可以辞,乃神交千古,仿佛此卷,用成斯美。师名道坚,南谷其自号云。至元二十三年(1286)元日吴兴赵孟頫记。

> 道无定体,圣无定名,惟无定故变化无方而有不可知也。洪惟先天道祖大圣老君,象帝之先而吾不知谁之子,可为天下母而吾不知其名,是故世人知有始有形之老子,又何知无始未始无形之老子乎。尝谓老子历商周九百余年,当时亲见犹龙如关尹子者,岂特十子而已哉,必有不可知者存。集贤学士赵子昂本其有书有言者,作玄圣十子像,将使学者瞻其像诵其言,而求为圣人之徒。是诚在我,《诗》云:"执柯伐柯,其则不远。"大德丙午(1306)元日教门后学当涂杜道坚稽首恭书。

书前尚有三十八代嗣天师张与材、江西姚云、正一弟子三茅堂洒扫黄仲圭镇仲、二十四严道士黄石翁四序,盖见初刻时重视其事。考至元二十三年(1286)至今已近七百余年,况子昂的字画,久为人所喜爱,则此十子图定亦有人注意。幸能留此明刻的《道藏》本,戋戋数页,亦殊觉宝贵云。

至于十子者,以关尹子、文子、庚桑子、南荣子、尹文子、士成子、崔瞿子、柏矩子、列子、庄子当之。唯未见老子之像,所以示无始无形之老子乎?

观赏子昂的十图,以读南谷的文章,亦玄意窈冥。深入老庄之情,现于言表,非参禅机,其何以喻之。此见元代的道教与南北朝的道教,自有不同的风格。况其时道教被焚未久,不能不自收敛,寄情于十子,方可有征于古,以见吾国本有的道教。

# 261. 玄 品 录

《玄品录》五卷,元句曲外史吴郡海昌张天雨集。自序于乙亥,即元至元元年(1335)。见《道藏》558、559 二册。此书《四库》入道家类存目。

全书集历代信道者共百有四十人(《四库提要》误作百有三十五人),皆从老子出。既以时代相次,于同时又品其所主。因老子著《道德经》,乃先秦奉道者皆名之曰"道德品"。自秦以下,分十品辨之。原书编次以时代为主,且无目录。今以玄品为主,特为编目如下:

道德品　尹喜　尹轨　陆通　庚桑楚　南荣赵　尹文　士成绮　崔瞿　柏矩　列御寇　庄周　范蠡　鬼谷子

道品　郭四朝　姜叔茂　司马季主　茅盈　茅固　茅衷张陵　魏伯阳　王远　左慈　葛玄　鲍靓　葛洪　许迈　杨羲许穆　许翙　陆修静　陶弘景　周子良　薛彪之　王远知　叶

法善　孙思邈　潘师正　司马子微　李含光　张蕴　陈抟　刘
混康　张继先

道权　张良　曹参　王羲之　谢安　魏徵　李泌

道化　东方朔　梅福　逄萌　刘宽　韩崇　刘翊　单道开
徐守信

道儒　司马谈　班嗣　扬雄　廖扶　张玹　王弼　向秀
皇甫谧　宋纤　沈道虔　顾欢　杜京产　沈麟士　庾承先　马
枢　白履忠　王昭素

道术　严遵　夏馥　索袭　孙文韬　徐则　薛颐　周隐遥
刘道合　孟诜　王希夷　赵吉　留用先

道隐　郑朴　向长　严光　梁鸿　高恢　台佟　韩康　法
真　庞公　刘骥之　张忠　陶潜　宗炳　刘凝之　褚伯玉　王
绩　田游岩　秦系

道默　矫慎　焦先　石德林　孙登　陶谈　朱桃椎　武攸
绪　率子廉

道言　樊英　张玄宾　董京　徐洪客　张荐明　澄隐　张
无梦　刘烈　张乾耀　李昊　查净之　刘高尚　王道坚

道质　郭文　嵇康　宗测　庾易　卢鸿　闾丘方远　聂师
道　傅霖

道华　吴筠　张志和　贺知章　李白　郑遨　朱自英


读上目录，可见天雨对道教的认识。分十品以定秦后的信道者，
方法可取。写道教史时，宜参酌用之。惟其未出老子之思，道教之范
围已隘。故此书入选者，未必为道教史中的主要人物，然亦多他书中
不经见者。此书能保存传说的资料，亦有其价值。时全真教已有不敌
佛教之势，所以有天雨的思想。

# 262. 道书援神契

《道书援神契》一卷,作者未署名。自序于大德九年(1305),其言曰:"后世孔子徒之服,随国俗变,老子徒之服,不与俗移,故今之道士服,类古之儒服也。至于修养性命,则本乎《易》,醮祭鬼神,则本乎《周礼·春官·宗伯》,符檄冠佩,又未尝不本乎古之制也。因末流之弊,列于巫祝,作是书而大之。其本源流凡三十四条,名之曰道书援神契。"则作者盖亦羽士中有志于古者。所列三十四条目为:

| | | | | | | |
|---|---|---|---|---|---|---|
| 宫观 | 醮坛 | 钟磬 | 香灯 | 神祇 | 饼果附酒 | 帐幕 | 法服 |
| 冠裳 | 圭简 | 位牌 | 符简 | 步虚 | 章表 | 跪拜 | 法尺 | 法剑 |
| 方采 | 禁祝 | 符文 | 铺灯 | 附体 | 手炉 | 帝钟 | 气诀 | 令牌 |
| 幡幢 | 云璈 | 祷疾 | 晴雨附禳灾 | 休粮 | 道士 |

由此可见吾国先秦时之道教。若其内容,汉后早受佛教之影响而不同,此言其迹,亦有价值。以《左传》、《尚书》等证之,甚是。且以《论语》子曰"士志于道而耻恶衣恶食者,未足与议也"明"道士"之出典,尤可备一说。此实因当时已主张三教合一,而作者盖不以儒家为教,故知其非属于全真教者。

# 263. 清 微 仙 谱

《清微仙谱》一卷,元陈采著,采为建安道士。自序于至元癸巳(1293),大义谓道在太极之先,始于元始,二之为玉晨与老君,衍而为真元、太华、关令、正一之四派,十传至昭凝祖元君,复合于一。又八传至混隐真人南公,得自保一真人,晚年传黄雷囷,雷囷即陈采之师。陈因著此《清微仙谱》,以见其道之源流。

全书分清微道宗、上清启图、灵宝宗旨、道德正宗、正一渊源、会道六节。

于清微道宗谓道本元始上帝,由其名可喻其象。考元始之名,出于《周易·乾彖》,初有葛巢甫用之,于《灵宝度人经》名"元始天尊"。陶贞白《真灵位业图》即视之为最高真灵,唐道士孟安排之《道教义枢》中引用之。然有不知易理者更取"元始天王"之名,此虽"王"与"尊"一字之异,其是否通于易理,已不言而喻。若贞白者,能传巢甫之意,故首推"元始天尊"而视"元始天王"的位业甚低。其后传其道者,什九不辨葛巢甫、陆修静、陶贞白、孟安排等重视"元始天尊"的易理,乃等视"元始天尊"与"元始天王"。至此《清微仙谱》复造"元始上帝"之名。按陈采曾读《易》,然未读陶贞白诸书,故其下之灵宝宗旨即取葛玄、郑思远、葛洪而止,实则此一传承似为葛巢甫所杜撰,陶贞白知之,故所著《吴太极左仙公葛公之碑》未提及玄传灵宝事。贞白能知其伪托而不言,然确有根源于易理的"元始天尊"则虽杜撰而更重视之,此为有见。陈采虽为道士,且亦读《易》,却全然未究东晋南北朝的具体史迹,故信其不应信者而改"元始天尊"之名而为"元始上帝"。然上帝之号,古籍《周易》、《尚书》、《诗经》中皆有。以易象言,《说卦》曰:"帝出乎震",上帝者,震象位于上卦,故雷出地奋豫,即乾元出震而是卦的《大象》称上帝。清微派之道士,实为继承《灵宝度人经》的大义,更取易象以合于道教。于会道中谓四派十传至祖元君,当唐昭宗时。此"祖舒,一名遂道,字昉仲",遇"灵光圣母授以清微自然先天之奥"。事虽不可究诘,而华山陈抟传出的先天图,确可能在唐昭宗时已有传授。此谱以上清经由王褒、魏华存、杨羲、许翙等下,有上清元君西华圣母,一名灵宝。可喻华山茅山盖同源异流,唯茅山陶弘景虽兼三洞而全承上清,而华山盖兼及灵宝。曰"上清启图"犹上清洞真,曰"灵宝宗旨"即灵宝洞玄,曰"道德正宗"以关尹楼观派属之。此太清洞神或与上清洞真有互变,似因内外丹的变化造成。曰"正一渊源"指三张无异。以史观之,其初有五斗米道本有正一经;及上清、灵宝继三皇而道经激增,故陆修静有三洞之分;梁孟法师景翼更益以四辅者,实以魏晋玄学之理归诸洞真,然已含黄庭上清内丹之说,实合王弼嵇康而一之。曰太平辅灵宝者,可见《度人经》的大义,实发展《太平经》而成,且于《周易》象数有重要的认识。以金丹诸经辅三皇者,实承抱朴子之说。当东晋南北朝时,三张之五斗米教,北魏有寇谦之的改革,南朝继之有陆修静的三洞,故正一一派已发展五斗米教的教义,具三洞的雏形。由孟法师起,及唐宋而天师教重兴,盛行正一总贯七部之说。然张君房辑成《大宋天宫宝藏》后,道教在民间逐步变化成三教合一的思想,宋后以南宗张伯端、北宗王重阳为代表。而此《清微仙谱》乃上承孟法师四辅之义。取名清微者,唐王悬河的《三洞珠囊》中引《洞玄经》云:"三元以三气置立三天,三天者,始气为清微天;元气为禹余天;玄气为大赤天。"故清微就是元始的气。由一而二,由二而四,实取"易有太极,是生两仪,两仪生四象"之象。盖以四辅当四象,必曰十传而复合于一,又取"推十合一为士"的概念。更八传而至混隐真人南公,于会道中记有南公为双姓名珏,宋宁宗、理宗时人,丙辰(1196)十一月初三寅时生;传碧水雷困真人名黄舜申,甲申(1224)闰八月初五日未时生,至元丙戌(1286)诏赴阙庭对。考甲申年确为闰八月,陈采所记的二代祖师,当为信史。且由此书,可辨三洞四辅的分合。重视太华的图,虽未知其详,亦能略窥《周易》先天图的原委。凡经十传由祖元君合一四派,当唐昭宗时犹唐末,又经八传九代为南公(计祖元君为九代),九传十代为黄舜申,时当宋末。二次经历十传而书始大备,盖见唐宋二代的史迹,亦同元始天尊二次说经十遍之象。因于南公以上的授受及祖元君的十传,皆任意而言。然必足成二次十传,则有象数义。此确为黄舜申与陈采重视清微仙谱源流的思想,亦即继承《灵宝度人经》而注意《周易》象数一派的教义。今《道藏》中尚有《清微丹诀》一卷(第

134 册)、《清微玄枢奏告仪》一卷(第 84 册)、《清微神烈秘法》二卷(第
105 册)、《清微元降大法》二十五卷(第 106—110 册)、《清微斋法》二
卷(第 111 册)等,皆为此派的教典。有此文献,可证清微教派,于元代
曾流传一时。

此书《四库》入存目,《四库提要》的介绍全误。尚附有《道迹灵仙
记》一卷,《道藏》入洞玄部众术类,提要另详。《上清后圣道君列记》、
《洞玄灵宝三师记》各一卷,今《道藏》本无,内容亦未详。

此书见《道藏》75 册致上一。

# 264. 净明忠孝全书

《净明忠孝全书》六卷,净明传教法师黄元吉编集,嗣后弟子徐慧
校正。前有张珪等七篇序文,徐慧序作于泰定四年(1327)。总观全
书,述净明教派之始末。

《真诰》已载有许氏家谱及登真之说(另详《论许氏与道教》)。其
后流传甚广,种种神话因时而增。东晋时已建许祠,唐永淳(682—
683)中天师胡惠超重兴建立,明皇尤加寅奉。及宋末衰,太宗、真宗、
仁宗皆赐御书,改赐额曰"玉隆",徽宗上尊号曰"神功妙济真君"。盖
许旌阳已久为御用的神灵,南宋后其道浸微。宋元间人刘玉(1257—
1308),字颐真,号玉真子,能神通许旌阳,时当元贞乙未(1295)正月甲
寅初八,以此创净明教派。卒以传黄元吉(1271—1325),黄汇编其师
之说,又传于徐慧(1291—1350)、陈天和等。黄卒后二年,乃校正成此
书。卷一记历代传道者之传凡七:一、许旌阳,二、张洪崖(《真诰》卷
十四提及),三、胡慧超,四、郭璞,五、刘玉,六、黄元吉,七、徐慧;卷
二为玉真灵宝坛记;卷三为玉真先生语录内集;卷四外集;卷五别集;
卷六为陈天和编集的中黄先生问答。凡经刘、黄二代之经营及徐、陈
第三代之努力,净明教派已继全真而兴盛于当时。于泰定改元(1324)

三十九代张天师朝京,以黄元吉为净明崇德弘道法师,由是净明教派即附属于天师道。然净明教派自有其典籍、教理,因徐慧又参蓝真人于长春宫,得全真无为之旨,故有结合全真、天师之愿,贯通三教之志。

今《正统道藏》中,属于净明教派者有下列诸书:

《许太史真君图传》二卷,《许真君仙传》一卷,《许真君八十五化录》三卷,《孝道吴许二真君传》一卷,《许真君受炼形神上清毕道法要节文》、《灵宝净明天枢都司法院须知法文》、《灵宝净明院教师周真公起请画一》、《高上月宫太阴元君孝道仙王灵宝净明黄素书》十卷,《灵宝净明黄素书释义秘诀》、《太上灵宝净明入道品》、《灵宝净明院真师密法》、《太上灵宝净明法印式》、《灵宝净明大法万道玉章秘诀》、《太上灵宝净明秘法》、《灵宝净明新修九老神印伏魔秘法》、《太上灵宝净明飞仙度人经法》五卷,《太上灵宝净明飞仙度人经法释例》、《太上净明院补奏取局太玄都省须知》、《灵宝净明院行遣式》、《许真君石函记》、《太上灵宝净明洞神上品经》二卷,《太上灵宝净明玉真枢真经》、《太上灵宝净明道元正印经》、《太上灵宝净明天尊说御殟经》、《太上灵宝首入净明四规明鉴经》、《太上灵宝净明九仙水经》、《太上灵宝净明中黄八柱经》)。

以上共二十七种,分散于洞玄各类及洞神众术类与太平部。各书内容,皆以净明忠孝为本,可肯定其为同一教派之典籍。又《续道藏》尚收有许真君之《玉匣记》,亦为同类。然《正统道藏》未收,或系后出,疑属此教派之明人所托名。

至于此教派的大义,以世法忠孝为本。考修道以至忠至孝为基,陶贞白已言于《真诰》中。唯忠孝之含义,元朝与南北朝大有不同,元代时已经禅学与理学之思维,故刘玉言曰:"大忠者一物不欺,大孝者一体皆爱。"又曰:"万法皆空,一诚为实。"此理决非贞白之所谓忠孝。虽然净明教派之哲理如是,而一般信仰者对忠孝之理解,或未能达此境界,则仍为世法所囿。统治者正可赖此以治民,此所以能盛行于元明。且刘玉创此教派,纯以忠孝为本,其前早有许旌阳的神话,故如《许真君石函记》等书,或宋时已有。

若借郭璞之名以论"无极而太极",确可大笑。继之以净明当无极,实申本体之象。时哉时哉,其可为时所囿乎。吾国的哲学思维,每有类乎此。参天地之人,正宜控制时空,是之谓"有物混成,先天地生"。凡卷二之说,必须视为刘玉下意识的议论,则既不迷信,而亦可见元代的思想境界。徐慧继承以发展的道教,对明清以至近代皆起作用。自赞其象曰:"生前我即汝,死后汝即我。于是二中间,谁曾识真我。"义可取。"我即汝"当《论语》"予欲无言"之旨,"汝即我"当"天何言哉","真我"则可当"人定胜天"之象。

# 265. 灵宝净明院行遣式

《灵宝净明院行遣式》一卷,净明院嗣演教师周真人编。凡宋起有净明教派,乃有此教派之奏天表章。此卷即此派之嗣教周真人编此文式,此派教徒如须章奏,即以此章奏者本人之姓名填入相应之文。此实与正一茅山所同。由陆修静而陶弘景,以及杜广成而此周真人,用意全同,一如儒家之制礼。净明一派之忠孝,与许旌阳相近。若此行遣式,与其他教派基本仍同。唯加"灵宝净明院外坛"等字样,及提出"灵宝净明度师"及"乞传受灵宝净明经法"等,以便与他派区别。《道藏》中灵宝净明教派之文献甚多,可见当时曾盛行一时。

此书见《道藏》340 册毁下一。

# 266. 金 丹 大 成 集

《金丹大成集》五卷,紫虚了真子萧廷芝元瑞述。收入《修真十书》,见《道藏》123 册珍下。

第一卷首载周濂溪《太极图说》而改名为《无极图说》。此理学中争论之焦点,首句"无极而太极",或主"无极",或主"太极",不啻视为儒道思想之主要分歧处。了真子以道视之,不妨以"无极"名。易老合论,较理学之必排老而言,反合事实。《天心图》、《玄牝图》、《既济鼎图》、《河车图》诸图,对反身有作用,尤以《金丹橐龠图》更能绘出"下丹田"天一生水于玄武之象。若明十二辟卦、六十火候之朝屯夜蒙、大衍数等,皆汉易与《参同契》之理,是时已有钟离传出。故清自惠栋起恢复汉易,实亦传自钟离。钟离、吕岩、陈抟,固有相通处。惜清朝一代之易学,于汉宋之辨,始终未能贯通,是皆排斥道教所致。若了真子之易,全本"仰观天象"与"近取诸身",自然包括在易理中。所作之《橐龠歌》、《金液还丹赋》等皆善,然当时及迄今之学者尚少注意。

第二卷为《金丹问答》,可作为简释金丹术语之读本。

第三卷为七绝八十一首,确系炼内丹时之实录。其三曰:"大道元来一也无,若能守一我神居。此心莹若潭心月,不滞丝毫真自如。"其六十三曰:"执文泥象皆非实,得象忘言始合真。大抵修丹皆法象,由来万化在人身。"其六十四曰:"虽然小小一壶中,上下乾坤法象同。若也知时能运用,金乌玉兔自西东。"其七十七曰:"露心剖腹不相诬,急急射亲大药炉。六十甲中寻甲子,三千日内著功夫。"其八十曰:"金丹大药最通玄,向上天机不妄传。为报近来修道者,炼精不住亦徒然。"由上数诗,可喻了真子炼内丹之主要步骤。成我而忘我,始识大还丹,由业转愿,其何可不住。道教与佛理禅机之自然结合,时代使之然。末首末句曰:"诗内篇篇露尽机",读此书者宜注意之。

第四卷为《乐道歌》、《茅庐得意歌》、《剑歌》、《赠谌高士辞往武夷歌》、《赠邹峰山歌》五歌及《西江月》十二首、《南乡子》十二首,取此词牌者,西南乃产药之所。此亦因文取象,名实妙合之理,巧喻曲喻,唯有心人始能识其义,此亦其一端。卷末为《读参同契作》,犹汉易纳甲爻辰之说。

第五卷为《解注崔公入药镜》、《解注吕公沁园春》，以见了真子之道源实由宋而及汉唐，是亦见南宗于五祖后之发展情况，且见陈泥丸宣扬《钟吕传道集》之重要意义。其注《沁园春》已为俞玉吾所引用，故人当宋末，尚在俞氏前。

# 267. 原阳子法语

《原阳子法语》二卷，元浚仪赵宜真撰，门人章贡刘渊然编集。然无序跋，未知其成书始末。见《道藏》738 册夫上六七。

赵宜真受金丹于太清道士李尊师，似即李道纯（待考），所记丹道，亦极醇正。首篇"还丹金液歌并叙"，歌未足二百字，而叙有二千五六百字。此叙即说明其对金液还丹之认识，此歌以答方壶赞教真人。其言曰：

> 修炼有内外丹之分者，缘遇不同，功用少异，而造道则一也。所谓内者，自性法身，本来具足，不假于外，自然之真。其进修之功，则摄情归性，摄性还元。有为之为，出于无为，无证之证，所以实证，胎圆神化，脱体登真。诀曰：一灵真性号金丹，四假为炉炼作丸。是为真一，为玄一，又名内丹。所谓外者，幻假色身，未免败坏，必资外药，点化成真。其服炼之功，则取日月之精华，夺乾坤之造化，刀圭入口，情欲顿消，骨肉都融，形神俱妙，白日冲举，上宾玉清。诀曰：木液本自丹砂出，金炼木液还丹体。丹复化金，金而液之，是为还丹，为金液，又名外丹也。

说亦可取。惟南北宗之论金丹，于内丹已是，于外丹乃略。丹复化金，金而液之，此与一灵真性，不可无辨。其间之妙合而一，即道教之精华处。元明后之道教不振，实失于不知内外丹之如何合一，对内外丹之具体形象亦茫然不知。若此书所言,已及内丹之真一玄一,奈还丹金液何可空论。以易理为喻,虽知太极即乾元,然于两仪下何可忽而不言,此又为南北宗之失。然须发展至三教合一而更言内外丹者,始见其端倪,故略言于此。

又《日记题辞》有曰:"予少从李尊师问道,首蒙授以日记一帙。令每日但有举意发言接人应事,皆书于帙中,其不可书者即不可为。既为之,不问得失,必当书之。合于理,则为合天心,背于理,则为欺天心。"由此可见道教之理学化。

末载《坐化颂》:"遁世和光了幻缘,缘消幻灭独超然,清风遍界无遮碍,赫日当空照大千。"其于内外丹合一之象,犹有所悟。长生不死之道,当于此求之,庶可言道教之理。

# 268. 谷 神 篇

《谷神篇》二卷,元五福玄巢子林辕神凤述。首有自序,作于大德八年(1304),此书见《道藏》119 册光下九、十。自言其道源,盖"派出韩逍遥之继踵,嗣芦庵郁君之门弟子也"。又有赵思玄从善述于延祐乙卯(1315)。盖得林辕之书,愿以刊之。序中分神仙道家为二,"仙即命也阳也,道即性也阴也。"且亦以玄巢子为旌阳预言中所谓八百地位之一。

卷上有大药还丹诗三十首,下录可当一性一命之二首,以概其余。

道释经书每较铢,摩尼如意玉骊珠。萧梁忿窒无由取,汉武娇奢不可图。弥勒杖头椒布袋,吕公条上药葫芦。直须觅个通梳汉,尽底掀翻说向渠。

又曰：

> 阴极阳生六脉充，地雷震泸蕊珠宫。初爻动处群爻动，一法通时万法通。金鼎浴铅修弱水，玉炉进火忌乌风。异名同出无人识，尽在玄关橐龠中。

于"理一真篇"所以明得一，有言曰："一乃玄关之总钥，觉刹之都灯，无关键而不开，无幽远而不照。"言殊恳切，实即哲学中之"一元论"。今人虽知一元论之重要，若确然能见于一者，于西方哲学中亦未多见。凡种种形式之本体论，尚非真正之一，可喻得一之难。

"火候行持绝句诗"五十三首，或有取于《华严》善财之五十三参之数，每诗各有所见。若曰："混沌初生炁始青，已坯丹药在黄庭，抽添容易韩湘子，进退艰难仵达灵。"此以韩湘子、仵达灵对甚妙。韩传说为愈侄，后当八仙之一，仵著有"证道歌"，可参阅。又曰："佛仙了命钵囊中，何事今人妄觉同，僧不抱元非正果，道修苦行即顽空。"可观佛道之同异。虽然，佛何尝需要了命，则亦可不抱元。道亦有性可修，则苦行未必顽空。能识此义以观此诗，则仍有其理，火候行持时或可进道。最后一首为："天癸天壬识得全，终须有份做神仙，任他紫府无名字，毕竟吾能炼汞铅。"尤为有志。下有《元气生成之图》当此书之精要处，即论天癸天壬之象。卷下除上图外，尚有《五气朝元·万法归一》、《投壶口诀图》、《含元抱朴之图》、《木金间隔体用之图》、《元气生成之图》共五图，"谷神"之理寓在其中。

于《投壶口诀图》中，引珞琭子云："崇释则离宫守定，学道则水府求玄，此言格矣。"末篇"元气说"，犹论生命起源。天一生水之理，实有所指，合于中医理论之五行生克，乃吾国之数学模型。元代的道教确有发展，主要能驾三教而一之，此书亦可观之一种。

# 269. 上清太玄集

《上清太玄集》十卷,元姑射侯善渊述。善渊之始末另详,此书乃其文集。见《道藏》730、731两册上上下一至十。

前后无序跋。卷一为"通明论"、"冲明论"、"圆明论"各十五章。卷二为"符阳论"、"通真论"各十章,"洞微论"七章。卷三、四为铭。卷五至末为诗词。

于六论中皆述天境。卷一三论以明上清,故"通明论"首章为"上清元化章","冲明论"之首章为"上清之道章","圆明论"之赞又曰:"上清真教,元始开张,太玄周匝,妙化无疆。"实以乾坤元始之理为上清之象。卷二三论以明玉清等,故"符阳论"首章为"玉清圣境章",而归于"浩劫常存"。若"通真论"至于"不可思议","洞微论"贵"忘形之德",虽未言境,仍准三清之道以言。且六论中每用奇僻之字,亦以喻其境之难遇。

于三、四卷中铭文共有二十一篇。如"太清玄明玉辰铭"、"玉清玄上登辰铭"、"上清入玄聚宝铭",则点明三清之象。盖善渊善文,缀文必须有象,善渊乃睿思三清之境,论之、铭之、歌咏之、赞叹之。名虽不同,辞亦有变,质于三清,乃其文思之源。其后诗词中亦有,如曰:"混沌元流梵气升,通天惠日甚分明。静中一鉴凭谁力,降落玄珠晃太清。""三元神秀气绵绵,五色琼葩照九天。天瑞混成真一象,象玄飞入太清渊。""玉清元始大罗天,气象雄雄出帝先。面启紫微金阙内,丹婴游奕貌华妍。""修行须下死功夫,换质留真体太无。晦魄益魂金宴阙,洞玄还照玉清都。""至道幽深极妙玄,上清真教岂虚言。君还若有男儿志,尽把天机付耳传。"此外虽未说出三清之名,而所之之境皆属三清之象。更录《捣练子》一词,其理尤显。

　　说金翁,论黄婆,自然匹配炼冲和。铸红砂,满鼎多。神光显,照天河,天光一点出洪波。现三清,上大罗。

　　读此可喻善渊之象。以其象而文之,文之而又深其象,乃善渊之有得于全真之理。凡金丹三要之合一,儒释道三教之归一,善渊皆以一气化三清之象同之,此亦有所见。如答"刘老仙三教归一"曰:"如来妙法谈真性,太上玄机说大丹,孔子五常明日用,三乘混一太虚间。""老子如来孔圣同,世人不晓闻争风。假名三教云何异,总返苍苍一太空。"又"答张谋克问六洞飞玄之炁"曰:"道行三要自然机,神运精华炁象随,德化静光蟾魄踊,道显清爽日魂和。"今则三要合一而静光可踊,若颐道而飞日魂,尚须更待来日。

　　总观是集,其象宏丽,其思旷达,深入以味之,可活泼今人之情,不必以宗教囿之为是。

# 270. 凝阳董真人遇仙记

　　《凝阳董真人遇仙记》一卷,元禄昭闻编纂。见《道藏》160 册帝下十一。全卷记董真人遇仙之事迹。

　　董氏家世隆安,本姓术虎,原女真人,名守志,字宽甫,号凝阳子。以祖宗游官陕右,遂寓居终南山。守志生于正隆庚辰(1160),大定庚子(1180)隶于军籍,明昌乙卯(1195)出戍德顺州南寨时遇神,所遇者为正阳、纯阳、海蟾三神仙,且有海蟾化成凡人以疗其疾。种种神迹,略同《纯阳帝君神化妙通纪》一百二十化中之一化,而事迹较多。后更授卢自然、马善能两弟子而自化于丁亥(1227)。越十二年戊戌(1238)改葬时,门人灵阳子卢自然等尝启棺视之,颜貌如生。若守志尚遗有文诗歌颂等,编成三卷《和光集》,然今已失传。独此记述其一生遇仙之始末者尚存,亦可考见其事实。若曰:"登真之后,遭时多故。"正指元将灭金。于戊戌时金已亡四年,是时北宗大盛,而董所遇为正阳等三仙,乃知当时道教所服膺者,已属全真之祖。宜全真上推必及此三仙。盖王嚞亦相应于民间所崇拜者,乃能大发展全真教,此书可考见当时道教之情况。

# 271. 明 道 篇

《明道篇》一卷,元淞江后学王景阳撰。景阳名惟一,系全真教徒,自序于大德甲辰(1304)。此书全准《悟真篇》九九八十一首之象数,亦以见南北宗于元代相合之情况。

可诵之诗颇多,如曰:"道生天地分离坎,离坎生成万类身,岁久年深俱化土,忘形方见本来真。"又曰:"欲求鱼兔必蹄筌,不假蹄筌恐未然,莫执蹄筌为实用,始明混沌未分前。"于体用本源语简意长。

末尚有《金丹造微论》一文,理贯三教,兼通南北,实元代之有见者。如曰:"由是知无极而太极,太极本无极者,濂溪先生之道也。一灵妙有法界圆通者,紫阳最上一乘之妙也。至此则所谓真土斗柄又皆筌蹄尔。吾将以斯道觉斯人也,非敢舞文而乱正也。"结曰:"勤而行之,真积力久,岂惟独善一身,或将兼善天下。参天地,赞化育,夫岂二道哉!"义尤圆融。

# 272. 玄宗直指万法同归

《玄宗直指万法同归》七卷,元建安仰山道院牧常晁撰,门人一山黄本仁编。见《道藏》734—735两册下上三至九。书无序跋,未详成书之始末,卷六中有一诗作于至元甲午(1294)冬,略可见其时。卷一为序论说诸文,主要说明理学之理以合释老为一。以《无极太极图序》及《性理神炁命序》总言之,并引用佛教卍字为心轮,理本可通。说元始宝珠而言:"《易》曰:'大哉乾元,万物资始。'本乎是矣。"则倒果为因,盖葛巢甫构造《度人经》,即本《周易》象数以人格化。元始之名,确取诸《乾彖》云。

卷二有"仰山禅房座右铭"、"仰山丹房座左铭"二,可详读之,以见仰山道院之旨。左右夹持以归于人心固有之中,庶谓之三教合一,亦能保存全真教之本义而有所发展。认识由畜横而人直之可贵,确为生物进化之象。又有《三身同根图》、《六对之图》,亦可录之,内具九畴与十二爻位象数之理。

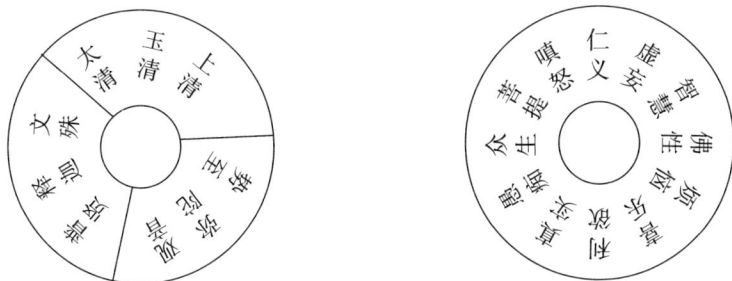

道分三身之用,理合一真之元

卷三"或问",中有明象数之理。其言曰:"或曰:金丹之道,必以数言,何也。答云:在太极之先者,不论以数。在太极以下者,必以数言之。上士则忘象数而得其一,中士必因象数守其一,下士必学象数求其一。苟不以数,无以开后学之来,所以立象为权教也。"此以上中下三士以辨象数,已能总结历代对象数之认识。或未得一而忘象数,此王弼之扫象所以为《周易》之灾。金丹之必以象数,乃《参同》、《悟真》之存,读之犹面对伯阳、紫阳以受教。我国之象数,即今日"数学语言"之义。

"或问"中每多深辨佛老儒易之精义,不乏可取者。如曰:"吾有轮回心,必不免轮回;吾无轮回心,必不堕轮回。"其破佛教之轮回说,何等简捷。又合《华严》五十三参曰:"善财参者五十三人,兼自己与毗

299

卢,共成五十五,非合天地之数乎。"

卷四末为《金丹诗诀》,各有所指,若曰:"学道从来有几人,为于性命不双明,天台止有张平叔,兼悟曹溪最上乘。"可见常晃之重视南宗。

卷五"丹祖"二首,有"大还丹"之象。"平物我"五首之末首曰:"万象之中身独露,身心万象总俱闲,古今妙诀无多子,到处无心即大还。"正明其理。他如"禅宗公案三十则"、"玄宗二十四首",各有所见。以下"杂颂门"等,凡卷六、卷七皆是。有一首名"大不幸者三",文曰:"秀才不读书,天下大不幸。僧道失本心,教门大不幸。国家无贤相,朝野大不幸。"亦对时而言。又有名"道平"者,文曰:"古时亦此道,今时亦此道,大道至公平,由人悟不悟。"此所谓勘破古今,语简而理深,道教要旨之一。亦我国本有此哲理,佛教传入后,内容更有发展。故悟三教合一之道,盖当时认识论之极高境界。最末一篇为"呵呵笑歌",盖取老子《道德经》之下士闻道大笑之之象,以此结束,颇合全书之旨。然以下更附有"劝报父母十恩"及"人天十善"二文,文义亦是。盖当时忠孝净明教派之说,皆有江月林晃道作跋语,是犹所谓儒教之义。

# 273. 中 和 集

《中和集》六卷,元蔡志颐编其师李道纯之集。首有当涂南谷杜道坚之序,时当大德丙午(1306)。序有曰:"群妄扫空,一真呈露。谓如天付之而为命,人受之而为性。至于先天太极,自然金丹,光照太虚,不假修炼,露泄无余矣。可以穷神知变而深根宁极,可以脱胎神化而复归无极也。抑以见道之有物混成,儒之中和畜物,释之指心见性,此皆同工异曲,咸自太极中来。是故老圣常善救人,佛不轻于汝等,周公岂欺我哉。览是集者,切忌生疑。"则此集之旨已在其中,实即全真之道,是时正深入民心。能归诸易理,即太古以至清庵之特见。

此书六卷中,卷一为"玄门宗旨",始于太极图之一圆,中和图之一方。其象如下:

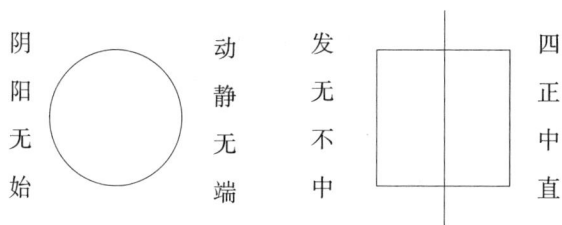

阴阳无始　动静无端　　发无不中　四正中直

此方圆之变,正合我国自古已然之基本图形。清庵用之为始,已有正确之认识无疑。合三教于其中,绰乎有余,亦全真之可贵处。下有"委顺"、"照妄"两图,理亦精微,实来自理学。"太极图颂"二十五章,"画前密意"一十六篇,皆以理推测宇宙之演化及生命之起源。生物发展至人,人正宜有以控制宇宙。其言曰:"天地物之最巨,人于物之最灵。天人一也,宇宙在乎手,万化生乎身,变在其中矣。"此方能视为人之气概。人定胜天,决非虚语。全真教之能盛行元明,皆本此真知灼见,非迷信可比。实亦我国本有之易理,待宋元始为大众所知。

卷二为"金丹妙诀"。所绘诸图,如"内外药图"等,有具体作用。一炼精化气,二炼气化神,三炼神还虚,所谓三教之大事毕矣。又取《悟真》之"三五一都三个字",一律参之。明"玄关一窍",由旁门九品渐法三乘而达最上一乘,语语圆融,实证三教合一之境界,何可空言。此节可录之,以窥究竟之象:

　　夫最上一乘,无上玉真之妙道也。以太虚为鼎,太极为炉,清静为丹基,无为为丹母,性命为铅汞,定慧为水火,窒欲惩忿为水火交,性情合一为金木并。洗心涤虑为沐浴,存诚定意为固济,戒定慧为三要,中为玄关,明心为应验,见性为凝结,三元混一为圣胎,打破虚空为了当。此最上一乘之妙,至士可以行之,功满德隆,直超圆顿,形神俱妙,与道合真。

卷三为"问答语录",主要有洁庵琼蟾子程安道问三教一贯之道及赵定庵之问道。最后明"全真活法"之口诀,分内外药而言。结曰:"其上更有炼虚一着,非易轻言,贵在默会心通可也。勉旃勉旃。"实有至理。大还丹之理,何可轻言,读者思之。

卷四为论、说、歌。目曰:《性命论》、《卦象论》、《死生说》(作于至元壬辰,公元1292年)、《动静说》、《原道歌》、《炼虚歌》、《破惑歌》、《玄理歌》、《性理歌》、《火候歌》、《龙虎歌》、《无一歌》、《抱一歌》、《慧剑歌》、《挽邪归正歌》,皆以文载道,发明全真之理,诸文皆同。

卷五诗,凡有"述工夫"十七首,"咏真乐"十二首,莫不言皆有物。若"赠邓一蟾"一律,叙三教合一之理,简洁可诵。其词为:

禅宗理学与全真,教立三门接后人。释氏蕴空须见性,儒流格物必存诚。丹台留得星星火,灵府销熔种种尘。会得万殊归一埋,熙台内外总登春。

又有"自题相"一律:"面黄肌瘦子,看来有甚奇。分明乔眼孔,刚道绝闻知。勘破三千法,参同十七师。低头叉手处,泄尽那些儿。"象亦可观。

卷六词,皆以赠人。有"炼丹砂"词咏玄牝示众,其辞曰:"玄牝少人通,说与诸公。休言南北与西东,不在四维并上下,不在当中。阖辟妙无穷,天地根宗,生生化化运神功。动静机缄应不息,广纳包容。"此已完全说出六合之外有不息的动静机缄相应,以今名之,就是四维时空连续区,故能"广纳包容"。凡牝为三维空间,玄为第四维之象。

其所赠与者,有静庵、春谷清禅师、括苍张希微号几庵、吴居士、安

302

闲子周高士、郑松溪、损庵、王提点、中庵、圆庵蒋大师、虚庵、谁庵殷管辖、觉庵、丁县尹、李道判、圆庵傅居士、止庵张宰公、密庵、唯庵宗道人、一庵、孙居士、嘿庵、敬庵葛道人、焦提举、定庵、和庵王察判、秋蟾周先生、宝蟾子、刘居士、张蒙庵、实庵、白兰谷、真蟾子叶大师、陈制干、胡秀才、老蟾张大夫、道庵、潘道人等。此见当时门人师友之济济，称"庵"者皆正式弟子。损庵即蔡志颐，编此集者。所赠之一首《沁园春》言其入静，可知能入静乃当时之基本条件。

此卷末尚有隐语，名"教外名言"、"绝学无忧篇"二，实以参禅。前篇以三教观造化，结曰："掀翻无字脚，粉碎大虚空，方为了事汉。秘之秘之。"其象可见。后篇结曰："居止无余欠，随处任方圆。饥来一碗饭，渴来半瓯泉。兴来自消遣，困来且打眠。达者明此义，休寻天外天。见前赤洒洒，末后亮娟娟。"是即四维"含万物而化光"之境。

总观是集，可见元代全真教发展的情况。此书见《道藏》118、119两册光上下一至六。

# 274. 全真集玄秘要

《全真集玄秘要》一卷，元清庵李道纯著。见《道藏》119 册光下八。此卷内含二书，其一《注读周易参同契》，其二《太极图解》。因周濂溪之《太极图说》当时流传已久，尤其对〇之象，儒道莫不重视之。道纯即有悟于此〇，乃本之以解太极图。由此以贯彻三教，亦未尝不可，是为道纯此解之要旨。

又有《读周易参同契》一文，张伯端作，亦能立能破之佳作。首句曰"大丹妙用法乾坤"，道纯又以〇当大丹，理亦可通。由此生生而五行八卦，以至"否泰交"、"屯蒙作"，莫不由〇中出，故"达者惟简惟易，迷者愈烦愈难"。能悟此而复于〇，大丹乃成。此文与《太极图说》，固有相通之义。道纯取此二文而注解之，视之为全真之秘要，所见亦是。

且注曰:"《易》之道广大悉备,以之学佛则佛,以之学仙则仙,以之修齐治平则修齐治平。故魏伯阳托象于丹道参同契也。"则能深得易理。又此书说明《太极图说》为周夫子之言,《读周易参同契》伯端所作,凡此二文,可谓儒道之精,道纯取此以归诸北宗,不愧为南宗之正传。

# 275. 三 天 易 髓

《三天易髓》一卷,元李清庵撰,混然子校。名"三天"者,指儒释道三教,其言为"儒曰太极,道曰金丹,释曰圆觉"。末注《阴符经》作结。

于儒作"火符直指"颂十五首,据乾坤十二爻加"乾坤鼎器",末添"温养灵胎,玄珠成象"两句,准三五之数,即洛书之象。于道作"金丹了然图",分九首,一、下手,二、安炉,三、采药,四、行功,五、持盈,六、温养,七、调神,八、脱胎,九、了当。于释作"心经直指",其释"舍利子"曰:"舍利子者,舍中之利子。子者犹屋中之主人,是谓清静法身也。"可云妙悟。此等处,决不可以考据言,以下解咒亦然。结曰:"不惟此卷《心经》,至于释老一大藏教典,诸子百家,只消一喝,彻头彻尾都竟。其或未然,参〇,只此便是,休更疑惑。"是之谓不立文字,决不可以文字论其是非。

若释《阴符经》之"五贼"为"五蕴","机在目"为"无眼界乃至无意识界"等,皆可取。

此书见《道藏》119 册光下七。

# 276. 清庵莹蟾子语录

《清庵莹蟾子语录》六卷,元李清庵莹蟾子之言,门人六各编一卷,茅山道士嘿庵广蟾子序于元至元戊子(1288)。末有后序为南昌修江后学混然子书,未及门,梓板时作。原稿有荆南羽士邓坦然所抄。清庵始末另详《中和集》提要。此书见《道藏》729册卑下五至十。又卷一即嘿庵柴元皋编,卷二为定庵赵道可编,卷三为知堂实庵苗善时编,卷四为宁庵邓德成编,卷五为蒙庵张应坦编,卷六为损庵蔡志颐编。或因门弟子所悟不同,故问答不同,所悟亦异。而莹蟾子实能语兼三教,处处归中,较佛教语录之内容变化尤多。卷一颇引佛教语,若参宝镜三昧于动静中会意,宾主四位亦归动静,盖已悟于阴阳。又语及先后甲庚、西南变化及老子生死之徒十三与三十辐等,皆活泼有致。卷二全参《道德经》,故加题曰"道德心要"。问参"无为无不为处",师曰:"有作皆为幻,无为又落空。两途俱不涉,请颂一句。"嘿庵曰"对面不相逢",止庵曰"一定守其中",密庵曰"自有大神通",师曰"当处阐宗风"。此见当时师及三门人之思维境界。三门人之不得不执,唯师独出,故不愧为师。如是以参《道德经》,可名之曰"禅老",亦为注《道德经》之新方法。卷三记升堂讲经,亦不乏警句。若曰"潜大音于希声,隐大象于无形,则自然形神俱妙与道合真也","五千言分明不可道之义乎"等皆是。又曰:"道既不可道,名既不可名,今日大作法事,岂非多事乎。曰:不然。太上二月十五日降诞,非真也,显生生之义也。予今与太上庆诞,正欲发明起初一句也,何多事之有,复何疑。"按此之谓"七日来复",理始圆融。佛老之禅机,何异同之有,大可参之。卷四记有门人续句以见其思,此亦无疑一种可取的教育法。如师曰:"无门关锁不难参,说着无门便没关,既是无关开个甚。"嘿庵曰:"知他窠臼有何难。"息庵曰:"一拳打破透疑团。"定庵曰:"不移一步到长安。"师曰:"定庵可取。"按实不出门知天下之义,出与不出,非内外丹之合一乎。卷五为杂述,有自赞真相曰:"这个面嘴不傍道理,那个尚非何尝有你,咦,唤作李清庵,便是眼前鬼。"此非吾丧我之象乎。又有"叠字藏头颂"与"还丹之图",可云巧思,皆欲显其周流之象。卷六盖言及实相,有赠与洁庵者,或为其大弟子。末篇为咏儒释道三教总赠程洁庵,纲目如下:儒理,致知格物,正心诚意,人心惟危,道心惟微,惟精惟一,允执厥中,穷理尽性,以致于命,忠恕而已,复见天心,知周万物,退藏于密,常慎其独,一以贯之,复归于无极。释教,三身一体,三心则一,消碍悟空,显微无间,不立有无,戒定慧,无有定法,虚彻灵通,真如觉性,常乐我静,朝阳补破衲,对月了残经,金刚经塔。道教,清静无为,无上至真,真元妙用,损之有损,三返昼夜,一得永得,抽添铅汞,玄牝之门,出群迷径,入希夷门,多言数穷,不如守中,九转神丹,可道非常道。

凡上之言,虽尚有可议,然确可视为元代全真教时三教的基本分别。总观此六卷语录,殊可代表当时全真教发展道教的情况。所谓三教合一,乃其兼取禅几的公案,亦可见一斑。

# 277. 玄 教 大 公 案

《玄教大公案》二卷,元金莲道实庵苗太素举,门人诚庵王志道集。见《道藏》734 册下上一二。首有金陵渊嘿道人柯道冲、金陵青溪九曲逸民唐道麟、行台监察御史王主敬从义及王志道四序。柯序说明苗太素之道统,盖属南宗,简示如下:

白玉蟾——王金蟾——李清庵——苗太素——王志道

唐道麟盖损金以付梓者。王主敬提及太素尚有《补注伊川易传》,惜已未传。序者皆亲聆太素说法者,志道则入室门人,加以编集,序于泰定甲子(1324),盖入元已五十年。

全书凡升堂明古六十四则及入室二极则。于六十四则中,计二十三则参老子《道德经》,十五则参《文始真经》,四则参《冲虚真经》,十三则参《南华真经》,一则参纯阳紫阳,四则参《周易》,一则参重阳丹阳,一则参玉蟾,一则参三茅仙君,末一则参元始天尊宝珠,如此安排甚得体。凡每参一则皆有颂,末则之颂曰:"粟中藏世界,即芥纳须弥。一点玉虚妙,万法总网维。含弘无尽至,潜密绝芒微。罔象之中得,宝光极耀深。"能实有所见,非口头禅可比。且以一圆(○)示之,即六十则参《周易》之易无方而神无体,及《易》无思无为寂然不动感而遂通之象。此六十则之颂曰:"此○舒直强名一,一复还元号太极。不动动中辟翁机,三才万物归吾密。归吾密处体中中,一片太虚无朕迹。证个羲皇向上人,先天天表乐真逸。"可见此六十四则之参,既取六十四卦之卦数,且合《易》老象数于一圆(○)太极,密处中中,既取《易·系辞》之退藏于密,又兼取佛教密宗之象。可见元代之道教,实有其独特境界。能辨《易》、老、《金刚经》之三教教义,南北朝与元代道教之不同,庶可悟此玄教大公案。至于入室三章以象三极,详参其义,三极犹言体用相。首章曰:"纯清虚白妙真心,无昧圆辉耀古今,朴实道人当了彻,安平放下乐希音。"是即一圆(○)之体。二章曰:"始念随流吻合形,有身性命体元成,心安恬澹性珠朗,炁息冲融命宝灵。"此章为阴阳五行生克于精神魂魄意之间,是之谓用。三章曰:"清静冲虚,纯真恬澹。参万古而混一,贯百王而极中。体妙先天,用明皎日,此吾太上心法也。"此当合体用之相,可代表元代南宗所理解的道教之象。

# 278. 陈虚白规中指南

《陈虚白规中指南》二卷,元陈冲素著。陈号虚白子,道号真放道人。此书见《道藏》114 册称上五。

上卷凡九篇,目曰"止念"、"采药"、"识炉鼎"、"入药起火"、"坎离交媾"、"乾坤交媾"、"攒簇火候"、"阳神脱胎"、"忘神合虚",亦即炼内丹之基本步骤。

于"止念"曰"精满不思色,炁满不思食",所以止食色之性,能止此念始知"采药"而"识炉鼎"。凡身中之药以精炁神当之可取。精即多种内分泌,炁所以行精,神所以指其所之,得此三药者方知炉鼎之重要。《周易参同契》曰:"真人潜深渊,浮游守规中",此书之旨即明此规中。虚白前已有玉溪子之"规中图"(提要另详),冲素盖发挥而充实其义。既识此规中之炉鼎,即可入药起火。曰"神是火,炁是药"即心肾相交,宜以坎离乾坤之交媾继之,即前者为小周天而后者为大周天。若于"攒簇火候"曰:"上柱天,下柱地,只这个,是鼎器。既知下手,工夫容易。"仍取《周易》十二辟卦之象,消息之理确在其中。年年反复,积功累德,以外丹言,数千年知识之萃聚,乃今人始可登月球,是犹阳神脱胎之象。若"忘神合虚"者,须待消灭宗教之日,然今日言之尚早。其言曰:"身外有神,犹未奇特,虚空粉碎,方露全身。"以今日之科学水平,说明整个宇宙之真相,事实尚早,此所以未能消灭宗教而尚须加以研究。其诗曰:"太上玄门知者少,玄玄无不异如如。提将日月归元象,跳出扶舆见太虚。炼到形神俱妙处,遂知父母未生初。这些消息谁传授,没口先生说与吾。"岂随心而妄言者可比。

卷下论"内丹三要","三要"指"玄牝"、"药物"、"火候"。有三图,各有一诗,宜录之:

"玄牝"诗曰:"混沌生前混沌圆,个中消息不容传。掰开窍内窍中窍,踏破天中天外天。斗柄逆旋方有象,台光返照始成仙。一朝捞得潭心月,觑破胡僧面壁禅。"

"药物"诗曰:"五蕴山头多白雪,白云深处药苗芬。威音王佛随时种,元始天尊下手耘。石女骑龙探两实,木人驾虎摘霜芝。不论贫富家家有,采得归来共一斤。"

"火候"图曰:"无位真人炼大丹,倚天长剑逼人寒。玉炉火煅天尊髓,金鼎汤煎佛祖肝。百刻寒温忙里准,六爻文武静中看。有人要问真炉鼎,岂离而今赤肉团。"

由此三诗,于规中之旨,已泄漏无遗。能味其意者,方能明此书之要。

# 279. 鸣 鹤 余 音

《鸣鹤余音》九卷,元仙游山道士彭致中集。前有道园道人虞集伯生叙,谓:"会稽冯尊师本燕赵书生,游汴遇异人得仙学。所赋歌曲高洁雄畅,最传者为《苏武慢》二十篇,前十篇道遗世之乐,后十篇论修仙之事。会稽费无隐独善歌之。"后于昭阳协洽(1343),伯生又作曲和之,无隐亦为之歌。后三年,彭致中采集古今仙真歌辞,包括冯、虞之《苏武慢》以成此书。见《道藏》744、745 两册。

若曲之作者,有具名,有不具名。以具名者言,计有吕纯阳、三于真人、丘长春、冯尊师、马丹阳、盘山真人、宋披云、郝太古、皇甫真人、虚靖天师、牛真人、白玉蟾、虞伯生、云阳子、莫月鼎、刘铁冠、王重阳、辛天君、朗然子、陈益之、王通叟、谭真人、桓真人、钟离、吴真人、孙仙姑、何仙姑、杨真人、范真人、蓝采和、徐神翁、张果老、曹国舅、李岳、韩湘子、景阳、宋仁宗、赵真人、秦真人。凡十九为曲,卷九亦有赋与散文数篇。

考全真七真莫不善文,由词而曲正当其时。此书所收者,有七真集中未收者,基本可信其为七真所著。若七真之门下,更可信其为原作。惟吕纯阳诸仙之作品,难免有疑。实全真既盛,信徒既众,托名者自然而起。元后八仙之名,此书中悉备。然《水仙子》八首尚数徐神翁而不及何仙姑,而何仙姑之曲有"八声甘州"等。又名孙仙姑者,当指孙不二,有"卜算子"辞世一曲曰:"握固披衣候,水火频交媾,万道霞光海底生,一撞三关透。仙乐频频奏,常饮醍醐酒。妙药都来顷刻间,九转金丹就。"则与孙不二之情形正合。

若有朗然子刘真人诗九首,末有跋语曰:"朗然子,齐人也。因随唐玄宗幸蜀,遇神仙司马承祯口诀,传金液还丹大药诀。自后修炼成功,却归洛阳。乡老传言,朗然子于宋端拱(988—989)年间醉死于桃花坊。时天大雪,惟尸体卧处周围丈许无一点雪。官吏验尸,惟见鼻口耳中有金蝉递返,出入良久,飞上空中去。众皆仰视,及回顾,却不见地上尸矣。万灵朝元宫道士赵隐微,收得朗然子诗篇,化缘立石,广行其传,叩门告余,出示此诗。余亲详此诗语,不过运气吞液,保阳去阴,与余符契,喜为书之。皇统元年三月二日方壶知足居士谨题。"按皇统元年(1141)时,王重阳仅三十岁,尚未悟道,而朗然子已尸解一百数十年。此事非实,不必详论,诗亦非重阳门人朗然子刘真人所作,因姓与号皆同,宜为明辨之,若全真教已不以尸解为贵。

又披云之七真禅赞,略可见全真之旨,他书中未见,全文可诵。

# 280. 三元延寿参赞书

《三元延寿参赞书》五卷,元九华澄心老人李鹏飞集。鹏飞池州建德人,有儒医名。治愈唐兀觯病,为之锓梓此书,自序于至元辛卯(1291),年已七十。今仅存《道藏》本,前有荣禄大夫福建等处行尚书省平章政事唐兀觯序,尚有和元杲、叶应和、姚辙、塔海、周天骥诸序跋。周序谓"众人之医以医为功,澄心之医独以无病可医为功",盖以卫生养身为主,殊合《内经》以防病为主之吾国医理。

自序谓遇宫姓道人,其言曰:"人之寿天元六十、地元六十、人元六十,共一百八十岁,不知戒慎则日加损焉。精气不固则天元之寿减矣,谋为过当则地元之寿减矣,饮食不节则人元之寿减矣。"李氏此书,即据此以编成。原书无目,先为编目并引其纲要。

卷一　人说　天元之寿精气不耗者得之
卷二　地元之寿起居有常者得之
卷三　人元之寿饮食有度者得之
卷四　神仙救世却老还童真诀
卷五　神仙警世　阴德延寿论　函三为一图歌

于"人说"中，论人之形体通乎自然。叙述胎育之情状，虽不确切，已知重视胚胎之发育，实仍本诸《庄子·至乐篇》之言。以下各节皆有纲要。

　　天元　欲不可绝　欲不可早　欲不可纵　欲不可强　欲有所忌　欲有所避　嗣续有方　妊娠所忌　婴儿所忌
　　地元　养生之道　喜乐　忿怒　悲哀　思虑　忧愁　惊恐　憎爱　视听　疑惑　谈笑　津唾　起居　行立　坐卧　沐浴洗面　栉发　大小便　衣着　天时避忌　四时调摄　旦暮避忌　杂忌
　　人元　五味　饮食　食物　果实　米窍　菜蔬　飞禽　走兽　鱼类　虫类

此医理所分之三元，犹道教所谓三丹田。天元属肾脏，为遗传问题，所以衍续生物本身之时间。下丹田命宫的生理作用，由上丹田性宫而下。地元属脑神经，为情感生活问题，所以维持生物本身之空间。上丹田性宫的心理作用，由下丹田命宫而上。人元属心脏肠胃等为饮食生存问题，所以保存生物本身的生命。中丹田绛宫的气血周流，由上下丹田天地交泰而相合。此本天地人三才之道的易理，于道教即洞神三皇。以三丹田合诸医理，即此书之三元，李氏取宫姓道人之说，或犹此义。

于卷四提及马丹阳遇刘海蟾而得长生诀，则二人相距约三百年，能否相见，以常情观之，不得不疑。

卷五之函三为一歌，其图外为后天方位。圆取二十八宿。方取二十四节气，四方各六；中作十四平方，计有一百九十六方格。中心十六方格为人。此外凡一百八十方格以当寿限，人一岁点一格。歌末句曰："岂特点尽图，天地相周旋。"盖以一百八十岁为阶，乃能与天地同寿。于图上曰:"行天之健,应地无疆,此由三元之数以合诸人。"

考人之寿命,正由医药进步而渐增,然满二甲子者已鲜,况满三甲子。今或以人体结构作科学的分析,寿及一百以上确有可能,惜因内外感伤而损寿。若此书于元代已取三甲子为基本寿限,即医理结合道教后的判断,亦未可视之为幻想。于三元之纲要,已得生物争取生存的根本原则,凡人何可忽此,亦为此书之价值所在。

# 281. 随机应化录

《随机应化录》二卷,明何道全述,门人贾道玄编集。首有昆丘灵通子序于洪武辛巳(1401),言其始末甚详。何道全浙四明人,自幼修道,号无垢子,松溪道人。传全真教,至陕居终南圭峰之墟而成道,洪武己卯(1399)卒于长安医舍。书末载其《辞世》一律,可录之以见其情:"四大假合本非坚,暂来尘世结人缘。今朝缘尽归空去,何日重将古教传。冰泮雪消还是水,形亡神去复同玄。有人更问家何处,依旧还归象帝先。"尚可以达者观之。二年后,门人贾道玄编集成书。又辛巳己卯,时已建文,仍书洪武者,讳言也。

全书各段,每以合三教言,此乃全真之宗旨。于佛归禅宗,故记录与僧人之机锋甚多,且以净土宗之念佛反诸心。若有明性命二字曰:"性乃命之体,命乃性之用。用无体不明,体无用不备。根梢本相连,权且分为二。"亦可见性命双修之理(性命当体用,已见于《金丹四百字》注)。论修静功之死环活环,活非性,死非命乎。以"道冠儒履释袈裟"明三教,喻亦奇妙。此外有赞《道德经》、《清静经》、《心经》、《法华经》四首,或即常念之佛老经典。细读全真道流相传之诗文语录,乃由宋而元明,足补宋元明儒学案所未备,此亦可视为明初之一家。

此书见《道藏》740册唱上。

# 282. 还 真 集

《还真集》三卷,明南昌修江混然子撰。首有张宇初序于洪武壬申(1392),谓:"会于客邸,匆遽未遑尽究。今春吾徒袁文逸自吴还,持其所述《还真集》请一言。予味之再,信达金液还丹之旨。"然未言其学之所出,仅曰"尝遇异人得秘授",实即综合南北宗之说。

卷上名"金丹妙旨",主要为图象。以"心"、"玄"、"鼎"、"丹"诸字图形及连环图等以明丹诀,此犹宋徐神翁、白玉蟾之说。又以卦象论火候五行三才,则取自《参同契》。结以内丹三要为鼎器、药物、火候。下列三要之异名,可便于初学者。

卷中为论、说、歌。论有《还丹秘要论》、《性命混融论》、《惩忿窒欲论》三。说有《梦说》、《性说》二。歌有《回风混合歌》、《修真歌》、《中阳歌》、《悟真歌》、《还丹歌》、《步虚词》七。内容乏新义,承道教古义,文之而已。

卷下诗词。诗有"述金丹工夫"三十六首,"杂咏"三十四首,皆有以示友人与门人之口诀。又有绝句八十一首述符火还丹妙诀,及《游仙吟》十九首。词有《沁园春》十一首、《水调歌头》二首、《满庭芳》一首、《满江红》二首、《百字令》三首、《金字经》五首、《炼丹砂》二首、《西江月》五首,间多示门人之口诀。于《百字令》三首明儒释道三教,可录之:

儒宗:

圣人传道执其中,妙在惟精惟一。放则周流弥六合,卷则退藏于密。格物致知,正心诚意,静里包皇极。居仁由义,应机不费毫力。四时天地同参,火符合候,默默存真息。三五归元至德纯,保合太和冲溢。体用一原,显微无间,尽性穷端的。死生勘破,到头还是空寂。

释宗：

真宗顿悟理幽微，了了无言可说。旷劫至今全体具，湛然元无生灭。拂尘拈花，穿衣吃饭，觌面分明泄。头头皆是，何须特地差别。为言向上家风，纤锋快利，透面刚如铁。三界圆通无所住，随处应机明彻。芥纳须弥，珠合罔象，朗耀悬秋月。寸丝不挂，即同诸物齐列。

道宗：

修真立鼎炼金丹，只用三般灵药。冬至阳生忙下手，采取也须斟酌。抽坎填离，流精进火，正轴旋匡廓。赤子乘龙，一时骑上南岳。乾宫交媾归来，虎龙降伏，夫妇同欢乐。巽户双开大火然，九转丹凝磅礴，玄谷风生，性天云散，万道神光烁。行功完满，他年回驾鸾鹤。

明初于三教教义，以如是理解，自然可合一无碍。名实之辨不可不深入，而我国的宗教哲理亦止于此，乃有文胜之弊。故内丹而未能发展医理，外丹而未能发展物理，此明后之道教所以日趋衰没。此读《道藏》编辑之混乱可喻，混然子、张宇初皆未能辞其咎。明中叶后更甚，为道教惜，亦为我国之文化惜。明初乃转机时，三宗之哲理何可止于此，读者详之。

# 283. 崔公入药镜注解

《崔公入药镜注解》一卷，混然子注。首有自序，其言圆融，已合南北宗而一之。考《崔公入药镜》仅三字句八十二，共二百四十六字，而言气功之理殊简要深邃。混然子之注,亦确乎有据于古,有验于身。如注"得之者常似醉"曰:"自觉丹田火炽,畅于四肢,如痴如醉,美在其中,此所以'得之者常似醉'也。《道德经》云:'谷神不死,是谓玄牝,玄牝之门,是为天地根,绵绵若存,用之不勤。'《易》坤卦云:'黄中通理,正位居体,美在其中而畅于四肢。'如斯之谓也。"又如注"饮刀圭"曰:"饮者宴也,刀者水中金也,圭者水中真土也。言作丹采药之时,必采水中之金,金不得自升,必假戊己化火,逼逐金行度上泥丸。金至此化为真液,如琼浆甘露一滴落于黄庭。宴之味之,津液甘美,故曰'饮刀圭'也。"

由上二例,可喻混然子之注,实能进一步说明《入药镜》之象。此书于炼气功者颇有作用,可促使任督贯通而一气运行,所谓大小周天是其义。

此书见《道藏》六十册成下五。

# 284. 青天歌注释

《青天歌注释》一卷,混然子注释。见《道藏》六十册成下六。按《青天歌》为丘长春所作,凡七言三十二句。混然子加以注释,能便于了解其真义。首有小序可取,摘录于下:

> 是歌演音三十二句,乃按《度人经》三十二天运化之道也。……前十二句乃明修性之本体,中十二句为复命之工夫,末后八句形容性命混融脱胎神化之妙也。愚见世人只作闲文歌唱舞蹈,终不知其中九和七合之理,今故强为注释,以俟后之来者。

由此三分全歌,于全真教义,可粲然而明,实因已合南北宗而一之,方可进一步了解性命之原。今本混然子之义,始可明《青天歌》之旨。凡浮云障青天,犹性宫未明,第十二句曰:"自然现出家家月",乃得吾丧我之籁。继之论命宫而归于第二十四句曰:"入地上天超古今",是犹由命以达性,最后明此"白雪歌"与"阳春曲",乃"管无孔兮琴无弦",则万窍比竹,何有乎吹万不同。"得来惊觉浮生梦,昼夜清音满洞天",混然而一,蝴蝶梦云乎哉!

# 285. 古 易 考 原

《古易考原》三卷,明梅鷟著。鷟旌德人,正德举人,官南京国子监助教,终盐课司提举。《续道藏》收入,见第1100册,《续文献通考》著录。是书盖推究古易来原,然以理断之,未能考之于古史。承陈抟先天之说,合筮法而一之,于象数之发展次第可备一说,犹继承朱熹而贯穿之。

卷一论伏羲之画卦,取《系辞下》"古者庖牺氏之王天下也"一节为准。于画卦之次,则本八卦上加八卦为作八卦,故视乾夬大有大壮小畜需大畜泰八卦为始作乾卦。下七卦同例,故始作八卦已为六十四卦。继之明八卦圆运及八卦方列,实即伏羲六十四卦方位图。然既取此图而不取八卦方位图,难免为狙公所笑。

卷二述蓍数之易。谓大衍数五十,其用四十有九之和为九十九,乃得自天地数由十而成九,或不取首一,或不取终十,则二列相加,即为九十九,示如下图。此数字之变化,可备一说。

```
    1  2  3  4  5  6  7  8  9
  +  2  3  4  5  6  7  8  9 10
  ───────────────────────────
    3  5  7  9 11 13 15 17 19    进位数有五为五十
    24   中1   24               中一加左右各二十四为四十九
```

继之明一分为二之次序图,确是太极两仪四象八卦之生生,谓以下十六画、三十二画、六十四画。其义仍可包含在"四象生八卦"中。

其象之成,即以筮法当之,即一卦可变六十四卦,实同朱熹之《启蒙》。

继之明夏商周三易。于《周易》则取《序卦》之上下篇各为十八。继之引泰否、需讼、随蛊、噬嗑贲、无妄大畜、咸恒、晋明夷、家人睽、蹇解、损益、萃升诸卦之象,以见卦变之象,合成总卦变图相应于四千九十六变,即以李之才之卦变图合于《启蒙》,举例以明各卦之卦主,然尚无卦主总图。最后为互体图,即取于吴先生之隔八缩四图,吴先生名澄。此图于《易》极重要,当阴阳交不交之乾坤既济未济四象,与消息之义可通,又与《杂卦》末节可合。篙之言有心得,宜录之:"夫子《杂卦》之末章八卦,取中层之大过姤夬,以其互内层之乾也;取中层之颐,以其互内层之坤也;取中层之渐既济,以其互内层之未济也;取中层之归妹未济,以其互内层之既济也……"此图后为李光地之《启蒙附论》中所取。然梅篙此书,《四库》未收,《存目》未载,《续道藏》保存之,殊觉可贵。

# 286. 易　　因

《易因》六卷,又名《九正易因》,明李贽(1527—1602)著。贽本名载,晋江人,嘉靖举人,官至姚安府知府,坐妖言逮,自杀。《续道藏》收入其书,见 1097—1100 册。《四库》入存目,《续文献通考》著录其书。全书惟解六十四卦,首录二篇、《彖》、《象》、《文言》,继之总述是卦之旨,亦取前人之说。后有附录,皆摘录前人之注。所取之易注甚多,计有苏轼、李秃翁、庄子、扬雄、陈抟、邵雍、周敦颐、丘仲深、罗彝正、王畿、程颐、朱熹、金汝白、郑室甫、周宴、刘睿伯、胡仲虎、游定夫、杨简、方时化、汪本钶、王弼、干宝、蔡介夫、杨万里、虞翻、杨中立、熊过、赵汝楳、班孟坚、卜子夏、冯亭之、吕伯恭、邓伯羔、邵国贤、姜廷善、焦弱侯、丘行可、焦赣、陆伯载、郑玄、吴幼清、吴子仪、薛君采、李鼎祚、陆师农、向子期、杨元素、吕仲木、熊南沙、李子思、司马光、王伯安、薛仁贵、魏玄成、李泰发、蔡清、项氏、徐进斋、王昭素、蔡子木、刘牧、王德卿、马逢旸、刘用相、张载、晁以道等六十余家之说。

若于总述卦旨时,每引方时化之说,似为李贽易学之本。附录颇引东坡说,亦见其重视相攻相爱相取之关系。明代虽未重视汉象,然已取李鼎祚《周易集解》,可证其读书之广博。当代人之说,有其书而未传者,正可由此书以存一斑。李贽本人的思维形象,唯见于总论。如于蒙卦曰:"大抵世之蒙者,聪明日广,往往见金而不见身,是以闻一知十为大贤,而曰货殖焉。反以空空为鄙夫,屡空为贪乞,日以为困苦而不能自出也。读之则喜,击之则喜,加之以桎梏则喜,养正之功,将安施焉。"此与当时的环境相合。贽为泉州人,泉州处于海外贸易口岸,所谓"日货殖焉"而有女子之羡慕外物,确合"见金夫不有躬"之易象。又于讼卦曰:"初柔居下以柔自安,不永所事,虽小有言,辨明即止,其以不终讼获吉,宜也。四五同体利见九五,复而就命,变而安贞,独能不失。九五眷眷不欲讼之意,其以不终讼获吉,尤其宜也。上虽过刚居上,然三唯知旧德是食,始虽厉而终则吉矣。呜呼!鞶带之赐也,三褫之愧也,则谓上能不终讼亦可也,何也?以其有愧心也,恐其无面目以见九五也。"则分析讼因,尤精细。视上犹有愧心,有"满街都是圣人"之象。又全书颇用史事为证,如遯初以寇准之荐丁谓、张浚之荐秦桧当之。于既济未济之变,则曰:"哀哉!旋济旋失,唐明皇诸人,非邪?"皆能得观象玩辞之旨。

# 跋

计划写《道藏书目提要》,自 1980 年 1 月起,已有三年了。初定一年为期,当有成果。凡读《道藏》一书,可随手写出其内容之纲领。因大部分道书并不长,二三天可写出一篇提要,一年后积有百余篇,已可成一小册子。谁知愈读愈复杂,最初写成的数十篇提要,逐渐发现内有相互的关系,则大半须改写。盖道教本身有其整体概念,如未知道教在我国发展史实的概貌,殊难理解各时代写出各种道书之目的。所谓见树叶而未见树木,见树木而未见森林者,决不能分析一叶知秋的作用。且研究的方向系《道藏》的整体,非仅研究其中某一种道书。故随读随写提要的方法,非惟一的方法。宜先对全部《道藏》有一全面的了解,故必经的步骤乃以通读为主。计涵芬楼影印本《道藏》,包括《正统道藏》一千又五十七册,《万历续道藏》六十三册,共一千一百二十册;书目有一千四百七十二种(此书目总数,因原目分合有不当,以后尚须纠正)。于 1980 年底,完成通读全藏,通读后方能如明白云雾完成对《道藏》的认识。

于 1981 年起,始对已知历史背景的道教文献撰写提要。继之于未知者,又须考证其历史背景。因于重要文献的提要中,除概述内容外,当说明于道教史所起承前启后的作用。且同时对有代表性的道教典籍,进行较深入的思想研究。二年中合计完成《道藏》书目提要约二百种。此二百种道教文献,分属各时代各地区,内容亦各有不同。准此多端的变化,又可加深对道教史的认识。

然定此提要的次序,又须注意《道藏》的编目。故 1982 年起,除续写提要外,另编《道藏编目》一书。乃时时注意《道藏》的分类法,考察与儒书佛藏分类的同异,此又与三教教义及其发展有密切关系。半年来略有所得,最近已写成本书与《道藏编目》二书的自序。有此得自历史事实的原则,庶对《道藏》与道教,有比较客观全面的认识。其间可分可合,可聚可散,一叶一木与森林,一沤一波与大海,自然有其同异。写提要时,盖兼取其象。

至 1982 年底,已成《道藏》书目提要约三百篇,可作为第一集。拟共分四集,以下三集每集约四百篇。因《道藏》中有四五百种价值不大,写提要时仅须数言,可分批收入以下三集中。今当第一集定稿之时,略述三年来研习《道藏》之变化情况,志之以备忘云。

公元 1983 年 1 月潘雨廷于华东师大古籍研究所

# 附录一

# 《道藏编目》自序

　　《道藏》编目,用陆修静的三洞及孟法师的四辅,且于三洞详分十二部。此种分类法自南朝至明未变,约有千年历史,已成为道教的基本教义。惜唐、宋、金、元编成的《道藏》并目录皆佚,其详已未可知。今仅存《明道藏》,包括《正统道藏》及《万历续道藏》,共收文献一千四百七十四种。分编于三洞四辅十二部的文献数,示如下表:

**《明道藏》分类编目表**

| 明道藏 | | 本文 | 神符 | 玉诀 | 灵图 | 谱箓 | 诫律 | 威仪 | 方法 | 众术 | 纪传 | 赞颂 | 表奏 | 分类文献数 |
|---|---|---|---|---|---|---|---|---|---|---|---|---|---|---|
| 正统道藏 | 三洞 洞真 | 78 | 8 | 59 | 17 | 13 | 12 | 30 | 52 | 20 | 19 | 6 | 2 | 316 |
| | 三洞 洞玄 | 71 | 8 | 33 | 13 | 12 | 11 | 76 | 23 | 20 | 17 | 8 | 5 | 297 |
| | 三洞 洞神 | 51 | 5 | 88 | 6 | 15 | 7 | 26 | 63 | 74 | 19 | 7 | 3 | 364 |
| | 四辅 太玄 | | | | | | | | | | | | | 112 |
| | 四辅 太平 | | | | | | | | | | | | | 65 |
| | 四辅 太清 | | | | | | | | | | | | | 24 |
| | 四辅 正一 | | | | | | | | | | | | | 240 |
| 万历续道藏 | 正一 | | | | | | | | | | | | | 56 |
| 《明道藏》文献总数 | | | | | | | | | | | | | | 1 474 |

　　考《道藏》文献的分类有其特点,已合形式与内容为一。陆修静初分三洞犹判教,较儒之五经、十三经,佛之经藏,能进一步分析经义。孟法师益以四辅,又见三洞之发展。凡三太者分观三洞之各自发展,正一者合观三洞之总体发展。有分有合,故洞三而辅四。若兼承三太以辅三洞之正一成于南朝梁,与汉末五斗米道的正一已不同,此不可不辨。

　　以十二部论,更兼及儒典之经、史、子、集四部及佛藏之经、律、论三藏。曰本文、神符者,犹儒、佛之经。道教教义既判成三洞,于三洞之文献又分成文与符,此与《抱朴子·遐览篇》记录郑隐书目分道经与诸符相同。凡符与文者,犹左图右史,我国先秦时已然,《尚书·顾命》有"大训在西序,天球、河图在东序"的记载。凡符为文之本,系原始宗教图腾之遗风。下曰玉诀、灵图者,犹儒典之子部,佛藏之论藏。惟道经有本文、神符之分,宜注释道经亦有玉诀、灵图之辨。以玉诀注本文,以灵图解神符。《明道藏》以《周易》卦象属于灵图,殊合原始宗教发展之事实。能由图腾的形象归诸阴阳五行的八卦象数,此为原始宗教的一大进步。以下第五曰谱箓,第十记传,犹儒典的史部。史分为二者,记传为信史,谱箓为神话史,必增谱箓,方有宗教意义。进而研究之,宜考证作谱箓者之时代背景及其所以作此谱箓之目,则神话史中未尝无信史。视为信史之记传,每益以怪诞之说,亦未尝非神话史。如整理出合于历史上已有事实之道教史,对谱箓与记传,当加注意。曰诫律与威仪者,犹儒家之礼乐,佛藏之律藏。能达从心所欲不逾矩之境界,方可言礼法岂为我辈而设,否则难免野而狂。且未有丧我之象,执私废公尚盛行,此宗教所以暂不可废欤。于道教诫律之实质、威仪形式之含义,亦当加以研究,以见三洞四辅之同异云。曰方法与众术,为具体之实践法。且方法众多,皆属专门学问,儒典亦属于子部。最后曰赞颂与表奏,犹儒典之集部。

　　由上之简介,可喻三洞四辅十二部分类之内容及其价值。自陆修静、孟法师起,已备此规模。然道教在时间观念上始终混乱,且《道藏》所收文献亦屡次散佚而随时变换,故后代信徒每以后人作品视为本文而尊敬之。此道经的价值,所以未及佛经。且《道藏》中殊有可贵的文献,或错杂在大部分价值不高的本文中,尚未引起学者注意,或分类不当而大义犹晦,此乃后人编辑《道藏》者之无见。况辑成《明道藏》后亦已四五百年,根本未有以三洞四辅十二部的道教原则加以整理与研究。故道教教义的价值既未阐明,自然难以发展。今逐步作成《道藏书目提要》后,方能渐见道书之价值,亦见三洞四辅十二部分类之重要。准其分类法而去其弊,须明确时空概念,于四辅亦宜各分十二类。而于《明道藏》洞、辅、部中所收的文献,须有大量移动,先当定其洞、辅及十二部之次。

洞辅之次:

洞神——太清　洞玄——太平　正一　洞真——太玄

十二部之次:

神符,本文。灵图,玉诀。记传,谱箓。
诫律,威仪。方法,众术。赞颂,表奏。

于洞辅之次,首洞神——太清者,因洞神《三皇经》本天地人三才之道,属我国先秦古说。辅以太清炼丹者,求长生属燕齐方士之本务,上医医未病的养生法,又为我国医理之基础。次洞玄——太平者,因洞玄灵宝本于阴阳五行之说,西汉时大发展,渐为黄老道作《太平经》所取法,有治平之志。以下为正一者,指东汉张陵之五斗米道,宋真宗起视为道教之祖,而忽乎尚有黄老道,今以史实证之,当在《太平经》后。最后为洞真者,因属洞真的上清诸经,以《黄庭经》为首。本属黄老道的《黄庭经》,由五斗米道的祭酒魏夫人所发展。辅以太玄者,指魏晋所兴起的老庄玄学。及南朝玄学清谈始不敌佛教般若而归诸道教,乃形成洞真——太玄,故此一洞辅在正一后。

又葛洪所重视者,属洞神——太清。其从孙葛巢甫所发展者,用灵宝之名,由《太平经》以成《度人经》,乃属洞玄——太平。正一于晋既发展成洞真,于南北朝又有北寇南陆改革天师道。及梁孟法师更进一步认识正一,使之兼辅三洞,始成此三洞四辅的道教教义。

至于十二部之次,依东西之序,改正为神符与本文及灵图与玉诀。又记传实为道教史的主要资料,当置于谱箓前,其他不变。惟赞颂及表奏,可收入道者之文集,则较当时的内容为广。

洞、辅、十二部之次为有道教特点的分类法,决不可废。由之以合于时一空,自古及明可分为三期:古至汉,魏晋至五代,宋至明。细分为十二:第一期分三:一、先秦,二、西汉,三、东汉。第二期分五:一、魏西晋,二、东晋,三、南北朝,四、隋唐(肃宗),五、唐(代宗)五代。第三期分四:一、北宋,二、辽金南宋,三、元,四、明。每一时期,各有其道教文献。又须以地域分辨之,即由五岳五分,隔以黄河、长江而九(参阅《道藏书目提要》自序)。

进而详察道教教义之发展,由古至南北朝已成此三洞四辅十二部。唐代用之,实已兼儒、佛之形式而又能分析道经。故《道藏》编目,于唐代远胜于儒佛典籍之编目。

考唐代儒典,已用经、史、子、集四部为次。《道藏》有其长而尚能保存专业文献的地位,盖承《七略》的系统。又佛典编目定型于《开元释教录》,凡大、小乘各分经、律、论。曰大乘者,犹洞玄度人;小乘者,犹洞真自度;属二分法。道教取三分法者,更及由大小而一之之义。故道教有洞神,实为影响大乘佛教在我国大发展的思想基础,尤其是对天台宗之建立。且道经分本文、神符二部,当佛教之显与密。于唐代佛教,虽有密宗而尚未盛。而道教本具相似于佛教中的密法,汉末郑隐时已出现在分类中。惟佛经有般若、宝积、大集、华严、涅槃五大部成五大类,道经难与相比,此不必为道教讳言,而教义则各有所主。

且《道藏》编目形式之可贵,早与内容合一。若《佛藏》之编目,由梁僧佑《出三藏记集》起,至于唐智升《开元释教录》方有定型。然智升以大小乘为纲各分经律论,元初庆吉祥等之《至元法宝勘同目录》又以经律论为纲而各分大小乘,皆为形式的变化。于大小乘及经律论的内容,尚未在编目中显出。必至明末智旭之《阅藏知津》方能使形式与内容一致,即准天台宗五时判教之法,改大乘经为华严、方等、般若、法华、涅槃五部。故《道藏》编目之旨,内容既为隋代智者大师的判教所取,形式又为明末智旭所取,《佛藏》方完成以编目的形式显出佛教的内容。反观道教本身,于唐代尚能以分类形式发展其教义,于《明道藏》的分类,因历代《道藏》皆已散佚,乃属无血肉的骨骼。而《佛藏》经典基本保存,宜至智旭能以编目的分类完成天台宗的判教任务。若道教自南朝起早已完成形式与内容合一的《道藏》编目,至明末竟乏人理解,诚令人感慨。

以《佛藏》编目言,隋天台宗的内容完成形式于明末。然天台宗之五时,果为释迦牟尼说法时之事实乎?故判教如代大匠斫,鲜不伤手。宜十九世纪日本弘教书院校印《大藏经》尚准《阅藏知津》,而二十世纪《大正藏》总分成阿含、本缘、般若、法华、华严、宝积、涅槃、大集、经集、密教、律部、释经论、毗昙、中观、瑜伽、论集十六部门,方为客观分析内容而加以类聚。然此十六部门对佛教大小乘经律论的关系等皆未能显出,所归纳而成的十六部门形式虽简,仍觉散乱。故吕澂先生又著成《新编汉文大藏经目录》,其总分凡五,曰经藏、律藏、论藏、密藏、撰述。先论其大乘判教,凡分宝积、般若、华严、涅槃四部。盖不取天台宗之五时而本诸《摄大乘论》。然五时非佛之说,《摄论》果可据乎?此各有所见而未可是非之。于隋唐之际的我国佛教理论因有不决之疑,乃有玄奘毅然赴印之壮举。取得法相之说而归,确属佛教教义的可贵部分。惜未久即乏人研习,若干文献又在我国失传而传至日本。清末杨仁山居士更从日本取回而玄奘之说重兴,吕氏即据之以新编佛藏目录。然法相之说虽可贵,必依之判教,难免有不同意见者。今更合《道藏》编目言,则不问天台宗与《摄论》之是非,当观其判教所据的实质。以时空观之,由隋而唐,由印度而中国,玄奘奉行的法相,确属当时印度所盛行的大乘佛法。曲女城的无遮大会,迄今传为佳话。天台宗之五时,自然已受到我国儒道哲理的影响,然亦不可谓天台宗非佛教。且西域护法之说,当时本有性相之争。况唐代于法相外,旋即译出《八十华严》,于我国的思想又有明显的变化。由澄观的《疏抄》、李通玄的《合论》,一变而可充实禅师参禅的内容。此为中唐起佛教在我国继天台宗后的另一次发展,与此同时不可不知道教教义的发展。

考中唐至五代禅师辈出,基本有文献可稽,惜道教发展的情况文献极少。宋初张君房编辑的《大宋天宫宝藏》已佚,且张的思想仍准传统的道教,由《云笈七签》观之,尚未注意民间已兴起的道教。此派道教今可取钟离权、吕岩、刘海蟾、陈抟四人为代表。此四人中除陈抟外,其他三人每为人怀疑是否实有其人。据南宋初的《通志》,虽尚未著录张伯端的《悟真篇》,然已著录《钟离授吕公灵宝毕法》十卷、《海蟾子诗》一卷,此略可证明钟、吕、刘的时间当在张伯端前。又刘海蟾为燕相,燕灭于后梁凤历元年(913)。燕王父子信荒诞的道教,史有记录。于特有的环境中,能出弃邪归正之燕相刘海蟾,似非妄言。刘至华山修道,年纪略长于陈抟,陈景元谓二人曾见面,有可能性。惜《海蟾子诗》已佚,未能知其详。又钟吕相传的《灵宝毕法》,此书今存。或谓钟系汉人,大误,当与吕同为唐末人。而钟之学说有取于汉易象数,以道教论,有本于郑隐、葛洪所传的洞神三皇。此属早期的黄老道,与当时已发展成三洞四辅的道教不同。而钟离能以所谓《灵宝毕法》授吕岩,实继葛巢甫的《灵宝度人经》,于道教教义为又一次重要发展。其内容以汉易象数结合炼内丹,亦即逐步深入理解《周易参同契》,视之为内外丹可通。于《云笈七签》尚以《参同契》为金丹(此"金丹"之名指外丹,与南北宗指"金丹"为内丹不同),《通志》所引之书目亦以魏伯阳著作属外丹。而有关内丹的文献,《云笈七签》于诸家气诀中,引有《达磨大师住世留形内真妙用诀》。《通志》于吐纳、胎息、内视、道引诸类中书目甚多,亦收有《达磨诸家气诀》一卷,《六祖达磨真诀》一卷(王元正撰)。可见禅宗的具体修炼法,实可通于道教的内丹,中唐起早有此风。至于道教内丹的象数,基本来源于《周易参同契》。然于唐末五代能大发展者,不可不知另有钟离授吕公的《灵宝毕法》。考此书之著作年代,或谓刘海蟾系钟离所度,则时在唐末。又以古代象数论,唐代宗即位,宝应元年(762)李鼎祚上其所编辑的《周易集解》,于宝应年间(宝应仅二年)王冰亦注成《内经》。此二书皆重视古代的象数以明易理、医理,而《灵宝毕法》即结合内丹与象数而成。又施肩吾于唐宪宗元和十五年(820)中进士,宋代传其成仙,且与钟吕并言。是否与此书有关,可进一步详考。惟知于寿近百岁的陈抟(?—989)前,当有钟吕辈存在,时间在施肩吾前后,地点在西北。有此《灵宝毕法》的象数,可促使陈抟继之以成《周易先天图》。再者,在陈抟后江西南昌附近之西山,又有钟、吕、施出现。合诸佛教禅宗历史言,有禅师黄龙慧南(1002—1069)在南昌附近之黄龙山。盛传有吕岩飞剑斩黄龙之斗法,或非虚构。宋代西山的道教兴盛,基于斗法之成。慈明楚圆(986—1039)门下二弟子合称五家七宗,然黄龙未能发展而仅杨岐方会(992—1049)独盛于江西宜春,亦本此斗法之失败。若西山道派所推重之钟、吕、施,亦及晋代的许旌阳,属谱箓中的人物。当时争夺佛道道场之事,或系西北方南传的钟吕道派与北方南传的临济宗相争,争夺者究竟何人,亦可进一步详考。而《灵宝毕法》的作者则实有其人,时亦较早,书或为西山道派传出,于象数结合内丹的修炼法,唐末已起大作用。因唐末五代之禅,除有真知灼见者外,颇多陷入口头禅而重返魏晋之清谈。此惟道教深知其弊,故修性不可不修命,曾慥所记陈抟观空法是其义。乃视释教之禅,犹发展洞真太玄。若修命宜知象数,由自度而度人,亦可包括修齐治平的儒教,此犹如发展洞玄太平。

由外丹归内丹而内外合一,则道兼天地人三才,是即发展洞神太清。合而观之,汉张陵的五斗米道,孟法师已视正一能总摄三太三洞。由梁至唐末五代,保守者如杜光庭等,钟吕刘陈属创新者。及宋,张君房所代表的官方道教亦属保守者,民间受创新者影响而兴起的南北宗,方能扩大三洞的概念而以儒释道三教当之。南北宗的结合三教,所谓儒指自然的人伦,所谓释指教外别传之禅,所谓道即能发展三洞四辅的概念。由是革新正一而别开生面,与宋代加封的龙虎山张天师恰成对比,其总辅三洞仍未有异。凡四辅的内容,本宜因时代而发展,方见道教教义之日新。惜由宋迄明,未闻有考核南北宗教义与三洞四辅的关系者,故《明道藏》的编辑难免混乱。今明此发展之史实,于宋起的编目宜另增南北宗并列于正一,则《道藏》编目仍将井然有序。凡分合以辅三洞而四,于内容可变,于三、四之数不可变,庶能保存道教教义及《道藏》的编目原则。亦即道教三分法的判教,于先秦时已定。

更合《佛藏》言,判教迄今未定。由智旭之五而吕氏为四,巨赞之意,仍从《大正藏》之十八。实则玄奘后我国佛教的发展,惟禅与密。宜《知津》以密属于宝积,吕氏新编目录已另立密部于经律论之后,惟禅则全属于撰述。此因吕氏于佛教严分地域,天台宗既非印度佛教,禅宗更是中国佛学。此知时而未知空,犹未足以判世界性的佛教。若明末四大师之见,反能融通禅宗,故于道教发展三洞成三教之教义亦不可不注意之,此南北宗影响佛教之事实。或更有以密宗为主的判教,则红黄黑白花等等,早已五彩缤纷。可见显教有不同的编目法,皆可限以时空而存之,然未必。若《大正藏》十八部之有散乱感,仍在未能辨以时空而加以判教。故《道藏》以三洞四辅十二部的编目法,不可不取时空之限。

此《道藏》编目,暂限于《正统道藏》与《万历续道藏》所收的文献。然其前尚有发掘所得的古代道教文献,如马王堆有关文献、敦煌有关文献等等。其后更有明清及现代道教文献。若能准此《道藏》编目的原则,皆可依时空而收入。其最大特点,能由三才而三洞,由三洞而三教,于判教之理已归于数。三数之内容可有无穷之变,而三数之实质即我国固有之哲理,早为道教所取则。天地人者,天地为自然界之阴阳;人于儒教必肯定其为人类之人,而于道教已能扩大而以生物视之。故能去种种迷信之说,重视此天地之始与生命之始的哲理研究,则道教文献较儒教之说尤近于自然科学,且以编目的形式示其判教的内容,亦莫简于此。

公元1982年岁次壬戌冬潘雨廷于华东师大古籍研究所

# 附录二

# 道书提要补遗

## 1. 灵宝无量度人上品妙经

《灵宝无量度人上品妙经》六十一卷,属洞真部本文类,千字文之次为"天地玄黄宇宙洪"七字。前六字各十卷,洪字一卷。每卷各分两部分,上名"灵宝无量度人上品妙经",下名"元始无量度人上品妙经"。第二卷起每卷各加品名,文字结构基本相似。前一部分述元始天尊二次说经十遍,每遍有每遍之作用。第一次至十遍"咸成长生",此超越时间概念之象;第二次至十遍"十方无极天真大神一时同至",此超越空间概念之象。本此基本概念,元始天尊方能入一宝珠中说法,所以破时空后之景象。至于所说之法,则各品不同。后一部分述十方无极神王之名及四方天名与天帝之名,又有音、章、歌三段赞及对四方天之赞。具体之天名帝名及赞言,亦各品不同。

总而言之,是经全仿《华严经》而成。取十遍之数及十方世界,可云完全相同。继之入宝珠而说法,犹三千大千世界入一芥子之象。后一部分述四方,每方之天数以八天为本。若干品中,亦有取七天、九天或十天,第六十品则四方各十六天。凡此之变则《华严》

所无,而为据我国本有之数而加以变通,其意义殊大。于音、章、歌三赞,所以超出欲界、色界、无色界,则又系佛教之义。若各品之内容,提要另详。

# 2. 元始无量度人上品妙经直音

《元始无量度人上品妙经直音》一卷,附于《灵宝无量度人上品妙经》之后,千字文之次仍属洪字。此卷依《度人经》六十一卷而分六十一节,各节以释是卷中之字音,无注释,故名直音,以便讽诵而已。

# 3. 元始说先天道德经

《元始说先天道德经》五卷。著者不知名,注者宋李嘉谋,号息斋先生。此经辗转传出,详见卷首吴郡癸复道人雷所张善渊之序。于千字文仍属洪字。

今疑注者或即著者。全书凡五千言。盖老子《道德经》之所谓五千言乃约数,而此书实数五千字。分五卷,每卷一千言。各分九章,共四十五章,以合九畴之数。又于每卷各标篇名曰“妙”、“元”、“神”、“真”、“道”。

于每篇各录数句,可见全书之要。

妙篇有言:“真法神,神法元,元法妙,妙无法,故妙为万法之宗。无法法,无元元,无神神,无真真,无道道,无无无,无有有,吾之至妙,入元始之妙。”

元篇有言:“元元胎光,九元之始,八卦之先。胎光始元,明明赫赫,恍恍惚惚。元元始光,妙生真有。”“元显元藏,黍珠中大象。元起元没,黍珠中巨物。元以大象合万象,元以巨物吞万物。”

神篇有言："神不神,不神神,一神含元,万神返一。""吾元始一元,七动九镇,神始神终,复于元元。"

真篇有言："真真真,神无不灵,灵无不神。""一定之器,真元大朴,真真真,真真真,真真真。""妙一,元一,神一,三一同真,妙一不散,无为变化,真元自然。"

道篇有言："一返道,道反真,真返神,神返元,元返妙,至妙无返,变化息矣。此道无上,吾曰最上妙道,得之入于无始。""清净生动,动生清净,吾居住清净妙动。""道帝流通,清净无净,无数无无数,应乎清净不敢违。"

凡所注解,皆本原文。若此五概念,莫不发挥老子之义,若一七九之数盖出于《乾凿度》。

# 4. 无上内秘真藏经

《无上内秘真藏经》十卷,凡十三品,品目如下：(1) 显道品,辨三宝品,辨四真品;(2) 惠泽品;(3) 解脱品;(4) 辨相明部裹品;(5) 普明品;(6) 显功德品,显诚行品;(7) 妙德品;(8) 集仙品;(9) 明行品;(10) 究竟品。

由元始天尊说大乘法,诸弟子发问,体例全法佛经,间明因果之象可取。语录如下："因不碍果,果不碍因,因为道果,果为道因。因果一相,一无所相,真道寂灭,灭无所灭,进虚空故。"又分"道心"、"道意"、"道眼"、"道声"、"道香"、"道味"为六印。又曰："此十二印者,合为六印,通印诸法,名为一印。"以上为"显道品"。

"辨三宝品"者,变老子之三宝为"道宝"、"法宝"、"师宝",是犹佛教之佛法僧三宝。"辨四真品"者,以玄精妙气为四真。

"惠泽品"谓大乘之道分"离"、"行"、"观"、"空"、"真"五者,皆前加"无"与"无无"。否定此五者,而又否定否定此五者,是为大乘,义亦可取。《中庸》曰:"道也者不可须臾离也,可离非道也。"今更可以无无离味之,其他行、观、空、真同例,皆深入辩证之象。其无无如何,仍本自知,不可不分辨与诡辩之异。

"解脱品"又加"有、无、心"三字,各加"非"与"非非",是名悟解,是名真实,是名功德。由是以悟解大乘,亦非空言,贵知其象。又分"内"、"法"、"慧"、"功德"、"道"五眼,又明死入酆都之苦。(未完)

# 5. 上清大洞真经

《上清大洞真经》六卷,首有茅山上清二十三代宗师观妙先生朱自英述之序。又名"三十九章经",义谓:"上清三十九章皇回真下映入兆身中三十九户,于是各由其所贯之户著经一章,其辞幽奥,以用领括百神,招真辟非,所谓'庄云开生门,祥烟塞死户'者,此欤?"又有"回风帝一,高无雄一,五老雌一"。此经之特点每章有图,总名曰"诵经入室存思之图"。是书由茅山上清三十八代宗师蒋宗瑛校勘,有后序二,一为"咸淳壬申(1272)上元日嗣法程公端焚香敬书",一为"正一嗣教道合无为阐祖光范真人领道教事四十三代天师张宇初谨书"。此经确为道教修养之法,有路可入,步步深入,至三十九章而见本来面目,其茅山与张天师相合之处欤。二后序皆可录,语亦醇正。

# 6. 大洞玉经

《大洞玉经》二卷,承上"上清大洞真经"言。分三十九章,章名亦同,内容亦相似。惟无图,而符不同。末有八十九翁秋水龚德同抄写后之序。所谓身中百神之名,确是,亦《黄庭》之余绪。千字文次当"日"之一二。

# 7. 太平两同书

《太平两同书》二卷,撰人不详,属伯字下第767册。每卷各分五目,为文以同之,篇目如下:

卷上 贵贱 强弱 损益 敬慢 厚薄

卷下 理乱 得失 真伪 同异 爱憎

于《爱憎篇》末略有阙文。考于《得失篇》中有云:"项羽不用范增,是舍马而徒行;汉帝虽有曹操,是乘马而无辔。"可见作者已当晋后,与汉末《太平经》无关。全书为史论,所取史绩皆当先秦与两汉,绝不及晋后史事,且观点每合老子与孔子之说,与道教无明显的联系。《老子》曰:"有无相生,难易相成,长短相形,高下相倾,音声相和,前后相随。"此书即本其理而论治道,所谓《太平两同书》盖此义。或收入《道藏》,确可视为发挥《太平经》之说。观两晋时的著作,非高谈玄理即归入释道二教,此类史论亦未多见。此书能由《道藏》保存之,似可辑出以为儒老合流的一家言。若作者与时代,尚可进一步深入考证。

# 8. 云笈七签

《云笈七签》一百二十二卷,宋张君房集。《文献通考》:"《云笈七签》一百二十卷",引晁氏曰:"皇朝张君房等纂。君房祥符中谪官宁海,时圣祖降,朝廷尽以秘阁道书付杭州,俾戚纶、陈尧臣校正,纶等同王钦若荐君房专其事。君房铨次得四千五百六十五卷,于是撰其蕴奥总万余条成是书。仁宗时上之。"又引陈氏曰:"凡经法符箓修养服食以及传记,无不毕录。顷于莆中传录,才二册,盖节本也。后于平江天庆观《道藏》得其全,录之。"今见《道藏》677—702 册学至棠共十二字二十六册,分一百二十二卷。当与天庆观所藏者同,惟分卷略异。

# 9. 太玄朗然子进道诗

《太玄朗然子进道诗》,宋刘希岳秀峰述。刘自号朗然子,自序于端拱戊子(988)。盖初悟内气于五十余岁,豪家出身之儒者,难免中心欣喜,由是述此三十首七律。内容自叙所得,味淡而醇,可谓有道之言。

一般出世之情曰:"萤窗十载望求名,两上春闱事不成。有志无缘干寸禄,到头有分学长生。选官岂及选仙士,慕色争如慕道情。但得容颜常悦泽,升腾必定在前程。"

既有所得后曰:"溯流直上至泥丸,关节才通便驻颜。悟处如同观返掌,迷时似隔数重山。未明神识千般扰,达了心田万事闲。若要长生兼出世,到头都在自身间。"

由是现身说法有曰:"本亲儒墨拟求官,忽悟幽玄道不难。阴气若消终未死,阳精如在自然安。身中每运无穷药,鼎内常烧续命丹。堪叹慕财贪色辈,煎熬终日有多般。"

故此三十律,足为劝道诗。是书在南宗创立前,可见其理本具,待紫阳出始能成一体系,亦不计白日飞升事,乃与此不同。末有短跋未知作者,其言曰:"朗然子者,昔唐通玄观主也。事迹灵异修炼非凡,隐世百载,至宋端拱年于桃花坊白日升天矣。敕赐改名集真观,有神仙悟道诗三十首行于世。"未免蛇足。

此书见《道藏》133 册芥上二。

# 10. 悟　真　篇

《悟真篇》,宋张伯端著。《道藏》收录的《悟真篇》凡七种。书目如下:

1.《紫阳真人悟真篇注疏》八卷。象山无名子翁葆光注,武夷陈达灵传,集庆空玄子戴起宗疏。

2.《紫阳真人悟真篇三注》五卷。紫贤薛道光、子野陆墅、上阳子陈致虚注。

3.《紫阳真人悟真直指详说三乘秘要》一卷。象川无明子翁葆光述。

4.《紫阳真人悟真篇拾遗》一卷。

5.《悟真篇注释》三卷。象川无名子翁渊明注。

6.《紫阳真人悟真篇讲义》七卷。云峰散人永嘉夏宗禹著。

7.《修真十书》所收之《悟真篇》五卷,叶士表、袁公辅注。

合上七种以观,可见《悟真篇》风行于宋元。当时的注解必不止此,今则分合而成此七种,流传于明初而收入《道藏》(刻于1445年)。

考张伯端的基本思想,必须读《悟真篇》自序。于熙宁乙卯(1075)三年后,于元丰改元戊午(1078)又作后序。于成书始末及其内容,言之已详。然其流传过程,有一本记载颇有曲折。云其初紫阳随陆诜入蜀,而遇异人授丹法于己酉(1069)。旋诜薨于成都(熙宁三年,1070),紫阳转徙秦陇,久之以事扶风马默处厚于河东。处厚旋召,紫阳以《悟真篇》授之,颇为流布。时默为司农少卿,南阳张公履坦夫为寺主簿,而坦夫即诜之婿,故默以付坦夫。坦夫以付宝文公,则仍归陆氏。初诜得紫阳,其子宝文公之幕府又得王箴衮臣。衮臣之兄仲熙乃遇刘海蟾而得金丹之术,衮臣谓其兄盛称紫阳。后仲熙入洛谒富韩公(1004—1083),赖其力而后有成。此《悟真篇》宝文公付其子思成,为之序而流传于世。序中有谓紫阳得之成都异人者,岂非海蟾耶。且仲熙成丹之难,及于世之所谓道人者无所许可,惟平叔一人而已。其言与予昔者所闻于衮臣者皆合,因取此书读之,始悟其说。又考世之所传吕公《沁园春》及海蟾诗词,无一语不相契者,是以知渊源所来,盖有自矣。此下又曰:"今好事者多收此篇,而文理颇有不同,疑其初成未经裁益时,已有传之者尔。亦尝参较其舛误二十余处。而尤甚者,如诗所谓'才见芽生须急采,若逢望远不堪尝'。此本乃改云'铅见癸生须急采,金逢望后不堪尝'。盖补完丹诀于其间,显见世之所传,辞旨有所未善也。其别本复有'了悟真如'一绝,此乃以'欧冶铸剑'之事易去之。缘平叔自为《悟真篇》后序曰:'此《悟真篇》中所歌咏大丹药物火候细微之诀,无不备悉,观之可以寻文解义。'苟无是诗,则变炼金木之妙,何从而得之。其文简而理隐,故出此篇以继成其事,然后金木还返之旨焕然可推,大丹既成而圣胎可结也。学者当知此书传之浸广,独吾家之本为真,盖平叔之所亲授者也。"此序今收入《悟真篇三注》,惜间有错简。此序未全,亦未知作于何时,然知元末后《悟真篇》已有好事者为之流传。紫阳成书付之马处厚处,定有其他之传本,故今《道藏》所收各注之诗句与编次不同,亦何足为怪。然于不同处,仍不可不考其同异。主要在说明紫阳创立南宗之特点。今基本取陈振孙之记载,以百篇为准,至少是宋代有据之版本之一。

# 11.　悟　真　篇　注　疏

　　《悟真篇注疏》八卷,象川无名子翁葆光注,武夷陈达灵传,集庆空玄子戴起宗疏。

　　《悟真篇》为宋天台张伯端平叔著,成而自序于宋熙宁乙卯(1075),更作后序于元丰改元戊午(1078)。全书凡七律十六首以表二八斤两之数,七绝六十四首按《周易》诸卦,五言一首以象太一之奇,合之为九九八十一首。续添《西江月》十二首以周岁律。于篇末尚有歌颂及谈见性之法诸篇。大义会通三教,于道教教义另开生面。若翁葆光之注成而自序于乾道癸巳(1173),跨《悟真篇》之成已近百年。葆光字渊明,尚著有《悟真直指详说三乘秘要》(提要另详)。按渊明之曾祖尝与伯端同肄业于辟雍,惟伯端不第而转得于释道。化后七年,有刘奉真之徒复会于王屋山之神迹。当淳熙甲子(淳熙凡十六年,当1174—1189,其间无甲子年。若甲子或当绍兴年间,为1144,或当嘉泰年间,为1204)有大洲横江,此积沙出水之沧桑固须年月,信道之徒乃上推许旌阳之谶语,以为有仙人出。或即以伯端当之,此事实在渊明后,似为陈达灵所附会。戴疏成而自序于至元元年(1335),距翁注又有一百五十年,陈序未详何年所作,序后小注即戴之说。今入翁序之"紫阳陈仙翁"至"与悟真同"一大段,仍当为戴之注。对勘另一种翁渊明注释本之序可证。且同为翁氏注本。二书之内容不同,于原诗之序次亦有变动,可证此书虽同名翁注,戴起宗实另有传本而重加编辑。翁注之序既乱,遑论是否同于伯端原文。凡此皆可视为伯端所创之南宗仍在因时而发展,此书乃元中叶后对《悟真篇》之认识。

陈序有言:"一传而广益子出焉,再传而无名子出焉。"至于广益子之情况,亦见于空玄子之注:"刘永年自号顺理广益子,于绍兴壬申年(1152)刊行《参同契分章通真义》,起宗及见其所刊之本。"凡以《悟真》直承《参同》,确非空言,刘永年兼传之,有以也。若永年自序曰:"绍兴戊午(1138)尝遇至人,亲授口诀,仍训永年但看《参同契》,与我诀俱同。"然未言其师即伯端,况年代亦未合。故紫阳之传,实由杏林而道光,决非广益子而无名子。

戴序曰:"于至顺辛未(1331)夏遇师得诀,归以语兄,喜而不寐。厥后及见无名子注,若合符契,乃知天仙可学,元神不死,钟吕诸仙,皆同斯道。片晌工夫,立跻圣域,宜上天所秘,誓不传人。呜乎!余自延祐癸亥(1323)绍兴路儒学教授,年五十有二矣。"据此而言,戴生于宋咸淳壬申(1272),然癸亥为至治三年,称延祐有误。自癸亥至至顺辛未凡八年始得诀,疏此书又成于四年后乙亥,年已六十四。翌年至元丙子,又作文以辨《悟真》之传。故知南宗之传,至泥丸玉蟾而一变,主要已由紫阳上推至钟吕。及此戴起宗而又一变,主要使石薛之上,又增广益子刘永年及无名子翁葆光,亦当二三两代。若必以薛注为翁注,所辨未是。谓薛在前,不当有非叶文叔之言。然薛注尚存,未尝有斥叶文叔之言,薛与翁本为二书。至于翁注能合《阴符经》解《悟真》,确有所见。而戴得翁本于至顺壬申(1332),当时尚有淳熙改元(1174)之别本,有子虚子小序明容成术,戴即斥之。至于翁本之源,翁自序曰"得自龙图陆公之孙思诚之家"。或由婿得,或由婿复归陆公之子而又传之子,是皆不可究诘之事。改易诗次以显其理,亦未矣。而戴本又不同于另一种翁本,不得不视为由戴氏加以编辑。且翁注盖合薛注及陆墅注,疏又有取上阳子者,故此书实未及三注。此无他,张士弘能取原书而合刻之,戴起宗则任意而刻,每多不合历史事实。

# 12. 悟真篇集注

《悟真篇集注》三卷,即《道藏》的《悟真篇》三注本,然末无后序。增《读周易参同契》一文,题曰:"紫阳真人张伯端撰,紫贤真人薛道光注。"又及三十二首《禅宗歌颂》,然无序跋。又伯端自序同《道藏》中所收《修真十书》中之序文,末未言三十二首。又首载还阳子魏伯真序,谓道得自"闽中曾公二休",此书又得于混同子沈先生。惜未书年月,此书亦未考其刊板之时。若子野致虚二序与《道藏》本同,而多《道光禅师注悟真篇本末》一文,惜所见本缺第七页,未知作者及时代,似破戴起宗之说,或系明人所作。有可资参考者,摘录一二如下:"道光禅师在毗陵水由寺,有碑可考。道光姓薛名式,字道源,陕府鸡足山人。尝为僧,法号紫贤,云游长安。留开福寺参长老修岩,……又参僧如环,……磨已得法犹必抵东土以求成道,祖已悟性然必参黄梅以求传法,二公所为岂止如是哉。且复雅意金丹修命之道,必有秘妙处,尽力参访。崇宁丙戌遇杏林,年八十五矣(石以授薛)。靖康之初道源撰《复命篇》,祖述此书以晓后学。今四十年,意欲隐去,方见叶文叔以意猜注,不得口诀,道源恻焉。今推广其意为之注解,……自此隐矣。且不敢显名注之,但云无名子。"此文如早,正戴所见者,而《道藏》中反未收入。如得此文之全文,可补入《道藏》。

# 13. 紫阳真人悟真篇拾遗

《紫阳真人悟真篇拾遗》一卷,未详何许人所集,以当《悟真篇》之卷末。考《道藏》本《悟真篇》三注及注疏两种之紫阳自序皆曰:"及乎篇集既成之后,又觉其中惟谈养命固形之术,而于本源真觉之性有所未究,遂玩佛书及《传灯录》,至于祖师有击竹而悟者,乃形于歌颂诗曲杂言三十二首,今附之卷末,庶几达本明性之道,尽于此矣。"读此可知紫阳实有合佛道为一之志,然最先注《悟真篇》者为三祖薛紫贤,今本仅有《西江月》一首,七绝五首凡六。于翁渊明注本,仅有"读《周易参同契》"一文。而唯此卷《拾遗》篇数三十二首,方同序言。凡《性地颂》六首、《无罪福》、《三界唯心》、《见物便见心》、《圆通》、《随他》、《宝月》、《心经颂》、《人我又名齐物》、《读雪窦禅师〈祖英集〉》、《戒定慧解》、《即心是佛颂》、《采珠歌》、《禅定指迷歌》、《无心颂》各一、《西江月》十二首,共三十二首。然其间未及薛本翁本之七首,此其可疑。且《拾遗》者加短序曰:"此恐学道之人,不通性理,独修金丹。如此既性命之道未修,则运心不普,物我难齐,又焉能究竟圆通,迥超三界。故经云有十种仙,皆于人中炼心坚固精粹,寿千万岁。若不修正觉三昧,则报尽还来,散入诸趣,是以弥勒菩萨《金刚经颂》云:'饶君百万劫,终是落空亡。'故此《悟真篇》者,先以神仙命脉诱其修炼,次以诸佛妙用广其神通,终以真如觉性遗其幻妄,而归于究竟空寂之本源矣。"今不论此三十二首之义,是否合于紫阳之志,及《拾遗》而序之者,其深信佛法已可无疑。而纯以佛家说视金丹,则仍有所偏。故《悟真》之附篇,似未可以此三十二篇当之。由是而更考紫阳之序,于《修真十书》中所收者,其言曰："于本源真觉之性有所未尽,又作为歌颂乐府及杂言等,附之卷末,庶几达本明性之道尽于此矣。"则知其他各本之序,皆为后人所增益。考其增益者,或即作此《拾遗》者,或置此三十二篇于《悟真篇》卷末者,其时已当南宋,约在泥丸玉蟾之时。

更读此三十二首之大义,禅味盎然。所以取三十二之数者,又法《度人经》三十二天之象数,欲避免为人所察。然则禅几之性,不啻元始天尊之宝珠。二而一,一则二,佛道争胜之情或可已乎。然或暗或明,历代未已,此窜改《悟真篇》序文而为之,情亦良苦,禅几云乎哉。此书见《道藏》64 册律下七。

# 14.　悟真篇注释

《悟真篇注释》三卷,宋象川无名子翁渊明注。考伯端之《悟真篇》出,实能一新道教面目,要在得佛教禅宗之顿悟,以之入于内丹,此非佛道相合之几乎? 其于内丹,能超越《黄庭》而直承《参同契》。唯其直承《参同契》,自然须合易象,赖先天图由陈抟传出而易象有新义。故注《悟真》者,有叶文叔以太极大衍之数释而辨之,复撰图附于卷末,谓之《悟真篇外传》。然此仍为迹,迹迹之履,似非《外传》可尽,此所以渊明非叶文叔而有此注释。幸叶文叔《外传》中,尚存《丹房宝鉴之图》,注亦在,固不可全非之,而翁注已有王弼扫象之失。

若翁注之指,以之归于《阴符经》之三义,故分《悟真》为三卷。卷上为七律十六首以明龙虎之数,五律一首以表一时辰得金丹一粒,视之为强兵战胜之义,所以成此采金丹之功,亦即禅宗顿悟之象。然书中七律仅十五首,或传写时脱落一首。卷中为七绝六十四首明运火之计,《西江月》十二首象十二月沐浴之功,视之为富国安民之意。盖修丹之次序,犹禅宗所谓顿悟渐修之理,然书中尚多七绝五首及《西江月》一首。卷下仅取"读《参同契》"一文,视之为神仙抱一之道,乃圣人运火功圆而体化纯阳真炁,然后抱元九载,俾炁成神与道冥一之谓也。

观阴符之次以天地人分三卷,今翁注合于《悟真》,次为由地人而天,况天之神仙抱一之道,仅取"读《参同契》"一文,略去其他诸篇,亦未合伯端加附卷末之意。另详《悟真直指详说三乘秘要》提要。

# 15. 道枢(另七篇)

《道枢》四十二卷,宋至游子曾慥集,见《道藏》641—648 八册。《文献通考》:"《道枢》二十卷。"引陈氏曰:"曾慥端伯撰,自号至游子,采诸家金丹大药修炼搬运之术为百二十二篇,初无所发明,独黜采御之法,以为残生害道云。"《道藏》与《通考》分卷出入很大。或计其篇数,今《道藏》本分卷总有一百十八篇,比陈氏之篇尚少四篇,故卷数虽多或已有佚。亦可能每篇有分成二三篇者,今已合一,故可能未佚,虽佚亦未多,当系之原书。此书内容,皆衷集前人修内丹之说,可云集大成,然已多摘录。于摘录后,每篇以四字句释其要。故全书之旨,慥已为说。

读此四十卷中,所收集之一百零九篇篇名,庶见内容之丰富。如能深味每篇十六字之所指,则全书之要已在其中,且南宋前之修炼内丹法,亦基本在其中。故此书实有总结与保存文献之功。序《八段锦》于绍兴辛未(1151),此书亦当为南宋之作品。又《文献通考》所著录之道书,佚者甚多,幸已收入此书而能保存。

1. 《文献通考》:"《肘后三成篇》一卷。"引陈氏曰:"称纯阳子谓吕洞宾也。其言小成七,中成六,大成五,皆导引吐纳修炼之事。又有金丹诀一卷,即此书而微不同。"今《道藏》中已无其书,而此书卷二十五,即为"肘后三成篇"。

2. 《文献通考》:"《太清养生上下篇》二卷。"引陈氏曰:"称赤松子宁先生。"即此书卷二十八。

3.《文献通考》:"《上清金碧篇》一卷。"引陈氏曰:"称烟萝子。"即此书之卷二十九。

4.《文献通考》:"《金虎铅汞篇》一卷。"引陈氏曰:"称元君。"亦属此书之卷二十九。

5.《文献通考》:"《铅汞五行篇》一卷。"引陈氏曰:"称探玄子。"即此书之卷三十。

6.《文献通考》:"《玉芝书》三卷。"引晁氏曰:"皇朝陈举撰,举字子堙,苏州人。"即此书之卷四。

7.《文献通考》:"《日月玄枢论》一卷。"引晁氏曰:"唐刘知古撰,明皇朝为绵州昌明令。时诏求通丹药之士。知古谓神仙大药无出《参同契》,因著论上于朝。"即此书之卷二十六。

考正统《道藏》刊此《道枢》于正统十年(1445),然非道流或亦未能见到。故江东姚汝循得《至游子》一卷二十五篇抄本,尚不知至游子为何许人。乃作序于嘉靖丙寅(1566)欲传其书,后刻入《艺海珠尘》,实即《道藏》本之七卷,二十五篇仅全书六之一。《四库》即此二卷亦入存目,故此书四十二卷传本尚少,亟宜刊出,对研究南宋以前之道教教义者,殊有参考价值。

以下详见各篇之提要:

一、《玄轴篇》

《玄轴篇》一卷,曾慥《道枢》中收入,今已无单行本。全卷引诸人之言,皆论理,未及内修之法。首曰"至朴子曰",主要尚清静。以聪明为伐性之斧,声利为陷性之阱,利口为感性之药,深机为败性之寇,犹佛教净六根之象,故结语引唐伯子闻道终日如愚。此理犹庄子《天下篇》中之"概乎有闻,虽然,未尝知道"。

又引及钟离子、赤松子、思真子、妙素子、精思子、范子、皇甫子、玉惠子、消秒子等。读各家之说,基本相同,见其所立之名,略似庄子之寓言,皆未必有其人,作者属诸至朴子。两处称"子钟离子"以示敬意,

343

然则作者或与钟吕派有联系,唯仅言性而不言命,仍有所辨。

《五化篇》即谭子《化书》,原书存。

《坐忘篇》即《天隐子》,原书存。

二、《集要篇》

《集要篇》一卷,引晁文元公与裴休二人之言,颇有合佛道为一之义。休曰:"庄子坐忘,达磨壁观,始学者不能知也,而乃入于放旷,岂其旨哉。吾尝端坐念实相而见魔王加趺之像,且怖矣。况入道者端坐不倾动者乎。"此得渐修之理。

三、《碎金篇》

《碎金篇》一卷,引晁文元公及施肩吾之说。晁主张三教合一,宋代的理学,早具此"道"而"名"仍未用。能用其"名"者,当以张伯端的《悟真篇》为始。此处晁之言曰:"夫儒家者流,以止身为要,切勿求其功而功自成矣。竺乾氏以复性为要,切勿求其证而证自知矣。吾始读《南华》之书,因齐物之理而得一法,目之曰'逍遥大同观'而无一事可争。后读西方之书,因无我之理,又得一法,目之曰'平等大空观'而无一物可齐,则是知其深浅矣。"按晁得"逍遥大同观"与"平等大空观"之象,有精义,若谓知其深浅,难免又自陷于不逍遥与不平等。若以置白黑棋以示善恶念为迂,而曰"不计情境,唯量其力常习静念而已",则又为体用之辨,其可必乎哉。

若谓"施肩吾既闻道而著《三住铭》,曰心常御气,气与神合",此全法孟子之说。

最后文元公自述反听有三妙音,一曰幽泉漱玉,二曰金磬摇空,三曰秋蝉曳绪。实即气血运行于全身之音,亦何足为奇。所用十二字,能传其神,亦见其非虚语。

四、《容成篇》

《容成篇》一卷,至游子论容成术未是,提及汉有冷寿光者行此法而寿百四五十岁,然不免于死。人有谓崔公作《入药镜》,钟离云房作《西华》二十四篇,张平叔作《西江月》十八篇皆指容成术,至游子一概斥之。谓非谓无其术,盖非所谓仙者之务尔,其言平稳可取。

五、《肘后三成篇》

《肘后三成篇》一卷,记吕纯阳之说。《文献通考》引陈氏曰:"称纯阳子,谓吕洞宾也。其言小成七,中成六,大成五,皆导引吐纳修炼之事。又有金丹诀一卷,即此书而微不同。"今《道藏》中已无单行本,幸曾慥收入《道枢》而保存,全卷皆吕纯阳述修炼法,颇用《周易》象数,其法由按摩入手。引起内气通经络,当于下丹田未升时为小成。于卦象用既济,乃见汉易象数之正之理,由道教相传。所谓"肘后"者,所以通督脉云。肾气入于脑,则行飞金晶焉,是为中成。于飞金晶之道,仍本五行生克之象。凡肾之气肺之精入于脑而变为神水,故三纯阴之气与纯阳上下相见,是为既济。又于其月其日其辰是谓三合之辰,名三花。三花者,三阳也,真气、元气与相合为三花。三花顶聚,五气朝元,斯乃身外有身,是谓大成。

由此书可见道教炼形、炼气、炼神之三阶段,亦为三岛迁移以返洞天之归宿处。其理由钟吕而施肩吾,形成宋代西山派之说。

六、《准易系辞篇》

《准易系辞篇》一卷,抱黄子著。已无单行本,今存《道枢》中,当其卷二十五,见《道藏》645 册诚一。

全篇称"抱黄子"曰,慥记其原委:"道士张抱黄,祥符中年已七十余,至岳麓访隐者周成不遇,见桥人秀水黎白,授以此书。"按祥符凡九年(1008—1016),是时年已七十余,乃生于五代。若周成、黎白辈,当因世乱而隐于岳者。此篇由黎白授,抱黄子述。大义全准易理以释内丹,凡所取易位干支,全同汉易,尚未用陈抟之先天图。岳麓亦未明何处,或系中岳,故与西岳陈抟之《周易》不同。全篇颇多可取,《悟真篇》有准而言者。此书有"五贼盗此"之言,亦已本《阴符》之义。其言卦象曰:"是以巽进初九谓之不漏,离进九二谓之不视,兑进九三谓之(廷按:以上八字原文阙,依易象为之补)不言,震退初六谓之不动,坎退六二谓之不窥,艮退六三谓之不闻。三阳守体谓之丈夫,三女变形谓之男子,七窍不动谓之混沌,二气交感谓之氤氲,黑白成质谓之大宝,虚无生性谓之元神。窒而空之存乎少男艮,合而明之存乎中男坎,绝而和之存乎长男震,敛而益之存乎少女兑,翕而复之存乎中女离,闭而顺之存乎长女巽。是以人之生也,泰在乎其中矣,人之死也,否在乎其中矣。"甚合《周易》消息之本义。

七、《日月玄枢篇》

《日月玄枢篇》一卷,唐刘知古著。《文献通考》引晁氏曰:"唐刘知古撰,明皇朝为绵州昌明令。时诏求通丹药之士,知古谓神仙大药无出《参同契》,因著论上于朝。"

此论已无单行本,而《道枢》卷二十六即此书。幸存此书,可见唐明皇时《参同契》仍流传于蜀。刘知古能通丹药而上此书,正见是时已由重外丹而变成重内丹。

本玄光先生曰:"徐从事拟龙虎天文而作《参同契》上篇以传魏君,魏君为作中篇传于淳于叔通,叔通为制下篇以表三才之道。"此说与彭晓之说不同,然《参同契》实由徐从事、魏伯阳、淳于叔通三人足成,已无可疑。且刘知古所陈之梗概,极得其要,由外丹而内丹之说,理亦圆融。于"九还七返,八归六居"之还丹,能以天地生成数解之,更合汉代象数。宋名之曰河图之象数,唐代不见常用,而刘知古能准汉法而用之,可见唐代用《周易》象数者,仅存于道教。而《参同契》之重见唐代,刘知古作用殊未可忽。

# 16. 修真太极混元指玄图

《修真太极混元指玄图》一卷,著者失考。内容层出不穷,对反身内修者,大可奉为南针。详究全书的要旨,盖本后天八卦的卦象,益以洛书畴数的变化,且能合象数于自身而密合无间。故此书在《道藏》中,亦未易多见的佳作。凡分十诀:一曰胎息诀,二曰内丹诀,三曰火候,四曰肘后术,五曰还丹诀,六曰炼形诀,七曰既济诀,八曰炼气成神朝天诀,九曰内观起火诀,十曰弃壳诀。每诀各分若干门,前四诀合龙虎以结丹,中四诀交既济以朝元,后二诀通龙虎于既济,由结丹而弃壳,理殊圆融。此后理已穷而当归于尽性,渐进渐悟,非一般语言可表达,当另有内含具体概念的专门名词以言之,吾国的象数即起此作用。今日西方自然科学的发展,必备各类专业名词,亦同此义。故此书的精义,非一言可尽。以理观之,当是宋元时人集合古义而成。本身于内修既有所得,乃能述此以悟人。又每诀作图以解之,除胎息诀无图外,共有九图,实践时大有帮助。书在《道藏》洞神部灵图类调字下,涵芬楼本第68册。

# 17. 席 上 腐 谈

《席上腐谈》二卷,宋末俞琰著。俞氏始末另详《易外别传》提要。是书琰记道教修养之术,颇多说明名实之同异。因炼气之专用名词,自东汉《参同契》起至宋末甚多,乃误解不一而足。此书能说明一部分事实,虽仍可深入研究,已可备一说,如以黄庭易三焦,补天为填脑,三魂七魄指龙虎九宫数等,皆为可取之说。又多记道教文献的著述始末,足以参考。又自言四癖为琴、易、内外丹。凡此长处,《四库提要》皆未言,盖不信养身之事实,今特为说明之。

# 18. 悟真篇纪大奎辑订本

《悟真篇纪大奎辑订本》三卷,临川纪大奎向辰辑订,镌于咸丰壬子,本家藏版。于《悟真篇》之卷末,取一首"西江月"五首七绝,其他未及。用朱氏注,未详何人,能分章加注,间加按语,或系纪氏之说。

于丹是色身章(即象闰之一首《西江月》),朱氏曰:"此言性命全修,一生证果,乃《悟真篇》之总结也。首章内外二药,便是性命两般作用。此摄用归体,直下示人见性,以圆命功也。盖金丹大药,本从无中生有,炼之又炼,直到九转功成,上天下地,出幽入明,无所不可,岂非色身至宝而炼成变化无穷者乎。"又曰:"不特为十二章结尾,乃通部之结尾也。不特为《悟真篇》关键,乃万卷丹经之关键也,不特万卷丹经,并河洛妙义、《周易》、《参同》、《道德》、《阴符》,一切三洞真经、三藏教典、千八百则公案无不在其中矣。"可谓能见其几。于内药章曰:"此章总括内外二药,乃尽性至命之全功也。大道本无内外,一到金丹作用,便分内外二药,其中有体有用,有宾有主。通部《悟真篇》无非指点内外二药,到此才明明点破耳。内药属先天、外药却从后天返先天。内药了性,体具中黄,即元神而摄精炁者也。外药了命,用寄坎离,即身心而合真意者也。"亦善于分析。

# 19. 悟 真 篇 正 义

《悟真篇正义》三卷,清会稽元真子董德宁注,乾隆五十三年新镌,古越集阳楼藏版。首有知会稽事古番余氏序,作于五十四年六月。谓当乾隆五十年时,曾举行千叟宴,帝之寿辰尤恩及天下髦期,而元真子有皓首童颜异引自适之端,乃刻其书。又有山阴克阳道人周起俦序于龟山书屋,时当五十四年春,系从元真子问《悟真》之旨者。

继载《悟真篇》原序,则题下注曰"稍节从陶氏本"。可见原序之旨,每因读者之喜爱而任意删节,陶氏不知何人,实未可取,若此书中,首节删去,其何以见伯端之思维形象。如曰:"若临歧一念有差,并堕三途恶趣,则动经尘劫,无有出期。"此而枝删,大义全乖,其间更有句删字易。此见清乾隆时发展《悟真篇》之一种情况。

若注文亦平稳而无创见,卷末用三注本,疑其伪而未删,未及《禅宗歌颂》三十二首及《读参同契》等。

# 附录三

# 《正统道藏》与
# 《万历续道藏》

  《道藏》是信奉道教者所编纂的有关道教的典籍总汇。内容当然是宣扬道教,然而有整体性,涉及的知识领域非常广泛,不啻是一部庞大的综合丛书。在我国历史上,历代有信奉道教的统治者支持编辑《道藏》。而不信道教的统治者亦多,故有关道教的典籍也大量散失。今存明正统十年(1445)辑成刊板的《正统道藏》及万历三十五年(1607)辑成刊板的《万历续道藏》。于《正统道藏》末,附有《道藏阙经目录》二卷,共约九百部道经于元至元十八年(1281)被焚毁。考此目录本于元《玄都宝藏》,全藏凡七千八百余卷。后来的《正统道藏》虽然增加了后人的著述,所收反少,惟五千三百零五卷。两藏相比,则知至元之焚损失道经约三千卷,可云惊人。

  《正统道藏》为明成祖敕四十三代真人张宇初编修,永乐四年(1406)有诰命催其"早完进来,通类刊板"。然八年宇初卒,事尚未成。弟宇清嗣四十四代真人位,继之从事。直至二十二年成祖崩,犹未刊板。仁宗立,洪熙仅一年,宣宗立,宣德凡十年,于二年宇清又卒。终宣宗朝亦未刊板。迨英宗正统九年始行刊板,诏通妙真人邵以正督校,翌年成。计自永乐初至正统十年,凡四十余年。收集天下劫余道经,益以当代著作,共一千四百余种而加以重编,人事又屡变,事确繁重。其后百余年间,复有道经的发现及当代的论述,神宗敕五十代真人张国祥续编。国祥校梓而成于万历三十五年,凡增辑五十五种,是名《万历续道藏》,数量约当《正统道藏》十七分之一。

其后明室已衰,无暇及此。有清一代,对道教无特殊尊信者,故未加重辑。此正续《道藏》的木版,庋于圆明园的大光明殿,八国联军时焚毁。当时全国各道观中所存的《道藏》,数百年来屡遭天灾人祸而散失殆尽。尚能保存者,仅北京白云观及上海白云观二部,虽略有缺册缺页,以二部对勘,犹为完璧。经赵尔巽、康有为、张謇等十三人发起重印,于民国十二年至十五年(1923—1926)成,有涵芬楼影印本,共一千一百二十册。由是《道藏》始能通行于世界各国的图书馆中,以保存道教的仪轨教理。

至于道教的流传,明万历年后日渐衰落,清代虽有道教,延续而已。既无振兴道教者,亦无发挥其教理者,故貌存实亡,清亡后更甚。《道藏》虽存,殊乏读者,考核历史者尚有,研究哲理者绝少。以下略为介绍正续《道藏》的基本内容及其价值,以期引起我国学术界对《道藏》的注意。

观《道藏》的编次,可见道教的基本哲理。今依涵芬楼影印本的册数为准,先作正续《道藏》的总目如下:

| | | | | | |
|---|---|---|---|---|---|
| 三洞 | 洞真——天至官 78 字 | 164 册 | 1—164 | | |
| | 洞玄——人至毁 81 字 | 176 册 | 165—340 | | |
| | 洞神——伤至澄 119 字 | 277 册 | 341—617 | | 正统道藏 |
| 四辅 | 三太 | 太玄——取至随 58 字 | 128 册 | 618—745 | |
| | | 太平——外至节 41 字 | 88 册 | 746—833 | |
| | | 太清——义至志 18 字 | 41 册 | 834—874 | |
| | 正一——满至将 96 字 | 183 册 | 875—1057 | | |
| | 正一——杜至缨 32 字 | 63 册 | 1058—1120 | | 万历续道藏 |

　　《道藏》以"千字文"编目,正藏由天至将,共四百九十一字,续藏由杜至缨,共三十二字。合为天至缨,共五百二十三字。每字的卷数不一致,平均在十卷以上。每卷的文字亦有长有短。今影印本的分册,乃分一字为二册或三册,亦有少数为一字一册。细目另详。

　　至于三洞四辅的含义,就是道教的纲领。唐开元辑成第一部《道藏》,其目录即名《三洞琼纲》,可谓名实相符。今究三洞之象,犹明宇宙起源。

　　义谓妙一分为三元,三元变成三炁,三炁变生三才,三才既滋,万物始备。于三元以下,更有具体的形象,以下表示之:

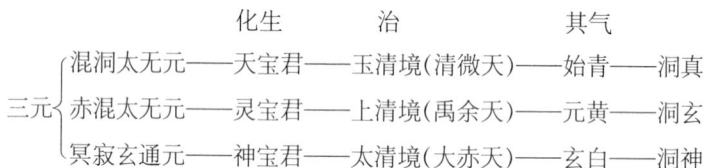

```
                          化生          治              其气
        ┌混洞太无元——天宝君——玉清境(清微天)——始青——洞真
  三元 ┤赤混太无元——灵宝君——上清境(禹余天)——元黄——洞玄
        └冥寂玄通元——神宝君——太清境(大赤天)——玄白——洞神
```

　　又从玄元始三气变生阴阳和,从阴阳和变生天地人,乃成宇宙。至于三洞的经卷各有十二部,惜已不全,各家记此三十六部经卷的书名亦有出入。凡:"洞真者,灵秘不杂,故得名真。洞玄者,生天生地,动用不滞,故得名玄。洞神者,召制鬼神,其功不测,故得名神。此三法皆能通凡入圣,同契大乘,故得名洞也。"(宋张君房引《本际经》)

　　四辅者,辅助三洞,依次为太玄辅洞真,太平辅洞玄,太清辅洞神,正一则通贯三太以辅三洞。兹据刘宋陆修静及大小孟概念,三洞四辅的经籍见下表:

```
        三洞              四辅
      ┌──┴──┐    ┌────┴────┐
                     三太              正一

      洞真——上清经→太玄——老子以下诸经┐
                                              ├正一——正一经
      洞玄——灵宝经→太平——太平经        │
                                              │
      洞神——三皇经→太清——金丹诸经      ┘
```

为重视三洞经，每洞各分十二类，类目的内容、序次的意义见下：

一、本文——经之异称，生法之本。即三元八会之书，长行缘起之说，为经教之本。

二、神符——生法之后，须加扶养。即龙章凤篆之文，灵迹符书之字，为三洞之气。

三、玉诀——谱练致益，释其理事。即阐注经文之义，疏证神符之象，为入道之基。

四、灵图——立图成象，表明圣功。如含景五帝之象，图局三一之形，为悟道之助。

五、谱箓——推源祖宗，考核史实。如详述三君之本行，记录五帝之示形，为信道之证。

六、戒律——将欲辅成，必须鉴戒。即防七情之扰，止十恶之业，为成道之门。

七、威仪——造师学道，须善容仪。即斋法典式之节，请经轨仪之文，为修道之饰。

八、方法——进学方术，理期登负。如存三守一、制魄拘魂之法，祈祷雨旸、济幽度显之术，为进道之阶。

九、众术——博涉众术，显乎竹帛。如变丹炼石、化形隐景、阴阳术数、药饵异养之例，为行道之效。

十、记传——论圣习学，著录其功。如道君本业、皇人往行、列仙度世、真人应化之例，为成道之劝。

十一、赞颂——生物行成，偈句嘉称。即功满德成之赞，妙经灵章之颂，为示仰道之诚。

十二、表奏——表申灵府，恳切上奏。如六斋启愿、三会请谒之例，为求凡圣之感。

由上十二类，依次进修，以期三洞上下玄义相通，益以四辅同类相从。此为道教的基本哲理，亦为《道藏》的具体内容。然进一步遍读正续《道藏》所收的典籍,又见其编纂的紊乱已达极点。虽仍用三洞四辅的体例,实则洞与辅且不能分辨,遑论三洞间与四辅间的不同。四十余年方克刊板,原因在此。《续道藏》中根本不分即以续正一,草草可见,道教至此而衰,似非偶然。

考此三洞四辅的道教体系建立于南北朝,确能总结当时的道教以对抗印度西域传入的佛教。凡佛教典籍大辨为经律论三藏,此三洞兼经律,四辅为论。且佛教的宗派繁杂,而道教的三洞井然。如中国化的天台宗用判教法,实有暗用三洞的概念处。及唐佛道并存而相互渗透,道教明确分辨此三洞四辅而起大作用。于宋初成《大宋天宫宝藏》非张君房不能者,关键亦在此。再者宋、金之时,道教有大发展,而未能有总结者。《玄都宝藏》的编成,是否合于丘处机的原意,已不可知。不久被焚,实为道教的莫大损失。由是明辑《道藏》,既乏三洞的本文,其体系势必紊乱。一言以蔽之,四辅有发展而三洞不相称。以今日的概念分析四辅,太玄犹认识论,太平犹伦理学,太清犹科学实验,正一犹心理学。然于正续《道藏》中,已散入各类。收在洞真部八方法类有关南宗诸集及太平部有关北宗诸集,皆为有新发展的道教文献。由外丹而内丹,犹对自身进行科学实验,此为道教中可深入研究的课题之一。此外对宇宙的认识,生物的进化,《道藏》中保存有各家不同的学说,虽不完备,亦可为今日参考。

# 《道藏书目提要》索引

# 后　记

潘雨廷先生的主要工作在于易学史和道教史。正如《读易提要》为易学史提供了坚实的基础一样,《道藏书目提要》为道教史提供了坚实的基础。和《读易提要》主体部分写作于六七十年代不同,《道藏书目提要》写作于 1980—1982 年,已经是潘雨廷先生的晚年著作,基本可代表他成熟时期的思想。

除了和道教史密切关联以外,《道藏书目提要》的特殊之处还在于它对应着一本未完成著作《道藏编目》。这是潘雨廷先生试图整理《道藏》,重新恢复这一中华文化瑰宝的开端。《道藏编目》计划开始于 1982 年 12 月,此书虽未完成,但在《自序》、一些零星材料以及生前言谈中已留下主要的构思。[1]读《道藏书目提要》,应注意参照《道藏编目》的思想。就《提要》本身而言,它的最大特色在于注意各道书之间的贯通。作者以个人之力通读全藏,逐步发现各道书有其内在联系,故《提要》诸篇互相呼应,决非仅注意单篇一枝一叶者可比。对将来写作道教史尤其是重编《道藏》者,本书提供了大量的方法和线索。如"1"提出:"再辑《道藏》时,宜收入甲、乙本,为洞神部本文的一种。又于乙本《老子》前,尚有《黄帝四经》,亦当同时收入,庶见秦汉之际的所

361

谓黄老之说。""3"："有志者大可为之补足。""10"："再版当合于卷下。""68"："此书装订有误,序第二当与 56 册闰下九之序第二对易。""70"："装订有误。""129"："重刊《道藏》,此书当补足二十一卷,乃见宋以前之道教。""162"："以后重加编辑,可合成《翠虚篇》二卷。""205"："故此紫烟真人之二十首当为另卷,今《道藏》无目,宜补之。""242"："今附刊于《正一论》未是,当自为一书,从类于北宗。""243"："全书无目,特为编之。""250"："凡此十书,宜分作提要。"如此等等,为后来修订《道藏》者做了有益的先行工作。

潘雨廷先生长期研究《周易》和道教,有极深入的体验和心得。《道藏书目提要》研读《道藏》这部汇集历代体道者经验的大总集,时时注意考察与儒书、佛藏的联系,注意从历史的观点看问题,其中包含大量作者本人毕生研究而得的特殊判断,有重要的参考价值。如"2"提出："此道教老子之形象,与先秦著《道德经》者,已截然不同。""163"："道教外果与密乘,为判教极重要的内容。""176"："外则宇宙之万有引力,内则生物之呼吸,莫非龙虎。""195"："身外有身,既未可迷信之,亦未可以为迷信而忽之。""248"："性宫物理,命宫生物。""278"："以今日之科学水平,说明整个宇宙之真相,事实尚早,此所以未能消灭宗教而尚须加以研究。"诸如此类,对正确认识道教的核心内容,有极大的帮助。从较高层次看,《道藏》有着保存文献的大功劳,但也存在二点缺失。一、《道藏》虽有三洞四辅的原则,但今存《明道藏》的编撰尚有问题。二、《道藏》文献在程度上也有不同,不必加以神化。《提要》在这方面既注意汲取精华,也注意剔除迷信,保持着可贵的批判态度。如"43"指出："薛之梦想,实非炫名而何?""92"："仅依其形式而作此名号,何用之有。""144"："观其结句,尚欠圆融。""165"："仍落入守身之小乘。""258"："惜明代之正一派未能因时而发展,观《道藏》编辑之混乱,可见其将成尾声。迄今四百余年,于《道藏》一书绝无一人加以整理,不亦可怪乎。"本书不仅有着深厚的学术性和工具性,而且可以和历代修习者之经验相互印证,书中屡屡出现的精辟论述,弥足珍贵。

与今人同类著作比较,《道藏书目提要》有着鲜明的独立特色。依据整理者的见闻所及,今人同类著作有任继愈主编的《道藏提要》(中国社会科学出版社,1991)和朱越利的《道藏分类解题》(华夏出版社,1996)。比较而言,任继愈的《提要》体现了集体攻关的特长,完整而详尽,然而略欠深入。朱越利的《解题》严谨纯正,所附的索引尤便检索,然而仍与修习者之经验相隔。朱氏把道书分为十五类,且每类再予分类,〔2〕体现了对《道藏》进行现代化认识的尝试,然而也失去了原有分类互相呼应、浑涵一气的特点,较难表达道教本身的生成和发展过程。潘雨廷先生对本书有着贯通整个道教史、贯通全藏的整体构思,同时也包含着个人体验的温厚特色,既具有现代的观点,又对前人有着同情的理解,正可和上述二书鼎足而三。凡有志于研习《道藏》者,详读本书,必有所得。

本书附录由整理者编辑而成,共三种。一、《道藏编目》是本书的重要补充,此书虽未完成,仍列其《自序》为附录一。二、搜集散稿而成《补遗》,列为附录二。作者其他著作中尚有关于《易经》和《老子》的提要若干篇,可以参看。三、《〈正统道藏〉和〈万历续道藏〉》是一篇概述,对《道藏》可提供初步的理解,列为附录三。

张文江

2002 年 1 月 2 日

---

〔1〕《道藏编目》拟分三卷。卷一:《明道藏》所收自古及汉之文献编目,分三节,一、先秦,二、西汉、三、东汉。卷二:《明道藏》所收魏至五代之文献编目,分五节,一、魏西晋,二、东晋,三、南北朝,四、隋唐(肃宗),五、唐(代宗)五代。卷三:《明道藏》所收宋至明之文献编目,分四节,一、北宋,二、辽金南宋,三、元,四、明。

〔2〕朱氏分类如下:1. 哲学,2. 法律,3. 军事,4. 文化,5. 体育,6. 语言文字,7. 文学,8. 艺术,9. 历史,10. 地理,11. 化学,12. 天文学,13. 医药,14. 工业技术,15. 综合性图书。

# 修订本补记

本书中的道教文献提要，正文 286 种，附录二 19 种，总计 305 种。其中有几篇包含多种提要，也有几篇重复出现，加以分合以后，实际涉及的文献数量多于 305 种。在潘雨廷先生其他著作中，有些内容可以和本书参照：在《易与佛教　易与老庄》中，有"《道藏》中所收《老子》注本提要"，包括相关提要 60 种；在《道教史发微》中，有"介绍《道藏》中收录的易著"，包括相关提要 19 种。〔1〕本书和两文有部分篇目相同，比如"《老子》"文有 5 种相同，"易著"文有 8 种相同，然而论述角度有所不同。

此次修订，请黄德海先生校正一过，并且编出书目索引，以便读者查阅。

张文江

2012 年 6 月 26 日

---

〔1〕 在《道教史丛论》中，还有"记《道藏》中所收录的易著"，可以看成此文的初稿。该文包括相关提要 13 种，所收篇目略少于此文。